Flipped Learning을 활용한

아동권리와 복지

이선미 · 김경윤 · 박영충 · 김성영

창지사

머리말

최근 대학강의가 변화하고 있습니다. 이에 이 『Flipped Learning을 활용한 아동권리와 복지』는 강의하고자 하는 교수님들이 Flipped Learning 방법을 활용하도록 구성하였습니다. 학생들이 즐겁게 주제에 접근하고, 교수가 월드카페(world cafe)나 크로스 인터뷰(cross interview)를 활용하여 학생의 참여를 독려하며 진행하는 Flipped Learning 방법으로, 토의를 한 후 각 주제를 강의하는 문제해결중심 토론을 위한 방법을 시도하였습니다.

이 책은 TV나 기사를 비롯한 각종 매체에서 다루는 국내외 아동권리와 복지와 관련한 법과 정책을 주목하고, 다양한 관련 자료를 제시하였습니다. 각 장의 주제별 영화와 도서, 동화, 관련 사이트, 국내외 아동권리와 복지 관련 신문기사를 활용하여 Flipped Learning 방법의 교수법으로 아동의 권리와 복지 측면에 중점을 두어 학생들이 토론으로 직접 참여하여 교수와 함께 진행할 수 있도록 하였습니다.

오랜 시간 현장에서 학부와 대학원의 학생들에게 강의하면서, 아동이 행복하기 위한 사회 전반의 상황과 실제방법의 과목인 아동권리 부분을 중간고사 전까지는 이론으로만 강의한 후, 실제 부분에서는 학생들의 현장견학을 통한 보고서 발표와 토론 방식으로 어렵게 강의를 했던 것에 대해 아쉬움과 미안함을 가지고 있었습니다. 행복한 아동을 추구하는 미래의 교사, 사회복지사, 청소년지도사의 전공필수 과목이 '아동권리와 복지'임에도 불구하고, 관련법과 정책 등에 어렵게 접근하면서 아동권리나 아동복지의 법, 정책, 실제 부분을 강의해 왔습니다.

그동안 강의를 하면서 학생들이 아동권리와 복지의 실제 현장에 접근하는 데 도움이 될 수 있도록 활용한 자료들이 『Flipped Learning을 활용한 아동권리와 복지』를 통해 세상에 나오게 되어 참으로 행복합니다.

이 책은 학생들이 아동권리에 입각한 아동복지의 개념을 이해하고 아동권리와 복지의 대상과 유형, 기본 전제와 원리를 파악하여 아동권리와 복지에 대한 기본적 지식을 함양하고 실제를 이해할 수 있도록 총 3부 12장으로 구성하였습니다.

국내외 아동권리와 복지의 발달사를 이해하고, 분석·평가를 통해 아동권리와 복지 관련법과 정책, 행정에 대한 기초적 지식을 습득하고 이해하며, 빈곤가정아동, 다문화가정, 한부모가정, 조손가정, 북한이탈주민가정 등 다양한 가정에서의 아동권리와 아동복지 서비스, 일반아동을 위한 보편적인 아동복지 서비스의 실태를 파악하고 문제점을 분석하고 정책과제 등을 논의할 수 있도록 하였습니다.

이 책을 집필하면서 감사의 말씀을 전해야 할 많은 분이 있습니다. 우선 미래유아교육학회 회장님이신 이영석 교수님께서 이 책의 시작에서 끝까지 논리적인 틀을 기쁜 마음으로 도와주심에 진심으로 감사를 드립니다. 아동권리와 복지 현장의 사례와 기타 관련된 자료를 도와주신 현장의 전문가들에게도 사의를 표합니다.

아울러 이 책의 출간을 맡아 주신 창지사 김기섭 대표님, 바쁜 일정에도 빠른 출간에 힘을 써 주신 이상대 상무님, 이윤미 편집장님께도 진심으로 감사를 드립니다.

2017년 7월

저자 일동

차 례

PART 2 아동권리와 복지 실제편 I

PART 3 아동권리와 복지 실제편 II

PART 1

아동권리와 복지 이론편

CHAPTER 1

아동권리와 복지의 이해

학습 개관

본 장은 아동권리와 복지의 근간을 이해하기 위해 아동권리와 복지의 개념, 아동권리와 복지의 가치, 그리고 권리주체로서의 아동 개념을 기술한다. 보편적 관점에서 아동의 정의와 복지의 필요성을 살펴보며, 현대사회에 이르러 권리주체로서의 아동관이 존립하기까지 시대적·사회적 변화를 고찰하여 아동권리와 복지에 대한 기본적인 개념을 정립한다. 아동권리와 복지의 근간을 검토함으로써 향후 아동의 가치와 아동이 지니고 있는 권리의 향방을 짚어 보고, 이를 통해서 권리주체로서의 아동을 위해 사회가 감당해야 할 책무에 대해 논의할 수 있을 것이다.

학습 목표

- 아동, 권리, 복지의 개념정의를 통해 아동권리와 복지의 개념을 기술할 수 있다.
- 사회적·문화적 변화에 기초하여 아동권리와 복지의 가치 및 필요성을 설명할 수 있다.
- 아동관의 사회적 변천과정을 설명하고, 현대적 관점에서 아동 개념을 정립할 수 있다.

주요 자료

영화

인 어 베러 월드
Haevnen, In A Better World
(2010, 수잔 비에르)

도서

- 너는 특별하단다 : 작은 나무사람 펀치넬로 이야기(2002, 맥스 루카도 글, 세르지오 마르티네즈 그림, 아기장수의날개 역, 고슴도치)
- 네가 태어난 날엔 곰도 춤을 추었지(2009, 낸시 틸먼 글·그림, 이상희 역, 내인생의책)
- 언제까지나 너를 사랑해(2002, 로버트 먼치 글, 안토니 루이스 그림, 김숙 역, 북뱅크)
- 에드와르도 : 세상에서 가장 못된 아이(2006, 존 버닝햄 글, 조세현 역, 비룡소)

사이트

- 드림스타트 : www.dreamstart.go.kr

1. 아동권리와 복지의 개념

아동의 권리와 복지를 이해하기 위해서는 '아동'에 대한 이해를 근간으로 한 '아동의 권리'와 '아동복지'의 개념을 파악해야 한다. 수천 년 동안 철학자들은 아동의 기본적인 본성이 무엇이며 어떻게 아동의 복지를 증진시킬 수 있을지 고민했다. Rovert Kail(2007)은 철학자들이 오래전부터 아동발달에 대해 연구해 온 반면, 과학자들은 19세기에 이르러서야 관심을 갖기 시작했다고 전한다. 고대 그리스 철학자 Platon(B. C. 428~347)과 Aristoteles(B. C. 384~322)는 학교와 부모가 아동에게 자기통제(self-control)를 가르칠 책임이 있다고 여겼다. 계몽주의 시대 영국의 철학자 Locke(1632~1704)는 부모는 아동을 가르치고 보상을 주며 훈육해야 하지만 아동이 성장함에 따라 점차 부모의 권위를 누그러뜨려야 한다고 주장했다. 프랑스의 철학자 Rousseau(1712~1778)는 부모의 훈육을 강조하기보다 부모가 아동의 욕구에 관심을 갖고 이를 수용해야 한다고 보았다. 이와 같은 철학적 논쟁은 아동발달이 과학으로서 등장하게 됨에 따라 획기적인 변화를 맞이하게 되었는데, 산업혁명과 진화론이 그 계기가 되었다.

산업혁명으로 아동이 오랜 시간 터무니없는 조건에서 노동에 시달리자 개혁론자들은 아동의 노동을 제한하여 더 많은 아동을 학교에 보내기 위한 법령 제정에 노력을 기울였다. 이러한 노력은 1800년대의 중요한 정치적 논쟁의 중심에 서게 되었고, 이에 아동복지는 영국의 주된 관심사로 급부상하게 되었다. 아동발달이 과학으로 등장하게 된 또 하나의 계기인 진화론의 등장은 객관적이고 분석적인 연구의 기초를 마련하는 데 공헌했으며, 이는 Stanley Hall(1844~1924)로 이어져 아동발달의 이론이 형성되는 결과를 낳았다. 그뿐만 아니라 최초로 심리 검사를 고안해 낸 프랑스의 Alfred Binet(1857~1911), 초기 아동기의 경험으로 성인기의 행동을 설명할 수 있다고 제안한 오스트리아의 Sigmund Freud(1856~1939), 아동양육에 있어서 보상과 처벌의 중요성에 대해 저술한 미국의 John Watson(1878~1958) 등이 등장하면서 1933년 다학문제 접근의 아동발달 연구 조직인 SRCD(Society for Research in Child Development)가 형성되었다. 이 조직의 구성원은 심리학자, 의사, 교육자, 인류학자, 생물학자 등으로, 모두 아동의 복지와 발달에 관심을 두고 있었다(Parke, 2004).

SRCD는 다학제 연구를 촉진했을 뿐 아니라 아동의 삶을 개선하기 위해 연구결과를 활용할 것을 권장했는데, 이러한 아동발달 연구가 아동의 발달을 증진시키는 결과를 낳았고 '응용 발달 과학(applied developmental science)'이라는 새로운 분야가 등장하게 되었다. Lerner, Fisher, & Giannino(2006)에 따르면 '응용 발달 과학'은 건강한 발달을 증진시키기 위해 발달 연구들을 활용하며, 특히 취약한 아동과 가족에게 초점을 맞추고 있다. 이 분야에 관심이 있는 과학자들은 다양한 경로를 통해 건전한 가족정책에 기여하고 있다(Shonkoff & Bales, 2011). 즉, 과학자들은 아동발달 연구에서 얻은 사실적 지식에 근거하여 정책 사안을 고려하거나 정부 부처의 공무원에게 아동 및 아동의 발달에 대한 유용한 정보를 제공하고, 아동이나 청소년 관련 문제를 효과적으로 다룰 수 있는 프로그램을 개발하는 등의 일에 참여할 수 있다. 이처럼 100년 전 시작된 아동발달 과학은 아동의 삶을 개선시키기 위해 아동에 대한 방대한 연구결과와 그에서 비롯된 지식을 적극적으로 활용하고 있다. 따라서 본 장에서는 아동발달에 대한 이해를 근간으로 아동권리와 복지의 개념을 고찰하고, 아동권리와 복지의 가치를 정의하면서 권리주체로서의 아동을 규명하고자 한다.

1) 아동의 정의

아동(兒童)은 일반적으로 신체적·정신적으로 미성숙한 발달 단계에 있는 사람을 일컫지만 구체적인 개념과 범위는 전문분야 및 관할 내용에 따라 기준이 달라진다(최윤영, 2013). 먼저 사전적 의미를 살펴보면, 위키백과에서는 '아동은 어린이'를 말하며, '유엔아동권리협약(UNCRC: United Nations Convention on the Rights of the Child)' 등 국제조약에서는 아동을 '만 18세 미만의 사람'으로 정의한다. 표준국어대사전에서는 '나이가 적은 아이, 대개 유치원에 다니는 나이로부터 사춘기 전의 아이를 이름'이라고 정의한다. 법률적으로는 「아동복지법」에서는 '18세 미만의 사람'을, 「교육기본법」에서는 '만 6~12세까지를 초등학교 의무교육을 받아야 할 학령아동'으로 규정한다. 아동기는 신체적·사회적·정서적·지적 발달의 속도가 매우 현저하므로, 6~8세까지를 아동전기, 9~12세까지를 아동후기로 하여 발달 단계를 구분하고 있다.

아동의 발달적 측면과 교육학적 측면 외에 여러 가지 법률에서도 아동 개념을 규정하고 있다. 법에서 규정하는 아동은 법의 성격에 따라 사용하는 용어나 연령이 다소 상이하게 나타나고 있다(황해익 외, 2016). 〈표 1-1〉은 아동 관련법에 따른 아동의 연령과 명칭에 관한 내용이다.

〈표 1-1〉 아동 관련법의 명칭과 연령 범위

법률명	명칭	연령범위
헌법	아동	18세 미만의 자
	형사 미성년	14세 미만의 자
유엔아동권리협약	아동	18세 미만의 자
헤이그 국제아동탈취협약 이행에 관한 법률	아동	16세 미만의 자
아동복지법	아동	18세 미만의 자
입양특례법	아동	18세 미만의 자
한부모가족지원법	아동	18세 미만의 자 (취학 중인 경우는 22세 미만)
아동의 빈곤예방 및 지원 등에 관한 법률	아동	18세 미만의 자
실종아동 등의 보호 및 지원에 관한 법률	아동	실종 당시 14세 미만의 자
청소년 기본법	청소년	9세 이상 24세 이하의 자
청소년 보호법	청소년	만 19세 미만의 자
아동 · 청소년의 성보호에 관한 법률	아동 · 청소년	19세 미만의 자
소년법	소년	19세 미만의 자
근로기준법	연소자	15세 미만의 자(최저 연령) 중학교에 재학 중인 18세 미만의 자
민법	미성년자	만 19세 미만의 자
형법	형사 미성년자	14세가 되지 아니한 자
모자보건법	영유아	출생 후 6년 미만인 자
영유아보건법	영유아	6세 미만의 취학 전 아동

법률명	명칭	연령범위
유아교육진흥법	유아	만 3세에서 초등학교 취학 전 아동
도로교통법	어린이	13세 미만의 자
국민기초생활보장법	아동	18세 미만의 자
미성년자보호법	미성년	20세 미만의 자

출처: 조용남(2015). 아동복지정책의 효과성에 관한 연구 - 드림스타트 사업을 중심으로.

〈표 1-1〉과 같이 아동을 지칭하는 명칭이나 연령 범위에 대한 규정이 법령에 따라 차이를 보이고 있지만, 본 장에서는 아동을 「아동복지법」에 근거하여 18세 미만으로 정의하고자 한다.

2) 아동권리의 개념

『유아교육사전』(한국유아교육학회 편, 1966)에 따르면, "권리란 ① 자기의 의지를 자유로이 행사할 수 있는 능력 혹은 자격을 말한다. ② 법에 의하며 보호되는 것으로 이익에 관하여 인정되는 힘의 범위를 말한다고도 할 수 있다. 윤리학적으로는 주장이나 요구의 합리적 필연성, 즉 법칙에 준하는 것임을 뜻하며, 법률적으로는 법에 의해서 인정된 타인에 대한 자신의 요구를 뜻한다."라고 하며, 표준국어대사전에서는 "어떤 일을 행하거나 타인에 의하여 당연히 요구할 수 있는 힘이나 자격"이라고 정의한다(한미현 외, 2016). 장인협과 오정수(2002)는 권리를 "아동들의 욕구와 관심을 인정해 주고 충족시켜 주는 사회적 표명"으로 정의한다. 즉, 아동의 제반 욕구가 사회에 의해 인식되고 주장될 때 권리라는 말로 대체할 수 있으며, 권리의 본질적 요소를 파악할 수 있게 된다는 것이다.

아동권리의 개념 정의는 아동이 인간으로서 누려야 할 기본적인 제 권리를 총칭하는 것으로, 성인의 권리와 많은 공통점을 가지고 있으면서도 아동의 특성상 성인의 권리와 차이가 있다. 아동의 자격으로 승인되는 아동 고유의 권리라는 것은 정신적, 신체적 요구, 즉 아동이 전인으로 성장하는 것을 목적으로 하여 생존을 확보하는 것을 법적으로 승인하는 것이다(황성기, 1994). 결론적으로 아동이 차별받지 않고 성장과 발달을 이루는 것이 '권리'라고 할 수 있다. 따라서 아동의 권리를 이해하기 위해서는 성인의 축소판이 아닌, 성인과는 질적으로 다르게 사고하는 능동적인 주체인 아동에 대한 이해와 아동의 권리에 대한 명확한 이해가 필요하다.

〈표 1-2〉는 아동권리의 종류에 관한 내용이다.

〈표 1-2〉 아동권리의 종류와 내용

종류	내용
생존권	인간의 생명은 존중되어야 하고, 그 생명활동이 유지되어야 한다. 누구나 세상에 태어날 때 생존권을 가지고 태어나며 아동을 포함한 모든 사람이 그러하다. 장애를 가진 아동과 발달이 지체된 아동도 예외는 아니다.
성장발달권	아동은 성인과 달리 신체적으로 성장하고 정신적으로 발달해야 할 과업이자 권리를 가지고 있다. 식품을 통해서 음식을 섭취하여 신체를 발달시키고, 지적 자극을 받아들여서 정신적 발달을 도모해야 한다. 아동에게 성장·발달은 자연스러운 생명활동이자 발달과업이다. 따라서 아동의 성장·발달을 금지하는 것은 생명에 손상을 입히는 것이나 다를 바 없는 가해행위이다.
시민권과 자유권	성인이 사회의 시민으로서 자유롭게 의사결정을 할 권리가 있는 것처럼 아동도 사회의 미래 시민으로서 자유롭게 자신의 의견을 제시하고 자기 미래를 결정할 권리가 있다. 아동은 때로는 부모의 부당한 친권행사에 대해서도 자신의 성장과 행복을 추구할 권리를 가진다. 따라서 아동과 관련된 사항은 아동 자신의 행복을 최우선 조건으로 하여 결정되어야 한다.
양육보장권	성인과 달리 스스로를 보호할 수 없는 아동은 성장할 때까지 안전하게 양육될 권리를 가진다. 양육보장권은 아동의 발달에 적합한 가정환경을 보장받아야 할 권리를 말한다. 따라서 부모로부터의 방임이나 학대와 같이 가정환경이 아동의 발달에 부적합한 경우에 대리보호자에 의해 건강한 대리환경에서 보호받을 권리가 있다.
복지권	아동이 신체와 정신을 건강하게 발달시키고 타고난 신체와 지적 능력을 개발하여 행복하게 살기 위해서는 타고난 능력이나 상태와 상관없이 기초 보건을 유지하고 자신의 복리를 보장받는 복지권이 필요하다. 특히 정상아가 아닌 경우에는 그 장애를 극복하도록, 그리고 박탈가정에서 태어난 경우에는 그 환경의 문제를 극복하도록 사회가 지원해 주어야 한다.
교육권 및 문화향유권	아동은 잠재된 능력을 개발하기 위해서 교육받을 권리가 있다. 특히 사회에서 직업을 가지고 생활을 영위할 수 있는 기본 능력을 준비하는 과정이 제공되어야 한다. 아동에게는 초·중·고등학교인 정기교육이 의무적으로 제공되는데, 이는 어디까지나 국가의 경제 사정에 의존한다. 우리나라는 초·중학교인 9년 과정을 의무교육으로 정하고 있으며, 2013년부터 0세부터 5세아 무상보육이 실시되고 있다.

종류	내용
특별보호권	아동은 어떠한 상황에서든 특별히 안전하게 보호받을 권리가 있다. 천재지변과 같은 재난, 전쟁, 자연재해 등 위기상황에서 아동은 최우선으로 보호되어야 한다. 특별보호권은 정상아동이나 특수아동에 관계없이 주어지는 동일한 권리이다.

출처: 한미현 외(2016). 아동권리와 복지. pp. 16~17.

우리나라 아동이 누려야 할 기본권 권리의 내용은 '대한민국 어린이헌장'과 '청소년헌장'에 제시되어 있다. '대한민국 어린이헌장'(1957. 5. 5.)은 '아동권리공약 3장', '아동권리에 관한 제네바선언', '유엔아동권리선언'의 내용을 종합하여 9개 조항으로 제정되었다가 1988년 11개 조항으로 개정되었으며, 무차별 원칙과 인간존엄성이 포함되어 있고 건전한 가정에서의 보호, 영양, 교육, 문화, 놀이 및 오락, 학대와 노동으로부터의 보호, 장애아동의 보호 등에 관한 권리가 명시되어 있다. '어린이헌장'은 소파 방정환의 정신이 반영된 것이지만 선언적인 의미에 지나지 않는다. 소파 방정환은 일제강점기의 암울한 상황에서 '어린이'에게 꿈과 희망을 주고자 1923년 5월 1일 '어린이날' 기념식장에서 '아동권리공약'을 선포하였다. 어린이를 인격적으로 대우하고 어린이에 대한 노동을 폐지하며 어린이가 배우고 놀 수 있는 환경을 제공할 것을 주장했다. '아동권리공약 3장'은 아동권리에 관한 제네바선언(1924)보다 1년 앞서 선언된 최초의 아동권리선언으로 그 의의가 크다. 1920년대 우리나라에서 벌어진 소파 방정환을 중심으로 한 '소년운동'에 대해 이재연(1999)은 전통적인 가부장적 질서 속에서 억압받고 소외당했던 아동에게 권리를 찾아주자는 아동권리운동으로 평가하였다. 청소년이 누려야 할 기본적 권리와 책임에 관한 '청소년헌장'은 1990년 5월에 제정·공포되었으며, 1998년 10월 청소년의 주체적 삶과 자율성을 강조하는 내용으로 개정되었다. '청소년헌장'에 명시된 청소년의 권리는 생존의 보장과 성장의 권리, 차별받지 않을 권리, 폭력으로부터 보호받을 권리, 사적인 삶의 권리, 생각과 느낌 표현의 권리, 모임활동의 권리, 배움의 권리, 일과 직업 선택의 권리, 문화예술 활동 참여의 권리, 정보접근의 권리, 민주적 참여의 권리 등이다. '청소년헌장'은 청소년의 주체적인 삶과 자율적인 참여를 보장하여 기성세대와 함께 만들어 가는 21세기 공존의 원리를 제시했다고 평가받고 있다.

아동권리공약 3장

- 어린이를 재래의 윤리적 압박으로부터 해방하여 그들에 대한 완전한 인격적 예우를 허하라.
- 어린이를 재래의 경제적 압박으로부터 해방하여 만 14세 이하의 그들에 대한 무상 또는 유상의 노동을 폐하라.
- 어린이에게 그들이 고요히 배우고 즐거이 놀 만한 각양의 가정 또는 사회적 시설을 행하라.

출처: 희망 TV SBS 홈페이지.

대한민국 어린이헌장

대한민국 어린이헌장은 어린이날의 참뜻을 바탕으로 하여, 모든 어린이가 차별 없이 인간으로서의 존엄성을 지니고, 나라의 앞날을 이어나갈 새 사람으로 존중되며, 바르고 아름답고 씩씩하게 자라도록 함을 길잡이로 삼는다.

1. 어린이는 건전하게 태어나 따뜻한 가정에서 사랑 속에 자라야 한다.
2. 어린이는 고른 영양을 섭취하고, 질병의 예방과 치료를 받으며, 맑고 깨끗한 환경에서 살아야 한다.
3. 어린이는 좋은 교육시설에서 개인의 능력과 소질에 따라 교육을 받아야 한다.
4. 어린이는 빛나는 우리 문화를 이어받아, 새롭게 창조하고 널리 펴 나가는 힘을 길러야 한다.
5. 어린이는 즐겁고 유익한 놀이와 오락을 위한 시설과 공간을 제공받아야 한다.
6. 어린이는 예절과 질서를 지키며, 한겨레로서 서로 돕고, 스스로를 이기며 책임을 다하는 민주시민으로 자라야 한다.
7. 어린이는 자연과 예술을 사랑하고 과학을 탐구하는 마음과 태도를 길러야 한다.
8. 어린이는 해로운 사회환경과 위험으로부터 먼저 보호되어야 한다.
9. 어린이는 학대를 받거나 버림을 당해서는 안 되고, 나쁜 일과 힘겨운 노동에 이용되지 말아야 한다.
10. 몸이나 마음에 장애를 가진 어린이는 필요한 교육과 치료를 받아야 하고, 빗나간 어린이는 선도되어야 한다.
11. 어린이는 우리의 내일이며 소망이다. 나라의 앞날을 짊어질 한국인으로, 인류의 평화에 이바지할 수 있는 세계인으로 자라야 한다.

출처: 위스타트 홈페이지에서 인출.

청소년헌장

청소년은 자기 삶의 주인이다. 청소년은 인격체로서 존중받을 권리와 시민으로서 미래를 열어 갈 권리를 가진다. 청소년은 스스로 생각하고 선택하며 활동하는 주체로서 자율과 참여의 기회를 누린다. 청소년은 생명의 가치를 존중하며 정의로운 공동체의 성원으로 책임 있는 삶을 살아간다.

가정, 학교, 사회 그리고 국가는 위의 정신에 따라 청소년의 인간다운 삶을 보장하고 청소년 스스로 행복을 가꾸며 살아갈 수 있도록 여건과 환경을 조성한다.

[청소년의 권리]

1. 청소년은 생존에 필요한 기본적인 영양, 주거, 의료, 교육 등을 보장받아 정신적·신체적으로 균형 있게 성장할 권리를 가진다.
1. 청소년은 출신, 성별, 종교, 학력, 연령, 지역 등의 차이와 신체적·정신적 장애 등을 이유로 차별받지 않을 권리를 가진다.
1. 청소년은 물리적 폭력뿐만 아니라 공포와 억압을 포함하는 정신적인 폭력으로부터 보호받을 권리를 가진다.
1. 청소년은 사적인 삶의 영역을 침해받지 않을 권리를 가진다.
1. 청소년은 자신의 생각과 느낌을 자유롭게 펼칠 권리를 가진다.
1. 청소년은 자유로운 의사에 따라 건전한 모임을 만들고 올바른 신념에 따라 활동할 권리를 가진다.
1. 청소년은 배움을 통해 진리를 추구하고 자아를 실현해 갈 권리를 가진다.
1. 청소년은 일할 권리와 직업을 선택할 권리를 가진다.
1. 청소년은 여가를 누릴 권리를 가진다.
1. 청소년은 건전하고 다양한 문화, 예술 활동에 자유롭게 참여할 권리를 가진다.
1. 청소년은 다양한 매체를 통하여 자신의 삶에 필요한 정보에 접근할 권리를 가진다.
1. 청소년은 자신의 삶과 관련된 정책 결정과정에 민주적 절차에 따라 참여할 권리를 가진다.

[청소년의 책임]

1. 청소년은 자신의 삶을 소중히 여기며 자신이 선택한 삶에 책임을 진다.
1. 청소년은 앞 세대가 물려준 지혜를 시대에 맞게 되살려 다음 세대에 물려줄 책임이 있다.
1. 청소년은 가정·학교·사회·국가·인류공동체의 성원으로서 자기와 다른 삶의 방식도 존중할 줄 알아야 한다.
1. 청소년은 삶의 터전인 자연을 소중히 여기고 모든 생명들과 더불어 살아간다.

1. 청소년은 통일시대 주역으로서 평화롭게 공존하는 방법을 익힌다.
1. 청소년은 남녀평등의 가치를 배우고 이를 모든 생활에서 실천한다.
1. 청소년은 가정에서 책임을 다하며 조화롭고 평등한 가족문화를 만들어 간다.
1. 청소년은 서로에게 정신적·신체적 폭력을 행사하지 않는다.
1. 청소년은 장애인을 비롯한 소외받기 쉬운 사람들과 더불어 살아간다.

출처: 한국청소년진흥재단 홈페이지에서 인출.

아동권리선언(Declaration on the Rights of Children)

제1차 세계대전 이후 전쟁이 아동에게 미친 참상의 깊은 반성에서 1924년 9월 유엔총회에서 세계최초로 아동권리선언을 채택했다. 이것은 제네바선언(5개조)으로 알려지고 있으며 아동의 발달보장, 요보호아동의 보호, 아동구제의 우선성, 착취로부터의 보호, 아동육성의 목표달성에 노력해야 할 것을 강조하였다. 15년 뒤에 제2차 세계대전이 발발하여 제네바선언을 개정해 2개 조항을 추가하였으며, 1959년 11월 20일에는 전문과 10개조로 된 아동권리선언을 채택해 출생권, 생존권, 발달권, 행복추구권, 교육권, 레크리에이션권을 선언하였다. 이후 제30주년이 되는 1989년 11월 20일에 아동권리선언을 투표 없이 채택하였다. 인권위원회의 10년에 걸친 작업성과라고 할 수 있는 이 조약은 54개조로 이루어져 있는데 어린이가 자기 이름을 가질 권리, 착취로부터 보호받을 권리, 교육이나 생존 및 발전을 위한 권리 등을 들고 있으며 이제까지 많은 조약과 선언에 분산되어 있던 어린이의 권리를 하나로 묶었다.

출처: 이철수(2009). 사회복지학사전.

3) 아동복지의 개념

'아동복지'란 '아동(child)'과 '복지(welfare)'의 합성어이다. 어원적 의미로 볼 때 아동복지란 아동이 편안하고 행복하게 잘 지내는 상태를 말한다. 아동복지는 보호자 또는 양육자에 의한 아동양육이 불가능한 경우에 아동과 그 가족을 위한 공공 및 민간기관에서 제공하는 사회복지 서비스의 분야이다(이성한·하연희·이귀숙, 2016). 다시 말해서 아동복지란 사회의 구성원인 아동, 그리고 인생의 초기 과정에 있는 한 인간으로서의 아동이 행복하게 잘 살 수 있도록 하는 제반의 노력을 말한다. 아동복지는 아동을 위한, 아동에 대한 성인의 노력으로, 좁게는 가족에서 넓게는 지역사회와 국가에서 이루어지는 체계적인 활동의 과정이다(한성심·송주미, 2014).

아동복지의 개념을 이해하기 위해서는 아동복지가 사회복지의 한 분야로서 그 대상을 아동으로 규정한다는 점에서 출발해야 한다. 사회복지는 산업화로 사회문제가 심각해짐에 따라 문제해결과 예방을 위하여 사회적 서비스를 조직화하기 위하여 나타난 제도이다(김상균 외, 2002). 표준국어대사전에서는 사회복지를 "국민의 생활 향상과 사회보장을 위한 사회정책과 시설을 통틀어 이르는 말로, 교육, 문화, 의료, 노동 따위 사회생활의 모든 분야에 관계하는 조직적인 개념으로 「국민기초생활 보장법」, 「아동복지법」, 「사회복지사업법」 따위의 법률에 기초를 둔다."라고 정의한다. 또한, 사회복지의 기능은 사회복지의 목적을 효과적으로 실현하기 위한 노력, 즉 제도로서 역할을 말한다(이철수, 2009). 이를 종합하면, 아동복지란 '대상을 성장과 발달 단계에서 보호가 필요한 18세 미만의 아동으로 규정하고, 아동의 발달적 특성을 고려하여 그에 적합한 사회 제반의 서비스를 제공하는 사회복지'라고 정리할 수 있다.

아동복지의 개념은 지난 1세기에 걸쳐 아동을 둘러싼 환경 변화와 더불어 아동의 사회적, 법적 지위의 향상 및 복지사회에 대한 관심의 증가로 나타났다(공계순 외, 2013). 아동복지에 관한 정의는 매우 다양하며, 학자들에 따라 그 강조점에 차이가 있다. Kadushin과 Martin(1988)은 광의와 협의로 아동복지의 의미를 구분하였는데, 광의의 '아동복지'는 모든 아동의 행복을 위해 그들의 신체적, 사회적, 심리적 발달을 보호하고 촉진하기 위한 모든 대책을 일컫는다. 협의의 '아동복지'는 특수한 욕구를 지닌 아동과 가족을 대상으로 하며 사회복지기관 등의 특정 기관에서 제공하는 서비스를 말한다. Laird와 Hartman(1985)은 아동복지를 비복지 상황에 처한 아동의 욕구를 충족시키기 위한 공적이며 전문적인 지원과정이라고 정의하였다.

'아동복지사업지침'(보건복지부, 1995)에 따르면, 아동복지란 '사회의 특별한 보호가 필요한 보호대상아동을 포함한 모든 아동이 가족 및 사회의 일원으로서 육체적·정신적으로 건강하게 성장, 발달할 수 있도록 보호, 지원하여 그들의 건전육성을 도모하는 것'으로 정의한다.

김현용(1997)은 아동복지를 가족이 정상적인 보호와 사회화 기능을 수행할 수 없을 때 국가와 그 사회제도가 후원, 승인하고 직접 실천하는 구체적이고 명백한 정책과 서비스

체계라고 정의했다. 장인협과 오정수(2001)는 사회 구성원으로서 아동의 기본적인 욕구를 충족시키고 건전한 성장과 발달을 도모하기 위해 여러 가지 활동을 가능하게 하는 공적인 방법과 절차라고 아동복지를 정의하며, 방법과 절차에 아동과 관련된 법령, 공공조직 및 민간기관, 사회복지 전문직과 같은 제도화된 실천 방법을 포함시켰다. 윤매자·신혜경·주정현(2014)은 아동복지를 광의와 협의의 의미로 나누어 제시했는데, 광의 아동복지는 모든 아동의 복지와 안녕에 관여하는 것으로서 지역사회에 필요한 아동의 신체적, 심리적, 사회적 가능성을 조화롭게 최대한 발전시키도록 모든 방법을 동원하여 제공하는 것을 의미한다. 협의의 아동복지는 보호를 요하는 아동을 중심으로 한 복지활동으로, 개인이나 민간단체가 주체가 되는 활동을 포함한다.

아동복지의 개념은 잔여적 복지에서 보편적 복지로 변화했다. 잔여적 복지(殘餘的 福祉, residual welfare provision)는 정부의 공적 부조나 사회적 서비스가 가정과 정상적인 사회구조 및 시장을 통해 제공받을 능력이 없는 사람에게만 제공되어야 한다는 관점에서의 복지정책을 말한다. 그러므로 잔여적 복지는 일반적인 주변 사회의 욕구 충족 자원이 고갈되어 가족이나 시장의 욕구 충족 기능이 상실되었다고 인정되는 경우에만 도움을 주어야 한다는 개념이다(이종수, 2009). 반면에 보편적 복지(universal service)란 사회복지서비스의 이용자를 일정한 계층으로 나누어 저소득층에 한정하는 선별주의적 복지로부터 모든 계층의 사람이 복지서비스의 이용자가 되는 것을 전제로 한 사회복지의 제도개혁을 지향한 개념이다. 이러한 사회복지의 전환은 1960년대 후반부터 1970년대에 걸쳐 유럽과 미국에서 일어난 사회복지서비스 제도이다. 이와 같은 경향에 비추어 사회복지서비스는 개인사회서비스(personal social service)라는 명칭이 주어졌고, 요구가 있는 시민이 그 요구에 따라 서비스를 이용할 수 있다는 이념하에서 서비스의 제공이 이루어지게 되었다(이철수, 2009). 이러한 인식의 변화에 초점을 두고 아동복지의 개념을 이재연(2010)이 제시한 정의로 정리하고자 한다. 즉, 아동복지란 '특별한 문제나 욕구가 있는 아동을 포함한 모든 아동이 가족 및 사회의 일원으로서 건강하고 건전하게 성장할 수 있도록 개인·민간·지역사회와 국가가 상호 협력하여 아동의 권리를 실질적으로 보장하는 제반의 활동'이다.

2. 아동권리와 복지의 가치

세계보건기구(WHO)는 행복을 개인이 자신의 능력을 알고, 인생에서 으레 생겨나는 스트레스에 대처할 수 있으며, 생산적이고 효과적으로 일하고 공동체에 기여할 수 있는 상태(우문식·이명원·허현자 역, 2013)로 정의한다. 행복한 삶에 대한 욕구는 누구나 있으며 아동 역시 행복에 대한 욕구가 있다. 그러나 많은 아동이 마땅히 누려야 할 행복을 누리지 못하고 있다. 모든 아동은 각자 고유한 잠재력을 가지고 태어나지만 모두가 자기 능력을 발전시키고 성취감과 만족감을 느끼는 삶을 만들어 가는 것은 아니다. 오늘날 아동은 이전 세대보다 더 많은 스트레스와 부담을 안고 있다. 유니세프(UNICEF, 2007)에서 실시한 '아동 삶의 질 국가 간 비교'를 통해 분석된 우리나라 아동의 삶의 질 수준은 객관적인 영역(건강, 교육, 안전 등)에서는 양호하지만 주관적인 복지는 매우 열악한 수준이며, 연세대학교 사회발전연구소(2010)에 따르면 우리나라 아동의 행복도는 OECD 국가 중 최하위를 기록하는 등 아동의 삶은 행복과는 거리가 먼 실정이다(황해익 외, 2016).

「아동복지법」에서는 아동복지를 '아동이 행복한 삶을 누릴 수 있는 기본적인 여건을 조성하고 조화롭게 성장·발달할 수 있도록 하기 위한 경제적·사회적·정서적 지원'으로 규정한다. 「청소년기본법」에서는 '청소년이 정상적인 삶을 영위할 수 있는 기본적인 여건을 조성하고 성장·발달할 수 있도록 제공되는 사회적·경제적 지원'이라고 설명한다(김성경 외, 2015). 따라서 「아동복지법」과 「청소년기본법」에 근거하면 아동복지의 목적은 '아동의 행복한 삶 지원'이라고 설정할 수 있고, 아동복지의 가치는 바로 아동이 행복한 삶을 영위할 수 있도록 함으로써 사회문제 발생을 미연에 방지하는 데 있다고 할 수 있다.

1) 아동복지의 의의

아동복지의 의의는 아동 개인적 차원과 가족의 차원, 사회적 차원으로 구분하여 살펴볼 수 있다.

(1) 개인적 차원에서의 의의

아동복지의 일차적 의의는 아동 개개인의 생존을 보장하고 나아가 아동의 신체, 인지, 그리고 사회정서 발달을 촉진시킨다는 점이다. 현대사회에서 아동복지는 생존을 넘어서 권리의 문제를 더욱 강조하는 방향으로 나아가고 있다. 따라서 부모나 가족으로부터 적절한 양육을 받지 못하는 아동의 건강한 발달을 보장해 주기 위해 정부나 지역사회차원에서 제공되는 정서적 지원은 물질적 지원 못지 않게 아동복지의 중요한 영역으로 부각되고 있다(정옥분 외, 2016).

아동의 발달 환경의 변화에 따라서도 아동복지의 의의를 고찰할 수 있다. 최근 우리나라의 환경은 학교폭력, 아동 성폭력, 스마트폰 중독 등의 위험이 증가하고 있을 뿐만 아니라 그 대상 연령의 하향화가 뚜렷해지며, 과도한 교육열이 아동과 부모의 삶의 질에 부정적 영향을 미치고 있다. 이에 보건복지부(2015)는 아동의 건강한 성장과 발달을 위해 환경적 위해 요인을 적극적으로 규제하고, 문화·체육·예술·여가·놀이활동의 기회를 늘리는 '제1차 아동정책 기본계획'을 수립·발표했다.

(2) 가족적 차원에서의 의의

현재 우리나라는 급속한 가족체계의 구조적 변화를 경험하고 있다. 핵가족화와 별거·이혼 등으로 인한 한부모가정의 증가, 재혼으로 인한 불안정성의 증가, 다문화 가정의 증가 등으로 가족형태가 다양해졌다. 여성의 경제활동 증가, 근로형태의 다양화 등으로 인해 부모의 자녀양육 참여가 줄어들고 전통적인 가족기능의 상당 부분이 사회와 국가로 이전되고 있는 추세다.

가족의 중요한 기능 가운데 하나는 자녀 사회화의 기능이며, 부모는 누구보다도 자녀의 신체, 인지, 사회정서 발달에 큰 영향을 미친다. 현대사회에서는 자녀양육의 상당 부분이 사회로 이전되고 있으나 아직까지 부모는 자녀의 발달에 가장 큰 영향을 미치는 중요한 인물이다. 그러나 부모역할은 많은 시간과 에너지를 요구하는 역할이고, 다른 역할과 마찬가지로 항상 즐거울 수 만은 없는 역할이다. 많은 부모가 이러한 문제로 고통받고 있으며, 특히 한부모가족이나 빈곤가족에서 더욱 심각하다. 최근 취업여성의 비율이 급격하게 증가함에 따라 많은 여성은 직업과 자녀양육이라는 이중의 역할문제에 직면하게 되었다. 여성은 자녀양육에 소홀하게 되는 문제, 이를 즐겁게 받아들이지 못하는 것에 상당히 큰 죄책감을 갖고 있다. 이러한 관점에서 볼 때 부모나 가족원을 지원함으로써 아동을 간접적으로 지원하는 것은 효과적인 아동복지의 방법이며, 실제로 많은 나라에서 영유아보육이나 부모상담 등을 통해 부모나 가족을 지원하는 방법을 아동복지 활동의 중요한 내용으로 포함시키고 있다(정옥분 외, 2016).

(3) 사회적 차원에서의 의의

아동복지의 또 다른 관점은 바로 사회문제를 예방하는 데 있다. 아동은 성인과 같이 행복을 추구할 권리와 욕구가 있다. 성인과 달리 스스로 욕구를 충족시키는 데 한계가 있는 아동에게 가족이나 사회, 국가에서 욕구 충족의 서비스를 제공해야 한다. 특히, 아동기의 빈곤경험은 그 영향이 크고(구인회·박현선·정익중·김광혁, 2009), 성장기에 있는 아동은 가정의 경제적 어려움으로 인한 스트레스에 직·간접적 영향을 많이 받는다(한지숙, 2011). 그리고 가정의 경제적 어려움이 저소득층 아동의 가족 구성원 결속에도 영향을 미쳐 발달상 적합하지 못한 환경에 노출될 가능성이 높다(김수정, 2005). 따라서 아동을 대상으로 한 복지서비스는 사회문제를 미연에 방지해 주며 사회적 비용을 절감해 주는 효율적인 투자라고 할 수 있다.

미국에서 저소득층 자녀에게 보상교육의 일환으로 실시하는 '헤드스타트(heard start)' 프로그램은 빈곤의 악순환을 예방할 수 있는 효율적인 아동복지의 한 방법으로 평가되고 있다. 이와 같은 맥락에서 우리나라에서는 드림스타트 사업을 찾아볼 수 있다. 드림스타트(dream start, www.dreamstart.go.kr)란 취약계층 아동에게 맞춤형 통합서비스를 제공하여 아동의 건강한 성장과 발달을 도모하고 공평한 출발기회를 보장함으로써 건강하고 행복한 사회 구성원으로 성장할 수 있도록 지원하는 사업이다. 드림스타트의 추진 배경은 가족해체, 사회양극화 등에 따라서 아동빈곤 문제가 심각하게 대두되고, 빈곤 아동에 대한 사회투자 가치의 중요성이 강조되었기 때문으로 볼 수 있다.

2) 아동복지의 필요성

우리나라 아동복지는 구휼적 관점에서 출발했다. 즉, 빈곤이나 전쟁으로 인한 고아나 기아, 미아와 같은 요보호아동을 중심으로 한 물질적 구호가 주를 이루었다. 그러나 사회가 변화하면서 물질적 구호가 아닌 다른 유형의 복지서비스가 요구되고 있다. 현대사회의 변화로는 여성취업률의 증가, 출산 저하와 인구구조의 변화, 다양한 가족구조의 출현, 아동권리에 대한 인식 변화 등을 꼽을 수 있다.

(1) 여성취업률의 증가

최근 가족 형태에 가장 큰 영향을 준 것은 바로 기혼여성의 경제활동 참여의 증가이다. 여성의 교육수준의 향상, 출산자녀 수의 감소, 가사노동량의 감소 등과 같은 생활구조의 변화로 맞벌이 가족의 수가 증가하는 추세이다. 맞벌이 가정이 증가하면서 대두된 이슈는 자녀양육과 관련된 것이다.

[그림 1-1]을 보면 우리나라 여성의 취업패턴은 일본을 제외한 선진국과는 대조적으로

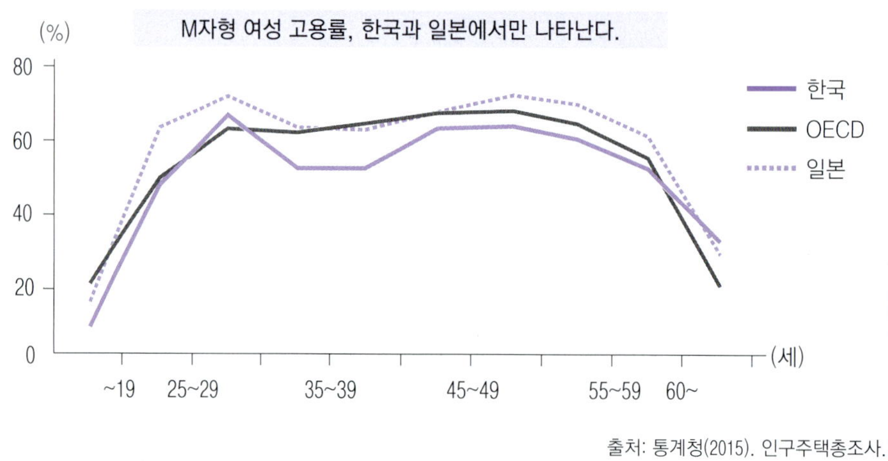

[그림 1-1] 여성고용률

역U자형이 아닌 M자형을 나타내고 있는데, 실제로 자녀출산과 양육의 부담이 큰 30대 여성이 경제활동에서 벗어나고 있다. 자녀양육의 문제는 여성의 경력단절과도 직결되며, 최근의 저출산 양산과도 관계가 있다. 이에 대한 대책은 바로 보육으로, 육아문제를 지원하는 복지서비스가 해결방안 중 하나라고 할 수 있다. 따라서 다양한 형태의 어린이집 확충과 보육교사의 자질, 보육비용, 어린이집의 교육환경, 교육 프로그램 등의 개선이 요구된다.

경력단절여성이란 15~54세 기혼여성 중 현재 비취업인 여성으로 결혼, 임신 및 출산, 육아, 자녀교육(초등학교), 가족돌봄으로 인해 직장을 그만둔 여성을 일컫는다. 연령대별 여성의 경력단절 현황 통계표는 〈표 1-3〉과 같다.

〈표 1-3〉 연령대별 여성 경력단절 현황 (단위 : 천 명, %)

구분	2015년							2016년						
	15~54세 기혼여성		비취업여성		경력단절 여성		비율(B/A)	15~54세 기혼여성		비취업여성		경력단절 여성		비율(B/A)
	인원(A)	비중	인원	비중	인원(B)	비중		인원(A)	비중	인원	비중	인원(B)	비중	
합계	9420	100.0	3815	100.0	2053	100.0	21.8	9273	100.0	3688	100.0	1906	100.0	20.6
15~29세	509	5.4	276	7.2	177	8.6	34.7	485	5.2	258	7.0	161	8.5	33.2
30~39세	2905	30.8	1464	38.4	1090	53.1	37.5	2844	30.7	1387	37.6	1012	53.1	35.6
40~49세	3943	41.9	1372	36.0	611	29.8	15.5	3905	42.1	1351	36.6	587	30.8	15.0
50~54세	2063	21.9	703	18.4	174	8.5	8.5	2038	22.0	692	18.8	146	7.7	7.2

출처: 통계청(2016). 지역별 고용조사. 각년도 연령대별 여성 경력단절 현황 통계표.

통계에 따르면, 2016년 4월 기준으로 15~54세 기혼여성 중 결혼, 임신 및 출산, 육아, 자녀교육(초등학생), 가족돌봄 등의 사유로 직장(일)을 그만둔 경력단절여성은 20.6%(190만 6천 명)로 나타났고, 경력단절여성 비중은 전년(21.8%) 대비 1.2%p 하락했다. 경력단절여성을 연령대별로 살펴보면, 30~39세가 101만 2천 명(53.1%)으로 가장 많고, 이어서 40~49세가 58만 7천 명(30.8%), 15~29세가 16만 1천 명(8.5%), 50~54세가 14만 6천 명(7.7%)으로 나타났다.

(2) 저출산과 인구구조의 변화

노인인구 비율의 가파른 증가와 저출산으로 인한 아동 수의 감소는 우리나라의 인구구조를 변화시키고 있다. 아동출산율의 저하와 인구의 고령화는 경제활동 인구수의 감소로 이어지면서 우리나라 미래를 불투명하게 하고 있다. 2017년 4월 4일자 서울신문 기사에는 '한국 삶의 질 학회장'인 한준 회장의 인터뷰가 실렸는데, 그는 출산율이 낮은 배경을 젊은이들의 낮은 삶의 질로 연결 지었다. 결혼은 미래를 기약하고 과감히 투자하는 것인데 불확실성이 커져서 자꾸 꺼리게 되는 것이라고 해석했다.

〈표 1-4〉는 2007년부터 2015년까지 우리나라 출산율을 나타낸 것이다. 합계출산율(TFR: total fertility rate)이란 가임여성(15~49세) 1명이 평생 낳을 것으로 예상되는 평균 출생아 수를 나타낸 지표로서 연령별 출산율(ASFR)의 총합이며, 출산력 수준을 나타내는 대표적 지표이다. 합계출산율이 높을수록 한 여성이 출생하는 자녀 수가 많다는 것을 의미한다.

〈표 1-4〉 합계출산율 (단위: 천 명, %, 명, 인구 1천 명당 명, 가임여자 1명당 명)

구분 \ 연도		2005	2006	2007	2008	2009	2010	2011	2012	2013	2014	2015p
출생아 수		435.0	448.2	493.2	465.9	444.8	470.2	471.3	484.6	436.5	435.4	438.7
전년 대비	증감	−37.7	13.1	45.0	−27.3	−21.0	25.3	1.1	13.3	−48.1	−1.0	3.3
	증감률	−8.0	3.0	10.0	−5.5	−4.5	5.7	0.2	2.8	−9.9	−0.2	0.8
조출생률		8.9	9.2	10.0	9.4	9.0	9.4	9.4	9.6	8.6	8.6	8.6
합계출산율		1.076	1.123	1.250	1.192	1.149	1.226	1.244	1.297	1.187	1.205	1.24
전년 대비	증감	−0.078	0.047	0.127	−0.058	−0.043	0.077	0.018	0.053	−0.110	0.018	0.03
	증감률	−6.8	4.4	11.3	−4.6	−3.6	6.7	1.5	4.3	−8.5	1.5	2.9

출처: 통계청(2016). 2015년 출생통계(확정), 국가승인통계 제10103호 출생통계.

2015년 총 출생아 수는 43만 8천 4백 명으로 전년(43만 5천 4백 명)보다 3천 3백 명(0.8%) 증가했으며, 합계출산율은 1.24명으로 전년(1.21명)보다 0.03명 증가한 수치를 나타내고 있다. 조(粗)출생률(인구 1천 명당 출생아 수)은 8.6명으로 전년과 유사하며, 전년

대비 30대 이상의 출산율은 증가, 20대 이하의 출산율은 감소한 것으로 조사되었다. 모(母)의 평균 출산연령은 32.2세, 고령산모(35세 이상) 출산이 23.8%를 차지하였고, 전체 출생성비(여아 100명당 남아 수)는 105.3명, 셋째아 이상 성비도 105.5명이었다. 시·도별 합계출산율은 세종(1.90명), 전남(1.55명), 울산(1.49명)이 높고, 서울(1.00명)과 부산(1.14명)이 낮았다.

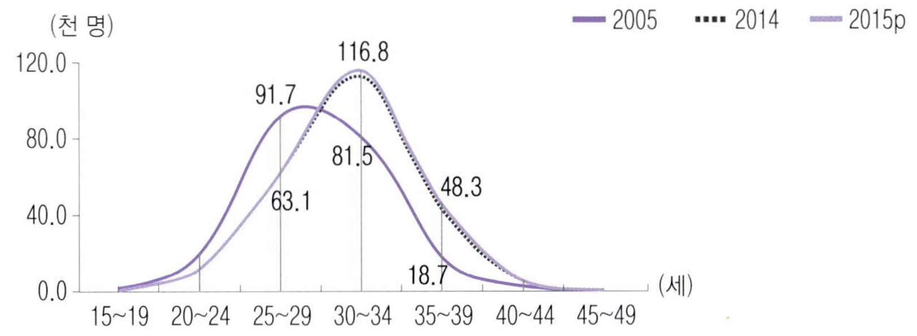

출처 : 통계청(2016). 2015년 출생통계(확정), 국가승인통계 제10103호 출생통계.

[그림 1-2] 모(母)의 연령별 출산율(2005 · 2014 · 2015p)

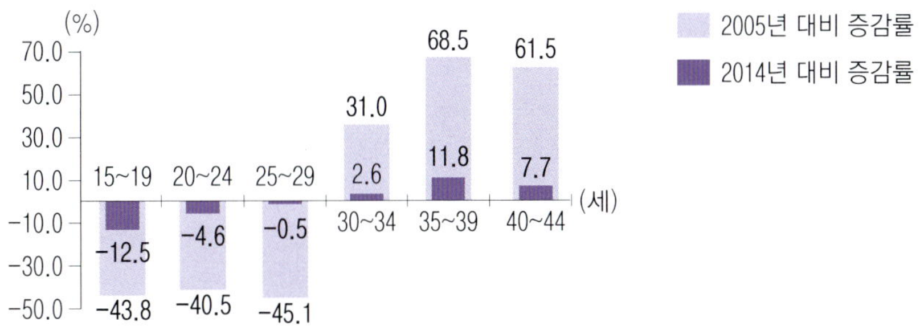

출처 : 통계청(2016). 2015년 출생통계(확정), 국가승인통계 제10103호 출생통계.

[그림 1-3] 모(母)의 연령별 출산율 증감률(2005 · 2014 · 2015년p)

2015년 사망자 수 27만 5천 7백 명으로 사망원인통계 작성(1983년) 이래 최대치를 기록했다. 조(粗)사망률(인구 1천 명당 사망자 수)은 5.4명으로 전년보다 2.6% 증가했고, 전년 대비 연령별 사망률은 90세 이상과 20대를 제외한 모든 연령에서 감소했다. 시·도별 연령표준화사망률(표준인구 천 명당 사망자 수)은 울산(3.8명), 충북(3.8명)이 높고, 서울(3.1명)과 경기(3.3명)가 낮은 것으로 조사되었다. 2015년 자연증가(출생 – 사망)는 16만 3천 명으로 전년(16만 7천 7백 명)보다 4천 7백 명(– 2.8%) 감소하여 통계 작성(1970년) 이래 가장 낮았다.

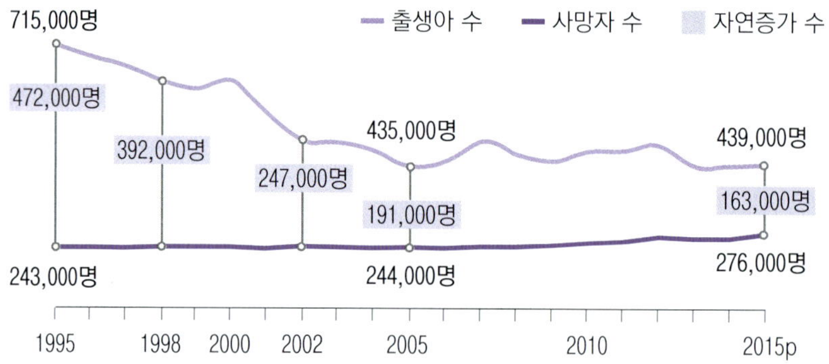

출처 : 통계청(2016). 2015년 출생통계(확정), 국가승인통계 제10103호 출생통계.

[그림 1-4] 자연증가 추이(1995-2015p)

현재의 출산율이 유지될 경우 2050년경 우리나라 인구는 4천만 명 이하로 감소할 수 있으며, 2060년경에는 노령인구가 유년인구의 약 4배에 달할 것으로 추정된다. 이는 생상성이나 노인부양에서 심각한 문제를 초래할 수 있으며, 따라서 아동수당 지급 등 출산장려를 유도하는 정책 수립이 그 어느 때보다도 절실한 상황이다(정옥분 외, 2016).

(3) 다양한 가족구조의 출현

우리나라의 가족구조는 매년 변화를 거듭하고 있다. 〈표 1-5〉와 [그림 1-5]에 따르면 한부모가족의 수가 증가했음을 알 수 있고, 국제결혼으로 인한 다문화가구의 수도 전체의 2%에 육박하며, 혼인 비중에서도 외국인과의 혼인이 전체의 7.3%를 차지하고 있음을 확인할 수 있다. 외국인과의 혼인은 2만 6백 건으로 전년(2015) 대비 7백 건(3.2%) 감소하였고, 외국인과의 혼인 중 외국 여자와 혼인 비율은 72.0%, 외국 남자와 혼인 비율은 28.0%를 차지하는 것으로 나타났다. 이는 우리나라 가족구조의 형태가 2세대 혹은 3세대의 형태에서 벗어났으며, 단순한 세대 구성의 변화가 아닌 다문화를 포함하는 다양한 가족구조의 변화를 경험하고 있음을 반증한다.

〈표 1-5〉 2015년도 가족형태

(단위 : 명, %)

가족형태	예		아니오	
	인원	비율	인원	비율
부부가 맞벌이를 하고 있다.	5,819	47.5	6,430	52.5
취업, 학업 등으로 부부가 국내 다른 지역에서 따로 살고 있다(주말부부).	922	7.5	11,327	92.5
자녀의 유학을 위해 부모 중 한 사람은 자녀와 외국에서 생활하고 있다.	23	0.1	18,600	99.9
국제결혼으로 가족 구성원이 된 사람이 있다.	340	1.8	18,282	98.2
입양한 자녀가 있다.	23	0.1	18,600	99.9
장애가 있는 자녀가 있다.	222	1.2	18,400	98.8
어머니 또는 아버지 혼자 만 18세 미만인 미혼자녀를 키우고 있다.	337	1.8	18,285	98.2
손자녀가 부모가 아닌 할머니 또는 할아버지와 함께 살고 있다.	149	0.8	18,474	99.2

출처: 통계청(2016). 가족실태조사: 가족형태 내용별 특성.

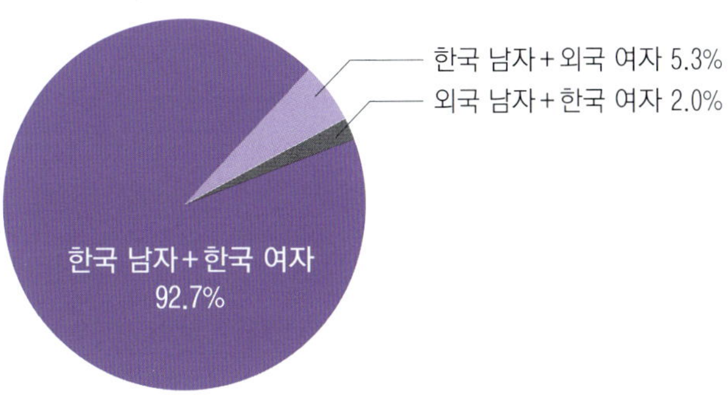

출처: 통계청(2017). 2016년 혼인·이혼통계.

[그림 1-5] 외국인과의 혼인비중(2016)

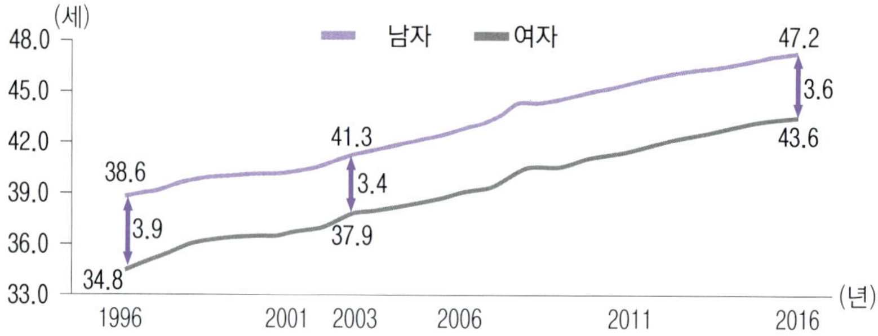

출처 : 통계청(2017). 2016년 혼인·이혼통계.

[그림 1-6] 평균이혼연령(1996-2016)

1인 가구는 노인인구의 증가로 인한 현상으로 간주할 수도 있지만 가족해체가 그 원인이라고 볼 수 있다. 특히 이혼으로 인한 가족해체 현상은 아동에게 큰 영향을 미친다. [그림 1-6]의 평균이혼연령에 따르면 이혼 연령대가 주로 40대로 대부분 초등학생 혹은 중·고등학생 자녀를 둔 나이이다. 이 시기의 아동은 부모로부터 부모역할뿐만 아니라 여성과 남성의 역할을 배우게 되며, 이를 통해 성적 정체감과 주체성을 학습한다. 따라서 이 시기의 부와 모의 부재는 아동의 정체감 혼란으로 이어지면서 사회문제화될 수 있다. 즉, 예방의 특성을 지니고 있는 아동복지의 필요성이 제기되는 부분이다.

(4) 아동권리에 대한 인식의 변화

20세기에 들어서면서 많은 학자가 아동기의 중요성에 대해 관심을 갖기 시작했다. 정신분석이론, 학습이론, 인지발달이론 등 다양한 관점에서 연구들이 이루어졌으며, 사회적으로도 자녀양육의 중요성에 대한 인식이 형성되었다. 또한, 국제사회의 노력으로 수동적인 아동보호에서 능동적인 아동권리 보장이 이루어지게 되었다. 선언적인 의미가 강하긴 했지만 1922년 '아동권리선언'이 성문화되어 국가가 아동의 신체적·도덕적·정서적 발달을 돕도록 규정했고, 이후 아동복지의 근간을 형성하는 선언과 협약 등이 발표되었다.

'유엔아동권리협약'은 요보호아동을 대상으로 물질적 구호에 치중했던 기존의 복지에 대한 인식을 아동의 권리까지 보장하는 방향으로 확장시켰다. 우리나라도 자녀가 부모의 소유물이 아니라는 사회적 인식이 일반화되고는 있으나, 전통적으로 부모－자녀 관계를 상하 관계로 인식하는 권위주의적 양육태도로 인해 부모－자녀 관계에 긴장이 유발되기도 한다. 이는 교사와 학생 관계에서도 유사하게 나타나고 있다. 따라서 유엔아동권리협약에서는 아동학대 예방이나 체벌 방지를 위한 구체적인 조항을 명시하고, 당사국들이 그 이행사항을 권리위원회에 보고하도록 하고 있다. 그 결과 우리나라도 아동의 권리를 향상하기 위한 많은 노력을 하였고 그 결실을 거두었지만, 앞으로도 이를 위한 정책입안이나 홍보가 적극적으로 이루어져야 할 것이다(정옥분 외, 2016).

3. 권리주체로서의 아동

2017년 5월 5일자 한겨레신문 1면에는 '유엔아동권리협약 한국의 현주소'라는 소재로 미등록 외국인 노동자의 아이들의 현주소를 알리는 기사가 실렸다. 건강보험이 없어서 아파도 병원에 갈 수 없고 무상보육의 대상도 되지 않기 때문에 보육비 부담이 크다는 현실을 짚으며, 이주아동 지원단체가 미등록 이주어린이를 지원할 수 있도록 '이주아동권리보장기본법'을 제정하려고 애썼지만 실패했다고 전했다. 이에 덧붙여 '모든 아동은 어떤 종류의 차별로부터도 보호받아야 한다.'라는 유엔아동권리협약을 한국은 1991년 비준했음을 상기시켰다. 아동권리의 기준을 제시한 유엔아동권리협약은 아동권리가 어떤 국가나 문화 상황에서도 보장되어야 할 가치임을 천명하고, 더 나아가 국제 간 공조체제 구축과 협력을 유도한다. 2016년 기준 196개국이 비준하여 역사상 가장 많은 국가로부터 지지를 받고 있는 국제인권조약이라는 점에 근거할 때, 오늘날 아동은 권리의 주체로 존중받는다고 확언할 수 있다. 그러나 권리주체로서 아동이 인식되기까지는 오랜 시간이 필요했고, 많은 노력이 있었다. 따라서 본 절에서는 아동이 권리주체로서 존립하고 인정받기까지의 구체적인 변화와 노력을 고찰하고자 한다.

1) 아동기에 대한 이해

(1) 아동기 이해의 변천

아동에 대한 인식은 시대와 사회·문화적 배경에 따라 다르게 발전하였다. 고대에서는 아동을 대를 잇기 위한 수단이나 경제적 가치로 인식하였고, 중세에 이르러서는 원죄설에 입각하여 어려서부터 엄격한 체벌을 통해 개조해야 한다고 생각하였으며, 아동을 성인의 축소판으로 간주하여 아동의 권리는 지우고 의무만 강조함으로써 학대와 방임이 공공연하게 자행되었다.

15~17세기에 들어와 아동기의 발전이 시작되어 아동을 '성인의 세계에 들어가기 전 사회적 분리'와 같은 특별한 취급을 필요로 한다는 시각을 갖게 되었다(Aries, 1962). 이것이 근대적 아동기 개념의 출현이며, 아동기 역사학자들은 이것을 아동기의 발명(invention of childhood) 또는 아동기의 발견(discovery of childhood)으로 표현한다. 아동기의 발견에서 아동을 보는 시각의 변화는 다음과 같다.

첫째, 중세 사회에서 아동을 성인과 구분할 만한 아동기에 대한 특별한 생각이나 인식이 존재하지 않았다.

둘째, 산업화와 산업화에 따른 가족구조의 변화에 따라 점차 아동기는 생애에 있어 특별한 단계로 인식되었다.

셋째, 아동기 개념은 15세기 부르주아 계층에서 나타나기 시작하였는데, 아동은 곧 성인이라는 인식에서 점차 아동은 매우 연약한 존재로 성인의 보호가 필요하다는 인식이 생겨났다.

넷째, 핵가족의 발달과 학교교육제도는 획기적으로 아동을 성인 사회로부터 분리시키며, 아동기는 고유하고 특별한 단계로 인식하도록 하였다.

다섯째, 이러한 아동기의 발견은 산업화에 따른 결과로 가정이 노동공간에서 분리되고, 산업화 진전에 따른 경제적 부로 인해 가족의 경제적 기능이 향상되고, 여성은 집에서 아동을 양육하는 것에 집중할 수 있었던 것에 기인한다(김호년 외, 2016).

현대적 의미에서 아동기는 아동이 인간발달의 단계에서 특별하고 고유한 단계에 있으며, 아동과 성인을 질적으로 다른 존재로 인정하는 것을 말한다. 이러한 아동기의 의미는 현대 심리학의 발전과 함께 형성되었으며, 아동은 성인과 질적으로 다르므로 학교와 가정에서 성인과 다르게 다루어져야 한다고 보았다(Postman, 1994). 이는 아동과 성인의 발달 특성이 다르기 때문이며, 아동기는 성장의 단계로 이해할 수 있고, 사회는 성숙을 위한 준비기간인 아동기를 위해 최적의 환경을 제공할 필요가 있다(김호년 외, 2016). 결론적으로 조성연 외(2005)에 따르면, 오늘날 아동은 신체적, 인지적, 정서적, 사회적 측면에서 성장하고 발달해 가는 존재이며, 생존뿐만 아니라 전인적 발달을 이루기 위해 성인의 보호가 필요한 존재이다. 또한, 독립된 인격의 주체로서 개별적인 요구와 특성을 가진 존재인 것이다.

(2) 아동의 발달 단계 및 특성

아동발달이란 시간의 경과에 따른 아동의 양적인 측면과 질적인 측면에서 변화하는 과정을 의미한다. 양적인 측면에서 아동발달은 신장, 체중, 어휘력 등에서 보이는 변화로, 외형적으로 판별할 수 있는 특징을 지닌다. 반면, 질적인 측면에서 아동발달은 지능의 본질이나 정신작용의 변화와 같은 것으로, 외형적 판별이 불가능하다. 아동기는 성장과 변화 속도가 매우 빠른 발달적 특성을 보이는 시기이다. 따라서 아동기에 포함되는 영유아기와 아동전기(학령기), 아동후기(청소년기)로 구분지어 그 발달적 특징을 간략히 살펴보고자 한다.

① 영유아기

영유아기는 보편적으로 출생에서 만 2세까지의 영아기와 만 3세부터 취학 전까지의 유아기를 포함하는 시기이다. 이 시기는 전 생애에 있어서 가장 급속한 발달이 이루어지는 특징을 지니며, 결정적 시기라고 일컫는다. 특히, 영아기는 여러 발달 영역에서 급속한 성장이 이루어지는데, 누워 있던 상태에서 뛰어다닐 수 있을 만큼 빠른 속도로 신체발달이 이루어지고, 언어능력의 발달로 의사소통이 가능해진다.

부모 또는 주양육자와의 애착 형성이 중요한 영아기를 지나 유아기에 이르면 호기심이 왕성해져서 주변 환경에 대한 탐색이 활발해지고, 어휘력의 신장으로 의사소통도 활발해진다. 이 시기는 인지능력이 발달하고 상상력이 풍부해지는 특징을 지닌다. 유아기는 영아기에 비해 신체적으로, 인지적으로, 사회·정서적으로 더 많은 발달이 이루어지지만 여전히 성인의 보호와 배려가 필요한 시기이다.

논리적인 사고의 발전과정을 제시한 Piaget 이론 중 영유아기는 감각운동기와 전조작기에 해당된다. 먼저 출생부터 2세 정도까지의 감각운동기의 아동은 감각경험과 운동행동을 조절하는 것을 배운다. 이 단계에서의 중요한 발달적 특징은 대상영속성 개념의 획득에 있다. 즉, 사물이 눈에 보이지 않아도 그 사물이 존재한다는 사실을 인식하는 것이다. 2세에서 7세 정도의 전조작기 아동은 언어와 같은 상징적 기호를 사용하면서 사고 능력에서 큰 발달양상을 보인다. 그러나 보존개념의 획득 실패로 수, 크기, 무게의 변화에 따른 조작은 불가능한 특징을 보인다.

② 아동전기(학령기)

학령기는 주로 6세부터 12세까지의 초등학교 시기를 일컫는다. 이 시기에는 생활의 중심이 가정에서 학교로, 즉 부모보다는 또래와의 관계에 의미를 두는 시기다. 학교생활을 통해 폭넓은 사회적 관계를 형성하게 되며, 또래와의 관계를 통해 사회적 기술과 대인관계 능력이 향상된다.

Piaget의 이론에 따르면, 이 시기는 구체적 조작기에 해당된다. 7세에서 12세까지의 구체적 조작기 아동은 보존개념을 획득하고 논리적으로 사물 간의 관계를 이해할 수 있다. 그러나 추상적 개념이나 철학적 개념에 대한 인지능력은 미숙한 단계에 머무르는 한계를 보이기도 한다. 구체적 조작기의 인지발달은 사회적 사고와 인간관계 성숙의 기초가 된다.

③ 아동후기(청소년기)

아동후기(청소년기)는 관련 법령마다 연령의 범위가 다르지만, 본서에서는 보편적으로 아동기라고 일컫는 만 18세 미만까지의 아동을 대상으로 한다. 이 시기는 성인이 되는 준비과정 혹은 과도기로 간주할 수 있는데, 신체의 급격한 변화와 인지적 능력의 확대뿐 아니라 여러 가지 심리적 변화를 경험하게 된다.

이 시기는 Piaget의 형식적 조작기에 해당되며, 인지적 특징은 상징적 추론이 가능하다는 것이다. 최순남(2002)은 형식적 조작기에 해당하는 아동은 가설을 상정하고 체계적으로 검증할 수 있을 뿐만 아니라 가능한 해답을 논리적으로 검토할 수 있다고 하였다. 지능검사의 개념에 따른 인지적 능력은 10대 후반에 가장 뛰어나서 기계적인 암기나 지적 과제의 수행 속도 등이 엄청나게 발달한다. 그러나 판단, 추론, 창의성 등의 인지능력은 전 생애를 통해 발달한다.

〈표 1-6〉 Piaget의 인지발달 단계

단계	연령	특징
감각운동기	출생~2세	외부 세계에 대한 영아의 지식은 감각과 운동기술에 기초한다. 이 시기가 끝날 무렵 영아는 정신적 표상을 사용하기 시작한다.
전조작기	2~6세	아동은 외부 세계를 표현하기 위해 단어와 수와 같은 상징을 사용하는 법을 배우나 자신의 관점에서만 외부 세계를 바라본다.
구체적 조작기	7~11세	아동은 지금 여기에서의 논리적 조작을 이해하고 경험에 적응한다.
형식적 조작기	청소년기 이후	청소년과 성인은 추상적으로 사고하고 가정의 상황을 예측하며 무엇이 가능한가를 연역적으로 추론한다.

출처: Kail, V. R. (2016). 아동과 발달 (권민균 외 역). p. 12.

〈표 1-7〉 아동기의 발달 단계와 주요 발달 현상

단계	주요 발달 현상
영아기 (0 ~ 2세)	• 신생아는 의존적이기는 하지만 나름대로 많은 능력을 가지고 있다. • 출생 시에는 모든 감각기관이 작용한다. • 신체의 성장과 발달 속도가 매우 빠르다. • 학습능력과 기억력이 신생아기에도 형성된다. • 생후 2년째가 되면 자아에 눈뜨기 시작한다. • 첫돌 무렵에 부모에 대한 애착이 형성된다. • 다른 아동에 대한 관심이 증가한다.

단계	주요 발달 현상
유아기 (2 ~ 6세)	• 운동기술과 체력이 신장된다. • 자기중심적이다. • 인지적 미성숙으로 인해 세상을 보는 눈이 비논리적이다. • 놀이, 창의력, 상상력이 풍부하다. • 자율성, 자기통제력이 증가한다. • 친구의 중요성이 증가되지만 가족이 여전히 생활의 중심이다.
아동기 (6 ~ 12세)	• 신체의 성장이 느려진다. • 체력과 운동기술이 더욱더 신장된다. • 유아기의 자기중심성이 사라진다. • 기억력과 언어기술이 증가한다. • 자아개념이 발달한다. • 친구가 생활의 중심이 된다.

출처: 정옥분 외(2016). 아동권리와 복지. p. 35.

이와 같이 아동은 발달 단계를 거쳐 발달해 간다. 아동복지서비스는 아동발달 단계에 따라 건강하게 발달과제를 성취하도록 하는 것이다. 〈표 1-8〉은 아동의 발달 단계에 따라 해결해야 할 과제, 성취해야 할 과제를 중심으로 복지서비스의 예를 제시한다.

〈표 1-8〉 영유아·아동발달과 아동복지서비스와의 관련성

구분	복지서비스의 과제의 예
영아기 (0~2세)	감각운동능력, 신체·정서발달서비스, 이해력, 언어발달, 탐색·애착행동 형성, 영아학대, 불안정한 애착, 모성분리, 박탈, 기본적 보호와 양육 미비, 초기 모자관계의 불완전함, 우울, 행동장애, 발육부전, 영양결핍
유아기 (2~6세)	가족, 또래와의 관계발달, 운동능력, 독립성, 놀이, 인지, 기본적 생활습관 형성, 모자분리, 발달장애, 유아기 자폐증
아동기 (6~12세)	학습 습관 형성, 근면성, 집단생활, 자존감 형성, 따돌림, 친구관계 형성, 도벽, 난폭, 반항, 비사회적 행동, 신경증적 습관, 부모교육
청년기 (12~20세)	신체적 변화, 사춘기, 정체성, 또래관계, 집단생활, 부모와의 관계, 추상적 사고, 논리적 사고, 가출, 학교폭력, 우울, 정신건강관리, 진로, 학업, 중독, 인터넷 관련 지도, 정신건강, 친구관계, 신체건강, 자존감

출처: 이성한 외(2016). 아동권리와 복지. p. 17.

2) 아동관의 이해

아동을 바라보는 관점은 인간의 본성을 이해하는 견지와 맞닿아 있으며, 이것이 바로 아동을 이해하는 출발점이 된다. 보편적으로 성선설(性善說)과 성악설(性惡說)은 아동의 본성을 이해하는 대척적 관점에서 설명되었다. 본 절에서는 성선설과 성악설, 성무선악설(性無善惡說)로 구분지어 아동관의 개념을 살펴보고, 아동관이 시대적으로 어떤 변화의 과정을 거쳐 오늘날에 이르렀는지 살펴보고자 한다.

(1) 아동관의 유형

① 성선설(性善說)

성선설은 공자(孔子)와 더불어 유가(儒家)의 대표적 사상가인 맹자(孟子)가 주장한 인간의 심성(心性)에 대한 학설로 '인간의 본성(本性)은 선(善)하다.'는 학설이다. 기본적으로 인간은 본래 선을 취하는 입장이며, 대가가 없음에도 불구하고 자발적으로 선행을 취하거나 약하고 불쌍한 이들에게 동정심을 느끼는 것들이 성선설의 근원이 된다고 말한다(나무위키). 그러나 '성선설' 하면 일반적으로 독립적인 인간에게 오직 선함만을 타고났다고 착각할 수도 있지만, 이 이론에선 '인간의 본성'과 '동물의 본능'이 구분되고, 인간이 2가지 모두 동시에 갖고 태어난다는 의미에서 '인간의 본성'이 선함을 의미하는 것이다. 따라서 끊임없이 선한 환경과 교육 등을 제공하여 선한 본성을 유지하는 것을 목표로 한다. 동양뿐만 아니라 서양에서도 비슷한 논의가 존재하는데, 『에밀(*Émile, ou De l'éducation*)』의 저자 Rousseau가 성선설에 가까운 이론을 제시한 바 있다.

성선설이 아동권리와 복지에 시사하는 바는 아동을 무한한 가능성을 향해 스스로 나아갈 수 있는 존재라고 간주하는 것이다. 따라서 성인의 관점이나 견해를 주입하지 않고 아동 스스로 성장·발달할 수 있도록 도와주어야 하며, 바람직하지 않은 모습이나 태도가 보이더라도 곧 올바른 길로 가게 될 것이라는 믿음을 갖고 아동을 기다려 주는 자세가 필요하다는 것이다.

② 성악설(性惡說)

"맹자는 《인간의 본성이 선하다》고 했지만 이는 사실이 아니다. 무릇 예로부터 지금에 이르기까지 세상 사람들이 선이라고 말한 것이란 올바르고 질서 있고 공평하게 다스려진 것이었으며, 악이라고 한 것은 치우치고 음험하고 어긋나며 혼란스러운 것이었다. 이것이 선과 악의 구분이다. 지금 진실로 사람의 본성을 올바르고 질서 있으며 공평하고 다듬어진 것으로 여긴다면 성군은 무슨 소용이 있고 예의는 무슨 소용이 있겠는가!"

– 순자(B. C. 298~B. C. 238).

출처: 나무위키에서 검색.

'인간의 본성은 악하다.'라는 관점이 성악설이다. 악하기 때문에 선할 수 없다는 논리를 내포하는 극단적인 비관주의를 견지하는 경우도 있지만 대체로 그렇지 않고, 악하기 때문에 법과 같은 제도적 장치 등을 통해 계도해야 한다는 입장인 경우가 일반적이다(나무위키).

성선설에서는 본성이 선함을 이야기하기 위해 대가가 없음에도 자발적으로 행하는 선행을 예로 들었으나, 성악설에서는 인간의 부조리함을 예로 든다. 설령 선하게 행동하고 싶어도 그렇게 될 수 없는 것은 원래부터 인간이 선하지 않기 때문이라는 것이다. 예를 들어, 불이 났을 때 갑작스럽게 사람들이 입구로 몰려 압사하는 일이 생기는 것은 성악설을 지지하는 사람들에게 있어서 당연한 것이다. 그게 인간의 본성이기 때문이라는 것이다. 그렇지 않고 질서를 잘 지키면서 차분하게 현장을 빠져나간다면 그것은 그들이 질서를 지키는 것이 결국은 모두에게 이익이 된다는 사실을 교육이나 훈련을 받아 알고 있기 때문으로 설명한다.

보통 성악설에 대한 오해는 인간이 잔악한 짓을 하는 것을 당연하다고 여기는 것이다. 그러나 성악설에서 인간이 살아가는 사회란 기본적으로 혼돈에 질서가 부여된 상황이기 때문에 질서가 미치지 못하는 곳은 곧 혼돈이며, 딱 그 부분만이 악한 것이고 그렇지 않은 곳은 선이 지배한다. 이러한 사고방식을 전제로 사상을 전개시켰던 철학자 Thomas Hobbes(1588~1679)는 "인간은 혼돈으로부터 벗어나기 위해 국가라는 거대 권력과 계약을 함으로써 자기 자신을 지킨다."라고 하였다. 또한, 많은 종교가 성선설이 아니라 성악설로부터 시작한다고 볼 수 있다. 예를 들어, 성경에서는 에덴동산에서 인간이 쫓겨난 것은 타락했기 때문이라고 보면서 인간 본성을 악하다고 기록하였다. 불교에서는 인간을 기본적으로 번뇌하는 존재로서 여기는데, 이러한 관점도 성악설과 유사하다고 볼 수 있다.

성악설이 아동권리와 복지에 시사하는 바는 아동이 스스로 발전할 수 있는 존재가 아니라는 견지이다. 따라서 올바른 습관형성과 발달을 위해 성인의 적절한 통제와 훈육이 필요하다는 점을 제시하고 있다.

③ 성무선악설(性無善惡說) 또는 백지설

인간의 본성은 선하다고 주장하는 '성선설'과 인간의 본성은 악하다고 주장하는 '성악설' 둘 다 아닌, 인간의 본성은 선하지도 악하지도 않은 중립적 상태라고 주장하는 고자(告子)의 '성무선악설'이 있다. 이는 "인간의 타고난 마음은 백지와 같다."는 Locke의 견해와 상통한다.

고자는 인간의 본성에는 선도 악도 없다고 하였다. 그는 "인간의 본성이 선과 불선(不善)으로 나뉘어 있지 않은 것은 마치 물이 동서로 나뉘어 있지 않은 것과 같다."라고 하였다. 맹자의 제자 공도자(公都子)가 이 말을 인용하여 "성은 선해질 수 있고 불선해질 수도 있다."라고 한 것도 인간의 본성이 선하지도 악하지도 않다는 것이다. Erasmus가 인간이 태어났을 때는 완성되지 않은 밀납과 같다고 한 것이나 Locke가 인간의 마음이 백지와 같다고 한 말은 인간의 마음이 선하지도 악하지도 않다는 것이다(강동효, 2001).

Locke의 백지설(白紙說, theory of tabula rasa)은 인간에게는 천부적으로 주어진 본유관념(本有觀念)이 존재하는 것이 아니라 모든 관념은 후천적(後天的, a posteriori)인 경험을 통해서 이루어진다는 학설이다. 인간의 마음은 문자 그대로 태어날 때 백지(白紙)와 같이 아무런 관념도 없다가 사물에 대한 지식은 경험을 통해서, 지식도 감각적 경험을 통하거나 아니면 마음에 반영된 것을 반성함으로써 얻어진 것으로 간주한다. 그러므로 지식의 원천은 둘인데 하나는 감각(sensation)이고, 다른 하나는 반성(reflection)이다. 이와 같이 Locke는 선천적(先天的, a priori)인 인식론에 반대하여 감각적 경험에 토대한 인식론을 주장했다.

백지설이 아동권리와 복지에 시사하는 바는 아동은 환경의 영향을 받는 존재라는 것이다. 인간의 선한 본성은 키우고 악한 본성은 소멸시켜야 하기 때문에 가능한 이른 시기부터 교육을 실행해야 한다는 관점을 제시하고 있다.

(2) 아동관의 변천

아동에 대한 인식은 시대와 사회에 따라 변화했으며, 아동권리에 대한 존중과 복지서비스의 내용도 같이 달라졌다. 따라서 본 절에서는 시대적·사회적으로 아동을 바라보는 관점이 어떻게 변화되었는지 간략히 짚어 보고 오늘날 우리가 동의하는 아동의 개념을 정리하고자 한다.

① 고대사회의 아동관

시대적 구분은 학자마다 차이가 존재하지만 보편적으로 고대사회는 원시공동체사회가 해체되고 국가가 성립한 시기에서 신라의 삼국통합을 전후까지로 본다. 고고학적으로는 청동기·철기시대를 포함한다. 원시공동체사회와 구별되는 고대사회의 특징은 경제적인 면에서는 사유재산이 발생하고 권력이 형성되기 시작하며, 사회적으로는 신분제가 자리를 잡게 된다(한국사편찬회, 2007). 인류 역사에서 고대사회는 생존이 최대 과제였기 때문에 아동을 바라보는 시각은 독립된 인격체가 아닌 종족 보존을 위한 수단적인 존재였다. 식량 부족이나 아이가 건장하지 못한 채 태어나면 살해되거나 버려지는 영아살해와 유기가 이루어졌다. Kadushin(1980)에 따르면 아마존 지역의 인디언은 아이를 강물에 떠내려 보내 건강하게 살아남은 아이만 키웠다고 한다. 즉, 양육강식의 논리가 아동관에서도 지배하는 시대였다고 정의할 수 있다.

우리나라는 삼국시대 이전의 아동관과 관련된 자료를 거의 찾아볼 수 없으나 삼국시대에 이어 고려시대까지는 불교의 영향이 컸기 때문에 불교의 가르침에 의해 아동이 양육되었을 것으로 짐작할 수 있다. 불교에서 보는 아동은 미숙하고 어리석은 존재가 아니라 마음이 아직 세속에 물들지 않은 이상적인 인간일 수 있다(한미라 외, 2005).

② 중세사회의 아동관

서로마제국이 멸망(476)한 시기부터 동로마제국이 멸망(1453)한 시기까지, 대략 5세기에서 15세기에 이르는 1000여 년의 시기를 중세라고 일컫기도 하고, 9세기부터 16세기에 걸친 시대를 가리키기도 한다. 이 시기의 특징은 종속상태(봉건제도, 封建制度)와 교회와 국가의 대립이라는 2가지로 집약되고 있다.

흔히 암흑기로 일컬어지는 중세에 대해 우리가 모르는 사실이 있다. 이 시기에는 로마제국 시대에 탄압받았던 독신주의 여성 신자들이 수녀회를 결성하였고, 여성에 대한 종교적 보호가 이루어지기 시작하는 등 여성인권은 오히려 로마시대보다 진보했다. 게다가 여성의 재산권을 인정·보호하는 켈트나 게르만의 전통에 따라 영주의 아내로서 과부가 된 사람은 일부 영주의 영지 지배권이나 재산권을 행사할 수도 있었다고 한다. 또한, 중세시대는 산업혁명 시기와 비교했을 때 노동시간이 훨씬 적은 편이었다고 한다. 가장 큰 이유는 산업혁명 시기부터 가스등이나 전구가 사용되면서 야간에도 일을 할 수 있게 되었기 때문이다. 800년에 카롤루스 대제는 서로마제국 내의 모든 교구와 수도원에 초등학교를 설립할 것을 지시했다. 1200년대 이후에는 공무원 등의 직종이 발전하면서 독해, 산술, 외국어 중심의 속인교육이 시작되었고, 그 결과 1340년에는 피렌체의 총 인구(여성을 포함) 중 문맹자의 수가 60%로 감소하게 되었다.

그러나 아동관은 고대와 크게 다를 바가 없었다. 성인의 기준에 비추어 모든 면에서 부족하고, 신체 크기가 작은 성인의 축소물로 취급되어 5~6세만 되어도 노동과 군사활동에 참여하였다. 즉, 아동을 '성인의 축소판'으로 여겨 그들의 독자적인 특성을 인정받지 못했으며, 단지 군사력과 경제력 확보의 수단으로 간주될 뿐이었다. 아동기 또는 아동보호라는 단어는 16세기 중세시대에는 없었으며, 아동의 고유한 본성에 대한 이해도 형성되지 않았다. 이 시기의 아동관은 당시 예술작품 속에서 쉽게 찾아볼 수 있다. 그림 속 아동의 모습은 성인과 똑같은 의상을 입고 단지 크기만 다르게 표현했을 뿐이다. Aries(2000)는 당시 예술가들의 무지에서 비롯되었다기보다는 사회문화적으로 아동기에 대한 인식 자체가 존재하지 않았던 것으로 보는 것이 더 타당하다고 하였다. 또한, 중세시대는 신을 숭배하고 신권이 강한 시대로 원죄설에 입각하여 아동을 바라보았다. 즉, 엄격한 훈육으로써 아동을 교육해야 한다는 생각이 지배적이었다. 유럽의 중세 말기는 우리나라의 여말선초 시대와 대략 겹친다. 이 시기의 우리나라도 유럽의 아동관과 크게 다를 바가 없었다.

③ 근대사회의 아동관

근대는 봉건제사회 이후에 나타난 사회로, 개인적으로는 인권존중사회, 정치적으로는 민주주의, 경제적으로는 자본주의를 원칙으로 한다. 정치사상이라는 레벨에서의 근대는 신분적 계층을 전제로 하지 않는 평등한 개인으로부터 출발하여 정치질서의 정당성을 논한 사회계약설로 시작된다고 해도 좋다. 그리고 실제 개인의 자유, 생명, 재산을 불가침의 소유권으로 보는 Locke의 사회계약설은 프랑스의 인권선언이나 미국의 독립선언에 큰 영향을 미쳐 근대사회의 성립에 중요한 사상적 기조가 되었다(21세기 정치학대사전, 한국사전연구사). 한국사에서의 근대사회의 태동은 실학(實學)에서 비롯되었다고 볼 수 있다. 중세사회는 17~18세기에 이르러, 특히 사회·경제 분야에서 전통적 사회의 특성을 잃었다. 사회 붕괴의 여건이 바탕이 되어 사상적으로나 문화적으로 근대사회를 지향하는 사조(思潮)가 나타나기 시작하여 전통적 사회체제를 청산하고 새로운 사회를 이루려는 일련의 사상체계인 실학이 발달하였다(두산백과).

중세사회의 아동관은 근대(17~19세기)에도 그대로 이어졌으나, 변화의 조짐이 보이기 시작한 것은 18세기 Rousseau에 의해서이다. Rousseau는 『에밀』에서 아동은 성인의 축소판이 아니라 성장과정의 시기마다 완성해야 할 독자적인 세계가 따로 있는 인격적 존재이며 사회의 중요한 구성원으로 보았다. 또한, Rousseau는 아동에게도 인간답게 살 수 있는 기회를 주어야 하며, 개인적인 자유와 권리를 보장해야 한다고 주장하였다(신옥순, 2005).

④ 현대사회의 아동관

20세기에 들어와서 비로소 아동의 본성에 대한 과학적인 이해가 시도되었고, 20세기 후반에 이루어진 Freud, Erikson, Skinner, Piaget 등과 같은 발달심리학자들의 체계적인 연구결과에 따라 아동기의 중요성이 크게 부각되었다. 또한, 1920년대 진보주의 교육의 주창자인 Dewey(1859~1952)는 아동의 개성에 대한 존중, 자유로운 활동의 존중, 남녀 아동이 자신의 소질을 최대한으로 개발할 수 있는 기회의 허용 등 아동중심사상을 발전시켰다. 이처럼 현대에 이르러 아동중심사상이 기틀을 잡으면서 아동을 더 이상 성인의 축소판으로 보지 않았으며 나름대로 발달특성과 독자적인 인격을 가진 존재로 받아들이게 되었고, 1959년 유엔에서는 아동권리선언을 발표하였다(황해익 외, 2016).

우리나라의 현대적 아동관은 동학을 뿌리로 하는 천도교의 인내천(人乃天) 사상을 이어받은 방정환의 아동중심사상에서 찾을 수 있다. 즉, 아동의 내면에 한울님이 존재하여 아동도 인격적인 존재로 존중받고 인정받아야 한다는 방정환의 아동중심사상은, 아동의 세계를 인정하고 아동의 어림과 미성숙은 계몽되어야 할 어떤 것이 아니고 잠재성, 성장 가능성으로 보았다(이기숙 · 장영희 · 정미라 · 엄정애, 2014).

현대에는 아동을 인간의 존엄성과 타고난 잠재성을 가진 존재로 간주한다. 현대적 관점에서 이해하는 아동을 개념화하면 다음과 같다(조성연 외, 2005).

- 발달하는 존재로서의 아동: 아동은 살아 있는 유기체로서 계속 변화, 성장, 발달해 가는 존재이다. 아동발달의 다양한 영역은 상호 의존적이며, 발달은 이전 단계에 획득한 성숙에 연이은 과정이다. 아동에게 성장 · 발달의 힘이 잠재되어 있다 하더라도 그 잠재력이 최대한 발휘되기 위해서는 성장을 보장할 수 있는 환경이 시기 적절하게 조성되어야 하는데, 특히 가정이 아동보호와 사회화의 시발점이 된다.
- 전인(全人)으로서의 아동: 아동은 통합된 전체로 보아야 한다. 아동발달을 논할 때 편의상 신체 · 운동발달, 사회 · 정서발달, 인지 · 언어발달 등으로 설명하고 있으나 이는 각각의 발달이 분리된 것이 아니라 역동적으로 상호 관련된다는 것을 말한다. 예를 들어, 지능발달은 모든 발달영역과 관련되므로 지적인 발달만을 강조할 경우 바람직한 교육적 효과를 기대할 수 없다는 것이다.
- 독립된 인격체로서 권리의 주체인 아동: 아동은 어른이나 부모에게 예속된 존재가 아니라 독립된 인격을 가진 권리의 주체로 인식되고 있다.
- 독자적 존재로서의 아동: 모든 아동은 발달하는 속도, 능력, 성격 등이 각기 다른 독자적인 존재이다. 아동의 독자성은 아동의 자기다움을 나타내는 것으로 다른 아동과 비교하여 우열을 따져서는 안 되며, 아동에게 도움을 제공할 때도 아동이 처한 상황과 문제에 맞는 원리와 방법으로 도움을 제공하는 개별화가 이루어져야 한다.

1 주제

아동의 의미는 무엇인가?

2 주요 개념

- 아동의 연령 범주
- 아동의 발달적 특성
- 시대적·사회적 변화에 따른 아동관의 변천
- 현대적 개념의 아동

3 학습내용

- 아동의 정의 내리기
- 시대적, 문화적 관점 차이에 따른 아동관 변화 정리하기

4 교실활동

- 『너는 특별하단다 : 작은 나무 사람 펀치넬로 이야기』(맥스 루카도)
  - 아동이 지니고 있는 고유의 권리에 대해서 이야기 나누기
  - 아동을 보호하고 배려하는 성인의 역할과 태도에 대해 이야기 나누기
- 『에드와르도 : 세상에서 가장 못된 아이』(존 버닝햄)
  - 아동의 특성에 대해서 이야기 나누기
  - 아동을 바라보는, 평가하는 성인의 관점에 대해 이야기 나누기

5 퀴즈

- 「아동복지법」에서 제시하는 대상과 그 연령 범주를 정의하세요.
- Piaget의 감각운동기, 전조작기, 구체적 조작기, 형식적 조작기의 특징에 대해 기술하세요.
- 성선설과 성악설, 백지설에 기초한 아동관을 설명하세요.
- 현대적 관점의 아동의 개념을 기술하세요.

CHAPTER 2

아동권리와 복지의 역사적 변천

학습 개관

본 장은 아동권리와 복지에 관한 영국과 미국, 일본, 스웨덴의 발전과정과 역사적 발전 방향을 살펴보고, 우리나라의 아동권리와 복지의 변화과정을 시대에 따라 기술한다. 또한, 이를 토대로 미래로의 방향을 정리한다. 국가별로 각 시대의 주요 가치와 사회문화적인 환경, 아동에 대한 인식을 검토하여 아동복지의 발전과정을 이해하고, 더 나아가 바람직한 방향의 아동권리와 복지를 논의할 수 있을 것이다.

학습 목표

- 선진국의 아동권리와 복지의 역사적 변천과정의 특징을 기술할 수 있다.
- 우리나라 아동권리와 복지의 변천과정을 시대 순으로 정리할 수 있다.
- 시대별과 국가별에 따른 아동권리와 복지의 가치를 토대로 미래의 방향을 진단할 수 있다.

주요 자료

도서

- 세계 어린이 인권 여행 : 세계 어린이는 어떤 생각 어떤 모습으로 살고 있을까?(2014, 아렌트 판 담 글, 알렉스 데 볼프 그림, 유동익 역, 별숲)
- 아동권리 0-8(2015, 이재연 외, 교육과학사)
- 아동복지 현장에서의 아동권리 레토릭(2015, 이재연 외, 교육과학사)
- 역사 속 인권 이야기(2015, 정용주 글, 정현희 그림, 리젬)
- 피노키오에게도 인권이 있을까? : 명작 동화와 함께 읽는 세계인권선언문(2012, 행복한 공부연구소 글, 샤벨닉 그림, 한진희 역, 구정화·이기규 감수, 플러스예감)

사이트

- 서울특별시 법무행정서비스 : legal.seoul.go.kr 에서 어린이·청소년 인권조례 검색

1. 선진국의 역사적 발자취

선진국의 아동권리와 복지는 산업화를 기점으로 전·후의 차이가 있다. 산업화 이전에는 아동의 발달 특성이나 흥미, 욕구 등을 고려한 양육 및 교육이 이루어지지 못했고, 아동 자체의 존엄성 인식 또한 발달하지 못했다. 아동을 성인의 축소판으로 인식한 중세의 가치가 그 대표적인 예라고 할 수 있다.

영국에서 산업혁명이 일어난 후 급속하게 변화하게 되면서 노동의 자원으로 아동의 필요성이 부각되었고, 기존의 신분계층의 변화로 인해 사회와 국가 차원에서의 다양한 복지정책이 제시되었다. 구빈사업의 기본으로 평가되는 1601년 '엘리자베스 구빈법(Elizabethan poor law)'의 제정으로 보호대상아동이 위탁보호 및 거택보호를 받게 되었고, 이후 아동복지에 대한 구체적인 제도 정착과 서비스의 적용이 이루어지기 시작했다.

20세기에 비로소 아동복지가 정립되었는데, 이 근간에는 아동을 성인과는 질적으로 다른 존재로서 그 가치를 인정하는 인식의 변화가 있었다. 즉, 아동을 단순히 보호의 대상이 아니라 권리의 주체로 인정하고, 이를 보장하기 위한 인식이 확산되었다. Piaget를 위시하여 Montessori, Dewey 등 아동의 권리와 능력을 존중하는 인식과 교육이 부각되면서 Ellen Key가 지적한 바와 같이 '20세기는 아동의 세기'가 되었다. 이러한 인식의 변화는 아동을 위한 여러 가지 서비스와 정책 개발에도 영향을 미쳐 아동권리와 복지를 향상시키는 데 크게 기여하였다.

산업화 이후 나타난 아동복지의 주요 특징을 한성심과 송주미(2014: 52-54)는 다음의 6가지로 정리하였다.

첫째, 아동복지에 대한 국가적 책임의식의 발전: 1601년 영국의 「엘리자베스 구빈법」 이래 국가는 국민의 보호를 위한 보다 구체적인 제도의 수립에 적극적인 입장을 갖게 되었다. 1800년대와 1900년대를 거치면서 서유럽을 비롯한 미국에서 현대 아동복지의 기반이 되는 다양한 법률이 제정되고, 이에 따라 아동복지정책이 입안되고 각종 서비스가 개발되었다. 현대사회에서 국가는 인간의 기본권을 보장하고 더 나아가 삶의 질과 행복을 보장하는 중요한 도구로 작용하게 되었으며, 이러한 국가의 기능은 복지제도의 구현을 통해 나타나게 된 것이다. 아동보호에 관한 책임은 점차 부모에게서 부모 및 국가의 공동책임으로 변모되어 가고 있다.

둘째, 취업여성과 그 자녀를 위한 보호정책의 발전: 19세기에 들어서면서 대부분 유럽 국가의 여성취업률은 지속적으로 증가했으며, 1·2차 세계대전 이후 20세기 후반부터 전 세계는 취업여성으로 인한 맞벌이 가족의 증가와 이들 자녀의 육아문제가 매우 중요한 사회문제로 대두되었다. 이에 따라 각국에서는 보육시설을 늘리고 이들에 대한 정부의 지원을 확대하는 한편 취업모 등을 위한 유급휴가제도를 만들게 되었다. 유럽 대부분의 국가에서 취업모가 있는 가정은 공보육의 혜택을 받고 있으며, 어머니는 물론 아버지들도 원한다면 휴가를 통해 자녀를 돌볼 수 있는 시간적 기회를 얻을 수 있게 되었다.

셋째, 아동수당제도의 발전: 아동수당 혹은 가족수당은 자녀가 있는 가족에게 양육비를 지원하는 보편적인 사회보장제도의 하나이다. 대부분의 유럽 국가가 이 제도를 채택하고 있으며, 부여되는 급부의 정도는 아동의 수와 출생순위에 따라 국가별 차이가 있다. 벨기에, 룩셈부르크, 프랑스, 덴마크, 네덜란드, 독일, 영국, 스페인, 이탈리아, 포르투갈 등의 유럽 국가에서 실시되고 있다.

넷째, 보상교육의 실시: 미국에서는 1960년대부터 헤드스타트 프로그램을 통해 빈곤계층 아동과 부모들의 교육을 실시하고 있다. 빈곤은 아동의 정상적인 교육 기회의 박탈은 물론 건강한 성장과 발달을 저해하는 중요한 장애 요인의 하나로, 부모의 계층에 따라 아동의 미래가 결정된다 해도 과언이 아닐 정도로 아동에게 중요한 영향을 미친다. 따라서 이러한 빈곤계층의 자녀와 그들의 부모를 위한 특별한 교육 기회의 제공은 아동 자신은 물론 국가 전체의 미래에도 긍정적으로 작용한다. 미국에서 시작된 이러한 보상교육 운동은 다른 여러 나라에도 영향을 주게 되어 빈곤계층의 아동복지에 크게 기여하게 되었으며, 이러한 관점은 현대 아동복지의 중요한 과제로 여기게 되었다.

다섯째, 아동권리사상의 발전: 20세기는 아동의 권리에 관한 관심과 이를 보장하기 위한 사회적 노력이 형성된 시기이다. 1989년 아동권리에 관한 국제협약을 기점으로 아동권리에 관한 기존의 관심이 하나로 통합되고 국가별로 아동의 권리를 보장하기 위한 다양한 시도가 실시되었다. 아동을 단순히 보호의 대상으로 보았던 초보적 관점에서 아동을 권리의 주체로 인정하고 이를 보장하기 위한 인식이 20세기 말부터 발전되었던 것이다. 이러한 아동관은 아동을 위한 각종 서비스와 정책의 개발에도 영향을 주게 되어 아동복지의 본질을 향상시키는 데 크게 기여하고 있다.

여섯째, 다양한 서비스의 개발 및 질적 향상: 산업화 이후 아동복지서비스는 구빈 차원의 시설아동복지에서 탈바꿈하게 되었다. 아동복지의 주를 이루었던 시설보호사업은 시설아동 수의 감소로 인해 서비스의 질적 향상을 도모하게 되었고, 이를 통해 소규모 시설의 발달이나 가정위탁보호(foster home care) 및 입양제도의 발달이 동시에 이루어지게 되었다. 시설보호는 아동을 양육하고 보호하는 데 부적합하다는 관점이 팽배하면서 시설의 질을 높이기 위한 다양한 시도가 이루어졌으며, 아동을 시설이 아닌 가정에서 양육받도록 하기 위해 위탁과 입양가정에 경제적 혜택을 주게 되었다. 그뿐만 아니라 학대로부터 아동을 보호하기 위해 법률을 제정하고 학대자나 피학대아동을 위한 각종 치료 프로그램이나 임시보호시설들이 증가하게 되었다.

신체적·정신적인 장애를 가진 아동을 위한 법이 제정되고, 이들을 위한 특수교육시설과 프로그램이 마련되기 시작하였고, 전문적인 상담 및 치료 서비스의 혜택을 받게 되었다. 아동뿐 아니라 부모에 대한 다양한 교육과 상담기회가 제공되었고 부모의 문제와 욕구를 해결하기 위한 정책 개발이 시행되었다. 아울러 아동복지를 전문으로 하는 전문가들이 증가하였으며, 이들을 통한 다양한 서비스의 개발이 활발하게 진행되었다.

그러나 21세기에 들어선 오늘날에도 여전히 많은 아동이 자신의 권리를 보장받지 못하고 노동착취와 굶주림과 질병, 생명의 위협 등에 시달리고 있다. 따라서 아동의 권리와 복지를 위한 연구와 정책실현 등의 노력과 서비스의 실행이 지속적으로 시행되어 아동 최우선의 관점에서 정책 및 서비스의 시행이 이루어져야 할 것이다. 이를 위해 오정수·이혜원·정익중(2006)이 제시하는 미국, 영국, 스웨덴의 아동복지서비스 법률체계, 서비스 체계, 전달체계를 살펴봄으로써 선진국가의 아동복지에 관한 이해를 확대하고, 우리나라가 현재 구축하고 있는 아동복지체계를 점검하고, 향후 지향해야 할 방향성을 논의하고자 한다.

1) 영국의 아동권리와 복지의 변천 과정

영국의 아동권리와 복지는 아동권리와 복지에 관한 최초의 국가적 대책이 마련되었다는 점과 더불어 다른 여러 나라의 아동권리와 복지에 영향을 주고 있다는 점에서 주목할 만하다. 영국의 아동복지는 산업혁명이 중요한 분기점이 되었으며, 이후 서유럽과 미국을 위시한 세계 여러 나라의 복지에 지대한 영향을 미쳤다.

(1) 아동복지 법률체계

영국의 아동복지 법률체계는 1948년의 '아동법(The Children Act)'을 개정한 1989년의 '아동법'을 근간으로 한 통합적인 체계이며, 아동법과 몇 개의 관련 법률로 구성되어 있다. 관련 법률로는 1991년의 '아동부조법'이 있으며, 입양 관련 법률로서 1976년에 제정된 아동법은 그 개정 법률인 2002년의 '입양 및 아동법'이 있다. 1989년에 제정된 '아동법'은 이전의 아동 관련 법체계를 대체했으며, 아동을 보호하고 지원하는 권한과 의무를 지방정부에 부여하였다.

'아동법'에는 아동을 가족과 함께 보호하거나 가족으로부터 격리하여 보호하는 조치, 가정위탁, 보육(day care), 시설보호에서 이루어지는 보호와 감독에 관한 조치 등을 포함함으로써 아동복지의 기본법적인 기능을 하고 있다. 특별법으로는 입양에 관한 별도의 법률인 '입양법'(2002)과 소득보장체계로서 아동수당을 위한 별도의 법률이 있으며, '아동부조법'은 이혼 또는 별거 중인 부모의 아동을 부양하기 위해 1991년 제정되었다.

영국의 아동법 체계는 아동보호에 관한 법원의 명령이 중요한 부분을 차지하며, 이와 같은 명령은 지방정부와 부모에 대해 이루어진다. 아동복지서비스의 제공은 민간과 공공이 역할을 분담하는 체계이며, 지방정부의 계획과 책임을 중심으로 민간시설과 서비스가 연결되어 있는 체계이다. 법체계상으로 아동법은 아동복지의 기본법으로 아동복지서비스의 주요 사항을 규정하고 있으며, 입양, 아동 부양을 위해 일부 법률이 별도로 규정되어 있다.

(2) 아동복지서비스

영국의 아동복지정책에서 소득보장은 전체 아동에 대한 아동수당이 지급되며, 아동과 함께 거주하는 한부모에게 아동보조금이 지급된다. 아동보호는 부모가 아동을 돌볼 수 없거나 아동학대 또는 아동방임이 증가하는 경우에 지방정부 사회서비스국이 아동보호를 위한 조치를 취한다. 이 외에 위탁보호, 아동홈 입소, 입양 등의 서비스를 제공하기도 한다.

가정위탁은 장기위탁과 단기위탁으로 구분되며, 가끔 입양으로 옮겨 가기 위한 중간조치로 이용되기도 한다. 아동학대의 사례가 보고되면, 모니터링, 가정복지센터의 상담, 전문기관 의뢰 등의 조치가 이루어지며, 특별히 위험에 처한 아동은 부모의 동의를 얻거나 법원의 보호명령에 의해 보호조치를 받는다.

지역사회 일반아동을 위한 서비스로는 다양한 형태의 보육시설이 발달되어 있으며, 최근에는 저소득 취약지역을 중심으로 슈어스타트(sure start) 프로그램을 통해 지방정부, 민간시설, 지역사회가 연계된 통합적 지역 아동복지서비스가 제공되고 있다. 슈어스타트는 조기교육과 방과후 교육, 아동보육, 건강, 가정지원서비스를 제공하며, 취약지역의 0~16세의 아동을 대상으로 한다. 지역의 아동복지관(children's center)은 서비스 제공의 허브로서 지역사회의 공공·민간기관의 자원과 연계하여 통합적으로 제공하고 있다.

(3) 아동복지 전달체계

영국에서 아동복지의 중앙정부 행정관할은 보건부(department of health)이며, 아동수당의 행정관할은 사회보장부(department of social security)이다. 특히, 보건부는 모든 보건서비스와 대인사회서비스 행정에 관한 정책을 결정하고 수행하는 역할을 한다. 아동복지를 포함하는 대인사회서비스 행정에 대한 통제와 감독은 보건부에서 수행하는 반면, 서비스 제공의 실제적인 책임과 집행은 지방정부에서 행하고 있다. 지방정부 사회서비스국은 아동과 가족, 노인, 장애인 등 다양한 대상에게 대인적 지원, 재가보호, 주간보호센터와 주거보호서비스 등을 제공한다.

지역사회복지 행정체계의 중심이 되는 사회서비스국(social service department)의 조직은 1993년 '지역사회보호법(Community Care Act)' 시행으로 대대적인 변화를 가져왔다. 기존의 사회서비스국이 서비스 대상 인구별 조직이라면, 새로운 조직은 서비스 제공, 구매와 커미션, 관리운영이라는 새로운 기능 분류에 의해 기능별로 재조직되었다. 이러한 조직의 구성에 의해 별도의 아동담당 조직은 아동보호, 현장서비스, 실천기준과 관리 등의 부서로 구성되어 있다.

2) 미국의 아동권리와 복지의 변천 과정

미국의 국가 기틀은 영국 청교도의 집단이주자로부터 갖추어졌기 때문에 영국의 사회복지제도의 영향을 받았다(황해익 외, 2016). 미국의 아동복지서비스 관련 법률은 청사진을 그리면서 체계적으로 재정된 것이 아니라 때에 따라 그 시기의 요구와 사회적 상황에 맞추어 논의되고 재정되었다고 할 수 있다. 1900년대에 들어오면서 시설보호에서 벗어나기 시작했고, 아동중심의 국가개입주의에서 현재는 가족중심의 가족보호 단계로 접어들었으며, 이와 같은 경향에 따라 법률이 제정·개정되었다.

(1) 아동복지 법률체계

미국의 아동복지 관련 법률은 시대적 상황의 변화에 따라, 지역의 주정부에 따라 입법이 임기응변적으로 이루어졌다. 따라서 하나의 전체적이고 일관된 법률체계가 존재하지 않고, 모든 아동을 대상으로 한 기본법 성격을 가진 하나의 통일된 아동복지법률이 없다. 법률의 제정 과정도 연방정부가 주도하기보다는 주정부와 민간기관이나 시민단체가 서비스를 공급하는 주체로서 역할을 수행하였다. 아동복지에 관련된 연방정부의 법률로는 '아동학대예방 및 치료법'(1974), '청소년비행예방법'(1974), '장애아동교육법'(1975), '인디언아동복지법'(1978), '입양부조 및 아동복지법'(1980), '가족부조법'(1990), '가정위탁독립법'(1999) 등이 있지만, 주정부에 따라 다양한 법률체계로 구성되어 있다.

미국의 아동복지 철학은 아동입양과 가족보존법(The Adoption and Safe Families Act, 1997)에 따른 '아동을 위한 영구적인 계획(permanency plan)'이며, 최근에는 '가족보존'의 경향이 강해서 개인보다 가족을 개입대상으로 본다. 가족 안에서 각 구성원의 욕구를 고려하며, 가정이 아동을 양육하기 위해 필요한 자원을 사정하고 서비스를 제공하는 방향에서 지원이 이루어진다. 불가피하게 부모로부터 격리가 필요한 아동은 가능한 친인척이 위탁부모가 되어 보호하도록 유도하며, 위탁된 아동은 18~22개월 정도 보호된 후 친가정으로 복귀하거나 영구가정으로 입양이 추진된다. 아동이 가정으로부터 분리되면 주정부가 후견인이 되며, 아동은 정부로부터 인가된 곳에서 보호받게 된다. 법원은 학대로 인해 부모로부터 격리된 아동의 사례를 6개월마다 검토할 법적 의무를 지닌다.

(2) 아동복지서비스

미국의 아동복지정책에서 소득보장정책은 저소득가정의 아동보호에 초점을 두고 있다. 특히, 1990년대 이후 과거의 아동부양세대 보조(AFDC: Aid to Families with Dependent Children), 긴급부조 등을 통합한 요보호가정 일시 부조를 위한 정액보조금제도(TANF: Temporary Assistance to Needy Families)를 시행하고 있다. 아동을 위한 소득보장은 보편적인 제도로서 아동수당이 없으며, 아동양육과 관련된 세금공제 프로그램이 발달되었고, 현물지원이 많다는 특징이 있다. 이와 같은 특징은 노동의욕 고취와 연관이 있다. 즉, 보편적 프로그램은 빈곤층의 의존 의식을 강화시킨다고 보기 때문에 보편적인 아동수당제도가 존재하지 않는다. 또한, 개인주의와 자유주의적 시장논리를 복지와 연결시키고자 하는 미국 복지정책의 이념적 지향이 반영되었다. 현물지원이 많다는 것은 미국의 산업구조적 특징과 빈곤층에 대한 불신이 결합되어 나타난 형태로, 현물을 지급하여 과잉생산물의 소비를 촉진함과 동시에 빈곤층이 현금을 생활비 외의 다른 곳에 전용하는 것을 막기 위함이다.

가정위탁은 부모의 학대나 방임 등의 이유로 부모와 격리된 아동이 다시 부나 모와 재결합할 수 있을 때까지, 혹은 친권이 포기된 아동이 입양가정을 기다리는 동안이거나 입양가정을 찾기 어려운 특별한 욕구를 지닌 아동이 위탁가정에서 양육·보호되는 것을 말한다. 미국의 위탁가정은 친인척위탁과 일반위탁으로 구분된다. 입양정책은 영구적 배치에 대한 관심이 늘어나면서 입양을 적극적으로 강조한다. 특히 장애아동이나 연장아동, 특별한 욕구를 가진 아동 등 입양되기 어려운 조건을 가진 아동에 대한 입양을 위해 특별보조금을 지급하면서 범정부적으로 나서고 있다.

시설보호의 경우 정원이 25명 이상인 공립아동시설에 대해서는 연방보조금의 지급을 중단하는 등 시설의 소규모화를 적극적으로 추진한다. 아동안전정책에 있어 가정, 학교, 공공장소, 교통사고, 환경오염, 유괴, 식품, 아동용품 등 아동의 안전을 저해할 수 있는 모든 요소에 법적 규제를 가하여 다양한 위험으로부터 아동을 보호할 수 있도록 제도적 장치를 마련해 놓고 있다. 즉, 식품의약청, 교통안전국, 보건 및 대인서비스부, 법무부와 같은 정부기관 산하에 별도의 아동보호 전담 부서를 설립하여 감독·통제할 수 있도록 전문화된 체제를 갖추고 있다.

(3) 아동복지 전달체계

미국의 아동복지서비스는 연방정부의 보건 및 대인서비스부(DHHS: Department of Health and Human Services)의 아동가족행정부(ACF: Administration for Children and Families)에서 관장하고 있다. 아동가족행정부에서는 입양, 위탁보호, 아동학대 및 방임, 보육 및 헤드스타트 소득부조 등 공법이 규정한 아동과 가족을 보호하기 위한 복지서비스를 책임지고 있다. 아동가족행정부는 헤드스타트국, 아동국, 가족 및 청소년 서비스국, 아동보육국으로 나누어져 있다. 이 중 아동국은 아동복지, 가정위탁, 입양, 가족보존 및 지원 서비스를 담당한다. 그러나 주요 서비스 내용, 전달방법과 체계는 주정부에 맡겨 관장하는 게 특징이다.

미국 연방정부의 아동 및 가족복지 주무행정체계는 지역적으로 아이다호 주, 오레곤 주, 워싱턴 주 등이다. 각 구역의 지역사무소는 이 지역의 해당 주가 긴밀한 협조 체제를 유지할 수 있도록 조정적 역할을 수행한다. 아동복지서비스는 지역사무소 내 아동가족행정부에서 이루어진다. 연방정부 예산은 총괄보조금(block grant)의 형태로 지역사무소를 통해 주정부에 전달된다.

3) 스웨덴의 아동권리와 복지의 변천 과정

영국과 미국 외에 대표적인 복지선진국으로 스웨덴이 꼽힌다. 스웨덴은 세계 최초로 아동수당을 지급한 나라이며, 미래세대를 대비하고자 하는 정책에서 비롯되었다. 스웨덴의 복지 기틀의 형성은 19세기 말부터이지만, 현대적 의미의 복지는 1·2차 세계대전 이후부터 발달하였다. 스웨덴은 1979년 유니세프가 선정한 세계 최고의 복지국가이며 아동복지 1순위 국가로 발표된 바 있다. 그뿐만 아니라 1989년 유엔에 의해 채택된 아동의 권리장전에 최초로 사인한 국가이며, 어린이에 대한 학대와 구타, 범죄 행위에 대한 보호협의와 어린이 권리서에 최초로 사인한 국가이기도 하다. 스웨덴의 아동복지 내용을 살펴보면 다음과 같다.

(1) 아동복지 법률체계

스웨덴의 아동복지의 시초는 '구빈법'(1853)에 의해 아동을 포함한 보호가 필요한 사람들을 구빈원에 수용하고 보호하는 것에서 비롯되었다. 1902년 구빈법의 수혜 대상으로 취급되어 오던 아동에 관한 법이 독립되어 '아동복지법'이 제정되었고, 이후 수차례의 개정을 거치면서 아동복지에 관한 대표적인 법으로 존재하게 되었다. 한성심과 송주미(2014)에 따르면, 1924년 개정된 아동복지법에서는 아동과 청소년의 보호를 위한 기관이나 시설의 관리 및 설치 추진을 위한 아동복지위원회가 설립되었다. 이후 1934년 '청소년보호법'의 제정과 1937년 특별아동수당 지급, 1944년부터 보육시설에 대한 정부의 지원이 이루어졌으며, 장애아를 위한 학교 설치가 의무화되었고 1948년에는 아동수당이 도입되었다. 이후 1960년대와 1970년대 초까지 스웨덴은 공공복지 부문에서 엄청난 발전을 이루었는데, 공공보육시설의 확대, 무료출산 실시, 교육 및 주택수당의 확대 등이 그것이다. 특히 1960년 '신아동복지법'이 제정되었고, '장애아 가정에 대한 보조법'의 제정, 1968년에 '신정신박약자법' 등이 제정되었다.

1973년 '학령전교육법'의 제정으로 아동보육제도가 보편적 복지서비스로 전환되었고, 1977년 개정으로 지속적인 아동 보육시설의 확충과 부모의 취업 여부에 관계없이 보육대상이 12세까지 확대되었다. 1981년에는 오늘날 스웨덴 사회복지의 근간을 이루는 '사회사업법'이 시행되었다. 1993년에 이르러서는 18세 이하의 아동과 청소년의 권리를 보장할 목적으로 '아동 옴부즈맨 사무소(Office of the children's ombudsman)'가 설립되었고, 어려움에 처한 아동에게 조언과 지원을 하기 위해서 민간단체인 '스웨덴 아동권리보호협회(Swedish society for the protection of children's rights)'가 어린이전화를 운영하여 아동의 상담창구 역할을 수행하고 있다.

(2) 아동복지 서비스

아동복지는 아동수당과 아동부양지원, 요보호아동을 위한 아동복지로 크게 구분되며, 요보호아동을 위한 아동복지는 부모로부터의 분리, 가정을 상실한 아동, 아동학대와 방임, 장애아를 위한 서비스, 영유아 보육서비스로 나누어 볼 수 있다.

① 아동수당과 아동부양지원

아동과 청소년을 위한 직접적 재정지원에는 아동수당, 부모보험보조, 부양대출, 아동연금, 장애아보호수당 등이 있다. 아동수당은 16세 이하의 모든 아동에게 지급되며, 주택수당은 신혼가정, 청소년 및 재학생, 무자녀가정 등에 지급된다. 부나 모 또는 양친이 모두 사망한 경우에 지급되는 아동연금은 아동이 재학 중이거나 기타 기본적인 교육을 이수 중인 경우라면 18세 이상의 학생에게 연장 지급된다.

② 요보호아동을 위한 아동복지

가. 부모로부터의 분리

요보호아동을 가정으로부터 분리시키는 결정은 부모 또는 후견인과 아동(15세 이상의 경우)의 합의를 기반으로 한다. 합의가 성립되지 않은 경우에는 '청소년 특별보호법(Care of Young Persons Special Provisions Act)'에 따라 법원의 명령으로 사회복지관이 개입하게 되어 있다. 부모로부터 분리되는 아동은 연간 약 3천 명이며, 학대, 폭력, 방임, 기타 청소년의 보건 및 발달에 장애를 주는 가정환경 등의 경우가 이에 해당된다. 그뿐만 아니라 청소년 자신의 문제, 즉 약물남용, 범죄행위, 기타 파괴적인 행위의 경우에도 법원의 명령에 따라 부모로부터 분리될 수 있다.

나. 가정을 상실한 아동

사회복지위원회는 '사회봉사법(Social Service Act)'에 근거하여 가정을 상실한 요보호아동을 영구적인 보호양육을 책임질 family home 또는 아동 보육시설이나 치료시설에 배치한다. 요보호아동의 80% 정도가 family home에 배치되는데, family home은 사회복지위원회를 대신하여 아동보육계획을 수립하며, 보육되는 동안에 계획된 목표가 성취되었다고 평가되는 경우에는 아동을 가정으로 복귀시킨다.

다. 아동학대와 방임

가정 내에서의 아동학대 및 방임에 대한 강력한 제재법이 존재한다. 부모나 후견인에게 어떤 형태의 체벌이나 정신적 벌이 허용되지 않으며, 아동에게 신체적 손상이나 고통을 주었을 경우에는 최고 2년의 구금형과 벌금형이 따른다. 학대행위가 보다 심각할 경우에는 최고 10년의 구금형에 처할 수 있으며, 아동이 적절한 보호를 받지 못하고 건강 및 발달이 위험한 상태에 처해 있다고 간주될 때는 아동보호 차원에서 사회복지위원회의 개입이 의무화되어 있다.

라. 장애아를 위한 서비스

시당국은 사회봉사법에 근거하여 장애아와 그들의 가정을 지원하며, 그들의 욕구를 충족시킬 책임을 지고 있다. 대부분의 장애아는 정상화의 원리에 따라 가정 내에서 보호되고 있지만 가정보호가 불가능한 경우에는 사회복지위원회가 family home 또는 가정과 유사한 소규모 집단 주거 형태인 호스텔 등에 배치하고 있다. 스웨덴의 장애인 정책은 평등사회의 원리에 따른 생활수준의 격차 해소에 기반하고 있으며, 장애인협회 등 장애인 스스로 자조조직을 지원하고 옴부즈맨 제도를 두어 장애인의 의견을 듣고 그들의 자발적인 참여를 권장한다.

마. 영유아보육서비스

자녀를 가진 가정에 대한 재정적 급여 외에 중요한 지원은 아동보호서비스로, 그 대표적인 형태가 시에서 운영하는 영유아보육서비스이다. 맞벌이 부부의 6세 이하 자녀를 대상으로 하는 영유아 보육시설에서는 교육활동과 함께 하루 2~3회 급식을 포함한 아동보호서비스가 제공되며, 전체 해당 연령 아동의 38%가 탁아서비스의 혜택을 받고 있다.

12세까지의 맞벌이 부부 자녀를 돌보는 가정보육시설은 최근 시립보육시설과 여가활동센터의 증가로 감소 추세에 있다. 개방유아학교는 낮 동안 돌봐 줄 부모나 보육교사가 아동들과 함께 참여하는 프로그램으로, 운영비는 국가예산으로 충당된다. '방과후 보호서비스(care services for school children)'는 학교에 다니고 있는 7~12세 아동 중 방과후나 휴일에 보호가 필요한 아동을 대상으로 하는 서비스이다. 부모가 운영비를 부담하며, 최근에는 여가활동센터가 학교에 병합됨으로써 이용자 수가 증가하는 추세를 보이고 있다.

이 외에 긴급사태에 처해 있는 아동을 위한 서비스가 있는데, 대표적으로 난민아동을 들 수 있다.

최근 스웨덴의 아동복지 경향은 아동과 가족을 위한 조치와 아동보호서비스의 변화로 정의할 수 있다. 아동과 가족을 위한 조치로는 자녀를 가진 가정에 대해 임신기간의 무상건강검진, 유아학교 아동에 대한 무료검진, 19세까지의 모든 건강검진과 치과검진의 무료 실시를 들 수 있다. 아동보호서비스의 변화로는 미취학 아동을 위한 낮 동안의 보호서비스가 확대되고, 학령기 아동을 위해서는 다양한 여가활동센터 프로그램이 활성화되는 추세를 꼽을 수 있다.

(3) 아동복지 전달체계

1960년대에는 매우 제한된 아동만을 대상으로 아동보호서비스가 이루어졌지만, 최근에는 아동보호서비스를 제공받는 아동의 수가 거의 50배 늘었으며, 투입되는 예산도 GDP의 2.4%에 달하고 있다. 아동보호서비스의 제도적 측면에서도 급격한 변화를 가져왔는데, 초기에는 아동보호서비스가 중앙집권적이었고 예산의 책정, 감독, 지침 작성 등이 모두 보건복지청 소관이었으나 현재는 전국 286개 시당국이 아동보호서비스 계획에 따라 책임을 지고 운영하며, 중앙정부는 종래의 감독, 조정의 역할에서 평가와 추후지도 위주로 변화되었다.

스웨덴은 1966년 세계 최초로 아동학대를 금지하고, 1979년 모든 아동은 안정적이고, 좋은 환경에서 보호받아야 한다는 아동보호권의 내용을 담고 있는 '아동학대금지법'을 제정했다. 아동학대와 방임에 있어서는 사회봉사법이 정하는 학대자와 피학대아동의 인적사항 및 학대 내용 등에 관한 신고 서식에 따라 확인된 학대사례를 의료인이 사회복지위원회에 보고하게 되며, 사회복지위원회는 아동을 보호하기 위해 개입한다.

2. 우리나라의 역사적 발자취

우리나라 아동복지의 발달과정은 보편적으로 3단계로 구분할 수 있다. 즉, 삼국시대부터 조선 중기에 이르는 전통사회, 조선 말기부터 일제강점기에 이르는 근대사회, 광복 이후부터 오늘에 이르는 현대사회로 구분하여 우리나라 아동권리와 복지의 변천과정을 살펴볼 수 있다.

1) 전통사회의 아동권리와 복지

전통사회에서 아동은 가계를 계승하는 수단으로 보호대상으로 간주되었으며, 아동복지서비스는 고아, 자연재해로 인한 기아 등에 대한 구휼적 차원에서 이루어졌다. 이 근거로 황해익·남미경·서보순·김병만(2016)은 원시사회의 아동의 지위와 처우를 들고 있는데, 그 내용을 정리하면 다음과 같다.

첫째, 원시사회에서 아동기는 오늘날에 비해 매우 짧았을 것이며, 이 시기의 아동은 경제체제에 기여하는 존재였다. 또한, 종종 식량과 인구의 균형을 맞추기 위한 희생양이 되기도 했다. 당시의 대가족제도는 고아나 한부모가정의 자녀에 대한 실질적인 보호장치로 가동되었는데, 혈연을 기반으로 한 대가족제도는 수천 년 동안 요보호아동에 대한 이차적인 보호장치의 기능을 했지만 충실히 해내지는 못했다. 이와 같이 우리나라 아동복지의 역사는 대가족제도로부터 수행하던 보호장치 역할의 책임을 일부 떠안으면서 시작되었음을 미루어 짐작할 수 있다.

둘째, 전통사회에서 요보호아동은 10세까지의 고아, 기아 및 걸식아동이었다. 고려시대 기록에는 '10세까지의 고아에 대해 행정기관에서 급식을 하였다.'라고 기술되어 있으며, 조선시대 아동구제법의 대명사라고 할 수 있는 『자휼전칙(字恤典側)』에는 10세 이상의 고아는 '남의 고공이 되어 물도 기르며 나무도 져 오히려 자립하여 살 수 있었다.'라고 적혀 있다.

보편적으로 전통사회에서 아동기는 오늘날 정의하는 18세 미만에 비해 매우 짧았기 때문에 아동복지서비스의 기간도 짧았으며, 아동복지서비스의 내용 또한 생존과 직결되는 먹을 것과 입을 것의 제공에 치우쳐 있었다고 할 수 있다. 즉, 오늘날과는 비교가 불가할 정도의 아동에 대한 정의와 보호가 이루어졌다고 할 수 있다.

(1) 삼국시대

삼국시대는 신라, 고구려, 백제의 건국에서 신라가 통일하기까지 700여 년간의 시기이며, 왕권중심의 중앙집권적 국가체제였기 때문에 이 시기의 구제사업도 때에 따라 왕이 어진 정치를 펴는 하나의 방편으로 행해졌다고 할 수 있다. 그 예로, 『삼국사기』에는 신라 제2대 남선왕 15년에 백성이 기근으로 굶주리자 국고를 열어 이들을 구휼했다는 기록이 있고, 제3대 유리왕은 환과고독노병(鰥寡孤獨老病), 즉 홀아비, 과부, 고아, 아들이 없는 자, 늙은이, 병든 이를 요보호대상으로 정하고 무료 급식과 양육을 시행했다는 기록이 있다. 백제는 온조왕 33년, 고구려는 태조왕 56년에 재해를 당한 아동 포함의 백성에게 관곡을 배급했다는 기록이 남아 있다.

(2) 고려시대

고려시대는 왕건이 궁예를 축출하고 왕위에 오른 시점부터 이성계에 의해 멸망하는 시기를 일컫는다. 고려는 국가의 통치이념으로 불교를 삼아 사찰을 중심으로 한 사회복지서비스가 이루어졌다고 할 수 있다. 즉, 불교의 자비정신에 근거하여 사찰 위주의 고아, 기아, 빈곤아동에 대한 보호사업이 이루어졌다. 제6대 성종 13년(994년)에는 왕명으로 고아를 10세까지 관에서 수용·양육했으며, 10세가 지나면 본인의 희망에 따라 거주하도록 하였는데, 이것이 우리나라의 고아를 대상으로 수용·보호한 시설구제의 효시라고 볼 수 있다(하상락, 1989). 충목왕 3년(1347년)에는 영유아를 보호·양육하는 최초의 관립 영아원이라 할 수 있는 '해아도감(孩兒都監)'을 설치했다.

고려시대에는 병란과 흉년으로 걸식하는 유아, 기아, 빈민아 등을 사찰에 수용·양육하여 승려 또는 사역승으로 양성하는 일이 성행했고, 이를 본받아 민가에서도 양육 후에는 양자녀나 노비로 삼았다. 그러나 사찰의 보호는 어린 아동에게 중노동을 시키는 폐단과 민가에서의 고아를 양육하는 일은 수양을 빙자한 인신매매나 유괴 등의 폐단도 있었다.

(3) 조선시대

조선시대는 고려시대보다 진일보하여 고아와 기아 및 빈곤아동에 대한 법령을 제정하였다. 제22대 정조 7년(1783년)에 『자휼전칙』이라는 법령을 제정·공포하여 고아들의 수용·보호를 제도화하였다(한미현 외, 2016). 우리나라 전근대시대의 대표적 아동복지법령이라고 할 수 있는 『자휼전칙』은 유기 및 부랑걸식아동의 보호에 관한 사항을 제도화한 것이다. 이 법령에 의하여 한성부(서울)에는 '진휼청유접소', 지방에는 '진장'을 설치하여 부랑걸식아동을 한시적으로 수용·보호함으로써 국가에 의한 직접적 아동복지가 실천되었다.

고려시대부터 실시되었던 수양보호가 조선시대에도 지속되었는데, 관에서 수용·보호해야 할 아동의 수가 증가하면서 수양을 원하는 사람이 있으면 수양할 수 있도록 조치하였다. 그 예로, 제18대 현종 이후에는 한성 각 부의 유아와 기아에 대한 관부의 허가제에 따른 민가수양이 시작되었고, 이들에 대해 옷감도 관급되었다. 양육한 아동이 10세가 되면 양육한 사람이 아이를 사역할 권리를 가지게 했는데, 수양보호는 오늘날의 입양이라고 할 수 있다.

2) 근대사회의 아동권리와 복지

근대사회는 조선시대 말기부터 일제강점기까지의 정치적인 격동기와 맞물리면서 아동복지 차원의 구제사업은 거의 공백기라고 할 수 있다. 박정란과 서홍란(2001)에 따르면, 이 시기 아동복지 분야의 두드러진 특징은 서양 선교사들의 자선사업이라고 진단할 수 있다.

(1) 조선시대 말기

1894년 갑오개혁 이후에 외국의 선교사들이 입국하면서 포교를 위한 구호와 교육 사업이 실시되었다. 1855년 프랑스의 Maistre 신부에 의해 '영해회'가 설립되어 고아 구제사업이 실시되었는데, 이것이 근대적 육아사업의 효시라고 할 수 있다.

근대적 아동복지사업은 조선 말 고종 25년(1888) 3월에 프랑스 교회가 서울 명동성당의 천주교회 고아원을 개설한 것을 시작으로, 고종 32년(1895) 3월 인천에 천주당 부속 고아원이 설립되었다. 1906년 3월 한국인 이필화에 의해 설립된 최초의 고아원인 '경성고아원'은 황실하사금과 정부보조금, 기부금으로 설립되었고, 근대적인 영유아 복지사업의 발판이 되었다는 평가를 받고 있다.

(2) 일제강점기

일제강점기로 접어들면서 아동복지는 공적 사회사업의 확대로 일정 부분 진전된 모습을 보였다. 그러나 여전히 아동은 미래의 병력 또는 노동력으로 취급되어 최소한의 보호와 구제만을 제공받는 차원에 머물러 있었다. 1910년 한일병탄 이후 총독부는 수용시설인 '제생원(濟生院)'을 설립하여 빈곤아동과 맹아의 자활을 도왔고, 제생원의 양육부는 이필화가 설립한 경성고아원을 이수하여 운영하였는데, 광복 후에 국립육아원의 전신이 되었다.

수용아동에 대한 처우는 대개 정서적 안정을 위한 가정적 분위기가 중시되었고, 남아를 중심으로 한 영유아의 원외보육과 8세 이후 원아에 대한 학과교육과 실과교육으로 이루어졌다. 또한, 현 국립서울맹학교의 전신이 되는 맹아부는 빈곤한 맹·농아를 급비

생과 자비생으로 나누어 모집하여 맹아에게는 안마를, 농아에게는 재봉과 편물 등 수예를 가르쳤다(박정란·서홍란, 2001).

한편 아동보호를 위한 민간 차원의 운동이 활발하게 일어났는데, 그 대표적인 운동이 천도교에서 펼친 소년운동이었다. 천도교의 소년운동은 봉건시대의 아동관을 불식시키고 시대에 맞는 새로운 아동관을 계몽하는 일에 힘썼으며, '어린이'라는 순 우리말을 만들어 보급하는 등 아동문화를 확산시키는 한편, 민족독립운동의 성격을 지닌 사회운동의 성격을 띠고 있었다. 특히 '천도교소년회'와 '불교소년회', '조선소년군'이 중심이 되어 발족한 '조선소년운동협회'는 1923년 5월 1일 제1회 어린이날에 '소년운동선언'을 발표했는데, 이는 아동의 인권을 보호하고자 한 우리나라 최초의 아동권리선언이라고 할 수 있다(박정란·서홍란, 2001). 이 선언에는 어린이를 종래의 윤리적 억압에서 해방시켜 만 14세 이하 아동에 대한 유상 또는 무상의 노동을 금지할 것, 어린이가 안심하고 즐겁게 뛰어놀 수 있는 가정 또는 사회시설을 설립할 것 등의 내용을 담고 있다. 하지만 이러한 소년운동은 일제의 끊임없는 탄압과 어용소년단체의 출현, 내부적으로 사회주의 계열과 민족주의 계열 간의 분열 등으로 1930년대 들어 급속히 축소되면서 소멸하였다(한미현 외, 2016).

1921년 서양 감리교 선교사들이 개관한 서울의 태화기독교사회관에서 빈민아동을 위한 구제사업의 일환으로 보육사업을 실시하였다. 태화관의 사회사업은 시국에 맞지 않는다는 이유로 일제가 완전 중지 명령을 내렸다. 박영효는 1922년 교북동 4번지 1호에 보육원을 설립하였다. 1926년에 부산 공생탁아소와 대구탁아소 등의 2개 시설이 설치·운영되었고, 이를 계기로 1939년에는 전국에 11개소의 공·사립 보육시설이 설치되어 435명의 아동을 보육한 것으로 기록되어 있다. 1940년 조선총독부 구호령은 생활이 빈곤한 임산부와 13세 이하의 아동을 대상으로 가택구호를 원칙으로 한다고 규정하였다. 이 시기 일본은 극심한 전쟁을 치르고 있었기 때문에 구호령은 명목만 유지되었고, 통치를 위한 최소한의 구제만 있었다(김호년 외, 2016).

3) 현대사회의 아동권리와 복지

광복 이후 현대 아동복지는 전통사회나 근대사회보다 아동의 복지권이 보장되고, 아동복지에 대한 사회 및 국가의 책임이 더욱 확고해졌으며, 조직적이고 체계적으로 실시되었다고 평가된다. 보편적으로 '사회구호적 차원의 아동복지 시기'(1945~1960년), '선별적인 아동복지 시기'(1960년~1970년대), '보편적인 아동복지 시기'(1980년~현재)로 구분한다.

(1) 사회구호적 차원의 아동복지 시기(1945~1960년)

1945년 광복을 맞이했지만 미군정이 실시되었고, 이념 갈등으로 사회의 불안이 더욱 가속화되었다. 남과 북이 양분되어 고아나 빈곤가정이 많이 발생하면서 어려운 사람들에 대한 구호를 위한 자선활동이 등장하게 되었다. 1946년 이우선에 의해 한국인이 세운 최초의 고아원이 설립되었으며, 그해 9월에 '아동노동법규'가 공포되어 전 세계 문명국가가 채택하는 인도적·계몽적 원리에 따라 아동의 노동을 금지하게 되었다. 14세 미만 아동의 상공업체 고용 금지, 16세 미만 아동의 중공업체 또는 유해업체 종사 금지, 18세 미만 아동의 위험 직종 또는 유해 직종 종사 금지, 그리고 16세 미만 아동의 8시간 이내의 1일 노동시간 제한 등이 규정된 내용이었다.

1950년 한국전쟁의 발발로 수많은 전쟁고아와 부랑아가 양산되었고, 이들을 보호하기 위한 아동보호시설이 설립되었다. 아동보호사업은 우리 정부의 힘만으로는 부족하였고, 민간과 외국의 원조 단체의 도움을 받아 운영되는 사회구호사업이 주를 이루었다. 결국, 아동보호에 대한 국가적 책임보다는 민간자원의 동원과 시설의 재정립이 강조되면서 외국 원조가 불가피해지면서 외국 원조 중심의 아동복지시설은 1960년대까지 지속되었다.

우리나라 아동복지사업의 태동기라고 할 수 있는 1945~1960년은 '외국 원조 의존의 시기'라고 특징지을 수 있다. 일제강점기를 거쳐 한국전쟁의 발발로 불안정했던 시기였기 때문에 대부분의 복지가 외국의 원조에 의한 응급구호와 시설보호 위주로 전개되었다. 우리나라 정부 주도의 주체적인 전개가 쉽지 않았지만 근대적인 의미의 복지서비스가 진행되었다는 측면에서는 태동기라고 정의할 수 있다.

(2) 선별적인 아동복지 시기(1960년~1970년대)

이 시기 아동복지는 시설중심의 아동복지가 실시되었다. 1960년대 들어서면서 전쟁으로 인한 고아문제는 어느 정도 해결되었으나 극심한 빈곤으로 새로운 고아들이 발생하였다. 그러나 우리 정부는 고아에 대한 보호에 미온적이었으며, 외국 원조단체들에 의해 아동보호 활동이 지원되었다. 1961년 9월 31일에는 「고아입양특별법」이 공포되어 실시되었는데, 이 법의 주요 목적은 고아의 권리를 증진하고, 사적인 입양을 할 수 없게 하며, 입양 관련 단체의 설립을 규제하는 것이었다(김호년 외, 2016). 1961년 「아동복리법」의 제정을 통해 탁아사업이 정책적으로 실시되었다. 「아동복리법」의 보호대상은 '보호자로부터 유실, 유기 또는 이탈되었을 경우, 보호자가 아동을 양육하기에 부적당하거나 양육할 수 없는 경우'로 한정하여, 사후조치적인 성격을 띠었다.

이 시기의 아동복지정책은 요보호아동을 대상으로 한 매우 제한적인 보호대책이었다. 당초 법안에 있었던 모든 아동의 건전육성이란 규정은 국가 재정의 어려움을 이유로 제외되어 버렸고, 대신 법의 대상이 요보호아동으로만 제한되어 입법되었다(장동일, 1996). 이 역시 당시의 아동복지정책이 국가의 책임을 최소화하는 방향으로 추진되었음을 시사하는 것이다. 따라서 1970년대 말까지는 법적으로나 실제 행정에서 요보호아동만을 대상으로 하면서 개인의 책임을 강조하는 잔여적 아동복지정책의 시기였다고 볼 수 있다(한미현 외, 2016).

선별적인 아동복지정책이 펼쳐진 이 시기는 우리나라 아동복지의 도입기라고 정의할 수 있는데, 도입기의 특징으로 김호년 외(2016)는 다음의 4가지를 지적한다.

첫째, 아동복지 관련법의 제정이다. 아동복지의 근간이라고 할 수 있는 「아동복리법」(1961)과 아동복지에 영향을 미치는 사회복지 관련법인 「보호시설에 있는 고아의 후견직무에 관한 법률」(1961), 「고아입양특례법」(1961) 등이 제정되었다. 1970년대부터 외국 원조기관의 철수가 시작되면서 아동보호에 대한 국가의 개입이 불가피해졌다. 이에 따라 「모자보건법」(1973), 「입양특례법」(1976), 「특수교육진흥법」(1977) 등이 공포되었다.

둘째, 시설보호의 증대이다. 이 시기는 수용시설에서의 보호사업이 주를 이루었다고 할 수 있다. 그 이유로는 국민 대다수가 빈곤층에 속했기 때문에 대리가정 보호와 같은 사업이 활성화될 수 없었고, 국가의 관심이 부족하여 외국 원조를 받기 위한 시설이 난립하는 상황이어서 시설중심의 보호가 수월했기 때문으로 꼽을 수 있다.

셋째, 입양의 활성화이다. 1961년 제정된 「고아입양특례법」은 한국전쟁으로 급격히 증가한 전쟁고아를 위해 입양사업이 적극적으로 추진되는 근거가 되었다. 입양사업은 외국의 지원을 받는 민간 아동복지기관이 주도적인 역할을 담당했는데, 한국아동양호회(1954), 가톨릭구제회(1955), 안식교성육성회(1955), 홀트양자회(1956), 국제사회봉사회(1957) 등의 외국 민간원조단체가 있었다. 해외입양사업은 1988년 올림픽을 개최하면서 해외입양에 대한 반성의 시각이 형성되면서 국내입양을 권장하였만, 혈통에 관한 고정관념 때문에 활성화되지 못했다.

넷째, 탁아시설의 확충이다. 「아동복리법」(1961)의 제정으로 탁아사업이 적극적으로 추진되었는데, 그 이유는 빈곤가정의 어머니들이 일하는 동안 유기된 아동이 시설에 수용·보호되었기 때문이다. 이에 일하는 어머니들을 대신해 아동을 돌봐줄 시설이 필요했으며, 탁아시설은 산업화로 인한 부족한 일손 확보뿐 아니라 빈곤가정의 경제적 지원 차원에서도 필요했다.

(3) 보편적인 아동복지 시기(1980년~현재)

모든 아동을 위한 보편적인 아동복지사업은 1980년대부터 시작되었다. 1981년 「아동복리법」이 「아동복지법」으로 전면 개정되었고, 주 대상이 요보호아동에서 18세 미만의 전체 아동으로 확대되면서 서비스의 전문화와 다양화를 꾀하기 시작했다. 이 시기를 세분화하여 그 특징을 살펴보면 다음과 같다.

① 1980년대

1970년대 후반부터 산업화, 도시화, 핵가족화, 가치관의 변화로 소년소녀가장, 가출아동, 부랑아동, 비행아동, 정서장애아동, 신체장애아동 문제뿐만 아니라 저소득층 또는 일반가정의 방치된 아동문제 등 광범위하고 다양한 아동문제가 등장하게 되었다. 또한, 여성의 사회참여가 늘어나고 보편적인 원칙에 입각한 전 국민의 의료보장과 소득보장이 중요한 국가정책의 영역이 되면서, 아동복지에서도 그 대상이 요보호아동뿐만 아니라 일반가정의 아동에까지 보편화되어야 한다는 새로운 복지관이 대두되었다(이혜경, 1993). 이에 변화된 가정 및 아동의 욕구에 부응하여 1981년 4월 13일 「아동복지법」이 개정되었다. 「아동복지법」으로 보편주의에 입각한 아동복지서비스의 전문화가 시작되었고, 1982년 「유아교육진흥법」에 의해 어린이집은 유아교육기관인 '새마을 유아원'으로 흡수되고, 주무부서가 보건사회부에서 내무부로 이관되었다.

1979년에는 '한국사회복지협의회'가 서울에 '아동학대고발센터'를 개설하여 아동학대에 대한 사회의 관심을 촉구하였고, 1985년에는 '서울시립아동상담소'가 공립기관으로서는 처음으로 '아동권익 보호신고소'를 개설하였다. 1989년에는 '한국아동학대예방협회'가 발족되어 전국 9개 시·도 지역사회복지관 내에 '아동학대신고센터'를 개설하여 아동학대에 대한 예방활동을 펼쳐 나갔다(김호년 외, 2016). 이 외에 「심신장애자복지법」(1981), 「생활보호법」(1982)의 개정, 「청소년육성법」(1987), 「모자복지법」(1989)이 제정되기도 하였다. 이러한 법의 제정에 근거하여 1980년대를 아동복지의 형성기라고 지칭하기도 한다.

② 1990년대

가족구조의 변화와 여성의 경제활동 참여의 증대로 보육수요가 크게 증가하였다. 또한, 보육사업의 전문화 필요성이 제기되면서 1991년 「영유아보육법」이 제정되었고, 「아동복지법」 내 보육사업을 전문적으로 다루게 되었다. 「영유아보육법」을 토대로 보건복지부에서는 보육사업을 시작하였고, 보육서비스의 대상이 빈곤가정 아동에서 일반아동으로 확대되어 보편적 아동복지로 전환되었다.

1990년대는 '한국아동복지학회'(1991)의 창립과 학교사회사업이 개시되었는데, '한국아동복지학회'는 우리나라 아동복지의 문제를 조명하고, 아동복지에 대한 정부의 책임을 촉구하였다. 이 시기에는 사회복지기관이 양적으로 증가하면서 지역사회 내 청소년문제를 예방하고 해결하기 위한 전문적인 실천 방법으로 학교사회사업이 도입되었다. 학교사회사업에 대한 관심은 1997년 '삼성복지재단'이 지원사업을 전개하면서 촉발되었고, 이는 '학교사회사업학회' 창립으로 이어졌다. 일반학교에서 학교사회복지사가 공식적으로 활동하였고, 연구학교 선정을 통해 시범사업을 펼쳐나갔다.

1997년 말에 발생한 IMF 경제위기와 이에 대한 대응과정은 우리나라의 정치·경제·사회·문화 전반에 변화를 가져왔다. 중산층이 급격히 몰락하면서 빈곤과 실직의 불안감이 만연하게 되었고, 가정불화와 가정파괴의 문제들이 아동양육의 문제로 연계되었다. 즉, 외한위기로 촉발된 IMF 위기는 사회적 불안감을 야기했고, 바로 아동복지적 요구를 발생시켰다.

어려움에 처한 아동을 위한 복지서비스는 수입이 없거나 실직한 가정에 대한 원조로 결식아동 지원과 학자금 지원, 실직여성가구주를 위한 구직정보 제공 서비스 등 경제적 원조가 주를 이루었다. 저소득층 부모의 경제활동을 지원하고, 아동을 보호하기 위하여 방과후 학교 등 보호와 교육서비스도 실시되었다. 또한, 이러한 아동의 심리적·사회적 문제에 대한 적절한 개입도 필요하게 되었다. 실질적으로 가족 내 역할 변화로 스트레스가 증가하고 일관적이지 않은 양육 태도로 아동의 정신건강이 위협받는 것을 방지하기 위하여 이들 자녀의 적응을 돕는 프로그램이 개발되어 실시되었다(박현선, 1999).

③ 2000년대 이후

아동복지 관련 제도의 양적·질적 확대기라고 일컬어지는 1990년대가 지나고 발전기에 해당하는 2000년대는 취약계층 대상의 복지제도 강화 및 잠재형의 사회적 위험에 대한 사회안전망 확충의 시기로 표현될 수 있다. 이와 같은 발전기는 전체적인 위험요인에 대한 예방적인 접근은 아니지만 선별적 차원의 예방적 모델이 도입된 시기로 평가할 수 있다. 또한, 참여정부 말기에는 전통적인 복지제도의 사각지역에 해당하는 사회적 욕구해결을 위해 공급자에 대한 보조금 지원이 아닌 이용자에 대한 바우처 지원을 통해서 재정을 지원하는 지역서비스 특자사업을 실시하였다. 이러한 서비스는 전통적 복지 실천 영역에서 소외되던 ADHD 아동·청소년, 성장지원이 필요한 아동·청소년 등으로 대상을 한층 더 넓혔다(한미현 외, 2016). 강상경(2012)은 국민의 정부에서의 '생산적 복지' 또는 참여정부에서의 '참여 복지'라는 구호에서 찾아볼 수 있듯이 복지에 대한 인식이 수동적인 이미지에서 성장과 함께하는 능동적인 이미지로 전환되었다고 평가하고 있다.

2008년 이후부터 현재에 이르기까지 보편적 증진을 향한 성장을 도모하는 정착기로 일컬어지는데, 경제성장의 저하, 저출산·고령화 문제 현상, 중산층의 몰락으로 인한 양극화 현상, 청년실업문제, 아동보육문제 등의 다양한 사회변화를 통해 새로운 복지 요구가 표출되고 있다. 또한, 중국을 위시한 아시아 국가들의 외국인 근로자와 결혼이민자, 북한이탈주민의 이주가 증가하면서 '다문화가족' 자녀의 아동복지서비스에 대한 관심이 고조되고 있다. 2006년 정부 차원의 사회통합대책이 마련된 이후 다문화가족 지원서비스는 증가하였으나, 임신·출산과 관련한 지원과 방문아동양육서비스 외에 아직 전문적이고 통합적인 아동복지서비스는 찾아보기 어렵다(최현미 외, 2008).

과거 우리나라의 아동복지정책은 요보호아동 중심의 보호서비스에 치중해 왔다는 점에서 한계가 있고, 이를 극복하기 위해 최근 아동의 빈곤, 결식, 학대 등의 문제를 해결하기 위한 새로운 아동복지서비스가 도입되어 시행되었으나, 이에 대한 법적 근거가 미약하고 관련 정책을 총괄 조정·심의하기 위한 정책 추진체계가 미흡한 실정이었다. 또한, 기존의 시설아동보호, 아동학대 예방 등의 아동보호서비스의 경우에도 사회적 여건 변화에 따라 아동의 친가정 복귀 지원, 아동학대 사전 예방 및 학대방지를 위한 서비스의 강화가 필요한 상황에 처했다. 이러한 기존 법령과 제도의 한계점을 극복하고자 2011년에 「아동복지법」의 전면 개정으로 아동종합실태조사를 시행하여 이에 기반하여 아동정책 기본계획을 수립·시행하고, 아동복지정책 추진체계를 강화하며, 아동복지시설 관련 전달체계 및 아동복지시설 유형 개편을 통해 보다 효율적이며 수요자 중심적인 아동복지서비스 제공이 가능하도록 하는 단계까지 이르렀다(한성심·송주미, 2014).

3. 아동권리와 복지의 미래방향

사회적 이슈로 아동문제가 대두된 것은 근대 산업사회의 일이다. 산업화가 이루어지기 이전의 사회에서는 빈곤, 기아, 유기와 같은 일이 존재했어도 체계적인 대책이 마련되지 못했다. 산업화 이전의 사회에서는 아동보호의 일차적 책임이 부모에게 있었고,

요보호아동은 종교단체에서 보호를 맡았다. 그러나 사회가 발전하고 다양화되면서 아동의 지위와 그에 따른 법적 지위가 향상되었고, 특히 아동권리에 대한 인식이 높아지면서 아동보호 차원을 넘어 아동 개인의 인권과 존엄성이 존중받아야 마땅하다는 사회적 합의가 이루어지고 있다.

1) 시대적 변천에 근거한 미래의 아동권리와 복지의 방향

원시공동사회였던 고대사회에서 생산과 생존에 도움이 되지 않는 아동은 부족의 소유물로 간주되었기 때문에 아동에 대한 사회적 태도와 양육 형태는 매우 원시적이었다. 그뿐만 아니라 사회의 풍속이나 관습, 미신 등으로 생명의 위협을 받는 무력한 존재로 인식되었다. 영아살해, 유기, 낙태, 아동매매는 부족한 자원과 인구 간의 평형을 유지하기 위한 수단으로, 기근·질병·재난에 대비하기 위한 수단으로, 먼저 출생한 아동을 키우기 위한 수단으로 오랫동안 행해졌다. 따라서 이 시기에는 아동복지를 위한 이념이나 실천은 거의 존재하지 않았다.

신분 계층을 중시한 봉건사회로 들어서면서 초기의 아동관은 장원(莊園)을 위한 군사력, 경제력의 확보를 위한 수단이었지만 고대사회에서 만연되었던 영아살해가 기독교 철학자들에게 비난받기 시작하면서 아동도 하나의 인격체임이 강조되기 시작하였다. 그러나 영아살해는 완전하게 사라지지 않았고, 신분계급이 낮은 아동은 5~6세에 이르면 도제가 되어 길드(guild)의 상호 부조로 양육되어 노동력을 착취당하기도 하였다. 반면, 종교적 영향이 강했던 시기였기 때문에 교회를 중심으로 한 종교단체에서 가난하거나 의지할 곳 없는 신분계급이 낮은 아동을 보호하기 위한 시설을 활용하였다. 황해익 외(2016)는 교회에서부터 아동보호사업이나 서비스가 싹트기 시작했다는 점과 아동을 하나의 인격체로 보는 현대적 관점의 아동존중사상이 최초로 주장되기 시작했다는 점을 중세사회의 중요한 역사적 사실이라고 주장하고 있다. 즉, Comenius는 중세의 아동관인 '성인의 축소판'으로서의 아동을 거부하고, 아동을 하나의 인격체로 간주하며 존중할 것을 강조했다. Comenius의 이와 같은 아동존중사상은 18세기의 Rousseau, Pestalozzi에게 계승되어 현대의 아동관의 근간을 형성했다. 그러나 이 시기의 아동보호는 종교적 차원에서의 자선행위에 지나지 않았고, 아동 개인의 욕구나 권리를 중심으로 하는 근대적 아동복지사업의 전개는 기대할 수 없었다.

근대사회로 들어서면서 봉건제도가 붕괴되고 자본주의 제도가 출현하게 되었다. 산업혁명으로 인해 대규모 이농민의 발생, 급격한 인구의 도시집중으로 인한 빈곤, 실업, 노사문제, 주택문제 등이 사회문제로 대두되었다. 이에 따라 영국에서는 오늘날 아동복지의 기원이 되는 '구빈법'이 제정되었다. 구빈법은 성인뿐 아니라 보호가 필요한 아동에게 국가가 개입하도록 규정했다는 측면에서 아동복지제도의 시발점으로 여기고 있다. 그러나 Comenius에 이어 Rousseau와 Pestalozzi의 주장에도 불구하고 아동의 발달단계를 인정한 진정한 의미의 아동교육관과 아동양육관이 보편적으로 받아들여지지 못했다.

Owen(1771~1885)은 열악한 환경에서 아동이 성장하게 되면 나쁜 습관을 형성하게 된다고 생각하여 성격형성학교를 설립하였다. 아동을 둘러싼 환경을 성인들이 책임지고 합리적으로 관리해야 한다고 판단한 Owen은 직장을 가진 어머니를 위한 영유아 보호의 역할뿐 아니라 아동의 올바른 인간형성을 위한 교육에 힘썼다. 이 유아학교는 이후 영국 전역으로 퍼져나갔으며, 초등학교의 하부조직으로 정규 학교체제 속에 편입되기도 하였다. 1870년 Barnard(1845~1905)는 부랑아와 빈곤아동을 보호하기 위해 '버나드 홈(Dr. Barnard's Homes)'을 설립하기도 하였다.

18세기 후반에 이르러 Rousseau의 아동중심사상이 Pestalozzi, Fröbel로 계승되면서 아동을 단순히 성인의 축소판으로 취급해서는 안 된다는 인식이 확대되기 시작했다. 이후로 1900년 『아동의 세기』를 저술한 Ellen Key(1849~1926)는 '20세기는 아동의 세기'라고 규정하고 아동의 본성을 살리자고 호소하였다. 아동을 발아하는 종자로 비유하여 자발성을 기초로 한 교육방법을 주창하면서, '교육의 최대 비결은 교육하지 않는 것'이라고 학교 불필요론을 주장하기도 했다.

아동관의 변화는 Freud를 위시하여 Piaget, Kohlberg에 이르는 심리학자들의 연구를 통해 이루어졌는데, 아동을 독립된 인격체, 개성을 가진 존재로서 무한한 잠재력을 지닌 존재로 인식하게 되었다. 교육계에서의 변화로는 Dewey를 꼽을 수 있는데, 『학교와 사회』를 통해 '아동중심'이란 용어를 처음 사용하였고, 아동의 교육은 아동의 흥미와 욕구를 반영해야 한다고 강조하였다. 이와 같은 아동관의 변화는 아동을 인격체로 인정하고, 아동의 인권과 자유를 보장하는 다양한 사회제도를 만들어 내었다.

20세기에 접어들면서 아동권리가 더욱 강조되었고, 아동보호는 국가의 책임이라는 인식이 보편화되었다. 아동문제에 대한 국가의 책임성이 논의된 것은 1909년 Theodore Roosevelt 대통령이 소집한 제1회 아동에 관한 백악관회의였다. Theodore Roosevelt 대통령은 아동을 위한 부모역할의 중요성을 언급하면서 "가난하다는 이유로 아동이 가정에서 이탈되어서는 안 된다. 가정을 떠날 충분한 이유가 있을 경우에는 차선책으로 잘 선정된 위탁가정이 바람직하다. 시설을 이용할 경우 소숙사제도(cottage system)가 좋으며, 아동의 의존성이 나타나지 않도록 해야 한다."라는 원리를 제시했다. 이 결과로 1912년 미국연방정부 아동국이 창설되었고, 이후 10년마다 백악관에서 아동복지 전국회의가 당대의 대통령에 의해 개최되고 있다.

아동복지에 대한 각국의 노력은 1989년 11월 20일 국제연합총회에서 결실을 맺게 되었는데, 그것이 바로 '유엔아동권리협약'이다. 이는 전 세계 아동의 경제, 사회, 문화에 대한 권리를 규정하는 국제협약이다. 1990년 9월 29~30일 이틀에 걸쳐 뉴욕에서 개최된 '아동을 위한 세계정상회담(World Submit for Children)'에서는 158개국 대표가 참석하여 아동의 생존, 보호, 발달을 위한 세계선언과 국가 행동계획을 채택하기도 했다.

현대사회의 아동복지는 아동의 권리를 인정했을 뿐 아니라 법제화하여 아동의 고유한 권리와 존엄성을 실천하고 있다고 할 수 있다. 여기에 이르기까지 아동은 성인의 축소판으로 존재하기도 했고, 사회로부터 보호받지 못해 노동력을 착취당하기도 했다. 질곡의 역사를 거쳐 Comenius를 위시하여 아동을 질적으로 다른 존재로 인정한 Piaget 등 선각자들에 의해 아동발달에 대한 이해와 그에 따른 환경의 중요성, 성인의 지지 등이 강조되었고, 그 결과로 아동권리의 중요성과 아동복지서비스의 필요성이 대두되었다. 향후 우리 사회는 아동의 권리를 더욱 존중하는 방향으로 나아갈 것이며, 아동의 권리를 위해 아동복지서비스도 좀 더 체계적으로 진행·발전될 것으로 예측된다. 즉, 아동 개인의 발달상태, 홍미, 욕구 등을 토대로 최적의 환경을 제공하기 위한 성인, 사회, 국가의 노력이 행해질 것이며, 사랑과 존중을 받아야 하는 당연한 존재로 아동을 인식할 것이다.

2) 우리나라 역사적 변천에 근거한 미래의 아동권리와 복지의 방향

우리나라 전통사회에서 아동은 가계를 계승하기 위한 수단으로서의 보호 대상이었고, 아동복지 또한 외국의 다른 나라들과 마찬가지로 구휼적 차원에서 이루어졌다. 중세시대 교회 중심의 자선이 행해졌던 것처럼 고려시대에서는 사찰을 중심으로 한 사회사업이 주를 이루기도 하였다. 근대적인 영유아 복지사업의 발판이 된 것은 1906년 이필화가 설립한 경성고아원으로, 황실하사금과 정부보조금으로 설립되었다.

아동의 권리와 관련해서는 소파 방정환을 주축으로 한 '조선소년운동협회'가 아동의 권리운동을 전개했으며, 1923년 5월 1일을 '아동의 날'로 정하여 시대에 맞는 새로운 아동관을 계몽하기에 힘썼다. 1921년 서양 감리교 선교사들이 서울의 태화기독교사회관에서 빈민아동을 위한 구제사업의 일환으로 보육사업을 실행했는데, 시국에 맞지 않는다는 이유로 일제에 의해 완전 중지 명령을 받게 되었다. 일제강점기 후반에는 징용과 수탈 등의 어려움으로 지친 우리 사회는 아동의 권리와 복지를 위한 노력을 기할 수 없었다. 이후 광복을 맞이했어도 이념의 대립으로 사회의 불안과 갈등이 극에 달했고 결국 한국전쟁이 발발하게 되었다. 이로 인해 요보호아동의 수는 급격히 증가했고, 휴전이 이루어진 이후에도 기본적인 의식주를 해결하지 못하는 가정에서 자녀를 시설에 맡기는 일이 많아지면서 여력이 없던 우리 정부 대신 외국의 원조단체가 아동보호를 담당했다.

1961년에는 「생활보호법」, 「아동복리법」, 「고아입양특례법」이 제정되어 우리나라 사회복지의 기초를 형성할 수 있게 되었다. 이후 경제적 발전과 함께 사회적 안정이 이루어지면서, 아동복지에 관한 법률의 제정 및 복지서비스의 실행도 발전을 꾀하였다. 그러다가 1997년 경제위기가 닥치면서 아동의 권리와 복지를 실현하고자 하는 노력이 다시 수면으로 가라앉게 되었다. 즉, 실직이나 소득의 감소로 인한 부부간의 갈등과 불화가 자녀 유기나 학대로 번지면서 사회불안은 한층 가속화되는 양상을 띠었기 때문에 경제적 원조가 주를 이루는 복지가 행해졌다.

2000년대 들어서면서 경제위기가 다소 완화되기는 했지만 가정의 경제적 위기와 가정해체는 여전히 사회문제로 잔존하며, 현재 우리는 육아에 대한 부담으로 인한 출산율

저하, 고령화 사회로의 진입 등 부정적인 사회현상을 경험하고 있다. 우리나라의 역사적 발자취를 짚어 보면 아동의 권리와 복시서비스가 향상되었음을 확인할 수 있고, 동시에 사회의 불안 요소가 많을수록 아동의 권리에 대한 존중과 복지서비스는 제자리걸음을 하거나 오히려 후퇴하는 양상을 볼 수 있다. 문선화(2015)는 우리나라의 아동발달과 성장과정에서 부딪치는 문제점들을 출산의 저하가 가져온 급격한 아동인구의 감소, 여전히 지속되고 있는 가정해체, 다문화사회가 정착되는 과정에서 필요한 요소, 그리고 절대적 빈곤 또는 상대적 빈곤으로 지적하고 있다. 향후 우리나라 아동의 권리와 복지는 이와 같은 문제들을 해결해 나감으로써 발전하게 될 것이다. 그러나 변하지 않는 중요한 사실은 어떠한 환경적 변화에도 아동의 권리와 존엄성이 훼손되어서는 안 되고, 아동을 위한 환경 조성과 적극적인 지원이 이루어져야 한다는 것이다. 전통사회에서부터 오늘에 이르기까지, 특히 일제강점기와 한국전쟁, 금융위기 등의 어려운 시기를 거쳐 현시점에 이르기까지 우리 사회는 아동의 권리를 존중하고 아동을 위한 복지를 시행하려는 노력을 멈추지 않았다. 따라서 우리나라 미래의 아동권리와 복지의 방향은 전 세계의 흐름에 맞추어 보다 발전적으로 이루어질 것이다.

참조로 서울특별시 조례 중 「서울특별시 어린이·청소년 인권조례」(제6328호, 2016. 9. 29., 일부 개정)를 통해 아동권리와 복지의 미래의 방향을 점검하면 다음과 같다.

총 8장 67조로 구성된 「서울특별시 어린이·청소년 인권조례」는 「대한민국 헌법」, '유엔아동권리에 관한 협약', 「아동복지법」, 「청소년기본법」, 「청소년복지지원법」, 「청소년활동지원법」 등 관계법령에 근거하여 서울특별시 어린이·청소년의 인권이 실현될 수 있도록 하는 것을 목적으로 한다. 대상의 규정에 있어서 '어린이'는 만 12세 미만의 사람을, '청소년'이란 만 12세 이상 만 19세 미만(다만, 19세에 도달하는 해의 1월 1일을 맞이한 사람은 제외)의 사람으로 정하고 있다.

제2장 어린이·청소년이 누려야 할 인권의 원칙으로 '인권의 주체성과 인권보장의 원칙', '차별금지 원칙'을 제시하며, '성장환경과 건강에 관한 권리', '폭력으로부터 자유로울 권리', '안전하게 생활할 권리', '양심과 표현의 자유 등을 보장받을 권리', '사생활의 자유와 정보에 관한 권리', '교육·문화·복지에 관한 권리', '노동에 관한 권리', '자기결정권 및 참여할 권리'를 제시한다. 즉, 어린이·청소년은 인권의 주체이며, 자신의 인권

뿐만 아니라 타인의 인권을 존중해야 하며, 어린이·청소년은 온전한 한 사람으로서 자신의 일에 대해 의견을 표현하고 참여할 권리가 있음을 천명한다. 이러한 관점이 바로 21세기의 아동인권의 방향이라고 할 수 있다. 사회는 나이, 성별, 종교, 사회적 신분, 지역, 국가, 민족, 언어, 장애, 용모 등 신체조건, 임신 또는 출산, 가족형태 또는 가족상황, 인종, 경제적 지위, 피부색, 사상 또는 정치적 의견, 성적 지향, 성별 정체성, 병력, 징계, 성적, 고용형태 등을 이유로 차별받지 않아야 하는 것이 바로 아동임을 인지하고, 최적의 건강상태를 유지할 수 있도록 사회적 여건을 조성해야 한다. 아동은 모든 종류의 신체적·정신적 폭력, 성폭력, 학대, 착취, 괴롭힘, 비하 등으로부터 자유로울 권리뿐 아니라 평화롭고 안전한 환경에서 생활할 수 있는 권리를 누려야 한다. 가장 중요한 것은 아동은 있는 그대로의 그 자신이라는 것이다. 따라서 아동은 자유롭고 창의적으로 사고하고 행동할 수 있는 교육받을 권리를 향유할 수 있어야 한다. 이것이 바로 21세기 우리나라의 아동권리의 근간이며, 이를 토대로 아동복지의 방향이 계획되고 실천되어야 할 것이다.

「서울특별시 어린이·청소년 인권조례」 제3장은 '가정에서의 인권보장'과 '시설에서의 인권보장', '학교에서의 인권보장', '지역사회에서의 인권보장', '빈곤·장애·소수자 어린이·청소년의 인권보장'으로 인권의 범주를 나눈다. 가정에서 아동이 누려야 할 권리, 가정에서 아동의 권리를 보호하고 지켜 주어야 할 사항으로는 '보호자 등에 의한 인권의 보장', '양육의 지원', '학대 및 폭력의 금지', '학대로부터의 구제 및 회복'이 있다. 보호자는 양육하고 있는 아동이 스스로 권리를 행사할 때 최선의 이익이 확보될 수 있도록 해 주며, 아동양육에 대해 일차적인 책임을 져야 함을 강조한다. 아동이 가장 먼저 접하는 사회가 바로 '가정'임을 감안하고, 아동의 제 발달의 근간을 형성하는 것이 가정생활이라고 볼 때, 가정의 역할, 즉 보호자의 역할을 제시하는 것은 매우 의의가 있다고 볼 수 있다. 사회의 안정은 가정의 신뢰구축을 통해 이루어지는 것이므로, 앞으로도 바람직한 부모의 역할과 태도, 가정의 중요성이 더욱 강조될 것으로 예측된다.

1 주제

아동의 인권과 권리가 의미하는 것은 무엇인가?

2 주요 개념

- 아동인권과 권리의 개념
- 아동중심사상
- Rousseau부터 Dewey에 이르는 아동중심사상가

3 학습내용

- 아동인권에 대한 정의 내리기
- 아동중심사상가들이 사회에 미치 영향에 대해 기술하기

4 교실활동

- 『역사 속 인권 이야기』(정용주)
  - 인권이 무엇인지에 대해 이야기 나누기
  - 사회적 약자가 누구를 가리키는지, 왜 약자인지에 대해 이야기 나누기
  - 사회적 약자를 위해 사회와 국가가 해야 할 일은 무엇인지 이야기 나누기
- 『피노키오에게도 인권이 있을까? : 명작 동화와 함께 읽는 세계인권선언문』(행복한 공부연구소)
  - 피노키오의 인권에 대해 이야기 나누기

5 퀴즈

- 아동의 권리가 싹트기 시작한 시기는 언제인가요?
- 아동중심사상이 대두되기 시작한 시점의 사회적 배경 및 그 특징을 설명하세요.
- 아동중심사상가로 불리는 학자들을 열거하고, 주된 이론이나 철학적 관점을 비교, 분석하세요.
- 아동이 권리를 누리기 위해서 부모를 포함한 성인이 해야 할 일에 대해 정리하세요.

3 CHAPTER 아동권리와 복지의 사회적 변천

학습 개관

아동은 태어나는 순간부터 행복하게 자랄 권리, 건강하게 자랄 권리, 적절한 보호와 교육을 받을 권리, 자기 생각과 의견을 표현하며 참여할 권리가 있다. 어른은 아동이 잘 자랄 수 있도록 도와주어야 하며, 아동권리에 입각한 복지권을 지켜 줄 책임과 의무가 있다. 우리나라가 유엔아동권리협약에 비준한 지 26년이 되는 현재, 아동복지 현장에서 아동복지의 실천은 아동권리의 관점에 기초하여 접근해야 한다. 아동복지 현장에서는 아동복지 당사자인 아동이 아동권리를 체화하기 위해 아동 스스로 책임이 필요함을 철저하게 교육하며, 성숙한 아동권리를 보장하기 위해서 국가와 사회, 부모, 아동 관련 종사자의 노력이 필요하다. 본 장에서는 아동권리와 복지의 태동 배경과 유엔아동권리협약의 주요 조항을 요약하고, 유엔아동권리위원회의 역할과 협약이행에 관한 정책을 다룬다.

학습 목표

- 아동권리와 복지의 발전과정을 이해한다.
- 유엔아동권리협약에 나타난 아동을 이해한다.
- 아동권리협약의 이행과 모니터링을 이해한다.
- 아동권리보장을 위한 정책제언을 이해한다.

주요 자료

영화

코르작
Korczak
(1990, 안제이 바이다)

파도가 지나간 자리
The light between oceans
(2016, 데렉 시엔프랜스)

✿ 도서

- 교사를 위한 아동권리협약(2008, 임희옥 글, 아이미코리아)
- 누구나 행복할 권리가 있어요(2009, 국가인권위원회)
- 사람은 누구나 평등해요(2003, 조 호에스틀랜드 글, 권명희 역, 삼성당)
- 세계 어린이 인권여행: 세계 어린이는 어떤 생각 어떤 모습으로 살고 있을까?(2014, 아렌트 판 담 글, 알렉스 데 볼프 그림, 유동익 역, 별숲)
- 세계 어린이를 위한 소중한 약속(2012, 데이빗 J. 스미스 글, 쉐라흐 암스트롱 그림, 김영욱 역, 키다리)
- 야누슈 코르차크(2014, 필립 메리 글, 페프 그림, 윤경 역, 도토리숲)
- 어린이는 어린이다(2011, 이현 글, 박서영 그림, 해와나무)
- 역사 속 인권 이야기(2015, 정용주 글, 정현희 그림, 리젬)
- 우물 파는 아이들(2012, 린다 수 박 글, 공경희 역, 개암나무)
- 유니세프가 들려주는 어린이권리(2014, 제라르 도텔 글, 루이즈 외젤 그림, 곽노경 역, 개암나무)
- 유엔 인권 조사관이 네팔 소년한테 들려준 유엔 이야기(2011, 정명숙 글, 박혜진 그림, 한솔수북)
- 인권, 누구에게나 소중해요(2012, 국가인권위원회)

✿ 보고서

- 한국이 지켜야 할 어린이를 위한 약속: 유엔아동권리위원회 권고사항(2015, 유니세프)

✿ 사이트

- 대한민국청소년의회 : www.youthassembly.or.kr

1. 아동권리와 복지의 태동

1) 아동권리와 복지의 발전과정

아동권리는 오랫동안 논의되었다. 1924년 국제연맹총회에서 '아동의 권리에 관한 제네바선언'이 채택된 이후 아동기가 필연적으로 성인이 구조화한 사회에 바탕하며 보다 근본적으로는 사회를 지배하는 이데올로기의 영향을 받기 때문에 1989년 국제법적 효력을 지닌 유엔아동권리협약이 탄생하기까지 70년 가까운 시간이 필요하였다.

아동권리사상은 1922년 아동복리회(Save the Child Fund)의 창설자이며 영국의 사회개혁자인 Eglantyne Jebb에 의해 성문화된 아동권리선언으로부터 싹텄다. 1919년 런던에서 Jebb 여사가 세이브더칠드런을 창립할 당시는 세계대전 이후의 참담한 환경 속에서 아동의 생존권이 심각하게 침해당하는 상황이었다. 이에 그녀는 아동의 구호와 복지, 권리실현을 위해 세이브더칠드런을 창립하고, 아동을 단순한 보호의 대상이 아닌 주체적인 인격체로 존중해야 함을 주장했다.

Jebb 여사는 제1차 세계대전 직후 경제적으로 어려운 상황에서 한 어머니가 자기 손으로 아기의 목숨을 끊는 처절한 상황을 목격하였다. 이후 세이브더칠드런 설립 4년 만인 1923년 '비록 아기를 낳았다 하더라도 아기의 생명권은 엄마에게 있지 않다.'라고 널리 외치면서 세계 최초의 아동권리선언문을 선포하였다.

교육현장에서 아동의 권리와 복지 실천을 위해 노력하고 아동복지를 위해 아동의 의견존중을 앞장서서 실천한 아동권리의 선구자로 Janusz Korczak(1878~1942)이 있다. 그는 폴란드의 의사이자 교육학자, 작가, 기자, 사회운동가, 육군장교, 아동문학가로서 유태인 어린이를 위한 고아원 원장으로도 활동하였다. 그는 『아이들』에서 "아이들에게 필요한 것은 오직 한 가지, 사랑받고 존중받고, 보호받을 권리가 있고. 존중받고, 보호받으며 자란 아동은 다른 사람을 존중하고 아끼며, 사회에 이바지하는 사람으로 자라는 것이다."라고 하였다. 현재 아동권리를 이해하는 Korczak의 방식은 많은 교육자의 기준점이 되고 있다. Korczak이 어린이에게 접근한 교육방법과 아동권리에 대한 사상은 제2차 세계대전 이후 아동을 위한 입법에 많은 영향을 주었다. 이에 동참했던 폴란드는 1989년 국제연합총회에 의하여 채택된 유엔아동권리협약을 발의하는 데 앞장서게 되었다.

아동존중에 집중했던 Montessori(1870~1952)는 아동의 개성과 권리를 존중하는 교육 방법을 개발한 교육자이면서 정신과 의사이며, 이탈리아의 교육자로 노동자 자녀를 위한 어린이집(Casa dei Bambini)을 열어 이른바 몬테소리교육법을 실시하였다. 아동의 권리존중을 주장하며 자유로운 교육과 개성발달을 위한 교육을 주장하였다. "우리가 아동들에게 해 줄 수 있는 가장 큰 도움은 조용히 함께 있어 주고 아동이 나름의 방식으로 자유롭게 자신을 개발할 수 있도록 해 주는 것입니다."라고 교사역할을 강조하며, 아동의 잠재력을 끄집어내도록 도와주는 교사는 기적 같은 결과를 나타낼 수 있다고 하였다.

Montessori는 교사들의 권위적인 교육에 강력히 반대하고 아동의 권리존중을 주장하였다. 아동의 신체 및 정신의 발달을 북돋우는 자유로운 교육과 아동 하나하나의 활동 리듬과 개성발달에 맞는 교육을 주장하며, 아동이 자율성과 자발성을 배울 수 있고, 자기개발에 적합한 환경을 만들어 간다고 하였다. 감각의 훈련이야말로 모든 정신발달의 기초가 된다고 생각하고 여러 가지 놀이교구를 고안하여 감각훈련시키고자 하여 아동 권리에 적합한 교육에 최선을 다하였다.

아동권리의 발전과정은 국제적으로 논의하고 보장해 온 과정을 기준으로 3기로 나눌 수 있는데, 제1기는 제네바선언(1924)을 중심으로 한 아동권리선언 탄생기이며, 제2기는 아동권리선언(1959)을 중심으로 한 인권의 보편화와 아동권리의 발전기이고, 제3기는 유엔아동권리협약(1989)을 중심으로 한 아동권리의 법제화 시기라고 볼 수 있다.

20세기에는 두 번의 큰 전쟁을 치렀다. 아동의 권리는 선언과 헌장의 형식으로 작성되어 널리 선포하여 성인의 각성을 촉구했다. 국제적인 규모로 선포된 아동권리선언은 1924년 국제연맹이 결의한 '아동권리선언'이다.

1924년의 이른바 '제네바 아동권리선언'은 제1차 세계대전 후에 선포되었고, 1959년의 '유엔아동권리선언'은 제2차 세계대전 후에 선포되었으며, '인권선언' 선포과정에서 성인이 일으킨 재앙으로 말미암아 도처에서 수많은 아동의 인권이 손상되고 박탈되는 것을 확인하였으므로 그것을 막아야 하고 지켜야 한다는 결연한 의지를 담은 것이 '아동권리선언'이다(이상금, 2005).

(1) 아동권리선언

일반적으로 이것이 세계 최초의 '아동권리선언'이라고 인식하고 있다. Eglantyne Jebb은 세계대전 이후의 참담한 환경 속에서 아동의 생존권이 심각하게 침해당하는 상황에서 1923년 최초의 아동권리선언문의 초안을 발표하였으며, 이 선언문은 1924년 국제연맹에 의해 아동권리에 관한 제네바선언으로 선포되었다. 이는 1989년 유엔아동권리협약의 제정으로 이어졌다. 1차 세계대전을 겪으면서 영국에서는 '아동구제기금 단체'가 조직되어 아동구호에 임했다. 그들은 4년간의 경험을 토대로 하여 1922년 '세계아동헌장'을 작성하고 일반이 받아줄 것을 제의하였다. 총칙 4개항과 본조문 28개항으로 된 장문의 헌장이다. 아동은 그들의 정상적인 발달을 위해서 필요한 물질적, 도덕적, 그리고 정신적 조건을 공급받아야 한다. 이것을 국제연맹이 받아들이고 요약한 것이 최초의 '아동권리선언'이며, 이 선언은 5개 조항으로 정리되었다.

- 아동은 심신이 모두 정상적으로 발달할 수 있도록 그에 필요한 모든 수단이 제공되어야 한다.
- 굶주린 아동은 먹어야 하고 병든 아동은 치료받아야 하며 정신적으로나 신체적으로 장애가 있는 아동은 재활을 위한 교육을 받아야 하고 고아와 부랑아에게는 안식처를 주어야 한다. 사회에 적응할 수 없는 아동은 구호되어야 한다. 고아나 부랑아는 주거를 주어 구조해야 한다.
- 아동은 위기에 처해 있을 때 최우선으로 구제되어야 한다.
- 아동은 사회보장제도와 안전체계의 혜택을 마음껏 누려야 하며, 앞으로 생계를 스스로 꾸려 나갈 수 있도록 적절한 시기에 교육을 받아야 하는 것은 물론 모든 형태의 착취로부터 보호받아야 한다.
- 아동은 그 재능이 인류동포를 위해 이바지한다는 것을 이해하고 자각 아래 길러야 한다.

(2) 유엔아동권리선언

1959년 유엔 제14회 총회에서 '아동권리선언'이 만장일치로 채택되었다. 전문에서 '인류는 아동에 대한 최상의 것을 제공할 의무를 진다.'라고 전제하였고 전 조항 10조에 이르는 선언문이다. 제네바선언과 다른 점은 제7조에 교육받을 권리를 독립조항으로 제정하여 상조한 점이다.

제네바선언에서는 '심신이 발달하는 데 필요한 수단'이라는 표현으로 교육받을 권리를 포함하였으나 유엔선언에서는 하부 조항 3개항에 강조점을 따로 기술하였다.

- 학교교육을 받을 권리
- 아동교육에 대한 부모의 책임
- 놀이와 레크리에이션의 충분한 기회 제공

이와 같은 3개 조항이 강조되었으며 모든 아동에게 교육받을 권리를 특별히 강조한 것은 그들의 온전한 성장을 보장하려는 의도라 할 수 있다.

(3) 아동헌장 선포

미국이 경제공황으로 가정과 사회와 국가가 경제위기에 직면했을 때 Hoover 대통령은 백악관회의를 소집하여 아동의 건강과 보호에 관한 헌장을 선포했다. 1930년의 일이며 아동의 생활 전반에 관해서 세세한 배려와 철저한 대책을 명시한 내용으로 이루어진 헌장이다.

미국의 지도자들은 미국의 아동권리를 시민권리의 첫째가는 권리로 인식하고 아동을 위한 19개항의 목표를 설정하여 그 목표를 지킬 것을 서약한다고 선포하였다. 국가가 위기에 처했을 때 국가원수를 위시하여 정계와 사회지도자들이 모여서 아동의 보호와 교육을 굳건한 목표 아래 지킬 것이라는 서약을 공개 발표한 것이 유명한 백악관회의였고, 미국 '아동헌장'이었다. 그들은 인종에 상관하지 않고 성조기 보호 아래 사는 모든 아동의 권리를 위해 여기서 거론한 목표달성을 엄숙히 서약하였다.

일본이 '아동헌장'을 만든 것은 1951년이고 대한민국이 '어린이헌장'을 선포한 것은 1957년이다. 일본은 패전을 겪은 후였고, 우리는 6·25전쟁으로 온 국토와 국민이 큰 상처를 입은 후였다. 대한민국의 '어린이헌장'은 마해송·강소천 두 아동문학가가 기초하였다. 마해송은 소파 방정환과 함께 어린이운동을 추진했고, 헌장 속에 정신이나 내용에서 소파의 어린이정신이 반영된 것을 볼 수 있다. 1988년 보건복지부는 먼저의 헌장 9개 조항을 11개 조항으로 수정·보완해서 선포하였고, 지금까지 이어지고 있다.

2) 우리나라의 아동권리의 배경

(1) 어린이권리공약 3장

1923년 소파 방정환과 소푼 김기전에 의해 추진된 한국 어린이운동 즈음해서 그들은 그 운동의 기본 정신을 '소년운동의 기초 조항'으로 묶어서 선포했다. 방정환(1899~1931)의 '어린이권리공약 3장'이 공표되었을 당시 일제강점 시기의 우리나라 아동문학가들은 계급주의 타파 이데올로기로 인해 아동의 인권을 강조하고 독립된 인격체로 존중해야 함을 강조하였다.

소파 방정환은 일제강점기에 독립운동가, 아동문학가, 어린이 교육가, 사회운동가로 활동했다. 우리나라에서 처음으로 '어린이'란 말을 쓰기 시작했던 것도 소파 방정환이었다. 방정환은 1922년 최초의 '어린이날'을 선포하였고, 5월 1일 어린이날 행사를 개최하였으며 1923년 어린이날 '소년운동의 기초 조항'이라는 제목 아래 '어린이권리공약 3장'을 작성하여 배포하였다.

'어린이공약 3장'은 3개의 조항으로 이루어졌다. 당시 사회적, 문화적, 관습적으로 행해지던 윤리적, 경제적 압박으로부터 아동을 해방하기 위해 성인과 동등한 인격체로서의 대우와 모든 형태의 노동을 금지하는 내용을 담고 있다. 또한, 아동이 교육과 여가, 문화 활동을 향유할 수 있도록 가정과 사회의 의무를 규정하고 있다.

- 어린이를 재래의 윤리적 압박으로부터 해방하여 그들에게 대한 완전한 인격적 예우를 허하게 하라.
- 어린이를 재래의 경제적 압박으로부터 해방하여 14세 이하의 그들에게 대한 무상 또는 유상의 노동을 폐하게 하라.
- 어린이 그들이 고요히 배우고 즐거이 놀기에 족할 각양의 가정 또는 사회적 시설을 행하게 하라.

이는 유엔아동권리협약의 기반이 된 제네바 아동권리선언보다 포괄적으로 아동권리를 제시하고 있다는 데 의의를 두고 있다(어린이 · 청소년 인권교육자료집, 2015).

(2) 어린이선언

1923년 5월 1일 우리나라 최초의 어린이날이다. 바로 그날 방정환 선생님과 색동회는 '어린이선언'을 발표했다(방정환, 1970).

① 어른들에게

- 어린이를 내려다보지 마시고 올려보아 주시오.
- 어린이를 가까이 하시어 자주 이야기하여 주시오.
- 어린이에게 경어를 쓰시되 늘 보드랍게 하여 주시오.
- 이발이나 목욕, 의복 같은 것을 때 맞춰 하도록 하여 주시오.
- 잠 자는 것과 운동하는 것을 충분히 하게 하여 주시오.
- 산보와 원족 같은 것을 가끔가끔 시켜 주시오.
- 어린이를 책망하실 때는 쉽게 성만 내지 마시고 자세자세 타일러 주시오.
- 어린이들이 서로 모여 즐겁게 놀 만한 놀이터와 기계 같은 것을 지어 주시오.
- 대우주의 뇌신경의 말초는 늙은이에게 있지 아니하고 젊은이에게 있지 아니하고 오직 어린이들에게만 있는 것을 늘 생각하여 주시오.

② 어린동무들에게

- 돋는 해와 지는 해를 반드시 보기로 합시다.
- 어른들에게는 물론이고 당신들끼리도 서로 존대합시다.
- 뒷간이나 담벽에 글씨를 쓰거나 그림 같은 것을 그리지 말기로 합시다.
- 꽃이나 풀을 꺾지 마시고 동물을 사랑하기로 합시다.
- 전차나 기차에선 어른들에게 자리를 사양하기로 합시다.
- 입을 꼭 다물고 몸을 바르게 가지기로 합시다.

서울특별시 종로구 천도교 중앙대교당이 있는 수운회관 건물 앞 경희궁 큰 길 건너편에 '세계 어린이운동 발상지'라고 적힌 기념비가 있다. 이는 1923년 5월 1일 소파 방정환 선생이 국제연맹의 '아동권리선언'보다 1년 먼저 '어린이날'을 제정·선포한 곳이라는 사실을 기념하는 비(碑)다. 기념비에는 다음과 같이 적혀 있다.

> "어른이 어린이를 내리누르지 말자.
> 삼십년 사십년 뒤진 옛사람이 삼십 사십년 앞사람을 잡아끌지 말자.
> 떠 받쳐서만 그들이 뒤를 따라서만 밝은 데로 나아갈 수 있고 새로워질 수가 있고 무덤을 피할 수 있는 것이다."
>
> – 1930년 7월, 어린이인권운동가 방정환.

[그림 3-1] 방정환 기념비

(3) 대한민국 어린이헌장 제정

어린이날의 참뜻을 바탕으로 하며 모든 어린이가 차별 없이 인간으로서의 존엄성을 지니고, 나라의 앞날을 이어나갈 새 사람으로 존중되며, 바르고 아름답게 씩씩하게 자라도록 함을 길잡이로 삼는다. 어린이헌장은 1957년 5월 5일 어린이권리공약 3장, 아동권리에 관한 제네바선언 등의 조항을 종합하여 9개 조항으로 제정되었다.

그 후 1988년에 11개 조항으로 개정되어 전문 11개 조항으로 구성되었다. 어린이헌장은 무차별의 원칙과 인간의 존엄성에 기초하여 가정에서의 보호, 장애아동의 보호 등에 대한 권리가 명시되어 있다.

- 어린이는 건전하게 태어나 따뜻한 가정에서 사랑 속에 자라야 한다.
- 어린이는 고른 영양을 취하고 질병의 예방과 치료를 받으며 맑고 깨끗한 환경에서 살아야 한다.
- 어린이는 좋은 교육시설에서 개인의 능력과 소질에 따라 교육을 받아야 한다.
- 어린이는 빛나는 우리 문화를 이어받아, 새롭게 창조하고 널리 펴나가는 힘을 길러야 한다.
- 어린이는 즐겁고 유익한 놀이와 오락을 위한 시설과 공간을 제공받아야 한다.
- 어린이는 예절과 질서를 지키며 한겨레로서 서로 돕고, 스스로를 이기며 책임을 다하는 민주시민으로 자라야 한다.
- 어린이는 자연과 예술을 사랑하고 과학을 탐구하는 마음과 태도를 길러야 한다.
- 어린이는 해로운 사회환경과 위험으로부터 먼저 보호되어야 한다.
- 어린이는 학대를 받거나 버림을 당해서는 안 되고, 나쁜 일과 힘겨운 노동에 이용되지 말아야 한다.

「대한민국 헌법」 제34조에는 '모든 국민은 인간다운 생활을 할 권리를 가진다.'라고 명시되어 있다. 이를 위해서 국가는 사회복지를 늘리고 아동과 여성의 권리와 이익을 향상시키기 위하여 노력하고 노인과 청소년의 복지 향상을 위한 정책을 실시하고 장애인과 생활능력이 없는 국민을 보호해야 함을 인식하게 했다. 이것이 「대한민국 헌법」 제34조가 인간다운 생활, 즉 인간의 권리로 약속하고 있는 내용이다.

(4) 대한민국 유엔아동권리협약 비준

대한민국은 1991년 11월 20일에 유엔아동권리협약을 비준했다. 세계 각국 정부가 협약을 비준한다는 것은 정부가 이 협약에서 명시한 조항을 준수하는 데 동의한다는 것을 의미한다. 대한민국 정부는 이 협약을 1991년 12월 23일에 비준서를 기탁하였다. 비준국의 의미는 유엔아동권리협약을 지키겠다고 국제적으로 약속한 나라를 의미한다. 우리나라가 유엔아동권리협약을 모두 받아들인 것은 아니다. 국내 사정과 맞지 않는다는 이유로 2가지 조항은 약속을 미루어 둔 상태다. 제21조인 정부가 입양을 허가해야만 한다는 조건과 제40조인 법을 어긴 아동이 더 높은 법원에 판결을 요청할 수 있는 권리가 그것이다. 2015년을 기준으로 비준국은 195개국이다.

우리나라에서도 아동권리에 대한 인식이 확산됨에 따라 온정과 시혜의 대상과 권리 주체로서의 아동을 인정하고 그 권리를 보장할 책임이 우선적으로 국가에 있다는 힘을 얻고 있다. 아동정책에서도 '권리' 기반의 가치를 지향하는 움직임을 보이고 있으며 「영유아보육법」 제3조는 협약의 핵심 개념이라고 할 수 있는 아동 최선의 이익원칙, 안전한 환경에서의 건강한 성장, 그리고 보호자의 성, 연령, 종교, 사회적 신분, 재산, 장애 및 출생지역에 따른 어떠한 차별도 받지 않아야 함을 법과 이념으로 적시하고 있다.

2. 유엔의 아동권리협약

1) 유엔아동권리협약에 나타난 아동

유엔아동권리협약은 아동을 위한 약속으로 54개 조항으로 구성되며, 실제적인 아동권리 내용은 1조부터 40조까지이다. 모든 권리는 서로 연관되며 모두 똑같이 중요하다. 유엔아동권리협약은 국제사회가 이 세상 모든 아동을 위해 그 아동의 인권을 보호, 증진, 실현하기 위해 만든 약속이다. 유엔아동권리협약은 우리나라도 비준한 국제법이며, 「헌법」 제6조에서는 헌법에 의하여 체결 공포된 조약과 일반적으로 승인된 국제법규는 국내법과 동일한 효과를 지님을 명시하고 있다.

유엔아동권리협약은 전 세계 196개국(2016년 1월 기준)이 비준한 국제협약으로 가장 많은 비준국가를 보유한 국제인권법이다. 영국, 캐나다, 스웨덴, 노르웨이 등의 선진국가와 그 지방정부는 이미 그들의 법과 제도, 정책, 교육과 문화에 유엔아동권리협약의 가치를 녹여 내기 시작하였다.

유엔아동권리협약의 구성에는 전문(preamble) 제1부는 1조부터 41조까지 실질적 규정(substantive provision), 제2부는 42조부터 45조까지 이행(implementation/monitoring), 제3부는 46조부터 54조까지 부칙으로 되어 있다.

유엔아동권리협약에서 아동은 18세 미만의 모든 사람으로 정의 내리며, 아동은 부모의 소유나 미래를 준비하는 존재가 아닌 지금 – 현재 우리 사회를 구성하고 있는 존귀하고, 존엄한 존재이며, 권리의 주체자로 천명하고 있다. 그리고 아동을 폭력과 차별로부터 자유롭게 하며, 그들의 참여를 촉진하고, 아동의 이익을 최우선으로 할 것을 명시하고 있다.

(1) 아동권리협약의 주요 내용

아동권리협약은 시민권과 자유, 가정환경 및 대리보호, 기초보건 및 복지, 교육, 여가 및 문화적 활동, 특별보호조치인 5가지 분류로 구성된다. 그 내용은 다음과 같다.

① 시민권과 자유

이름과 국적을 가질 권리(제7조), 신분을 보존할 수 있는 권리(제8조), 표현자유의 권리(제13조), 사상·양심·종교자유의 권리(제14조), 결사와 집회자유의 권리(제15조), 사생활 보호의 권리(제16조), 정보접근법(제17조), 고문 및 기타 비인도적 취급을 받지 않을 권리(제37조 1항) 등이다.

② 가정환경 및 대리보호

부모의 지도와 책임을 받을 권리(제5조 및 제18조 제1·2항), 부모로부터의 분리가 가능한 권리(제9조), 가족의 재결합(제10조), 아동을 위한 양육비 회수(제27조 제4항), 입양(제21조), 불법 해외이송 및 미귀환(제11조), 아동학대·유기 및 신체적·심리적 회복과 사회복귀(제39조), 양육 및 보호기관에 대한 심사(제25조) 등이다.

③ 기초보건 및 복지

생존 및 발달(제6조 제2항), 보건서비스를 받을 권리(제24조), 장애아동의 권리(제23조), 사회보장 및 아동보호시설에 대한 권리(제26조 및 제18조 제3항), 생활수준에 대한 권리(제27조 제1·2항) 등이다.

④ 교육, 여가 및 문화적 활동

교육을 받을 권리(제28조), 교육목표에 대한 권리(제29조), 여가·오락활동 및 문화적 활동에 대한 권리(제31조) 등이다.

⑤ 특별보호조치

소년형사행정(제40조), 난민아동(제22조), 전쟁 시의 아동(제32조) 등 위급한 상황에 처한 아동의 보호·자유가 박탈된 아동(제37조 제2·3·4항), 아동에 대한 사형 및 종신형 금지(제37조 제1항), 사회복지 지원(제39조), 아동의 노동력 착취(제32조), 마약(제33조), 성적 착취와 학대(제34조), 기타 형태의 착취(제36조) 등 특별보호조치에 대한 권리 등이다.

(2) 아동권리협약의 일반원칙

아동권리협약에는 기본적인 가치를 담은 4가지 일반원칙이 있는데, 그 내용은 다음과 같다(Arnold, 2004).

① 아동 최상 이익의 원칙(3조)

당사국이 취하는 모든 과정에, 여기서 말하는 '모든 과정'이란 협약에 명시된 모든 영역과 사법적, 행정적 절차까지 포함한다. 아동에 관한 모든 활동에 있어서 아동의 이익이 최상에 놓이도록 행동한다.

② 생명, 생존과 발달의 원칙(6조)

모든 아동은 생명에 관한 고유한 권리를 가지고 있고 잠재능력을 실현할 권리가 있다. 당사국은 아동의 생존과 발달을 보장하기 위해 가능한 최대한의 자원을 제공해야 하며 최선의 환경을 보장해야 하고, 생명에 관한 권리를 보장해야 한다.

③ 비차별의 원칙(2조)

아동이나 그 부모 및 후견인의 인종, 피부색, 성별, 언어, 종교, 정치적 의견, 민족적·인종적·사회적 출신, 재산, 장애 여부, 태생, 신분 등에 차별 없이 모든 권리는 모든 아동에게 예외 없이 적용된다. 인종이나 성별, 문화, 역량, 부모의 정치적인 성향 등에 관계없이 어떠한 형태의 차별로부터 아동을 보호하고 권리를 증진할 수 있도록 적극적으로 행동하는 것이 국가의 의무이다.

④ 의견표명의 권리와 참여의 원칙(12조와 여러 조항)

아동은 자신이 속한 사회에 자유로이 참여하고, 아동에게 영향을 주는 의사결정에 대하여 자신의 의견을 표명할 권리가 있다. 이는 아동 최상의 이익과 밀접하게 연관된 원칙이며, 아동의 연령과 성숙도를 고려해야 한다. 아동의 의견표명과 참여는 사법적, 행정적 절차까지도 포함된다.

(3) 아동권리협약의 기본권

유엔아동권리협약에서 보장하고 있는 아동권리는 4개의 기본권으로 생존권, 보호권, 발달권, 참여권으로 구분할 수 있다. 협약 1조부터 41조에서 명시하고 있다. 4개의 기본권이라고 해서 각각의 조항이 정확하게 나눠는 것은 아니다. 4개의 기본권은 각각 별개의 권리가 아니며 서로 밀접하게 연계되고 상호의존·상호보완 관계를 지닌다.

① 생존권(Right to Life)

아동의 생명을 유지하고 최상의 건강과 의료혜택을 받을 권리이다. 적절한 생활수준을 누리고 안전한 주거지에서 살아갈 권리, 충분한 영양과 적절한 건강관리, 의료 혜택, 위생, 안전, 사고예방 보건서비스를 받을 권리 등을 포함하여 기본적인 삶을 누리는 데 필요한 권리이다. 국가는 아동이 최상의 건강수준을 유지하고 질병의 치료와 회복을 위한 시설을 사용할 권리가 있다는 것을 인정한다.

아동의 건강을 위한 환경오염 방지, 충분한 영양식 및 깨끗한 음료수의 제공 등을 통한 질병 및 영양실조 퇴치를 위한 조치를 해야 한다는 건강의료의 권리이며, 아동 자신에 대해 취해진 치료나 조치에 대하여 심사를 할 수 있는 권리이며, 아동이 사회보험을 비롯한 사회보장제도의 혜택을 받을 수 있는 권리이다. 또한, 아동이 발달에 필요한 영양·의복·주거 등의 생활수준에 대한 권리를 가지고 있다.

이를 확보하는 일차적인 책임은 부모에게 있으며 국가는 그러한 부모의 책임수행을 원조할 책임을 지고 부모의 이혼 또는 해외거주 등의 경우에는 아동의 양육비를 확보하도록 필요한 조치를 취해야 하는 생활수준을 향유할 권리이다.

② 보호권(Right to Protection)

아동이 모든 형태의 학대와 방임, 차별, 부당한 처벌과 노동, 폭력, 차별, 학대와 방임, 성폭력, 응급상황으로부터 보호 등 유해한 것으로부터 보호받을 권리를 말한다. 유괴, 매매, 거래를 방지받을 권리, 모든 형태의 착취로부터 보호받을 권리, 고문·사형을 금지받을 권리, 소년사범에 관련된 권리이다. 그 외에도 난민아동이 보호받을 권리, 장애아의 권리, 소수자·원주민 아동의 권리, 무력 분쟁 시 아동이 보호를 받을 권리, 피해아동이 사회에 복귀할 권리 같은 특별히 곤란한 조건에 있는 아동의 권리이다.

③ 발달권(Right to Development)

아동이 잠재력을 발휘하는 데 필요한 권리다. 교육·여가·문화생활을 누리고, 교육적·신체적·사회적·정서적·도덕적 성장과 휴식을 취하고 여가를 즐길 권리로서 휴식권, 여가권, 문화참여권으로서 휴식과 여가를 즐기고 자신의 연령에 적합한 놀이와 오락활동에 참여하며 문화생활과 예술에 자유롭게 참여할 수 있는 권리이다.

이 권리에는 정보를 얻으며, 양심과 종교의 자유를 누릴 권리 등이 있다. 아동이 출생과 더불어 곧 등록되고, 이름을 가지고, 국적을 취득하고, 어버이에 의해 양육될 권리로서 부모를 알 권리이며, 아동이 위법한 간섭을 받지 않고 국적, 성명 및 가족관계를 포함하여 법률에 인정된 정체성을 보존할 수 있는 권리이며, 아동이 그의 의사에 반하여 부모로부터 분리되지 않도록 국가로부터 보장받을 수 있는 권리이다. 국경을 넘어서 친자가 분리된 경우나 양친이 다른 나라에 거주하고 있을 때 부모와 접촉할 수 있는 권리로서 가족 재회 시 출입국이 자유로울 권리이다. 아동이 불법으로 국외에 이송되거나 강제 송출된 경우 송환받아야 한다는 국외불법이송을 금지받을 권리이며, 아동의 최선의 이익이 고려된 상태에서 부모가 아동에게 책임을 다할 수 있도록 국가가 그 조건을 정비해 주어야 하는 부모에게 일차적으로 양육받을 권리이다.

가정환경을 박탈당하고 자기 가정에 머무르는 것이 용인될 수 없는 경우 국가에 의한 보호와 원조를 받을 권리이며, 양자결연을 할 수밖에 없는 아동의 경우 신중한 절차를 거쳐 이루어져야 하며, 특히 국제 양자결연은 대체적으로 인정되고 국내 양자결연과 동등한 것이 되어야 한다는 양자결연을 받을 권리이다. 초등교육을 무상 의무교육받을 권리를 포함하여 기회균등의 원칙에 입각한 중·고등교육을 받을 기회와 학습권까지도 가질 수 있는 권리이다.

④ 참여권(Right to Participation)

아동이 자신과 나라와 지역사회 활동에 적극적으로 참여할 수 있는 권리이다. 아동의 견해 존중받을 권리, 의사참여할 권리, 정보접근할 권리, 자기의견을 표현할 권리, 자신의 삶에 영향을 주는 문제에 대해 발언하고 존중받을 권리, 단체 가입이나 평화적인 집회에 참여할 수 있는 권리가 포함된다.

이는 의견표명권으로서 자신의 견해를 표명할 능력이 있는 아동은 본인에게 영향을 미치는 모든 문제에 있어서 자신의 견해를 자유롭게 표현할 권리와, 사생활·통신·명예를 보호받을 권리로 어떠한 아동도 사생활, 가족 또는 통신, 명예나 신앙에 대한 간섭 또는 비난으로부터 법의 보호를 받을 권리인 생활참여권리이며, 표현·정보의 자유, 사상·양심·종교의 자유, 결사·집회의 자유와 정보의 접근성으로서 정보와 자료에 대한 접근의 권리인 사회참여권리이다.

(4) 유엔아동권리협약 비준과 아동권리

우리나라는 1991년 '유엔아동권리협약' 당사국이 되어 동 협약의 규정에 따라 협약내용을 준수하고 이행사항을 국제사회에 5년마다 보고할 의무를 지게 되었다. 우리나라는 아동권리협약의 이행사항에 관한 1차와 2차 국가보고서를 제출하였고, 2008년에는 3·4차 통합보고서를 제출하였으며, 유엔아동권리위원회로부터 3·4차 국가이행보고서까지 심의를 받았다. 5·6차 보고서는 2017년 6월 19일에 제출할 예정이다(보건복지부, 2017).

아동권리협약의 비준 이후 우리 사회는 아동 관련 국내법을 제정·개정하고 협약에서 규정하는 아동의 권리보장을 증진시켰다. 아동인권 관련법과 제도, 관행의 개선을 목표로 하는 인권정책인 '국가인권정책 기본계획'에 아동·청소년에 대한 추진과제를 포함하여 아동의 권리 증진을 도모하고 있다.

현재 아동권리 증진을 위한 정부의 사업으로는 아동·청소년 관련 사업 종사자에 대한 맞춤형 권리교육 실시, 유엔아동권리협약 이행 추진, 아동권리 침해에 대한 감시·조사, 아동권리 모니터링센터 및 아동권리 옴부즈퍼슨 운영, 국제적 기준에 맞는 아동권리 정책 개발 및 발전방안 모색 등이 실시되고 있다.

그러나 아동권리 증진을 위한 노력에도 불구하고 우리 사회의 아동권리 수준이 미흡한 상태이며 많은 개선이 이루어져야 한다는 것이 일반적인 견해이다. 특히 영유아나 장애아, 다문화가정의 아동, 미혼모 등 소외층의 아동에 대한 권리보장이 미흡하다는 점 등이 꾸준히 제기되고 있다(한미현 외, 2016).

유엔아동권리협약에서 명시하고 있는 아동권리 4가지(생존권, 발달권, 보호권, 참여권)는 서로 독립적이지 않다. 일례로 협약에서 일부 보호권은 생존권의 일부 조항에서도 발견된다. 일반적으로 보호권을 규정하는 것으로 받아들여지고 있는 협약 제38조 '무력분쟁에서의 아동보호' 및 '아동 무력충돌에 관한 선택의정서'에서 생존권은 질적인 측면에서의 생존권인 발달권과 밀접히 관련될 수 있다.

따라서 협약에서 제시되고 있는 건강(제24조), 교육(제28조 및 29조), 영양, 물, 의복과 주거를 포함하는 적합한 생활수준(제27조), 사회보장(제26조) 및 휴식, 레저, 여가(제31조) 등은 아동 생존권과 관련하여 매우 중요한 의미를 갖는다.

아동의 생존, 발달, 보호, 참여의 권리를 따로 떼어 독립적으로 연구하는 경향은 정책적 접근을 용이하게 할 수는 있으나, 아동권리의 각 영역이 독립적으로 존재한다는 등 그 기본개념에 대한 심각한 오해를 가져올 소지가 있다. 더 나아가서는 아동권리 관련 정책이 별도로 개발·실행될 우려가 있어 정책의 분절되고 효율성이 감소될 수 있다. 이는 결국 우리나라 아동의 전반적인 생활상태 및 아동권리 보장 수준을 제대로 이해하는 데 걸림돌이 될 수 있다(황옥경, 2012).

(5) 선택의정서

협약에 의거하여 아동이 폭넓은 권리를 부여받아야 함에도 불구하고 아동을 종종 하찮은 존재로 여기거나 소외되어서 추가의 보호가 필요함이 대두되었다. 아동 중에서도 특정 집단의 아동은 훨씬 더 취약한 위험요인에 노출되어 있어서 추가적인 국가의 비준이 필요하였다(Bernard Van Leer Foundation, 2006).

협약을 보완하는 선택의정서는 다음 3가지가 채택되었다.

- 아동의 무력 분쟁 개입에 관한 아동권리협약 선택의정서: 징집·입대 최소연령 등 성과는 무력충돌 관련 국제법규 준수를 규정한 군위지위기본법 제정이나 한계는 북한이탈아동 무력충돌 영향 여부 확인 및 회복지원 절차 부재로 나타났다.
- 아동매매·아동매춘 및 아동포르노그라피에 관한 아동권리협약 선택의정서: 국내·외 성매매 방지조치 등의 성과는 성매매 단속 및 처벌강화, 공소시효 특례적용, 해외성매매 단속·제재강화나 한계로는 해외성매매·범죄 공조수사의 어려움으로 나타났다.
- 아동의 개인청원권에 관한 아동권리협약 선택의정서

2) 아동권리에 대한 유엔의 견해

아동의 권리에 대한 준거는 유엔아동권리협약은 국가가 아동정책을 수립하고 실천하는 기준이 된다. 우리나라는 유엔아동권리협약을 비준한 지 26년을 지나면서 아동 삶의 다양한 영역에서 유엔아동권리협약의 내용을 실제로 적용하는 경험이 쌓였다.

Alston과 Tobin(2005)은 유엔아동권리협약의 내용과 실행력, 그리고 힘은 역동적인 변화를 이끌어내는 중요한 경로가 된다고 보았다. 그들은 유엔아동권리협약이 아동의 삶에 긍정적인 요소로 작용하고 실제로 광범위한 변화를 이끌었다고 주장하였다. 물론 여전히 아동에게 해가 되고 공격적이고 폭력적인 여러 이사회 문제가 지속되고 있다고도 인식한다.

유엔아동권리협약의 역할은 긍정적인 측면에서 '변화기제(an agent of change)'가 될 수 있다(Johns & Welch, 2011). 아동권리에 대한 태도 및 인식 실제 적용은 국가의 사회정치적 요소에 따라 끊임없이 변화되었다. 1990년 9월 29일 유엔본부에서 역사상 처음으로 '세계아동정상회담'이 열렸다. 159개 나라에서 온 대표들과 71개 나라의 정상이 아동의 권리를 의논하기 위해 한자리에 모였다. 어른뿐 아니라 아동대표도 직접 참가했고 자신의 의견을 발표하기도 했다.

그 후 2002년 5월 8일에는 유엔본부에서 '유엔아동특별총회'가 열렸다. 69개국 정상과 189개국 대표와 아동대표도 함께했다. 그 총회를 기념하여 유니세프와 국제축구연맹은 2002년 한일월드컵을 '아동'에게 바친다고 발표했다. 그러면서 월드컵 경기에 사용되는 축구공에 숨은 아동의 눈물이 알려졌다. 축구공을 만드는 아동의 어려운 처지가 지구촌 곳곳에 알려지게 되었다(이현, 2011).

(1) 아동의 권리와 책임

세계인권선언(1948), 유엔아동권리협약(1989), 유럽인권협약(ECHR) 등과 같은 광범위한 협약이나 입법에 권리의 개념이 나타나 있지만, 이들은 모두 다른 목적과 다른 대상을 위해 제정된 것이다. 영국 법무부는 아동을 대상으로 한 간행물에서 권리와 책임에 관해 포괄적인 정의를 내렸다.

- 권리란 무엇인가?
  권리란 당신이 언제나 할 수 있고, 가질 수 있고, 알 수 있고, 말할 수 있고 그것으로부터 보호를 받는 어떤 것입니다.
- 책임이란 무엇인가?
  책임이란 당신이 다른 사람들, 사회, 또는 환경을 위해서 해야 하는 일입니다.

출처: 법무부(2009: 5).

이러한 권리와 책임의 관계에 대한 정의에서 아동권리는 아동이 가지는 것으로 보이는 책임과 연결된다. 세이브더칠드런(2005)은 권리와 책임의 관계를 다르게 본다. 여기서는 권리가 '오래전에 정립된 도덕 및 법적 전통'에서 발전된 것으로 보며 아동의 권리와 책임을 어떤 '계약'이라는 관점에서 바라본다(이재연 외, 2015). 권리의 핵심 개념은 권리가 어떤 권리를 가진 사람들('권리소유자'라고 함)과 그 권리 실현과 관련해서 의무와 책임을 가진 사람이나 기관('의무이행자'라고 함) 사이에 정립된 합의 또는 '사회적 계약'이다

(세이브더칠드런, 2005). Frankline이 내놓은 한 예는 권리, 책임, 그리고 이러한 계약 사이의 관계가 갖는 실제적인 의미를 묘사하는 데 도움이 된다.

"아동은 교육받을 권리를 가지고 있지만, 그들은 정부가 지역적, 국가적으로 교육을 제공해야 할 책임을 이행할 수 있어야만 이 권리를 행사할 수 있다(Frankline, 2002)."

아동의 권리와 책임, 권리에 대한 정의와 실행을 위한 관련 '계약'은 여러 가지 협약, 법률, 법과 연결된다. 아동권리와 책임에 대해 살펴보기로 한다.

① 아동의 권리

아동의 권리는 유럽인권협약 등과 같은 광범위한 협약이나 입법에 권리의 개념이 나타나 있지만 이들은 모두 다른 목적과 대상을 위해 제정된 것으로 아동권리에 해당하는 규정을 따라야 한다고 명시되어 있다.

여기에는 아동에 대한 식량공급, 놀이, 학교교육, 아동복지서비스, 건강, 사회보장제도, 아동참여, 경찰 및 사법체계 등이 포함된다. 세계 인권선언이나 협약 등의 아동권리 적용 타당성에도 불구하고 아동권리는 대부분의 사회에서 관심을 받지 못하고 소외되었다.

② 책임

아동권리협약을 지켜야 할 책임은 국가, 민간단체, 유니세프, 어른, 아동이다.

- 국가: 아동권리협약에 담겨 있는 권리를 지키고 실현할 책임은 기본적으로 국가에 있다. 협약을 비준한 국가는 아동권리 실현을 위한 정책을 마련해야 한다.
- 민간단체: 민간단체도 협약을 널리 알리며, 국가의 이행 상황을 모니터링한다. 국가가 이행보고서를 작성하는 과정에서 정보와 자문을 제공하며, 국가보고서를 보완하는 별도의 민간보고서(alternative report)를 제출할 수 있다.
- 유니세프: 협약을 비준한 국가의 이행사항을 평가하는 유엔아동권리위원회의 활동을 지원하고, 비준 국가의 이행보고서 심의과정에 참여한다. 협약 이행에 관한 전문적인 자문도 제공한다. 유엔아동권리협약 제45조에서는 유니세프의 이러한 역할을 특별히 명시하고 있다.

- 어른: 부모, 교사, 사법집행 공무원(판사, 경찰 등), 아동시설 종사자, 보건의료 요원, 사회복지사 등 아동을 돌보거나 아동을 위해 일하는 어른 모두가 아동권리를 지켜 주어야 한다.
- 아동: 아동 역시 다른 아동의 권리를 지켜 줄 책임이 있다. 자신의 권리가 소중한 만큼 다른 아동의 권리도 잘 지켜 주어야 한다.

(2) 아동의 삶과 아동권리의 관계

개인은 오직 타인과 관련된 부분에만 사회에 책임을 진다. 자신의 신체와 정신에 대해서는 그 자신이 주권자이다. 인간이 인간의 생명을 바로 사용해 아름답게 완성하는 작품가운데 가장 중요한 것은 인간 자신이다. 인간의 본질은 모형을 따라 만들어져 지시된 일을 정확히 하도록 설계된 로봇(인간이 만든 자동기계)이 아니라 자신을 살아 있는 존재로 만드는 내적 힘의 성향에 따라 사방으로 성장하고 발달해야 하는 나무이다.

자유란 개인이 그의 행위가 그 자신을 제외한 어떤 사람의 이익과도 관련되지 않는 한 그의 행위에 대해 사회적 책임을 지지 않는다. 하지만 타인의 이익에 해를 끼치는 행위에 대해 개인은 책임이 있으며 필요하다면 사회적 또는 법적 처벌을 받을 수 있다. 따라서 인간의 모든 행위는 이 2가지 대원칙을 기준으로 개인적 행위 또는 사회적 행위로 분류되어 그에 따라 허용되거나 또는 제재될 수 있다. 이제 개인의 자유는 여전히 인간의 기본적 권리이지만 더 이상 절대적 권리는 아니다. 사회의 억압은 개인의 발전은 물론 사회의 진보를 저해하는 해악이다. 반면 자유와 다양성은 개인의 발전, 나아가 사회의 발전을 위한 필수조건이다.

여기에는 사상과 토론의 완전한 자유를 강조하는 것이 바탕이 되어야 한다.

– John Stuart Mill. 『***On Liberty***』(1859).

출처: Mill, J. S. (2008).

아동의 삶과 권리의 관계는 여러 가지 영역과 분야에서 살펴볼 수 있다. 이 관계는 학교, 가정, 소년사법체계에 이르기까지 다양한 영역에서 나타난다. 가족은 아동과 국가사회 관계에서 중간에 위치하며, 아동이 가족과 사회의 일원으로서 긍정적인 관계를 발달시킬 수 있게 해 주는 동시에 아동을 한 개인으로 지원해야 한다. 최근 영국 정부는 '퀄리티 프로텍트'나 '커넥션'과 같은 중앙정부 차원의 계획을 수행하는 과정에서 아동의 참여를 확대해 왔다. 아동이 문서상 참여하는 것뿐 아니라 정책의 우선순위를 결정하는 과정에서 정책입안을 위한 실행위원들이 아동의 참여를 늘리려는 노력을 기울이고 있다. 지방정부 또한 지역서비스 제공과정에서 아동참여를 확대하고 있다(이재연 외, 2015).

(3) 아동복지와 관련된 국제기구

1979년은 유엔이 정한 '세계 아동의 해'였다. 1959년에 '아동권리선언'이 어떻게 적용되고 있는지 살피고 각국 및 지역적 사정에 맞는 후속조치를 취하고 '아동권리선언'의 의의를 각성하게 하려는 의도였다. '세계 아동의 해' 활동은 유니세프가 주동하여 추진하게 된다.

우리나라도 상당 기간 수혜국이었으나 현재는 기금을 지원하는 국가가 되었다. 「아동권리협약과 같은 선언이나 헌장은 아동권리에 대하여 가치 기준을 제시하고 활동내용과 방향을 제시하여 경각심을 일깨우지만 법적 구속력은 없다. 유엔아동권리선언으로부터 30년이 지난 1989년에 유엔은 강력한 대안을 채택하기에 이른다.

'아동권리에 대한 협약(Convention on the Rights of the Child)', 이것은 국제법 수준의 법적 근거와 구속력을 갖는다. 따라서 국가의 이름으로 서명하고 비준서를 제출해야 하며 가입국은 협약을 준수할 의무를 갖는 것이다.

아동권리와 아동복지와 관련된 국제기구는 다양한 활동으로 아동의 권리와 복지를 위해 노력하고 있다. 다음과 같은 기구를 소개한다.

① OMEP(세계유아교육기구)의 활동

제2차 세계대전 종전 이후 세계는 전쟁을 지양하고 평화를 구축하기 위한 강력한 국제기구를 조직한다. 유엔을 정점으로 그 산하에 각종 비영리기구가 속속 출범하고 있다. 유아교육을 포함한 아동과 관련된 단체로는 1946년에 각각 설립한 유니세프는 긴급하게 구제를 요하는 아동을 위해 기금을 조성하여 원조하는 단체이다. 1979년 '세계아동의 해'를 주도한 기구이다. 1946년 유네스코가 창립될 당시 교육부문에 취학 전 교육이 포함되지 않는 것을 지적하고 유아교육의 국제적인 조직이 필요하다는 것을 영국의 보육학교협회회장 Lady Allen of Hurtwood가 재개하였다.

이어 노르웨이의 보육학교협회회장 Ella Eps와 스웨덴의 사회교육 양성대학 학장이자 유엔대표이기도 한 Alva Myrdal의 동의로 곧 준비회가 조직된다. 여기에 유네스코 교육부문 고문이 참여하고, 영국 보육학교 관계자들이 참여해서 창립 준비에 들어갔다.

1948년 17개 회원국으로 OMEP(Organisation Mondiale Pour L'education Préscolaire)이 발족하게 되었으며, 준비위원장이었던 Myrdal이 초대회장을 맡았다. 그리고 다음과 같은 목적이 승인되었다.

- 어린이와 가정의 세계평화의 중요성에 대한 이해 고양
- 모든 국가의 유아교육 보급 추진
- 교육실천, 건강보건, 교사의 자격, 시설에 관한 진보적 기준 형성
- 유아교육에 관심이 있는 조직이나 공공기관의 협력체제 수립

OMEP은 유아교육만을 위한 국제조직으로는 가장 큰 단체이며, 유엔 산하 기구의 유네스코와 밀접한 연관성을 가지며, 세계유아교육의 보급과 발전을 위해 활발하게 활동을 전개하고 있다. 2005년 기준 회원국은 60~70개국이며, 초대회장 Myrdal은 스웨덴을 대표하는 교육자이자 평화운동가로 1982년에 노벨평화상을 수상하였다(이상금, 2005).

② 세계보건기구(WHO)

통칭 WHO(World Health Organization)라 부른다. 1948년 국제보건사업의 지도조정, 회원국 정부의 보건 부문 발전을 위한 원조 제공, 전염병과 풍토병 및 기타 질병 퇴치활동, 보건관계 단체 간의 협력관계 증진 등을 목적으로 발족되었다. 제2차 세계대전 전에 존재하였던 국제공공위생사무소(Office of International Public Hygiene), 국제연맹보건기구(League of Nations Health Organization)의 제반 임무를 이어받아서 1946년 7월 22일 국제연합회원국 51개국을 포함한 61개국이 헌장에 서명하고, 1947년 11월 15일 유엔전문기구가 되었으며, 1948년 4월 7일 26개국이 헌장에 비준함으로써 정식으로 발족하였다.

1923년에 설립한 국제연맹(League of Nations) 산하 보건기구와 1909년 파리에서 개설한 국제공중보건사무소에서는 약물을 표준화하고, 전염병을 통제하며 격리조치하는 업무를 수행하였다. 세계보건기구에서는 이 업무를 이어받아 세계 인류가 신체적·정신적

으로 최고의 건강 수준에 도달하는 것을 목적으로 활동한다. 이를 위해 중앙검역소 업무와 연구자료 제공, 유행성 질병 및 전염병 대책 후원, 회원국의 공중보건 관련 행정 강화와 확장지원 등의 일을 맡아 본다.

한편, 세계보건기구는 정규협력사업과 우리나라 정부의 요청에 따라 수시특별지원사업 등을 통해서 우리나라에 대한 지원사업을 수행하고 있다. 그 사업내용은 기술 자문, 국내 보건관계 요원의 기술 훈련, 기타 연구 및 국내 세미나, 워크숍 자금 지원 등 보건의료의 각 분야에 걸쳐 이루어지고 있다. 그런데 우리나라가 납부하는 분담금액과 세계보건기구에 대한 지원금액 간의 격차는 점차 좁혀지고 있다. 이는 우리나라가 지원받는 입장에서 협력을 제공하는 입장으로 바뀌고 있음을 의미한다.

세계 모든 사람이 가능한 한 최고의 건강 수준에 도달할 것을 목적으로 설립되었으며, 아동복지와 관련된 사업으로는 모·부자보건의 향상을 위한 교육과 훈련을 실시하고, 각종 의료기기와 용품 등을 지원하고 있다. 구체적인 사업의 예로 모유 먹이기 캠페인, 낙태를 방지하기 위한 효과적인 피임의 실시 등이 있다(외무부, 1976).

③ 국제노동기구(ILO)

제1차 세계대전 후 만들어져 1919년 베르사유 조약에 따라 국제연맹에 속하게 되었다. 제2차 세계대전 기간에 국제연합이 설립된 뒤 1946년 특별기구로서는 처음으로 여기에 가입했다. 국제노동기구(ILO: International Labour Organization)는 각국의 노동입법 수준을 발전·향상시켜 노동조건과 생활수준을 보장하고 개선하는 역할을 하며 사회정책과 행정, 인력자원 훈련 및 활용에 대한 기술지원을 한다. 1930년대에는 세계적으로 실업과 경제불황을 극복하기 위한 방안을 제시하기도 했다. 1969년 폭넓고 건설적인 활동이 인정되어 노벨평화상을 받았다. 1989년대 중반까지 150개가 넘는 나라가 가입하였다. 근로자의 완전고용과 생활수준의 향상을 위해 설립되었다.

아동복지 관련 사업으로는 근로아동의 복지를 위한 제협약을 설정하여 세계 여러 나라에 권고함과 동시에 그 준수를 촉구하는 일을 한다. 협약내용으로는 최저 고용연령, 연령별 근로시간, 고용금지 업종 등이 있다. 우리나라에서는 이 기구의 협약사항을 관계법에 반영하여 준수하도록 노력하고 있다.

④ 국제연합 교육·과학·문화기구(UNESCO)

유네스코(UNESCO: United Nations Educational, Scientific and Cultural Organization)는 교육, 과학, 문화의 보급 및 교류를 통해서 세계 여러 나라 사이의 이해를 돈독히 하고 협력관계를 촉진함으로써 국제평화에 이바지하기 위해 설립되었다. 교육 부문에서는 문맹퇴치와 의무교육의 실시와 연장, 과학 부문에서는 환경문제, 문화 부문에서는 세계문화유산의 보존사업에 역점을 두고 있다. 최근에는 이러한 활동에 시청각 매체를 개발, 활용함으로써 효과를 거두고 있다. 유네스코의 각 회원국에는 유네스코 국가위원회가 조직되어 자국 정부를 대표하여 유네스코 활동에 참여하고 있다. 유엔교육과학문화기구(UNESCO)의 한국 주재위원회는 대한민국에서의 유네스코 활동을 촉진하고 유네스코, 대한민국 정부, 교육·과학·문화 분야 전문기관·단체 간의 연계·협력을 원활히 하는 활동을 한다.

우리나라는 1950년 6월 14일 유네스코에 가입한 직후부터 국가위원회 설치를 추진해 1954년 1월 30일 서울대학교 강당에서 창립 총회를 열고 유네스코 한국위원회를 출범시켰다. 한국위원회의 구체적인 사업으로는 국가 및 지방자치단체, 기관·단체 및 개인의 유네스코 활동 참여 촉진, 유네스코 활동과 관련된 정부의 정책 수립과 국제협약의 체결 등에 필요한 사항의 조사·심의, 유네스코 총회에 제출할 의안의 작성 등이 있다. 그 밖에 유네스코 회원국 간 교류와 협력, 한국민의 유네스코 활동 협력, 『*Korea Journal*』 등 간행물 발간, 서울특별시 위탁시설인 서울시립청소년문화교류센터 운영 등의 사업을 수행한다. 한국위원회의 사업계획은 유네스코의 중기 전략 및 사업계획을 토대로 관련 정부부처와 기관·단체 및 각계의 의견을 수렴하여 수립되고, 분과위원회의 토의와 집행위원회의 심의를 거쳐 총회 의결로 확정된다.

유네스코총회(General Conference), 유네스코집행이사회(Executive Board), 아시아·태평양지역 유네스코 국가위원회 총회 등을 통해 유네스코의 중기 전략 및 사업계획 수립에 참여하며, 동아시아 5개국 국가위원회 사무총장회의에도 참여하고 있다.

한국위원회는 최고의결기구인 총회, 사업집행과 운영을 감독하는 집행위원회, 교육·자연과학·사회과학·문화·홍보(커뮤니케이션) 등 5개 분과위원회, 특별위원회, 사무처 등으로 구성되어 있다. 위원장은 유네스코 활동에 관한 법률에 의거하여 교육과학기술부장관이 당연직으로 맡는다. 위원은 60인 이내이며, 사무처는 1실 2본부 2센터로 이뤄져 있다(유네스코 한국위원회).

⑤ 국제아동기금(UNICEF)

유니세프(UNICEF: United Nations International Children)는 1946년 국제연합이 창설한 기구이며, 전쟁으로 어려움을 겪고 있는 지역이나 신생국가 및 개발도상국의 아동을 보호하는 데 주력하고 있다. 주요 사업은 재해에 대한 긴급원조로 식량 및 의료지원을 하고 있다. 우리나라에서도 활발한 활동을 전개하고 있으며, 저소득층의 자녀를 대상으로 한 유아교육과 보육, 부모교육 및 학대아동을 방지하는 사업도 지원하고 있다. 유니세프 한국위원회는 '모든 어린이가 행복한 세상'을 만들기 위해 한국에서 유니세프를 대표하여 기금을 모으고 어린이의 권리를 지켜 준다.

1996년경부터 추진해 온 유니세프 아동친화도시(CFC: Child Friendly Cities) 정책은 부모의 권리와 책임을 아동을 위해 일차적인 책임으로 강조하지만 당사국이 지원하고 실질적 이행을 하기 위해서 중앙정부, 지방정부, 지역사회에서 아동을 위한 아동의 참여가 전제되어야 함에 대한 접근이다. 2015년 5월 발표된 제1차(2015~2019) 아동정책 기본계획안에서도 아동친화적 지역사회 조성 정책을 채택하여 지방자치단체가 아동친화적 가치를 정책 수행의 핵심 원리로 채택하도록 유도하고 유니세프가 인증하는 아동친화도시 확산을 적극적으로 지원하고, 아동친화적 가치를 실현할 수 있는 조례 제정을 권고하는 계획을 발표한 바 있다(안동현, 2016).

유니세프는 2004년 아동친화도시 조성을 위한 실행지침서를 『Building child friendly cities: A framework for action』이란 제목으로 발간하고 이것을 현재 전 세계적으로 아동친화도시의 인증 및 평가에 대한 기본 지침으로 제시하고 있다. 아동친화도시는 유엔아동권리협약의 기본 정신을 실천하는 도시로, 우리나라에서는 유니세프가 정한 9가지 요소에 유니세프 한국위원회가 '아동안전을 위한 조치'를 추가하여 총 10가지 요소를 제시하고 있다(유니세프 한국위원회). 이는 10가지 요소를 중심으로 총 46개의 세부항목으로 평가지표를 구성하여 인증과 관련하여 평가하고 있다. 아직 우리나라에서는 세부적인 평가도구는 사용하지 못하고 있는데, 유니세프에서는 'toolkit 2011'이라고 하여 아동친화도시 자가평가로 아동용, 청소년용, 학령전기 아동의 부모용, 학령기 아동의 부모용, 중·고등학생 청소년의 부모용, 종사자용, 그 외 보고용, 데이터베이스용, 관리기구(governance) 체크리스트, 관리기구 시나리오용 등 총 10여 개의 평가도구들이 개발되었다. 물론 국내에서도 아동친화도시 자가평가의 일부(아동용 등)는 사용되고 있다.

성북구와 유니세프 한국위원회는 협약을 통해 유엔아동권리협약을 기반으로 아동의 생존권, 보호권, 발달권, 참여권 등 아동의 권리 증진을 위해 상호 협력하고, 아동친화도시 조성에 필요한 원칙 실천을 상호 지원하게 된다. 성북구는 이번 협약을 계기로 구정업무 추진에 아동의 시각과 목소리를 반영하고, 정책과정 전반에 아동의 동등한 참여를 보장하는 등 아동친화도시 조성을 구체화할 계획이다(민지선, 2016).

유니세프가 제시하는 아동친화도시를 조성하기 위한 주요 원칙

① 아동의 참여(Children's participation)

② 아동친화적인 법체계(A child friendly legal framework)

③ 아동권리 전략(A city-wide children's rights strategy)

④ 아동권리 전담기구(A children's right unit or coordination)

⑤ 아동영향평가(Child impact assessment and evaluation)

⑥ 아동 관련 예산 확보(A children's budget)

⑦ 정기적인 아동실태보고(A regular state of the city's children report)

⑧ 아동권리 홍보(Making children's rights known)

⑨ 아동을 위한 독립적 대변인(Independent advocacy for children)

⑩ 아동안전을 위한 조치

출처: 안동현(2016).

⑥ 국제아동복지연합(IUCW)

국제아동복지연합(International Union for Child Welfare)은 1920년에 설립되었으며 아동권리선언의 보급과 수인, 아동복지의 촉진, 아동문제의 조사와 필요한 개혁의 제언을 목적으로 하고 있다. 국제협력에 따른 세계 각국의 아동복지 수준의 향상 원조, 정보의 수집과 교환, 각국의 아동복지의 비교연구, 난민아동의 구제 등의 활동을 하고 있다. 쥬네브에 본부를 두고 세계 69개국의 단체가 가맹하고 있다. 격년으로 총회와 세계아동복지대회를 개최한다. 『국제아동평론』을 발행하고 있다(이철수, 2009). 1959년 국제연합에서 선포한 '아동권리선언'에 명시한 바를 실현하기 위해 설립되었으며, 모자보건, 심신장애아동 재활, 상호부적응 아동의 보호와 교육을 지원하고 있다.

⑦ ICMEC(국제 실종 및 착취아동센터)

ICMEC(International Centre for Missing & Exploited Children)는 국제 실종 및 착취아동센터로 1998년 미국의 NCMEC(National Center for Missing & Expioited Children)를 기반으로 각국의 기관들과 국제적 협력 네트워크를 형성하였으며, 가입하여 전 세계 17개국이 회원국으로 가입돼 있다. ICMEC는 실종·유괴 및 착취 아동의 사진정보 등을 공개해 잃어버린 아이들을 찾고 아동착취를 근절시키기 위한 기구로, 이를 위한 국제적인 네트워크 구축 등을 주요 업무로 하고 있다. 우리나라는 2007년에 가입했다. 전 세계 17개국이 회원국으로 가입돼 있다(김종우 외, 2016).

3. 유엔아동권리위원회의 역할

1) 아동권리협약의 이행과 모니터링

국제적인 아동권리모니터링 기구인 유엔아동권리위원회(Commitee on the Rights of the Child)는 독립전문가 단체로 회원국들의 협약 이행을 모니터링하기 위해 1991년에 설립되었다. 위원회는 당사국들이 제출한 국가보고서를 심의하고 보고서에 대한 권고 의견을 냄으로써 협약 이행에 대한 모니터링을 하고 있다.

협약에 비준한 국가의 정부는 협약에 명시된 아동권리를 보장할 의무가 있다. 협약의 이행사항에 대하여 처음에는 비준한 2년 이내에, 그 후에는 5년마다 아동권리위원회에 국가보고서를 제출해야 한다(협약 44조). 이러한 모니터링은 특정 국가를 평가하자는 취지가 아니라 국가와의 건설적인 대화를 통해서 협약이 도모하는 아동권리를 증진하는 데 도움을 주자는 것이다(이재연, 1997).

한국은 정부와 국회, 지방정부 등 모든 관련 기관에 유엔아동권리위원회의 권고사항을 전달해 각 기관이 이에 따라 필요한 조치를 취하게 하는 등 이를 온전히 이행하기 위한 모든 방안을 추진해야 한다. 한국이 제출한 1차 보고서는 우리나라 정부의 아동권리협약의 이행 노력에 대한 것으로 1994년이었다. 이 보고서에 대한 유엔아동권리위원회의 1996년 권고사항은 모두 14개 항목이었다. 제2차 보고서는 2000년 5월이었고 심의한 결과 2003년 최초보고서에 대한 권고의견에 포함된 권고사항 중 아직 이행되지 않았거나 유보된 몇 가지 사항에 대해서 이행할 것을 촉구했다.

아동권리에 대한 원칙, 즉 무차별의 원칙(제2조), 아동의 최우선의 이익 존중(제3조), 생명발달권(제6조), 연령과 성숙도에 따른 아동의 견해 존중(제12조) 등이 아동 관련 법령에 적절히 통합되고 이 원칙이 아동에게 영향을 주는 모든 정치적, 사법적, 행정적 결정과 사업에 적용되기를 권고했다. 특히 모든 수준에서의 정책입안 결정과정 및 사회복지, 보건, 교육당국, 법원, 행정당국에서 취하는 모든 조치에 이 원칙을 적용할 것을 권고했다.

국가인권위원회에 최소한 1인의 아동권리전문가로 위원을 두거나 아동권리에 관한 소권리위원회를 설립하도록 하여 아동친화적인 방식으로 아동이 제기하는 청원을 접수, 조사, 대처하는 국가인권위원회의 기능을 널리 알림으로써 아동이 국가인권위에 쉽게 접근할 수 있게 보장하도록 했다(이순형 외, 2013).

한국은 2008년과 2011년에 추가 제출한 3·4차 통합 유엔아동권리협약 이행 국가보고서와 이에 대한 유엔아동권리위원회의 권고사항을 다양한 매체를 통해 일반대중, 아동, 시민단체, 전문가단체 등에 널리 알려 유엔아동권리협약의 내용과 이를 지키는 것에 대한 인식을 높여야 한다. 유엔아동권리협약 5·6차 이행보고서를 2017년에 6월 19일까지 제출해야 한다(유니세프 한국위원회, 2015).

아동의 권리가 제대로 보장되고 있는지 지속적으로 조사하고 감시하며 그 결과를 반영하여 궁극적으로는 아동권리가 신장되도록 하는 역할을 아동권리 모니터링은 다양한 수준에서 행해질 수 있다. 국제적인 차원뿐만 아니라 국가수준 혹은 지방자치단체나 공공, 민간단체 등의 차원에서도 가능하다(이재연 외, 2000).

2) 일반논평7

협약이 발효된 이후 모니터링 과정에서 위원회는 더 명확할 필요가 있는 특정 사안이 있음을 파악해 왔다. 명료화하는 대표적인 방법은 특정 영역 내에서 일반논평을 만드는 것이었다. 한 예가 일반논평7이다(Early Childhood Rights Indicators Group, 2010). 지금까지 위원회는 17개의 일반논평을 채택해 왔다. 2004년 일반토론의 날에 다루어진 유아기의 아동권리 이행은 2005년 일반논평7 유아기의 아동권리 이행으로 채택되었다. 그리하여 일반논평7은 유아기 아동권리협약 이행을 위해 보다 상세한 정보를 제공하면서 안내하고 있다(이재연 외, 2015).

아동은 협약에 부여된 모든 권리의 소유자로서 온전한 아동기를 향유할 수 있어야 한다. 아동은 온전하고 조화로운 인성발달을 위하여 사랑과 이해의 분위기 속에서 성장할 수 있어야 하고, 아울러 한 개인으로서의 삶을 영위할 수 있도록 충분히 준비되어야 한다는 것이 협약의 전문이다. 이러한 아동의 권리실현을 위해 관련된 법률과 정책 및 프로그램은 충분하게 주의를 기울여야 하는 것이 일반논평의 7호와 3호의 내용이다. 협약의 국제적인 모니터링 기구인 위원회는 생의 기초인 아동의 권리 이행을 위해 일반논평7을 채택하여 국제 사회의 아동권리 협약과 함께 명료하게 아동권리를 이행하도록 하였다. 더 나아가 아동의 권리에 대한 보다 완성도 높은 모니터링과 보고를 위해 아동권리지표 또한 개발하게 되었다(이재연 외, 2016).

2010년 65차 유엔총회에서도 유아발달에 관해 자료를 수집하고 모니터링하는 국가차원의 더 나은 모니터링 도구개발의 필요성을 강조하였다(UNGA resolution 65). 그리하여 유아기 아동권리 이행에 대해 진전된 모니터링을 위해 일반논평7을 지표의 형태로 운용할 필요에 대해 국제적인 동의가 도출되었다. 일반논평7은 아동권리협약을 위해 보다 더 상세한 정보를 제공하며 안내하고 있다.

3) 아동권리지표: 아동권리 모니터링 도구

한국의 아동권리 상황을 살피는 한국 아동권리모니터링센터와 아동의 권리침해 사례를 분석하여 법이나 정책을 바꾸도록 제안하고 추진하는 전문가로서 국가가 임명하되 독립성을 보장하는 옴부즈퍼슨제도가 제대로 운영되어야 함을 권고하고 이를 위해서 센터와 옴부즈퍼슨의 법적 지위를 명확하게 정하고 독립적인 인력과 기술, 예산을 충분히 지원하고 국가인권위원회가 아동권리에 대한 전문성을 갖추어야 함도 권고하였다(유니세프 한국위원회, 2015).

유아기의 권리 증진을 위해 일반논평7이 나오기는 했지만 그 활용이 제한되었다. 일반논평에 대해 알고 있다고 해도 그것은 이론적인 것으로 간주하기도 하였고, 아동의 권리실현을 어떻게 지원할 것인지, 협약에 대한 구체적인 법적 의무를 다하도록 어떻게 촉진할 것인지는 도전거리였다(Early Childhood Rights Indicators Group, 2010).

그 결과 아동권리지표(early childhood rights indicators)가 개발되었다. 아동권리지표는 총체적인 아동권리 이행을 위한 준법적 문서이다. 이 지표는 아동과 관련된 일을 하는 모든 이들에게 유용하다. 구체적으로는 아동의 삶에 영향을 주는 프로그램을 다루는 사람이나 아동교육, 보육, 아동복지 관련 종사자, 아동과 관련된 해당 부처 관계자, 그리고 아동권리에 대한 보고의 책임이 있는 정부 등 다양하다(Early Childhood Rights Indicators Group, 2010).

이 지표는 모두 15세트로 구성되어 있는데 이들은 6개의 범주로 나뉜다. 협약의 이행에 대한 국가보고서에서 사용하는 8개 범주 중 6개 범주를 기초로 하고 있다. 즉, 국가보고서의 '협약 이행을 위한 일반조치', '아동의 정의', '일반원칙', '시민적 권리와 자유', '가정환경 및 대안양육', '기초보건 및 복지', '교육, 여가 및 문화적 활동', '특별보호조치'의 모두 8개 범주 중에서 '아동의 정의'와 '일반원칙'의 2개 범주를 제외한 6개 범주의 지표가 개발되었다. 15개 지표세트의 6개 범주와 범주별 지표는 〈표 3-1〉과 같다.

〈표 3-1〉 아동권리지표

범주	세트
1. 협약이행을 위한 일반조치(4개)	1) 일반논평7의 보급 2) 적극적인 의제 구성과 이행 3) 인권 훈련 4) 데이터 수집체계
2. 시민적 권리와 자유(1개)	5) 출생등록
3. 가정환경과 대안양육(3개)	6) 가정 내 의사결정에 참여 7) 유아에 대한 폭력
4. 기초보건 및 복지(3개)	8) 기본적인 물질적 필요 9) 생존과 보건 9a) 모유 수유와 보충식 9b) 보건 서비스에 대한 접근과 이용 10) 연령에 적합한 보건교육
5. 교육, 여가 및 문화적 활동(4개)	11) 조기교육 서비스 제공 12) 취약집단에게 조기교육 서비스 제공 13) 권리에 대한 지식과 지원 역량 14) 놀이, 여가, 휴식의 기회
6. 특별보호조치(1개)	15) 취약한 집단을 위한 포괄적 정책과 규정

이와 같이 아동권리에 대해 책무를 지고 있는 사람들의 관심을 높이고 아울러 아동의 상황에 대해 보다 진전된 자료를 수집하고 파악하여 효과적인 정책 프로그램을 개발하는 데 종합적인 충고를 줄 수 있게 되었다(유니세프, 2001).

4) 아동권리보장을 위한 정책 제언

(1) 아동권리협약과 아동 최선의 이익

아동권리협약의 4개의 일반원칙에서도 협약의 핵심은 아동 최선의 이익 원칙이라고 볼 수 있다. 그 이유는 협약의 모든 조항은 궁극적으로 아동의 이익을 증진시킬 수 있어야 하는 것이기 때문이다. '아동 최선의 이익' 개념은 협약의 다른 어떤 개념보다도 더 학술적인 연구주제로 다루어지고 있다(기타 아키토, 2004). '아동 최선의 이익'의 원칙을 보다 잘 이해하기 위해서는 협약에 나와 있는 표현을 잘 검토해 볼 필요가 있다. 아동권리협약 제3조는 다음과 같다.

첫째, 공공기관 또는 민간사회복지기관, 법원, 행정당국, 입법기관 등에 의하여 실시되는 아동에 관한 모든 활동에 있어서 아동 최선의 이익이 최우선적으로 고려되어야 한다.

둘째, 당사국은 아동의 부모, 법정 후견인 또는 여타 아동에 대하여 법적 책임이 있는 자의 권리와 의무를 고려하여 아동복지에 필요한 보호와 배려를 아동에게 보장하고, 이를 위하여 모든 적절한 입법적, 행정적 조치를 취해야 한다(이재연 외, 2007).

아동 최선의 이익을 실현시키기 위해서는 협약은 아동의 권리를 지키는 수단이자 기준이 되는 문서이다. 성인이 아동에 대해 일반적으로 갖는 관대함이나 믿음으로는 협약을 이행하는 데 충분하지 않다. 협약을 이행하기 위해서는 어떠한 방법을 사용해야 할지에 대한 설명이 있어야 한다. 협약은 아동에게 모든 사람에게 확실한 요구를 하고 있다. 그리하여 아동의 권리는 확실하게 정치적인 사안이 되었다(International Federation of Social Workers, 2002).

정부의 아동·청소년 관련 정책은 유엔아동권리협약 이행 관점에서 아동이익을 최우선으로 고려하면서 추진하고 있다. 정부가 수립한 '제1차 아동정책 기본계획(2015~2019)'과 '제5차 청소년정책 기본계획(2013~2017)'은 아동·청소년의 권리 실현과 최선의 이익 보장을 위한 국가행동계획이라 할 수 있다(보건복지부, 2017).

(2) 아동의 권리 증진을 위한 변화 전략

아동의 권리 증진을 위한 변화 전략은 다음의 내용을 포함해야 한다.

- 협약은 정부의 아동과 관련한 모든 의사결정에 적용한다.
- 아동 관점은 정부위원회의 참조의 차원에서 적정한 정도로 포함되어야 한다.

- 아동과 관련된 국가정부 결정에 아동영향분석은 시행되어야 한다.
- 아동통계는 개발되어야 한다.
- 아동과 관련된 일하는 전문적 분야 프로그램에는 협약이 다양한 방법으로 포함되어야 한다.
- 아동과 관련된 업무를 하는 공무원은 아동과 협약에 관한 자신들의 인식을 높일 수 있도록 직무연수를 받아야 한다.
- 직무연수는 지방자치단체와 지방의회의 차원에서도 비슷하게 제공되어야 한다.
- 지방자치단체와 지방의회는 아동 최선의 이익이 실현되는가 하는 것을 모니터링하기 위한 장치를 구축해야 한다. 이러한 모니터링에는 아동계획, 아동예산, 아동영향분석 등이 포함될 수 있다.
- 도시계획과 교통계획에 아동을 참여시키고 영향을 줄 수 있도록 한다.

(3) 아동권리를 위한 새로운 방향

아동권리는 언제나 실행과정에 있으므로 아동이 생활하는 경험이나 아동과 관련된 사람들에게 늘 함께 나타나야 한다. 아동권리는 가정, 학교, 지역사회, 즉 사회 전반의 다양한 변화에 맞추어 아동복지서비스의 현안과 과제를 해결하는 과정을 통해서 점검한다. 또한, 다시 새롭게 전개할 수 있는 기틀을 마련하여 아동이 자신의 삶의 대변자이자 의사결정에 기여하는 주체자임을 인식하게 한다.

보건복지부, 여성가족부 등 여러 정부부처와 국가 및 지역단체 사이에 아동권리 관련 역할과 관계를 명확하게 정리해야 한다. 이 과정에서 유엔아동권리협약을 지키기 위해 한국이 하는 모든 활동을 효과적으로 조정해야 한다.

(4) 아동권리의 충실한 이행정책

아동권리에 대한 사회적 인식을 제고하기 위해서는 아동권리의 충실한 이행을 위한 홍보활동을 통해 국민의 의식 확대와 사회적 공감대의 형성을 우선해야 한다. 아동권리가 무엇인지, 아동을 어떻게 존중해야 하는지 구체적인 사례를 제시한 동영상이나 애니

메이션으로 제작하여 보급하여 일반인의 이해를 돕도록 한다.

가정에서 아동의 권리를 존중하기 위한 안내와 지침 또한 필요하다. 아동이 가정에서 건강하고 행복하게 자랄 수 있도록 부모나 양육자에게 실제적인 양육정보를 제공하여 건강한 양육환경의 조성할 수 있게 도와준다. 아동의 의사를 존중하며 양육할 수 있는 구체적인 사례중심의 양육지침이 필요하다.

유아교육기관이나 시설에서는 아동권리교육을 강화하기 위해 교사에 대한 아동권리 교육을 강화하고, 아동에게도 의사표현의 중요성을 알 수 있게 하는 권리교육을 실시한다. 교사양성과정과 보수교육 시 아동권리교육 교과목을 필수로 지정한다.

가정과 교육·보육기관에서는 아동권리의 실현 정도와 권리내용을 상시 점검할 수 있게 체크리스트와 평가체계를 마련하여 모니터링한다.

2016년 개정된 「아동복지법」을 통해 제도화한 아동영향평가제도가 아동·청소년 관련 정책과 과제를 국가정책에서 주류화하는 데 기여할 것으로 전망해 본다. 획기적인 전기가 필요하다는 인식을 통해 아동정책 및 제도, 이를 관리할 체계를 마련해야 한다. 부족한 재정에 대한 지원 대책 등 정책 및 제도를 통해 아동권리의 신장과 증진을 도모하고, 그들의 삶이 실질적으로 개선되었는지 파악하여 부족한 부분을 채워 줄 수 있는 관리가 필요하다.

FLIPPED LEARNING CHAPTER 3

1 주제

아동권리와 복지의 태동, 유엔의 아동권리협약, 유엔아동권리위원회의 역할

2 주요 개념

- 아동권리선언
- 아동헌장
- 어린이권리공약 3장
- 유엔아동권리협약의 기본권리
- 유엔아동권리협약
- 아동권리협약의 일반원칙
- 유엔아동권리위원회
- 유아권리모니터링
- 일반논평7

3 학습내용

- 『세계 어린이를 위한 소중한 약속』(데이빗 J. 스미스)
- 『역사 속 인권 이야기』(정용주)
- 『유엔 인권조사관이 네팔 소녀한테 들려준 유엔 이야기』(정명숙)
- '파도가 지나간 자리'의 아기의 인권
- 한국이 지켜야 할 어린이를 위한 약속 : 유엔아동권리위원회 권고사항(유니세프, 2015)
- 『교사를 위한 아동권리협약』(임희옥)

4 교실활동

- 아동권리협약의 일반원칙(월드카페)
- 아동권리협약의 기본권리(크로스 인터뷰)
- 유엔아동권리위원회(월드카페)
- 아동권리보장을 위한 정책(크로스 인터뷰)

5 퀴즈

- 유엔아동권리선언의 배경은 무엇인가요?
- 아동권리협약의 5가지 분류로 구성된 내용은 무엇인가요?
- 아동복지와 관련된 국제기구의 종류를 알고 있나요?
- 아동권리모니터링 도구가 무엇인가요?.
- 아동권리보장을 위한 정책은 왜 필요할까요?

4 아동권리와 복지의 서비스

CHAPTER

학습 개관

본 장에서는 아동권리와 복지서비스의 내용에 대해 알아본다. 서비스가 행해지는 장소, 서비스의 대상, 서비스의 기능, 방어선의 위치 등에 따라 분류할 수 있다. 대상아동이 원가정에서 생활하면서 서비스를 제공받을 경우 가정 내 서비스 혹은 재가서비스라고 하는데 이는 가족이 아동에게 필요한 기본적인 욕구를 충족시키지 못하거나 부모와 자녀 관계에 장애가 있는 경우 외부로부터 지원받는 서비스를 말한다. 원가정이 아닌 다른 곳에서 생활하면서 제공받을 경우는 가정 외 서비스라고 하는데 아동이 원가정을 떠나 일정 기간 동안 어린이집에서의 보육서비스, 가정위탁보호, 입양, 시설보호서비스의 내용을 살펴본다. 또한, 아동복지사업의 내용을 장소, 부모역할과 관련해 구분한 Kadushin의 기능을 중심으로 한 서비스의 내용과 Zuckerman의 방어선의 위치에 따른 서비스의 내용을 알아보고자 한다.

학습 목표

- 서비스 장소에 따른 서비스의 내용을 이해한다.
- 서비스 기능에 따른 서비스의 내용을 이해한다.
- 방어선 위치에 따른 서비스의 내용을 이해한다.

주요 자료

영화

고백
Confessions
(2010, 나카시마 테츠야)

늑대아이
Wolf children
(2012, 호소다 마모루)

아무도 모른다
Nobody knows
(2004, 고레에타 히로카즈)

케빈에 대하여
We need to talk about Kevin
(2011, 린 램지)

1. 서비스의 장소에 따른 서비스의 내용

서비스 대상 아동이 아동복지서비스를 어떤 장소에서 제공받느냐에 따라 구분할 수 있다. 아동이 가정에서 생활하면서 복지서비스를 제공받을 경우에는 재가서비스 혹은 가정 내 서비스라고 한다. 가정 밖에서 복지서비스를 제공받을 경우에는 가정 외 서비스라고 한다.

1) 가정 내 서비스

가정 내 서비스(in home service)는 아동이 부모를 비롯한 가족 구성원과 함께 친가정에서 생활하면서 서비스를 받는 것으로서 아동이 가정 안에 머문 상태에서 아동에게 필요한 서비스를 제공받는데, 아동에게 필요한 서비스를 가족이 아동에게 기본적인 욕구를 충족시키지 못하거나 부모와 자녀관계에서 어려움을 겪는 경우 외부기관으로부터 지원을 받는 서비스다. 가정이 아동의 양육과 발달에서 차지하는 부분이 큰 만큼 가정의 기능을 지지하고 보충해 주어서 친가정의 해체나 붕괴를 막을 수 있다.

가정 안에서 재가서비스를 받는 가정은 다문화가정, 맞벌이 가정 등 가족의 구조적 결손은 없지만 심각한 스트레스나 가족의 역기능적 요소가 있을 경우와 한부모가정, 조손가정과 같이 구조적 결손과 가족기능의 문제가 있을 때 제공된다. 아동의 양육과 발달에 가정이 일차적인 책임이 있음을 감안하면 가정의 기능 중 결핍된 부분을 지지하거나 보충해 줌으로써 가정의 해체나 붕괴를 막아 주는 기능을 수행한다(박희숙 외, 2014).

가정 내 아동복지서비스의 유형으로 '아이돌봄지원사업'은 만 12세 이하 아동을 둔 맞벌이 가정을 위한 서비스로 가정에서 아동을 안전하게 돌보는 서비스이다. 가정의 아이돌봄을 지원하여 아동의 복지 증진과 보호자의 일과 가정의 양립을 통한 가족 구성원의 삶의 질 향상과 양육친화적인 사회환경을 조성하는 데 목적이 있으며, 여성가족부에서 운영한다(idolbom.go.kr). 그 외에도 급식서비스, 장애아를 위한 순회목욕서비스, 가정봉사원 파견서비스, 방문재활서비스, 방문교육 및 상담서비스, 부모상담 및 교육서비스, 특수교육 방문서비스, 다문화 아동 언어교육서비스 등이 있다(황해익 외, 2016).

2) 가정 외 서비스

가정 외 서비스(out of home service)는 아동이 친가정을 떠나 일정한 기간 동안 시설 또는 위탁가정 등에서 생활하면서 제공받는 양육 및 보호받는 서비스와 아동 자신의 가정에서 생활하지만 특정 시간 동안 가정 밖의 시설을 왕래하며 양육과 보호를 받는 서비스이다. 취업모가정의 경우, 어머니가 직장생활을 하는 동안 보육시설 등에서 아동이 보호와 양육서비스를 제공받는 것이다. 이처럼 가정 외에서 양육과 보호, 교육을 받는 경우 부정적인 관점으로 보기보다는 아동의 권리와 행복추구를 위해 국가와 사회가 적극적으로 선택하는 최선의 긍정적인 대안으로 보아야 한다(박희숙 외, 2014).

아동을 위한 가정 외 서비스의 유형으로는 가정위탁서비스, 입양서비스, 시설보호서비스와 일정 기간 또는 단기간 제공되는 어린이집의 보육서비스, 가정위탁서비스, 입양서비스, 시설보호서비스, 온종일 돌봄서비스, 아동상담 및 치료서비스, 장애주간보호서비스, 방과후 아동돌봄서비스 등이 있다.

2. 서비스의 기능에 따른 서비스의 내용

아동복지서비스는 아동의 권리를 위협하는 대부분의 문제가 가정환경 결함과 그로 인한 부모의 역할 부재로부터 비롯됨을 고려할 때 가정에서의 부모의 역할기능을 국가나 사회가 지지, 보충, 수정, 재조정, 대신해 주는 것으로써 아동의 권리를 보장하기 위한 아동복지서비스를 실천한다고 할 수 있다(Kadushin, 1976).

아동권리를 중심으로 한 아동복지서비스는 부모의 역할을 지지하고, 보충하고, 대신하는 것에 따라 내용을 달리할 수 있다. 이에 Kadushin은 3S 모형을 지지적 서비스(supportive service), 보충적 서비스(supplementary service), 대리적 서비스(substitute service)로 구분하였다.

1) 지지적 서비스

지지적 서비스(supportive service)는 부모와 자녀 관계가 긴장상태에 있거나 계속될 경우 이혼이나 별거와 같은 가족의 와해로 인해 아동의 유기, 학대, 방임과 같이 아동의 권리를 침해하는 현상이 나타날 수 있을 때 제공할 수 있는 복지서비스이다.

이러한 복지서비스는 아동이 부모와 함께 가정에서 생활하면서 서비스를 이용할 수 있는 이점이 있다. 부모와 자녀가 가정을 이룬 경우만을 대상으로 하는 것이 아니라 미혼 남녀에게 부모준비를 위한 예비부모교육을 실행함으로써 아동의 권리를 침해할 수 있는 문제를 근본적으로 예방하려는 활동도 포함된다.

이러한 지지적 서비스는 가족관계의 개선, 부모의 양육기능 강화를 위한 상담서비스의 기능도 포함하고 있어 아동복지를 위한 제1차 방어선이라 할 수 있다. 여기에 포함되는 서비스에는 개인적인 면접을 통한 케이스워크 서비스(casework service), 집단 프로그램, 가족치료, 지역사회 프로그램이 있다.

(1) 지지적 서비스가 필요한 상황

지지적 서비스가 필요한 상황은 다음과 같다.

- 부모-자녀 관계에서 어려움이 있어 관계개선에 도움이 필요한 경우
- 부모로서의 역할에 만족을 느끼지 못하여 도움이 필요한 경우
- 자녀의 학교생활의 문제로 부모와 아동 모두가 도움을 필요로 하는 경우
- 형제 간 갈등으로 도움이 필요한 경우
- 자녀의 행동장애로 부부 불화가 원인이 되어 도움을 필요로 하는 경우
- 미혼 남녀가 결혼 전 자녀에 대한 계획과 지식에 대한 도움이 필요한 경우

(2) 지지적 서비스의 종류와 내용

〈표 4-1〉 지지적 서비스의 종류와 내용

서비스 종류	서비스 내용
일반아동복지사업	가족 내의 역동적인 힘을 지원하고 강화하기 위한 사업으로 전체 아동의 신체적 건강, 영양, 주택, 환경, 정신건가, 위생 등 제반 복지활동을 포함하는 다원적이고 포괄적인 사업
학교사회사업	학교에서 아동이 자신의 능력과 기능을 성취하는 데 방해가 되는 사회적·정서적 문제를 스스로 극복하도록 돕기 위해 수행되는 사업
가족복지사업	가족해체, 붕괴, 가족 구성원의 역기능 수행을 예방하거나 치료하기 위한 사업
아동상담사업	가정 내에서 부모, 아동이 바람직한 관계를 가지며 행복할 수 있도록 지지하고 강화해 주는 사업으로 부모나 아동의 면접을 통한 상담서비스, 가족면담 및 치료, 유사한 문제에 관심이 있는 여러 가족의 모임 주관, 공공복지 혜택을 받을 수 있도록 관련 부서와의 협상 등이 포함되는 사업
미혼부모복지사업	법적인 혼인관계 이외의 남녀관계에서 자녀를 갖게 된 여성과 남성, 그들의 자녀가 경험하는 문제를 해결하도록 지원하는 서비스 활동 및 미혼부모의 발생을 예방하는 교육적 활동 사업

2) 보충적 서비스

보충적 서비스(supplementary service)는 부모가 자녀를 양육하는 데 있어 부적절하거나 부족할 경우 양육을 보충해 주는 서비스이다. 사회가 부분적으로 양육과 책임을 분담함으로써 아동이 가정과 부모로부터 분리되지 않은 상태로 가정에서 부모와 생활할 수 있도록 아동의 권리를 보장하는 데 있다. 다양한 문제로 부모나 가족의 힘만으로는 적절한 아동양육을 수행하기가 어려운 경우 부모가 수행하기 어려운 양육기능의 일부를 보완하거나 보조하고 보충해 주는 복지서비스이다. 가정 및 가족의 형태를 그대로 유지한 채 부적절하고 부족한 부모의 자녀양육역할을 대행하거나 도와준다.

보충적 서비스는 부모의 역할을 일부 대행하는 것으로 부모의 실직, 질병, 장애뿐 아니라 가족의 재정적 어려움 등을 보충하는 데 서비스의 목적을 두고 있다.

보충적 서비스의 방법으로 각종 연금과 보험 및 소득보완사업과 같은 경제적 지원, 가

사조력 서비스, 보육사업, 장애 및 비행아동을 위한 복지사업, 학대 및 방임아동을 위한 일시보호서비스 등이 있다.

(1) 보충적 서비스가 필요한 상황

보충적 서비스가 필요한 상황은 다음과 같다.

- 여러 가지 이유로 낮에 친부모가 아동을 보호하지 못해 도움을 필요로 하는 경우
- 가정의 위험(학대, 유기, 착취 등)으로부터 보호가 필요한 경우
- 모가 질병, 장애, 사고, 복역으로 가정에서 자녀를 돌보지 못할 경우 아동을 가정에서 분리하지 않고 재가복지 서비스의 도움을 필요로 하는 경우
- 신체장애, 정신박약, 정서장애아동에게 의료적, 교육적 서비스 도움을 필요로 하는 경우
- 학교 내에서 학교교육 외에 사회·정서적 서비스를 위한 도움이 필요한 경우
- 아동이 경제적 조력을 위해 소득보완의 도움이 필요한 경우
- 비행아동의 경우 비행행동 예방과 교화의 도움이 필요로 하는 경우
- 북한이탈주민의 가정과 아동에게 복지서비스가 필요한 경우
- 다문화가정과 아동에게 복지서비스가 필요한 경우
- 환경적 요인으로 범죄행위를 할 우려가 있는 비행아동의 그에 대한 예방과 교정이 필요한 경우
- 부모의 사망, 이혼, 별거 등으로 한부모가 아동을 교육, 양육, 보호하기 위해 복지서비스가 필요한 경우

(2) 보충적 서비스의 종류와 내용

〈표 4-2〉 보충적 서비스의 종류와 내용

서비스 종류	서비스 내용
한부모가정, 다문화가정, 북한이탈주민가정 사업	가정의 경제를 책임지는 보호자가 사망하거나 질병, 실업으로 무능하여 가정 경제가 위기에 처했을 때 가정을 유지하기 위해 사회에서 연대책임을 지고 공적 부조와 사회보험으로 경제적인 지원을 제공하는 사업. 한부모가정, 다문화가정, 북한이탈주민을 위한 사업
방과후 아동지도사업	방과후 아동보육, 공부방, 방과후 교실, 에듀케어(educare) 사업
보육사업	보호자가 근로, 질병, 기타 사정으로 아동을 보육하기 어려운 경우 보호자의 위탁을 받아 하루 중 일정 시간에 신체적·정신적·교육적 발달을 가져올 수 있도록 아동을 보호하고 교육하는 사업
비행아동 복지사업	20세 미만으로 범죄행위를 하거나 그의 성격상 또는 환경적 요인으로 범죄행위를 할 우려가 있는 비행아동을 대상으로 비행행동을 예방하거나 교정하는 사업
장애아동 복지사업	신체장애, 정신박약, 정서장애 아동에게 의료적·교육적·직업적·사회적·심리적 재활훈련을 통합적·협동적으로 실시함으로써 가능한 한 각 개인의 기능회복을 최대한 도모하는 사업
학대아동 보호사업	신체적·정서적·도덕적·의료적·교육적·성적·지역사회적 측면에서 유기 및 학대받은 아동을 위한 보호활동을 하는 사업

3) 대리적 서비스

아동은 자기가 태어난 가정에서 가족과 함께 성장하고 발달해야 함에도 불구하고 불행하게도 아동의 권리가 보장될 수 없는 적합하지 못한 가정환경으로 부모의 질병, 가출, 복역, 실직, 이혼, 자녀유기 등으로 가정이 해체되어 가정환경이 아동에게 더 이상 방어선이 될 수 없어 정상적인 부모와 자녀 관계를 유지하기가 불가능하고 부모의 양육 역할을 전체적 또는 부분적으로 대행, 대리할 수밖에 없는 아동복지서비스를 대리적 서비스(substitute service)라고 말한다.

대리적 서비스는 부모와 가족이 당면한 문제를 해결할 수 없기 때문에 양육기능을 일시적 혹은 영구적으로 포기한 경우 다른 가정에서 위탁·입양하거나 시설에서 아동을 대신 보호하여 부모의 역할을 일시적 혹은 영구적으로 대리하는 것을 말한다.

(1) 대리적 서비스가 필요한 상황

대리적 서비스가 필요한 상황은 다음과 같다.

- 부모가 아동을 보살필 능력이 없어 도움이 필요한 경우
- 부모이혼, 부모사망, 자녀유기 등으로 가정이 파괴되어 안전한 가정환경의 도움이 필요한 경우
- 가정에서는 욕구가 제대로 충족될 수 없는 아동에 대해 시설의 도움이 필요한 경우
- 부모가 장애나 질병으로 가정양육의 기능을 수행하지 못하여 다른 가정의 도움이 필요한 경우
- 시설에서의 어려움을 보완하고, 가정과 유사한 환경과 역할의 도움이 필요한 경우

(2) 대리적 서비스의 종류와 내용

〈표 4-3〉 대리적 서비스의 종류와 내용

서비스 종류	서비스 내용
가정위탁사업	시설보호에서의 미비점을 보충하기 위해 보호가 필요한 아동에게 계획된 일정 기간 대리가정에서 보호·양육받도록 하는 사업
입양사업	행정적·법적 권한에 의해 혈연관계가 없는 타인에게 친자관계를 형성해 줌으로써 인위적으로나마 아동이 가정 안에서 부모와 함께 생활할 수 있도록 하는 사업
시설보호사업	부모가 부모역할을 수행할 능력이나 의사가 없는 경우 부모를 전적으로 대리하여 아동을 일시적 또는 장기적으로 집단보호하는 사업
공동생활가정사업	보호를 필요로 하는 아동에게 사회복지사와 함께 가정 형태를 구성하여 생활하도록 하는 보호사업으로, 가정보호 형태를 통해 보호를 필요로 하는 아동의 건전한 성장과 발달을 도모하고 지역사회 내 사회적응 능력을 배양시키고자 하는 사업

3. 방어선의 위치에 따른 서비스의 내용

Kadushin이 서비스의 기능에 따라 아동복지서비스의 내용을 지지적 서비스, 보충적 서비스, 대리적 서비스로 분류한 것과 같이 Zuckerman(1983)은 방어선의 개념으로 아동복지서비스를 구분하였다. 방어선의 위치에 따라 1차 방어선 서비스, 2차 방어선 서비스, 3차 방어선 서비스로 나누었으며, 특징은 다음과 같다.

1) 1차 방어선

가정지원으로 가정이 아동의 부적응, 발달상의 문제를 막아 주는 일차적인 방어선의 기능을 수행한다. 부득이한 경우, 아동의 기본적인 욕구를 충족시킬 수 없는 위험에 처하거나 부모-자녀 관계에 장애가 있을 경우 가정의 기능을 회복하고, 유지하며, 강화하기 위한 서비스를 제공해야 한다. 이러한 점에서 지지적 서비스에 해당되며, 가족기능의 회복, 유지, 향상을 위한 서비스로 상담, 교육, 가사지원, 양육지원 서비스 등이 여기에 포함된다(황해익 외, 2016).

2) 2차 방어선

가정의 기능이 원활하게 수행되지 못할 경우 아동이 속한 원가정을 대신할 수 있는 다른 보호의 장이 필요하게 된다. 이러한 경우 원가정과 유사한 환경을 만들어 주는 것이 제일 바람직하다. 이러한 점에서 대리적 서비스와 많은 부분이 중복된다. 대리가정으로 1차 방어선이 무너진 경우 원가정을 대신하여 부분적 또는 장기적으로 원가정을 대신하여 보호하고 양육하는 서비스로서 보호서비스, 가정위탁서비스, 입양서비스 등이 여기에 포함된다.

3) 3차 방어선

아동의 원가정과 대리가정을 통해 보호와 양육서비스를 제공할 수 없는 경우 시설에 수용하여 집단적인 보호를 제공할 수밖에 없다. 제3차 방어선은 원가정을 대리한다는 점에서는 제2차 방어선과 동일하지만 원가정과 가장 유사한 환경이라기보다는 집단적 생활환경 아래에서 서비스가 제공된다는 것이 차이점이다. 원가정과 대리가정에서 보호 양육이 어려울 때 시설에서 보호하는 서비스로 양육시설서비스, 그룹홈서비스가 여기에 포함된다.

1 주제

아동권리와 복지의 서비스 내용

2 주요 개념

- 아동권리와 복지서비스
- 방어선
- 지지적 서비스, 보충적 서비스, 대리적 서비스

3 학습내용

- '아무도 모른다'(고레에타 히로카즈) 영화를 보고, 다양한 서비스(지지적, 보충적, 대리적 서비스)가 필요함을 이야기하기

4 교실활동

- '아무도 모른다'의 영화를 통해 아동권리와 복지서비스의 내용을 월드카페 형식으로 가정 내와 가정 외에서 지지적, 보충적 서비스를 통해, 이 가족을 도와줄 수 있는 방법을 모색하기
- '고백'(나카시마 테츠야) 영화를 통해 1차 방어선이 붕괴된 비극적인 결과를 논의하기
- '늑대아이'(호소다 마모루) 영화를 보고 미혼모에 관한 복지서비스 현실을 토의하기

5 퀴즈

- 서비스 장소에 따른 서비스의 내용은 무엇인가요?
- 서비스 기능에 따른 서비스의 내용에는 어떠한 종류의 서비스가 있나요?
- 방어선 위치에 따른 서비스의 내용을 논의해 보세요.

5 CHAPTER

아동권리와 복지의 정책방향

학습 개관

본 장은 아동권리와 복지정책의 기본방향을 이해하기 위해 아동복지정책의 개념과 제1차 아동정책의 기본계획을 살펴보고 아동권리와 복지정책의 기본 틀을 정립한다. 「아동복지법」과 그 관련 법규를 살펴봄으로써 우리나라 아동복지와 정책의 변천과정을 정리하고, 이러한 현황을 토대로 아동권리와 복지정책이 나아갈 방향을 기술한다. 이를 통해 우리 사회의 변화와 권리주체의 욕구를 반영하여 아동권리와 복지정책이 앞으로 나아가야 할 방향성을 논의할 수 있을 것이다.

학습 목표

- 아동권리와 복지정책의 개념을 설명할 수 있다.
- 아동복지법의 변천과정을 통해 아동권리와 복지정책의 흐름을 기술할 수 있다
- 우리 사회의 변화에 기반하여 아동권리와 복지정책의 방향을 정의할 수 있다.

주요 자료

영화

식코
Sicko
(2007, 마이클 무어)

도서

- 한국 아동의 삶의 질과 아동참여(2017, 김은정, 한국아동권리학회, 2017년 춘계학술대회)
- OECD 아동복지지표를 통해 본 아동의 삶의 질(2016, 이주연, 한국보건사회연구원)

기사

- 발달장애아 가족들 맘편한 비행기 띄우자(한겨레신문, 2017. 5. 4.)
- '유령' 아이들의 우울한 어린이날 – 유엔아동권리협약 한국의 현주소(한겨레신문, 2017. 5. 5.)
- 합계출산율 4년째 1위 해남의 비결은?(한겨레신문, 2017. 5. 15.)

1. 아동권리와 복지정책의 기본방향

정옥분 외(2016)에 따르면, 아동의 권리와 복지를 위한 정책은 아동의 기본적인 욕구를 충족시키고, 아동의 권리를 보장하며 아동의 복지를 구현하기 위한 정부의 지침, 법규 또는 행동계획이다. 과거 우리나라의 아동복지정책에서는 요보호아동을 위한 사후적인 복지제도의 기반이 되는 정책이 시행되었다. 그러나 최근 들어 보편주의적 아동복지정책이 확대되는 경향을 보이며, 일반아동의 건전한 육성과 복지의 적극적인 추진을 기본정신으로 하는 제반 정책이 시행되고 있다.

1) 아동복지정책의 개념

아동복지는 아동이 성장하고 발달하는 과정에 영향을 줄 수 있는 사회, 가정환경을 포함한 삶의 질 전체와 관련이 있다(김명희, 2006). 그리고 정책은 행위에 대한 어떤 명시적인 방침을 의미한다(Gilbert & Terrell, 2005). 따라서 아동복지정책이란 사회에서 아동복지를 조직하고 아동복지를 제공하는 주요 제도들의 기능에 관련된 행위방침을 확장하기 위한 제반 결정과 선택이라 할 수 있다(정옥분 외, 2016).

아동복지정책은 아동의 복지를 위한 정부의 원칙이나 지침 또는 조직화된 노력으로 정의할 수 있다. 더 구체적으로는 아동의 물질적·비물질적 욕구를 충족시키는 법, 그리고 법에 기초한 정부의 급여 및 서비스로 제한하여 볼 수 있다. 아동복지정책은 아동복지를 위한 노력 중 정부의 조직화된 노력으로 정의할 수 있으나 아동복지와 동일한 개념으로 혼용되기도 한다. 장동일(1997)은 아동복지를 「아동복지법」과 그와 관련된 법규정에 의해 제공하는 아동을 위한 서비스로 정의한 바 있다. 또한, 주정일과 이소희(2003)는 아동복지정책이란 정부가 아동의 복지를 설정한 방침이라고 정의하면서, 그 수준은 현실적으로 국가의 성격과 복지이념이 정해진 기준에 의해 결정된다고 하였다.

아동복지정책에서 그 궁극적인 표적은 아동이지만 아동복지는 가족의 복지와 깊은 관련을 갖는다. 즉, 아동의 복지 증진을 위한 정책의 수행은 가족이라는 단위를 매개로 하는 경우가 일반적이다. 이러한 배경에서 아동복지는 아동을 보호하는 가족에 대한 복지를 포함한다. 아동복지를 증진시키는 데 있어 가족의 적정한 기능수행이 가장 중요하며 일차적이기 때문에 가족복지정책이 아동복지의 핵심일 수도 있다. 그러나 이러한 논리는 아동복지에 대한 책임이 가족에 한정됨을 의미하는 것은 아니며, 가족의 기능을 강조하여 아동의 복지를 보장할 사회적 책임 및 의무를 도외시하는 맥락도 아니다. 다만 아동복지정책은 가족복지를 위한 제반정책과 함께 논의되어야 한다는 점을 강조한다. 대부분의 복지국가는 아동을 양육하는 가정을 대상으로 하는 소득보장 등의 사회보장으로 아동복지의 주요 축을 형성하고 있다. 우리나라 아동복지정책의 성격과 한계 등에 대한 검토도 아동과 아동을 보호하는 가족에 대한 정책을 검토함으로써 분명해질 수 있다(공계순 외, 2013).

2) 아동복지정책 기본계획의 의의와 과제

아동의 권리를 기반으로 아동의 권리를 보장하는 복지서비스를 계획하고 실천하는 것이 아동복지정책의 기본방향이자 원리가 될 것이다. 아동이 성인과 마찬가지의 권리 소유자이며, 이러한 권리를 누릴 수 있어야 한다는 것은 1989년 '유엔아동권리협약' 채택 이후 더욱 명료해졌다. 1948년 발효된 세계인권선언에도 불구하고 유엔이 나서서 아동권리협약을 제정한 것은 아동이 인간으로서 누려야 할 당연한 권리를 침해당하고 있는 국제사회의 현실을 바르게 인식하고 있었기 때문으로 볼 수 있다. 협약은 아동을 '권리의 주체'이며 동시에 '보호의 대상'이라고 규정하고 있다. 이는 아동을 독립된 존재로 인정하는 것으로, 완전한 인격체로서 사회의 구성원이자 권리의 주체로서의 역량을 가지고 있다는 것을 전제로 한다.

본 절에서는 류정희(2016)가 제시하고 있는 '제1차 아동정책 기본계획(2015)'의 의의와 과제를 중심으로 아동복지정책의 기본방향을 살펴보고자 한다.

제1차 아동정책 기본계획은 2013년 실시되었던 '아동종합실태조사'에서 나타난 우리나라 아동정책의 취약 부분을 근본적으로 개선하고, 유엔아동권리협약 및 유엔아동권리위원회의 권고사항을 정책으로 구현하고자 하였다. 우리나라에 거주하는 외국 아동을 포함하여 18세 미만의 모든 아동을 대상으로, 중앙정부 및 지방자치단체의 아동 관련 모든 정책, 즉 아동의 발달주기에 따라 직·간접적으로 고려되어야 하는 가족·보육·교육·문화·여가·체육·건강·안전·복지·산업 등 모든 영역의 정책을 포괄하고 있다.

제1차 기본계획의 비전은 '행복한 아동, 존중받는 아동'으로, 아동의 행복과 삶의 질을 정책의 최우선 과제로 선정했으며, OECD 국가 중 최하위를 기록하고 있는 아동의 주관적 행복지수와 삶의 만족도를 10년 내에 OECD 국가 평균수준으로 향상시킬 것을 목표로 하였다. 또한, '유엔아동권리협약'의 중요 원리인 '아동 최우선의 원칙'을 실현시킬 수 있는 기반을 조성하는 것을 핵심 목표로 설정했다. 이를 위해서는 가정을 포함하여 아동의 돌봄 공간, 교육 공간 등 아동발달의 전 단계에 걸친 공간에서 아동을 권리의 주체로 인정하고 아동의 발달과 생존, 보호와 참여의 권리를 실현할 수 있는 근본적 변화 전략을 마련해야 할 것이다.

기본계획은 발달주기별, 분야별 취약요인을 진단하여 미래를 준비하는 삶(역량), 건강한 삶(보건), 안전한 삶(안전), 함께하는 삶(사회적 보호)의 4개 핵심 정책영역과 실행기반 조성 등 총 5개 부문에 걸쳐 16개 중점과제와 158개의 세부과제를 제시하였다(표 5-1 참조). 각 부문의 주요 정책과제를 살펴보면 다음과 같다.

첫째, 미래를 준비하는 삶 영역에서는 아동의 성장과 발달 과정에서 아동의 역량을 강화하고 아동 스스로의 의견을 충분하게 표현할 수 있는 권리를 보장하는 것을 주요 내용으로 하고 있다. 또한, 지속적으로 제기되어 온 아동의 놀이와 학업 간의 불균형 문제를 해소하기 위해 중앙부처, 지방자치단체, 교육청, 민간기구가 공동으로 아동의 놀이·여가 권리보장을 위한 정책을 수립·추진하는 방안을 제시하고 있다.

둘째, 건강한 삶 영역에서는 가정, 어린이집·유치원, 학교 등 아동의 주생활공간을 기반으로 아동건강 통합관리체계를 구축하여 건강한 발달환경을 제공하고 건강한 생활습관 형성을 지원하는 것을 주요 내용으로 한다. 또한, 임신·출산 지원, 예방접종 및 건강검진 내실화, 생활습관형 질병관리 등 아동발달 주기별 건강관리 예방시스템 구축과 경쟁·학습스트레스 등으로 인한 아동의 정신건강위험 및 급증하는 스마트폰 중독의 예방 등 효과적인 아동기 정신건강관리체계 구축을 핵심적인 과제로 포함하고 있다.

셋째, 안전한 삶 영역에서는 가정·학교 등 아동의 주된 생활공간에서 아동안전의 위해요인에 대한 대응방안을 마련하고, 아동의 발달주기별 안전취약 분야에 대한 예방적인 투자를 확대하는 것을 핵심으로 한다. 또한, 아동에 대한 성범죄, 학대, 폭력 등에 대해 예방에서 사후관리까지 효과적인 대응체계를 구축하기 위해 지역사회의 안전한 환경 조성을 지원하는 것을 포함한다.

넷째, 함께하는 삶 영역에서는 빈곤, 장애, 가족해체 등 다양한 이유로 사회적 보호와 지원을 필요로 하는 취약계층 아동 및 소수집단 아동에 대해 종합적인 보호 대책을 수립하고, 이행을 관리하는 방안을 제시하고 있다. 유엔아동권리위원회의 권고사항을 수용하여 차별금지법을 제정하고, 아동보호에 있어 다문화가정, 외국인 노동자 가정, 북한이탈주민 가정 출신의 아동, 장애아동, 청소년 미혼모 등에 대한 무차별 원칙의 실현을 주요 내용으로 하고 있다. 사회적 지원이 필요한 아동에 대한 종합적인 보호대책을 수립하고 시행하기 위해 아동보호 영역에 존재하는 모든 종류의 차별실태에 대한 정기조사 실시방안을 제시하고 있다.

마지막으로, 기본계획의 실행 기반은 아동의 바람직한 양육, 교육, 보호를 위한 발달환경 조성을 핵심으로 한다. 이를 위해 아동의 생존, 발달, 보호, 참여 등 발달주기에 따라 실현되어야 할 아동기본권의 실태를 진단하고 관련 법제 정비 등을 통해 지속적인 개선을 추진하며, 일과 가정의 양립 문화를 정착시킴으로써 가정의 양육역량을 강화한다. 또한, 지역사회와 중앙부처의 협업체계를 강화함으로써 지역의 특수성을 반영한 아동정책을 추진, 지역 간 격차를 완화할 수 있는 방안을 마련한다. 아동영향평가의 도입, 아동지표 등 통계 정비, 아동정책 분야별 전달체계의 연계·조정·통합방안을 마련하여 아동정책지원을 위한 제반 인프라를 정비·강화한다.

〈표 5-1〉 제1차 아동정책 기본계획의 중점과제와 세부과제

부문	중점과제명	세부과제수	비율(%)
미래를 준비하는 삶	아동기 역량 강화	12	31 (20)
	꿈과 끼를 살리는 교육 실현	11	
	아동의 참여권 보장	4	
	놀이·여가·권리 보장	4	
건강한 삶	생활공간 기반 건강관리체계 마련	6	32 (20)
	발달주기별 건강관리체계 내실화	26	
안전한 삶	생활안전	10	30 (19)
	사회안전	13	
	아동안전 체계 구축	7	
함께하는 삶	아동보호 무차별 원칙 실현	2	32 (20)
	사회적 보호·지원 필요 아동에 대한 종합대책 마련 시행	30	
기본계획 실행기반 조성	아동권리 실행 기반 조성	9	33 (21)
	가정의 양육역량 강화	14	
	아동친화적 지역사회 조성	3	
	민간과의 협력 강화	2	
	아동정책지원 인프라 강화	5	
총 계		158	

출처: 보건복지부(2015). 제1차 아동정책 기본계획. p. 99.

2. 아동권리와 복지 관련 법규

1) 아동 관련법의 변천

시대별로 우리나라 아동 관련법의 변천과정(초록우산 어린이재단, 2013)을 살펴보면 다음과 같다.

(1) 구호적 차원의 아동복지(1945~1960년)

8·15광복은 우리 국민에게 새로운 국가건설과 국민적 합의를 위한 기회를 제공했으나 3년간의 미군정 실시로 일제가 제정한 '조선구호령'과 함께 후생국보로 구호를 실시하였다. 사회복지는 1946년 '아동노동법규'와 1947년 「미성년자 노동보호법」을 공포·시행하여 아동복지행정의 기초를 이루었다. 1949년에 「교육법」의 제정과 이 시기 구호행정의 특징은 적극적이고 계획적이거나 장기적인 관점에서 이루어지지 못하고 혼란과 도기의 임시방편으로 실시된 점에 있다. 6·25 이후에 급증한 전쟁피해자들을 위해 외국의 원조기관들이 들어오면서 사회복지기관이 설립되었고, 1953년에 「미성년자 노동보호법」이 「근로기준법」으로 변경되었고 1958년에 「소년법」을 제정하였다.

아동 관련법은 아동노동과 관계되는 「미성년자 노동보호법」과 「근로기준법」 제정, 아동교육과 관계되는 「교육법」 제정, 아동범죄와 관계되는 '조선소년령'을 폐지하고 「소년법」 제정, 아동보호와 관계되는 「아동복리법」 제정으로 폐지된 '조선감화령' 등이었다.

(2) 잔여적 차원의 아동복지(1961~1980년)

5·16 군사 쿠데타에 의해 탄생한 제3공화국 정부는 시급한 민생고를 해결하기 위하여 경제개발을 최우선 목표로 설정하고 절대빈곤의 탈피에 주력하였다. 정부는 「생활보호법」을 제정하였으나 정부재정의 부족으로 긴급한 사회복지문제나 욕구는 주로 123개의 민간 외원단체의 저소득층을 위한 원조로 해결하였다. 전쟁고아 문제해결을 위하여 1961년 「고아입양특례법」과 「아동복리법」, 「고아의 후견직무에 관한 법률」, 「윤락행위 등 방지법」을 제정하고 아동복리지도원, 아동위원제도를 도입하고 1963년 「사회보장에 관한 법률」을 제정하고 1970년에 「사회복지사업법」을 제정하여 법인에 대한 보조와 지도·감독을 강화하였다. 그리고 1973년에 「모자보건법」과 1976년에 「고아입양특례법」을 「입양특례법」으로 변경하였다.

(3) 통합적 차원의 아동복지(1981~1999년)

1980년대에 들어서서 아동의 유기, 학대를 포함한 가족해체 문제, 청소년의 폭력, 약물사용, 자살문제, 심각한 실업자 문제와 노숙자 문제, 가속화되는 인구 고령화 문제가 표출되었다. 따라서 1981년에 「아동복리법」을 「아동복지법」으로 개정하면서 「심신장애인복지법」을 함께 제정하고, 1987년에 아동에서 청소년을 분리하여 「청소년육성법」을 제정하였다. 1989년에는 「모자복지법」을 제정하고, 「심신장애인복지법」을 「장애인복지법」으로 변경하였다.

1990년대 지방자치제의 전면 실시는 공공과 민간부분에 있어 사회복지전달체계의 정비와 중앙과 지방의 사회복지에 대한 역할 분담에 대하여 논의가 이루어지고 이에 따른 법제정과 개정이 이루어졌다. 1991년에 「영유아보육법」을 제정하고 아동권리에 관한 국제협약을 비준하고 「의료보호법」을 제정하고 「청소년육성법」을 「청소년기본법」으로 개정하였다. 1994년에 「성폭력범죄의 처벌 및 피해자보호 등에 관한 법률」, 「특수교육진흥법」을 제정하였다. 1995년에 「사회보장에 관한 법률」을 「사회보장기본법」과 「입양촉진 및 절차에 관한 법률」로 개정하고 「정신보건법」을 제정하였다. 1997년에 「교육법」을 「교육기본법」, 「초중등교육법」으로 분류하고 「가정폭력방지 및 피해자보호 등에 관한 법률」을 제정하였다. 또한, 1999년에 「미성년자보호법」을 「청소년보호법」으로 변경하였다.

(4) 권리적 차원의 아동복지(2000~2012년)

1997년 「사회복지사업법」 전면 개정과 1998년 「사회복지공동모금회법」 제정 및 IMF 구제금융체제하에 들어가면서 사회복지 환경은 급변하고 공동모금과 일반모금 시장의 구분과 민간의 사회복지서비스 참여 확대를 조장하고, 시설의 개방성과 투명성을 위한 제도가 마련되었다. 산업화 이후에 경험하지 못한 경제위기와 대량실업, 빈곤의 문제에 직면하여 사회안전망 확충을 위한 각종 사회복지대책이 절실히 요구되었다. 이에 따라 기본권 보장을 위한 2000년과 2001년에 「생활보호법」과 「의료보호법」, 「국민기초생활보장법」과 「의료급여법」을 개정하였다.

사회복지서비스에 대한 수요나 공급의 급속한 증가에 따라 2004년에 「청소년복지지원법」이 제정되고, 「윤락행위 등 방지법」을 「성매매 방지 및 피해자보호 등에 관한 법률」로 개정하고 「건강가정지원법」, 「청소년활동진흥법」을 제정하고 「유아진흥법」을 「유아교육법」으로 개정하였다. 2005년부터 요보호아동 위주의 아동정책에서 지역사회 아동을 위한 복지기능 강화로 전환하면서 많은 아동복지사업이 지방으로 이양되고, 「실종아동 등의 보호 및 지원에 관한 법」, 「저출산·고령사회기본법」, 「모부자복지법」과 「특수교육진흥법」을 「한부모가족지원법」과 「장애인 등에 대한 특수교육법」으로 개정하였다. 2008년에는 「다문화가족지원법」을 제정하고 「정부조직법」 개정으로 「아동·청소년기본법」을 입법예고를 하였고, 2009년에 「정부조직법」 개정으로 「아동·청소년기본법」 제정은 무산되었다. 2009년에 「아동·청소년 성보호에 관한 법률」에 아동을 포함하고, 2011년에 「장애아동복지지원법」과 「아동의 빈곤예방 및 지원 등에 관한 법률」, 2012년에 「아이돌봄 지원법」이 제정되었다.

사회복지 전반적으로 국가가 재정과 규제를 맡고 민간은 생산·전달의 책임을 갖는 역할분담과 시장에서 수요공급이 조절되는 부문에 대해서는 사회복지서비스를 시장 메커니즘에 맡기고, 시장에서 수요공급의 시장적 메커니즘의 형성에 한계가 있는 취약계층이나 특수욕구계층의 사회복지서비스 요구는 공공이 담당하는 시장의 강점인 선택과 경쟁을 도입하였다.

2) 「아동복지법」과 관련법

(1) 아동복지법

「아동복지법(兒童福祉法, child welfare law)」은 1981년 「아동복리법」을 「아동복지법」으로 전면 개정하여 아동이 건전하게 출생하여 행복하고 건강하게 육성되도록 그 복지를 보장함을 목적으로 하여 18세 미만의 아동을 그 적용대상으로 하는 법이다. 「아동복지법」 총칙 제1조 목적에 이어 제2조에 제시된 기본 이념은 다음과 같다. ① 아동은 자신 또는 부모의 성별, 연령, 종교, 사회적 신분, 재산, 장애 유무, 출생지역, 인종 등에 따른 어떠한 종류의 차별도 받지 아니하고 자라나야 한다. ② 아동은 완전하고 조화로운 인격발달을 위하여 안정된 가정환경에서 행복하게 자라나야 한다. ③ 아동에 관한 모든 활동에 있어서 아동의 이익이 최우선적으로 고려되어야 한다. ④ 아동은 아동의 권리보장과 복지 증진을 위하여 이 법에 따른 보호와 지원을 받을 권리를 가진다.

「아동복지법」은 총 7장 75조로, 총칙(제1장), 아동복지정책의 수립 및 시행(제2장), 아동에 대한 보호서비스 및 아동학대의 예방 및 방지(제3장), 아동에 대한 지원서비스(제4장), 아동복지전담기관 및 아동복지시설(제5장), 보칙(제6장), 벌칙(제7장)으로 구성되어 있다. 주요 내용은 다음과 같다.

① 아동복지법에서 사용하는 용어의 정의

- '아동'이란 18세 미만인 사람을 말한다.
- '아동복지'란 아동이 행복한 삶을 누릴 수 있는 기본적인 여건을 조성하고 조화롭게 성장·발달할 수 있도록 하기 위한 경제적·사회적·정서적 지원을 말한다.
- '보호자'란 친권자, 후견인, 아동을 보호·양육·교육하거나 그러한 의무가 있는 자 또는 업무·고용 등의 관계로 사실상 아동을 보호·감독하는 자를 말한다.
- '보호대상아동'이란 보호자가 없거나 보호자로부터 이탈된 아동 또는 보호자가 아동을 학대하는 경우 등 그 보호자가 아동을 양육하기에 적당하지 아니하거나 양육할 능력이 없는 경우의 아동을 말한다.
- '지원대상아동'이란 아동이 조화롭고 건강하게 성장하는 데에 필요한 기초적인 조건이 갖추어지지 아니하여 사회적·경제적·정서적 지원이 필요한 아동을 말한다.
- '가정위탁'이란 보호대상아동의 보호를 위하여 성범죄, 가정폭력, 아동학대, 정신질환 등의 전력이 없는 보건복지부령으로 정하는 기준에 적합한 가정에 보호대상아동을 일정 기간 위탁하는 것을 말한다.
- '아동학대'란 보호자를 포함한 성인이 아동의 건강 또는 복지를 해치거나 정상적 발달을 저해할 수 있는 신체적·정신적·성적 폭력이나 가혹행위를 하는 것과 아동의 보호자가 아동을 유기하거나 방임하는 것을 말한다.
- '아동학대 관련 범죄'란 다음의 어느 하나에 해당하는 죄를 말한다.

  - 「아동학대범죄의 처벌 등에 관한 특례법」 제2조 제4호에 따른 아동학대범죄
  - 아동에 대한 「형법」 제2편 제24장 살인의 죄 중 제250조부터 제255조까지의 죄
- '피해아동'이란 아동학대로 인하여 피해를 입은 아동을 말한다.
- '아동복지시설'이란 제50조에 따라 설치된 시설을 말한다.
- '아동복지시설 종사자'란 아동복지시설에서 아동의 상담·지도·치료·양육, 그 밖에 아동의 복지에 관한 업무를 담당하는 사람을 말한다.

② 책임의 주체

- 제4조(국가와 지방자치단체의 책무)
  - 국가와 지방자치단체는 아동의 안전·건강 및 복지 증진을 위하여 아동과 그 보호자 및 가정을 지원하기 위한 정책을 수립·시행하여야 한다.
  - 국가와 지방자치단체는 보호대상아동 및 지원대상아동의 권익을 증진하기 위한 정책을 수립·시행하여야 한다
  - 국가와 지방자치단체는 장애아동의 권익을 보호하기 위하여 필요한 시책을 강구하여야 한다.
  - 국가와 지방자치단체는 아동이 자신 또는 부모의 성별, 연령, 종교, 사회적 신분, 재산, 장애 유무, 출생지역 또는 인종 등에 따른 어떠한 종류의 차별도 받지 아니하도록 필요한 시책을 강구하여야 한다.
  - 국가와 지방자치단체는 「아동의 권리에 관한 협약」에서 규정한 아동의 권리 및 복지 증진 등을 위하여 필요한 시책을 수립·시행하고, 이에 필요한 교육과 홍보를 하여야 한다.
  - 국가와 지방자치단체는 아동의 보호자가 아동을 행복하고 안전하게 양육하기 위하여 필요한 교육을 지원하여야 한다.
- 제5조(보호자 등의 책무)
  - 아동의 보호자는 아동을 가정에서 그의 성장시기에 맞추어 건강하고 안전하게 양육하여야 한다.
  - 아동의 보호자는 아동에게 신체적 고통이나 폭언 등의 정신적 고통을 가하여서

는 아니 된다. 〈신설 2015. 3. 27.〉

- 모든 국민은 아동의 권익과 안전을 존중하여야 하며, 아동을 건강하게 양육하여야 한다.

③ 아동복지정책의 수립 및 시행

- 보건복지부장관은 아동정책의 효율적인 추진을 위하여 5년마다 아동정책 기본계획을 수립하여야 한다.
- 기본계획은 제10조에 따른 아동정책 조정위원회의 심의를 거쳐 확정한다.
- 보건복지부장관, 관계 중앙행정기관의 장 및 시·도지사는 매년 아동정책 기본계획에 따라 연도별 아동정책 시행계획을 수립·시행하여야 한다.
- 아동의 권리 증진과 건강한 출생 및 성장을 위하여 종합적인 아동정책을 수립하고 관계 부처의 의견을 조정하며 그 정책의 이행을 감독하고 평가하기 위하여 국무총리 소속으로 아동정책조정위원회를 둔다.
- 보건복지부장관은 5년마다 아동의 양육 및 생활환경, 언어 및 인지 발달, 정서적·신체적 건강, 아동안전, 아동학대 등 아동의 종합실태를 조사하여 그 결과를 공표하고, 이를 아동정책 기본계획과 아동정책 시행계획에 반영하여야 한다. 다만, 보건복지부장관은 필요한 경우 보건복지부령으로 정하는 바에 따라 분야별 실태조사를 할 수 있다.
- 제12조(아동복지심의위원회) 시·도지사, 시장·군수·구청장은 그 소속으로 아동복지심의위원회를 각각 둔다.
- 제13조(아동복지전담공무원) 아동복지에 관한 업무를 담당하기 위하여 특별시·광역시·도·특별자치도 및 시·군·구에 각각 아동복지전담공무원을 둘 수 있다.
- 제14조 (아동위원) 시·군·구에 아동위원을 둔다.

④ 아동에 대한 보호서비스 및 아동학대의 예방 및 방지

- 시·도지사 또는 시장·군수·구청장은 그 관할 구역에서 보호대상아동을 발견하거나 보호자의 의뢰를 받은 때는 아동의 최상의 이익을 위하여 대통령령으로 정하는 바에 따라 다음에 해당하는 보호조치를 하여야 한다. 〈개정 2014. 1. 28.〉

- 전담공무원 또는 아동위원에게 보호대상아동 또는 그 보호자에 대한 상담·지도를 수행하게 하는 것
- 보호자 또는 대리양육을 원하는 연고자에 대하여 그 가정에서 아동을 보호·양육할 수 있도록 필요한 조치를 하는 것/아동의 보호를 희망하는 사람에게 가정위탁하는 것/보호대상아동을 그 보호조치에 적합한 아동복지시설에 입소시키는 것/약물 및 알콜 중독, 정서·행동·발달 장애, 성폭력·아동학대 피해 등으로 특수한 치료나 요양 등의 보호를 필요로 하는 아동을 전문치료기관 또는 요양소에 입원 또는 입소시키는 것/「입양특례법」에 따른 입양과 관련하여 필요한 조치를 하는 것

• 제17조(금지행위) 누구든지 다음의 어느 하나에 해당하는 행위를 하여서는 아니 된다. 〈개정 2014. 1. 28.〉
  - 아동을 매매하는 행위
  - 아동에게 음란한 행위를 시키거나 이를 매개하는 행위 또는 아동에게 성적 수치심을 주는 성희롱 등의 성적 학대행위
  - 아동의 신체에 손상을 주거나 신체의 건강 및 발달을 해치는 신체적 학대행위
  - 아동의 정신건강 및 발달에 해를 끼치는 정서적 학대행위
  - 자신의 보호·감독을 받는 아동을 유기하거나 의식주를 포함한 기본적 보호·양육·치료 및 교육을 소홀히 하는 방임행위
  - 장애를 가진 아동을 공중에 관람시키는 행위
  - 아동에게 구걸을 시키거나 아동을 이용하여 구걸하는 행위
  - 공중의 오락 또는 흥행을 목적으로 아동의 건강 또는 안전에 유해한 곡예를 시키는 행위 또는 이를 위하여 아동을 제3자에게 인도하는 행위
  - 정당한 권한을 가진 알선기관 외의 자가 아동의 양육을 알선하고 금품을 취득하거나 금품을 요구 또는 약속하는 행위
  - 아동을 위하여 증여 또는 급여된 금품을 그 목적 외의 용도로 사용하는 행위

⑤ 아동에 대한 지원서비스

- 국가는 대통령령으로 정하는 바에 따라 아동복지시설과 아동용품에 대한 안전기준을 정하고 아동용품을 제작·설치·관리하는 자에게 이를 준수하도록 하여야 한다.
- 아동복지시설의 장, 「영유아보육법」에 따른 어린이집의 원장, 「유아교육법」에 따른 유치원의 원장 및 「초·중등교육법」에 따른 학교의 장은 교육대상 아동의 연령을 고려하여 대통령령으로 정하는 바에 따라 매년 다음의 사항에 관한 교육계획을 수립하여 교육을 실시하여야 한다. 〈개정 2015. 12. 29.〉
  - 성폭력 및 아동학대 예방
  - 실종·유괴의 예방과 방지
  - 감염병 및 약물의 오남용 예방 등 보건위생관리
  - 재난대비 안전
  - 교통안전

⑥ 아동복지시설

- 국가는 아동학대예방사업을 활성화하고 지역 간 연계체계를 구축하기 위하여 중앙아동보호전문기관을 둔다.
- 지방자치단체는 학대받은 아동의 발견, 보호, 치료에 대한 신속처리 및 아동학대예방을 담당하는 지역아동보호전문기관을 시·도 및 시·군·구에 1개소 이상 두어야 한다. 다만, 시·도지사는 관할 구역의 아동 수 및 지리적 요건을 고려하여 조례로 정하는 바에 따라 둘 이상의 시·군·구를 통합하여 하나의 지역아동보호전문기관을 설치·운영할 수 있다. 〈개정 2014. 1. 28.〉
- 중앙아동보호전문기관은 다음의 업무를 수행한다. 〈개정 2014. 1. 28.〉
  - 지역아동보호전문기관에 대한 지원
  - 아동학대예방사업과 관련된 연구 및 자료 발간
  - 효율적인 아동학대예방사업을 위한 연계체제 구축
  - 아동학대예방사업을 위한 프로그램 개발 및 평가
  - 상담원 직무교육, 아동학대예방 관련 교육 및 홍보

- 아동보호전문기관 전산시스템 구축 및 운영
- 그 밖에 대통령령으로 정하는 아동학대예방사업과 관련된 업무

• 지역아동보호전문기관은 다음의 업무를 수행한다. 〈개정 2014. 1. 28., 2016. 3. 22.〉
  - 아동학대 신고접수, 현장조사 및 응급보호
  - 피해아동 상담·조사를 위한 진술녹화실 설치·운영
  - 피해아동, 피해아동의 가족 및 아동학대행위자를 위한 상담·치료 및 교육
  - 아동학대 예방교육 및 홍보
  - 피해아동 가정의 사후관리
  - 아동학대사례전문위원회 설치·운영 및 자체사례회의 운영
  - 그 밖에 대통령령으로 정하는 아동학대예방사업과 관련된 업무

• 국가 또는 지방자치단체는 아동복지시설을 설치할 수 있다. 아동복지시설의 시설기준 및 설치 등에 필요한 사항은 보건복지부령으로 정한다.

• 아동복지시설의 종류는 다음과 같다. 〈개정 2016. 3. 22.〉
  - 아동양육시설: 보호대상아동을 입소시켜 보호, 양육 및 취업훈련, 자립지원 서비스 등을 제공하는 것을 목적으로 하는 시설
  - 아동일시보호시설: 보호대상아동을 일시보호하고 아동에 대한 향후의 양육대책 수립 및 보호조치를 행하는 것을 목적으로 하는 시설
  - 아동보호치료시설: 아동에게 보호 및 치료 서비스를 제공하는 다음의 시설
    가. 불량행위를 하거나 불량행위를 할 우려가 있는 아동으로서 보호자가 없거나 친권자나 후견인이 입소를 신청한 아동 또는 가정법원, 지방법원소년부지원에서 보호위탁된 19세 미만인 사람을 입소시켜 치료와 선도를 통하여 건전한 사회인으로 육성하는 것을 목적으로 하는 시설
    나. 정서적·행동적 장애로 인하여 어려움을 겪고 있는 아동 또는 학대로 인하여 부모로부터 일시 격리되어 치료받을 필요가 있는 아동을 보호·치료하는 시설
  - 공동생활가정: 보호대상아동에게 가정과 같은 주거 여건과 보호, 양육, 자립지원 서비스를 제공하는 것을 목적으로 하는 시설
  - 자립지원시설: 아동복지시설에서 퇴소한 사람에게 취업 준비기간 또는 취업 후

일정 기간 동안 보호함으로써 자립을 지원하는 것을 목적으로 하는 시설

- 아동상담소: 아동과 그 가족의 문제에 관한 상담, 치료, 예방 및 연구 등을 목적으로 하는 시설
- 아동전용시설: 어린이공원, 어린이놀이터, 아동회관, 체육·연극·영화·과학실험전시 시설, 아동휴게숙박시설, 야영장 등 아동에게 건전한 놀이·오락, 그 밖의 각종 편의를 제공하여 심신의 건강유지와 복지 증진에 필요한 서비스를 제공하는 것을 목적으로 하는 시설
- 지역아동센터: 지역사회 아동의 보호·교육, 건전한 놀이와 오락의 제공, 보호자와 지역사회의 연계 등 아동의 건전육성을 위하여 종합적인 아동복지서비스를 제공하는 시설
- 제45조에 따른 아동보호전문기관
- 제48조에 따른 가정위탁지원센터

(2) 아동복지 관련법

① 국민기초생활 보장법

「국민기초생활 보장법」(1998. 8. 의원발의, 1999. 8. 위원장제안, 1999. 9. 공포)은 1999. 9. 7. 법률 제6024호로 제정되어 2000. 1. 1. 시행된 법으로 생활이 어려운 자에게 필요한 급여를 행하여 이들의 최저생활을 보장하고 자활을 조성하는 것을 목적으로 제정된 법률이다. 빈곤선 이하의 저소득 국민에게 국가가 생계·교육·의료·주거·자활 등에 필요한 경비를 주어 최소한의 기초생활을 제도적으로 보장해 줄 목적으로 제정한 법으로, 「헌법」 제34조에 근거하여 「생활보호법」을 폐지하고 새로 제정하였다. 이 법은 총칙, 급여의 종류와 방법, 보장기관, 급여의 실시, 보장시설, 수급자의 권리와 의무, 이의신청, 보장비용, 벌칙 등 9장으로 나뉜 전문 51조와 부칙으로 구성되어 있다.

이 법의 보호대상은 가족의 소득 합계가 최저생계비 이하인 가구이다. 최저생계비는 국민이 건강하고 문화적인 생활을 유지하기 위하여 소요되는 최소한의 비용으로, 관계 전문가·공익대표·관련 공무원들로 구성되는 중앙생활보장위원회에서 매년 가계지출, 생활실태, 물가상승률 등 객관적인 지표를 고려하여 결정하고 있다. 이 법에 의해 지급

되는 급여에는 생계급여·주거급여·의료급여·교육급여·해산급여·장제급여 및 자활급여의 7종이 있다. 급여는 원칙적으로 금전으로 지급한다. 그러나 최저생계비가 전액 지급되는 것은 아니며, 가구의 소득과 의료비·주민세·전화세 등 다른 법령에 의해 지원받는 금액을 뺀다. 해산비와 장제비는 최저생계비와 별도로 지급되도록 규정하고 있다.

급여를 받는 자에 대해서는 매년 1회 이상 소득 및 재산, 부양의무자 등의 사항을 조사하여 소득·재산이 늘었거나 부양을 받게 되어 더 이상 요건에 적합하지 않으면 보호대상에서 제외하고 있다. 근로 능력이 있는 사람에게는 고용안정센터를 통해 직업훈련·취업알선·자활공동체사업·공공근로사업·창업지원·자원봉사 등의 고용서비스를 제공하며, 취업이 어려운 사람에게는 자활센터의 자활공동체사업이나 자활공공근로사업 등을 통해 자활 능력을 키울 수 있도록 지원하고 있다. 단, 허위 사실의 신고 기타 부정한 방법에 의하여 급여를 받거나 타인으로 하여금 급여를 받게 한 자는 1년 이하의 징역, 500만 원 이하의 벌금, 구류 또는 과태료에 처하도록 한다.

② 의료급여법

「의료급여법」(2000. 7. 의원발의, 2001. 4. 위원장제안, 2001. 5. 공포)은 2001. 10. 1. 제정된 의료보호법을 변경한 법이다. 이 법은 생활이 어려운 자에게 의료급여를 실시함으로써 국민보건의 향상과 사회복지의 증진에 이바지함을 목적으로 제정되었다. 의료급여는 의료수급권자의 질병·부상·출산 등에 대한 진찰·검사, 약제·치료재료의 지급, 처치·수술과 그 밖의 치료, 예방·재활, 입원, 간호, 이송과 그 밖의 의료목적의 달성을 위한 조치를 그 내용으로 한다.

의료보험과 의료급여가 동일시되거나 혼동되는 경우가 많은데, 의료보험은 의료급여를 위한 한 수단이 될 뿐이다. 우리나라의 경우 의료급여는 「국민기초생활보장법」 제7조에서 정하고 있는 생계급여, 주거급여, 의료급여, 교육급여, 해산급여, 장제급여, 자활급여 중의 하나이다.

보장기관은 수급권자의 거주지를 관할하는 특별시장·광역시장·도지사·특별자치도지사와 시장·군수·구청장이 행하고 있고 사례관리는 보건복지부장관, 시장·도지사 및 시장·군수·구청장은 수급권자의 건강관리 능력 향상 및 합리적 의료이용 유도 등을 위하여 사례관리를 실시할 수 있도록 하고 있다. 의료급여사업의 실시에 관한 사항을 심의하기 위하여 보건복지부, 시·도 및 시·군·구에 각각 의료급여심의위원회를 두고, 의료급여의 내용은 진찰·검사, 약제·치료재료의 지급, 처치·수술과 그 밖의 치료, 예방·재활, 입원, 간호, 이송과 그 밖의 의료목적의 달성을 위한 조치이다.

의료급여기관으로는 「의료법」에 따라 개설된 의료기관, 「지역보건법」에 따라 설치된 보건소·보건의료원 및 보건지소, 농어촌 등 「보건의료를 위한 특별조치법」에 따라 설치된 보건진료소, 「약사법」에 따라 등록된 약국 및 한국희귀의약품센터에서 수행하고 있다. 급여비용은 대통령령이 정하는 바에 따라 그 전부 또는 일부를 제25조의 규정에 의한 의료급여기금에서 부담하되, 의료급여기금에서 일부를 부담하는 경우 그 나머지의 비용은 본인이 부담하는 법이다.

③ 청소년복지지원법

「청소년복지지원법」(2003. 10. 의원발의, 2003. 12. 의결, 2004. 2. 공포)은 2004. 2. 9. 법률 제7164호로 제정·공포된 법으로 「청소년기본법」 제49조 제4항의 규정에 따라 청소년복지 증진에 관한 사항을 정하기 위해 제정한 법이다. 이 법에서 청소년복지란 청소년이 정상적인 삶을 영위할 수 있는 기본적인 여건을 조성하고 조화롭게 성장·발달할 수 있도록 제공되는 사회적·경제적 지원을 말한다고 규정되어 있다. 청소년은 이 법의 규정을 적용함에 있어 인종·종교·성·연령·학력·신체조건 등의 조건에 의해 차별을 받아서는 안 되며 청소년은 사회의 정당한 구성원으로서 본인과 관련된 의사결정에 참여할 권리를 가진다.

국가와 지방자치단체는 청소년이 원활하게 정보에 접근하고 그 의사를 표명할 수 있도록 청소년 관련 정책의 자문·심의 등의 절차에 청소년 대표를 참여시키거나 그 의견을 수렴하여야 하고 청소년에 대해 국가나 지방자치단체가 운영하는 수송시설과 궁·능·박물관·공원·공연장 등의 시설 이용료를 면제 또는 할인해 줄 수 있도록 하고 있다. 시장·군수·구청장은 9세 이상 18세 이하의 청소년에게 청소년증을 발급할 수 있다. 국가와 지방자치단체는 청소년의 체력검사와 건강진단을 실시하고, 그 결과를 분석하여 필요한 대책을 수립·시행해야 한다. 청소년의 건강증진사업을 수행하기 위해 불가피한 경우를 제외하고는 진단결과를 공개해서는 안 된다고 규정하고 있다.

조화로운 성장과 정상적인 생활에 필요한 기초적인 여건이 미비하여 사회적·경제적 지원이 필요한 청소년을 특별지원 청소년으로 선정하고, 기초적인 생활·학업·의료·직업훈련·청소년활동 등을 지원한다. 가출 청소년의 일시적인 생활지원과 선도, 가정과 사회로의 복귀를 지원하기 위해 청소년쉼터를 설치·운영할 수 있도록 하고 있다.

④ 청소년활동진흥법

「청소년활동진흥법」(2003. 10. 의원발의, 2003. 12. 의결, 2004.2 공포)은 2004. 2. 9. 법률 제7163호로 제정·공포된 법으로 「청소년기본법」 제47조 제2항의 규정에 따라 청소년활동을 적극적으로 진흥하기 위한 필요한 사항을 정하기 위해 제정한 법이다. 이 법에서 청소년활동이란 청소년의 균형 있는 성장을 위해 필요한 활동과 이러한 활동을 소재로 하는 수련활동·교류활동·문화 활동 등 다양한 형태의 활동으로 규정하고 있다

청소년은 다양한 청소년활동에 주체적이고 자발적으로 참여하여 자신의 꿈과 희망을 실현하는 충분한 기회와 지원을 받아야 한다. 다양한 청소년활동을 지원하기 위해 국가는 청소년활동 지원본부를, 특별시·광역시·도 및 시·군·구는 지방 청소년활동지원센터를 설치·운영한다. 국가는 2개 이상의 시·도나 전국의 청소년이 이용할 수 있는 국립청소년수련시설을 설치·운영해야 한다. 시·도지사와 시장·군수·구청장은 청소년수련관과 청소년문화의 집을 1개소 이상 설치·운영해야 한다고 규정되어 있다.

수련시설의 종류와 시설·안전·운영 등에 관한 기준, 운영자의 보험가입 의무, 한국청소년수련원의 설립, 수련지구의 지정과 조성계획, 남북 청소년 교류활동 등의 지원, 청소년동아리활동과 자원봉사활동의 활성화, 관련기구에 대한 조세감면, 벌칙 등에 관한 규정이 있는 법이다.

⑤ 성매매 방지 및 피해자보호 등에 관한 법률

「성매매 방지 및 피해자보호 등에 관한 법률」(2002. 9. 의원발의, 2004. 3. 의결, 2004. 3. 공포)은 2004. 3. 22. 법률 제7212호로 제정·공포된 법으로 성매매를 방지하고 성매매 피해자 및 성을 파는 행위를 한 자의 보호와 자립의 지원을 목적으로 제정된 법률이다.

이 법에는 목적, 용어에 대한 정의, 성매매 피해자 및 성을 파는 행위를 한 자의 보호와 자립 지원을 위한 법적·제도적 장치 마련, 필요한 행정적·재정적 조치 등 국가 등의 책임을 다루고 있다. 또한, 성매매 예방교육 실시, 지원시설의 종류, 지원시설의 설치, 숙식 제공, 상담 및 치료, 취업정보 제공 등 지원시설의 업무를 규정하고 있다. 그 밖에 지원시설 입소 및 운영, 성매매 피해 상담소의 설치·운영, 상담 및 현장방문, 피해자 구조 등 상담소의 업무, 수사기관의 협조, 성매매 피해자 등의 의사 존중, 의료비 지원, 상담소 비용의 보조, 상담소에 대한 지도·감독, 영리 목적의 상담소 운영 금지, 비밀엄수 등의 의무 등이 규정되어 있다. 또 신고를 하지 않고 지원시설이나 상담소를 설치·운영한 자는 1년 이하의 징역 또는 500만 원 이하의 벌금에 처하도록 되어 있고, 법인 대표자나 법인 또는 개인의 대리인·사용인 등에 대한 양벌 규정, 과태료 등에 대한 규정을 두고 있는 법이다.

⑥ 건강가정기본법

「건강가정기본법」(2003. 7. 의원발의, 2003. 12. 위원장제안, 2003. 12. 의결)은 2004. 2. 9. 법률 제7166호로 제정·공포된 법이다. 건강한 가정생활의 영위와 가족의 유지 및 발전을 위한 국민의 권리·의무와 국가 및 지방자치단체 등의 책임을 명백히 하고, 가정문제의 적절한 해결방안을 강구하며 지원정책을 강화함으로써 건강가정 구현에 기여하기 위해 제정한 법이다. 이 법에서 건강가정이란 가족 구성원의 욕구가 충족되고 인간다운 삶이 보장되는 가정으로 정의하고 다음과 같은 사항을 규정하고 있는 법이다.

- 가족 구성원은 부양·자녀양육·가사노동 등 가정생활의 운영에 동참해야 하고 서로 존중하며 신뢰해야 한다.
- 국가와 지방자치단체는 출산과 육아의 사회적 책임을 인식하고 모성보호와 태아의 건강보장 등 적절한 출산환경을 조성하는 데 적극적으로 지원해야 한다.
- 가정의 중요성을 고취하고 개인·가정·사회의 적극적인 참여 분위기를 조성하기 위해 매년 5월을 가정의 달로, 5월 15일을 가정의 날로 정한다.
- 건강가정에 관한 주요 시책을 심의하기 위해 국무총리에 소속되는 중앙건강가정정책위원회와 건강가정실무기획단을 둔다. 특별시·광역시·도에는 건강가정위원회

를 둔다. 보건복지부장관은 5년마다 가정의 자립 증진대책 등이 포함된 건강가정 기본계획을 세워야 한다. 관계 중앙행정기관장 및 시장·도지사는 매년 기본계획에 따라 시행계획을 세워 시행해야 한다.

- 국가와 지방자치단체는 5년마다 가족실태조사를 실시하고 그 결과를 발표해야 한다. 또 가정이 원활한 기능을 수행하도록 가족 구성원의 정신적·신체적 건강과 소득보장 등 경제생활의 안정, 안정된 주거생활 등을 지원해야 한다. 자녀양육의 지원을 강화하고, 가족의 건강 증진, 가족부양의 지원, 민주적이고 양성 평등한 가족관계의 증진 등에 힘써야 한다.
- 가사·육아·산후조리·간병 등을 돕는 가정봉사원을 지원할 수 있다. 이혼조정을 내실화하고, 이혼의 의사가 정해진 가족이 자녀양육·재산·정서 등의 제반 문제를 준비할 수 있도록 지원해야 한다. 중앙과 특별시·광역시·도 및 시·군·구에 건강가정지원센터를 두고 전문가로서 건강가정사를 두어야 한다는 것이 주된 내용이다.

⑦ 실종아동 등의 보호 및 지원에 관한 법

「실종아동 등의 보호 및 지원에 관한 법」(2004. 7. 의원발의, 2005. 4. 위원장제안, 2005. 5. 의결)은 2005. 5. 31. 법률 제7560호로 제정·공포된 법이다. 이 법은 실종아동 등(약취·유인 또는 유기되거나 사고를 당하거나 가출하거나 길을 잃는 등의 사유로 인하여 보호자로부터 이탈된 아동 등)의 발생을 예방하고 조속한 발견과 복귀를 도모하며, 복귀 후의 사회 적응을 지원함으로써 실종아동 등과 가정의 복지 증진에 이바지함을 목적으로 하고 있다. 이 법에서는 기관과 단체 및 개인의 역할과 기능을 나누어 다음과 같이 규정하고 있다.

- 보건복지부장관은 실종아동 등의 발생예방, 조속한 발견·복귀와 복귀 후 사회 적응을 위하여 실종아동 등을 위한 정책 수립 및 시행, 실종아동 등과 관련한 실태조사 및 연구, 실종아동 등의 발생예방을 위한 연구·교육 및 홍보, 정보연계시스템 및 데이터베이스의 구축·운영, 실종아동 등의 가족지원, 실종아동 등의 복귀 후 사회 적응을 위한 상담 및 치료서비스 제공, 그 밖에 실종아동 등의 보호 및 지원에 필요한 사항을 시행하여야 한다.
- 경찰청장은 실종아동 등의 조속한 발견과 복귀를 위하여 실종아동 등에 대한 신고

체계의 구축 및 운영, 실종아동 등의 발견을 위한 수색 및 수사, 유전자검사 대상물의 채취를 시행하여야 한다.

- 보건복지부장관은 책무 중 일부를 전담하는 실종아동전문기관을 설치하여 운영하거나 사회복지법인 등에 그 업무의 전부 또는 일부를 위탁하여 운영할 수 있다.
- 보호시설의 장 또는 그 종사자 등은 그 직무를 수행함에 있어서 실종아동 등임을 알게 된 때는 지체 없이 경찰관서 또는 지방자치단체의 장에게 신고하여야 한다.
- 지방자치단체의 장이 아동 등을 관계 법률에 따라 보호조치하는 때는 신상카드를 작성하여 그 사본을 전문기관의 장에게, 보호시설의 장이 보호자가 확인되지 아니한 아동 등을 보호하게 되었을 때는 지체 없이 아동 등의 신상을 기록한 카드를 작성하여 지방자치단체의 장과 전문기관의 장에게 각각 제출하여야 한다.
- 누구든지 정당한 사유 없이 실종아동 등을 경찰관서 또는 지방자치단체의 장에게 신고하지 아니하고 보호할 수 없다.
- 전문기관의 장은 실종아동 등을 발견하기 위하여 신상카드를 활용하여 데이터베이스를 구축, 운영하도록 하고, 경찰청장은 데이터베이스의 구축, 운영을 위하여 신고 등 필요한 자료를 전문기관의 장에게 제공하여야 한다.
- 누구든지 실종아동 등을 발견하기 위한 목적 외에 검사 대상물의 채취, 유전자검사를 실시하거나 유전정보를 사용할 수 없도록 하고, 채취한 검사 대상물 또는 유전정보를 외부로 유출하여서는 아니 된다.
- 누구든지 정당한 사유 없이 실종아동 등의 신상정보를 실종아동 등을 찾기 위한 목적 외로 이용할 수 없도록 한다.

⑧ 저출산·고령사회기본법

「저출산 · 고령사회기본법」(2004. 7. 의원발의, 2005. 4. 위원장제안, 2005. 5. 의결)은 2005. 5. 18. 법률 제7496호로 제정 · 공포된 법이다. 이 법은 저출산 및 인구의 고령화에 따른 변화에 대응하는 저출산 · 고령사회정책의 기본방향과 그 수립 및 추진체계에 관한 사항을 규정함으로써 국가의 경쟁력을 높이고 국민의 삶의 질 향상과 국가의 지속적인 발전에 이바지함을 목적으로 하고 있다. 국가의 지속적인 발전을 위한 인구 구성의 균형과 질적 향상을 실현하고, 국민이 건강하고 안정된 노후생활을 할 수 있도록 하는 것을 기본이념으로 하고 있으며, 다음과 같이 규정하고 있다.

- 국가는 종합적인 저출산·고령사회정책을 수립·시행하고, 지방자치단체는 국가의 저출산·고령사회정책에 맞추어 지역의 사회·경제적 실정에 부합하는 저출산·고령사회정책을 수립·시행하여야 한다.
- 국민은 출산 및 육아의 사회적 중요성과 인구의 고령화에 따른 변화를 인식하고 국가 및 지방자치단체가 시행하는 저출산·고령사회정책에 적극 참여하고 협력하여야 한다.
- 국가 및 지방자치단체는 적정인구의 구조와 규모를 분석하고 인구변동을 예측하여 국가 및 지방자치단체의 지속적인 성장과 발전을 위한 인구정책을 수립·시행하여야 한다.
- 국가 및 지방자치단체는 자녀를 임신·출산·양육 및 교육하고자 하는 자가 직장생활과 가정생활을 병행할 수 있도록 사회환경을 조성·지원하여야 한다.
- 국가 및 지방자치단체는 자녀를 양육하려는 자에게 양질의 보육서비스를 제공하기 위한 시책을 강구하여야 한다.
- 정부는 저출산·고령사회 중·장기 정책목표 및 방향을 설정하고, 이에 따른 저출산·고령사회 기본계획을 수립·추진하여야 한다.
- 저출산·고령사회정책에 관한 중요사항을 심의하기 위하여 대통령 소속하에 저출산·고령사회위원회를 둔다.
- 인구구조 불균형이 초래하는 정치적·경제적·사회적 파급 영향에 대하여 국민의 이해와 관심을 높이고, 저출산·고령화 대응에 민간의 참여를 유도하기 위하여 매년 7월 11일을 인구의 날로 정한다는 것이 주된 내용이다.

⑨ 문화예술교육 지원법

「문화예술교육 지원법」(2004. 12. 의원발의, 2005. 12. 의결, 2005. 12. 공포)은 2005. 12. 29. 법률 제7774호로 제정·공포된 법이다. 이 법은 문화예술교육의 진흥과 국민의 문화에의 접근 및 문화향유권 보장에 필요한 사항을 법률로 정하여 문화예술교육을 활성화하고 나아가 국민의 문화적 삶의 질 향상과 국가의 문화역량 향상에 이바지하는 것이 목적이다. 문화예술교육의 목적과 관련 용어 및 기본원칙에 대하여 다음과 같이 규정하고 있다.

- 국가 및 지방자치단체의 문화예술교육에 대한 임무 및 재정상의 지원 근거를 마련한다.
- 문화예술교육전문위원회 · 지역문화예술교육협의회 · 문화예술교육진흥센터 등의 설치, 문화예술교육을 위한 민관 협력망 구성 및 지원체계 구축 등에 관한 근거를 마련한다.
- 초 · 중등학교 내 문화예술교육의 활성화에 대한 학교 및 학부모의 권리와 책임에 관한 사항을 정하고, 학교문화예술교육의 진흥을 위한 지원 근거를 마련한다.
- 국공립문화시설 등 문화예술교육을 위한 관련 시설 및 단체의 책임 등에 관한 사항 등을 규정하여 전 국민을 대상으로 하는 사회문화예술교육 진흥을 위한 지원 근거를 마련한다.
- 문화예술교육 관련 시설 및 단체에서 문화예술교육의 기획 · 진행 · 교수업무 등에 종사하는 문화예술교육 전문 인력의 양성 및 교육활동에 대한 지원 근거를 마련한다는 것이 주된 내용이다.

⑩ 한부모가족지원법

「한부모가족지원법」(2006. 4. 의원발의, 2007. 9. 위원장제안, 2007. 9. 의결)은 2007. 10. 17. 법률 제8655호로 제정 · 공포된 법이다. 이 법은 한부모가족이 건강하고 문화적인 생활을 영위할 수 있도록 함으로써 한부모가족의 생활안정과 복지 증진에 이바지함을 목적으로 다음과 같은 규정을 두고 있다.

- 법에 따른 보호대상은 배우자와 사별 또는 이혼하거나 배우자로부터 유기된 자, 정신이나 신체의 장애로 장기간 노동 능력을 상실한 배우자를 가진 자, 미혼자(사실혼 관계에 있는 자 제외) 한부모가족의 구성원(아동은 18세 미만, 취학 중인 경우는 22세 미만)이다.

- 한부모가족 복지시설은 모자보호시설, 모자자립시설, 부자보호시설, 부자자립시설, 미혼모자시설, 미혼모자 공동생활가정, 모자 공동생활가정, 부자 공동생활가정, 미혼모 공동생활가정, 일시보호시설, 여성복지관, 한부모가족 복지상담소가 있다.
- 보호대상자 또는 그 친족이나 그 밖의 이해관계인은 복지 급여를 관할 시장·군수·구청장에게 신청할 수 있다.
- 국가나 지방자치단체는 복지 급여의 신청이 있으면 생계비, 아동교육지원비, 직업훈련비 및 훈련기간 중 생계비, 아동양육비, 그 밖에 대통령령으로 정하는 비용을 실시할 수 있다. 다만, 이 법에 따른 보호대상자가 「국민기초생활 보장법」 등 다른 법령에 따라 보호를 받고 있는 경우에는 그 범위에서 이 법에 따른 급여를 하지 아니한다.
- 국가나 지방자치단체는 한부모가족의 생활안정과 자립을 촉진하기 위하여 사업에 필요한 자금, 아동교육비, 의료비, 주택자금, 그 밖에 대통령령으로 정하는 한부모가족의 복지를 위하여 필요한 자금을 대여할 수 있다.
- 국가나 지방자치단체가 운영하는 공공시설의 장은 그 공공시설에 각종 매점 및 시설의 설치를 허가하는 경우 이를 한부모가족 또는 한부모가족 복지단체에 우선적으로 허가할 수 있다.
- 국가나 지방자치단체는 한부모가족에게 아동의 양육 및 교육 서비스, 장애인, 노인, 만성 질환자 등의 부양 서비스, 취사, 청소, 세탁 등 가사 서비스, 교육·상담 등 가족 관계 증진 서비스, 그 밖에 대통령령으로 정하는 한부모가족에 대한 가족지원 서비스, 국민주택의 분양 및 임대를 제공하도록 노력하도록 한다.

⑪ 장애인 등에 대한 특수교육법

「장애인 등에 대한 특수교육법」(2005. 5. 의원발의, 2007. 4. 위원장제안, 2007. 4. 의결)은 2007. 5. 25. 법률 제8483호로 제정·공포되어 「특수교육진흥법」(1994. 1. 7. 법률 제4716호)은 폐지되었다. 이 법은 「교육기본법」에 따라 국가 및 지방자치단체가 장애인 및 특별한 교육적 요구가 있는 사람에게 통합된 교육환경을 제공하고 생애 주기에 따라 장애 유형·장애 정도의 특성을 고려한 교육을 실시하여 이들의 자아실현과 사회 통합을 목적으로 하고 있다. 이 법의 시행은 공포 후 1년이 경과한 날부터 시행되었다. 이 법률에 따른 특수교육대상자는 시각장애, 청각장애, 정신지체, 지체장애, 정서·행동장애, 자폐성 장애(이와 관련된 장애를 포함), 의사소통장애, 학습장애, 건강장애, 발달 지체, 그 밖에 대통령령으로 정하는 장애이다. 총칙, 국가 및 지방자체 단체의 임무, 특수교육대상자의 선정 및 배치 등, 영유아 및 초·중등교육, 고등교육 및 평생교육, 보칙 및 벌칙, 부칙으로 구성되고 다음과 같은 규정을 두고 있는 법이다.

- 국가 및 지방자치단체는 특수교육의 발전을 위한 업무를 수행하여야 한다.
- 교육부장관 소속하에 중앙 특수교육 운영위원회를, 교육감 소속하에 시·도 특수교육 운영위원회를, 교육장 소속하에 시·군·구 특수교육 운영위원회를 둔다. 특수교육대상자에 대한 초등학교 및 중학교 과정의 교육은 의무교육으로 하고, 유치원 및 고등학교 과정의 교육은 무상으로 한다.
- 국가 및 지방자치단체는 장애를 지닌 유아에 대한 조기특수교육에 필요한 시책을 강구하여야 한다. 정부는 특수교육의 주요 시책에 관한 보고서를 매년 정기국회 개회 전까지 국회에 제출하여야 한다.
- 시각장애·청각장애·정신지체·지체부자유·정서장애·언어장애·학습장애 등의 장애가 있는 사람 중 특수교육대상자를 선정한다. 특수교육대상자는 교육감 또는 교육장에게 학교를 지정·배치하여 줄 것을 요구할 수 있으며, 교육감 또는 교육장은 당해 운영위원회의 심사를 거쳐 적절한 학교를 지정·배치하여야 한다.
- 각급 학교의 장은 특수교육대상자가 당해 학교에 입학하고자 하는 경우에는 장애를 이유로 불이익한 처분을 하여서는 안 된다. 각급 학교의 장은 특수교육대상자의 입학전형 및 수학 등에 있어서 특수교육대상자의 장애의 종별 및 정도에 적합한 편의를 제공하여야 하며, 특수교육대상자로 하여금 그의 능력을 최대한 계발하도록 하여야 한다. 특수교육기관의 장은 특수교육대상자에 대한 건강진단 및 생활기능의 회복 정도의 판정을 정기적으로 실시하여야 한다.
- 특수교육기관에는 치료교육을 담당하는 교원을 두어야 한다. 특수교육기관의 장은 특수교육대상자의 특수교육대상자에 대하여 직업교육과 진로교육을 실시하여야

한다. 특수교육기관의 교육과정은 장애의 종별과 정도를 고려하여 교육부장관이 정한다. 특수교육대상자의 교육을 위한 교과용 도서는 무상으로 지급하여야 한다.

⑫ 다문화가족지원법

「다문화가족지원법」(2007. 3. 의원발의, 2008. 2. 위원장제안, 2008. 2. 의결)은 2008. 3. 21 법률 제8937호로 제정·공포된 법이다. 이 법은 다문화가족 구성원이 안정적인 가족생활을 영위할 수 있도록 함으로써 이들의 삶의 질 향상과 사회통합에 이바지함을 목적으로 하고 다음과 같이 규정하고 있다.

- 국가와 지방자치단체는 다문화가족 구성원이 안정적인 가족생활을 영위할 수 있도록 필요한 제도와 여건을 조성하고 이를 위한 시책을 수립·시행하여야 한다.
- 특별시·광역시·도·특별자치도 및 시·군·구에는 다문화가족 지원을 담당할 기구와 공무원을 두어야 한다.
- 국가와 지방자치단체는 이 법에 따른 시책 중 외국인정책 관련 사항에 대하여는 「재한외국인 처우 기본법」의 규정에 따른다.
- 여성가족부장관은 다문화가족 지원을 위하여 5년마다 다문화가족정책에 관한 기본계획에 다문화가족 지원정책의 기본방향, 다문화가족 지원을 위한 분야별 발전 시책과 평가에 관한 사항, 다문화가족 지원을 위한 제도 개선에 관한 사항, 다문화가족 지원을 위한 재원 확보 및 배분에 관한 사항, 그 밖에 다문화가족 지원을 위하여 필요한 사항을 수립하여야 한다.
- 다문화가족의 삶의 질 향상과 사회통합에 관한 중요 사항을 심의·조정하기 위하여 국무총리 소속으로 다문화가족정책위원회를 둔다.
- 여성가족부장관은 다문화가족의 현황 및 실태를 파악하고 다문화가족 지원을 위한 정책 수립에 활용하기 위하여 3년마다 다문화가족에 대한 실태조사를 실시하고 그 결과를 공표하여야 한다.
- 국가와 지방자치단체는 「가정폭력방지 및 피해자보호 등에 관한 법률」에 따라 다문화가족 내 가정폭력을 예방하기 위하여 노력하여야 한다.
- 국가와 지방자치단체는 결혼이민자 등이 건강하게 생활할 수 있도록 영양·건강에

대한 교육, 산전·산후 도우미 파견, 건강검진 등의 의료서비스를 지원할 수 있다.

- 국가와 지방자치단체는 아동보육·교육을 실시함에 있어서 다문화가족 구성원인 아동을 차별하여서는 아니 된다.
- 국가와 지방자치단체는 다문화가족을 위한 교육·상담 등 지원사업의 실시, 결혼이민자 등에 대한 한국어교육, 다문화가족 지원서비스 정보 제공 및 홍보, 다문화가족 지원 관련 기관·단체와의 서비스 연계, 일자리에 관한 정보 제공 및 일자리의 알선, 다문화가족을 위한 통역·번역 지원 사업, 그 밖에 다문화가족 지원을 위하여 필요한 사업을 하는 다문화가족지원센터를 설치·운영할 수 있다.

⑬ 아동·청소년 성보호에 관한 법률

「청소년의 성보호에 관한 법률」은 2000년 7월 1일부터 시행되었고, 2009년 6월 9일 전부 개정되어 법률명이 「아동·청소년의 성보호에 관한 법률」로 변경되고 법률 제9765호로 제정·공포된 법이다. 아동·청소년과 관련한 성범죄로부터 아동·청소년을 보호·구제하기 위한 법률이다. 아동·청소년의 성을 사거나 이를 알선하는 행위, 아동·청소년을 이용하여 음란물을 제작·배포하는 행위 및 아동·청소년에 대한 성폭력행위 등으로부터 아동·청소년을 보호·구제하여 청소년의 인권을 보장하고 건전한 사회 구성원으로 성장할 수 있도록 함을 목적으로 하는 법률이다. 시행일은 2010년 1월 1일이다. 전부 개정 이전에는 '청소년의 성보호에 대한 법률'이라는 명칭이었으나, 아동도 이 법에 따른 보호대상임을 명확히 하기 위해 개정을 통해 명칭을 변경했다. 이후 현행 타법 개정(2012. 9. 16.) 법률 제11048호로 시행되고 있는데 다음과 같이 규정되어 있다.

- 국가 및 지방자치단체는 19세 미만 아동·청소년에 대한 성폭력행위, 아동·청소년의 성을 사는 행위 등의 범죄를 예방하고 아동·청소년을 보호하며, 이를 근절하기 위해 조사·연구·교육·계도, 기타 필요한 법적·제도적 장치를 마련하고 필요한 재원을 조달해야 한다.
- 아동·청소년에 대한 강간·강제추행, 아동·청소년이용음란물의 제작·배포 행위, 아동·청소년 매매행위, 아동·청소년의 성을 사는 행위, 아동·청소년에 대한 강요행위, 알선 영업행위 등은 처벌된다. 누구든지 아동·청소년 대상 성범죄의 발생 사

실을 알게 된 때는 수사기관에 신고할 수 있으며, 유치원·학교·의료기관 등의 기관에서 성범죄의 사실을 알게 되면 즉시 신고해야 한다. 대상이 된 아동·청소년의 선도보호를 위해 여러 수단이 강구된다. 소년부의 보호사건으로 처리할 수 있으며, 소년부 판사는 필요할 때 청소년보호센터 및 청소년재활센터에 대상 청소년의 선도 보호를 위탁하는 처분을 할 수 있다. 청소년지원시설, 청소년쉼터, 청소년보호센터, 청소년재활센터, 성매매피해상담소, 한부모가족 복지상담소 등은 대상 아동·청소년의 선도 보호, 치료·안정 회복과 사회복귀를 돕는 프로그램 운영 등의 활동을 할 수 있다.

- 대상이 된 아동·청소년에 대한 비밀 누설은 엄격하게 금지되며, 수사기관은 그 직무를 수행함에 있어서 아동·청소년의 인권 및 특성을 배려함과 동시에 그 명예와 존엄을 해하지 않도록 각별히 주의해야 한다.
- 아동·청소년 대상 성범죄로 유죄판결이 확정된 자 또는 공개명령이 확정된 신상정보 등록대상자의 신상은 등록해야 한다. 다만, 아동·청소년 대상 성범죄 사건에 대하여 벌금형을 선고하거나 피고인이 아동·청소년인 경우, 그 밖에 신상정보를 공개해서는 아니 될 특별한 사정이 있다고 판단되는 경우에는 그렇지 않다. 이러한 신상 등록 대상자는 아동·청소년 관련 교육기관 등에서 취업제한을 받도록 하고 있다는 것이 주된 내용이다.

⑭ 장애아동복지지원법

「장애아동복지지원법」(2010. 11. 의원발의, 2011. 6. 의결, 2011. 8. 공포)은 2011. 8. 4. 법률 제11009호로 제정·공포된 법이다. 이 법은 국가와 지방자치단체가 장애아동의 특별한 복지적 욕구에 적합한 지원을 통합적으로 제공함으로써 장애아동(18세 미만의 사람 중 「장애인복지법」 제32조에 따라 등록한 장애인)이 안정된 가정생활 속에서 건강하게 성장하고 사회에 활발하게 참여할 수 있도록 하며, 장애아동 가족의 부담을 줄이는 데 이바지함을 목적으로 하고 있다. 기본이념은 장애아동을 위한 모든 활동에 있어서 장애아동의 이익이 최우선적으로 고려되어야 하고 장애아동은 자신에게 영향을 미치는 모든 활동에 대하여 자신의 견해를 자유로이 표현할 권리를 최대한 보장받아야 한다는 것이다.

다음과 같은 사항을 주된 내용으로 규정하고 있다.

- 국가와 지방자치단체는 장애아동에게 적절한 복지지원을 제공하기 위하여 장애아동과 그 가족을 위한 복지지원대책의 강구, 장애아동을 위한 복지지원사업의 연구·개발, 장애의 조기발견을 위한 홍보, 복지지원 전달체계의 구축, 복지지원 이용권의 수급 및 이용에 대한 관리·감독, 그 밖에 장애아동과 그 가족의 복지지원을 위하여 필요하다고 인정하는 사항을 수행하여야 한다.
- 중요한 정책조정에 관한 사항은 「장애인복지법」 장애인정책조정위원회의 심의를 거쳐야 한다.
- 보건복지부장관은 장애아동의 복지지원에 관한 조사·연구, 지역 장애아동 지원센터에 대한 평가 및 운영지원, 장애아동의 복지지원 정책에 관한 정보 및 자료 제공, 장애아동의 장애 유형별 지원 프로그램의 개발, 가족지원 업무 수행기관에 대한 운영지원 및 평가를 수행하기 위하여 중앙 장애아동지원센터를 설치·운영할 수 있다.
- 보건복지부장관은 장애아동 및 그 가족의 복지지원과 관련한 실태조사를 3년마다 실시하여야 한다.
- 복지지원의 내용은 의료비지원, 보조기구지원, 발달재활서비스 지원, 보육지원, 가족지원, 돌봄 및 일시적 휴식 지원 서비스 지원, 지역사회 전환서비스 지원, 문화·예술 등 복지지원이다.
- 국가와 지방자치단체는 취약가정에 복지지원을 우선적으로 제공할 수 있다. 다만, 보육지원은 「영유아보육법」에 따른다.
- 복지지원의 제공은 개별 복지지원의 목적에 따라 장애아동과 그 가족에게 현금 또는 현물로 제공한다. 이 경우 현물은 복지지원 이용권으로 제공할 수 있다.
- 복지지원은 「장애인복지법」에 따른 장애인복지시설, 「아동복지법」의 아동복지시설, 「건강가정기본법」에 따른 건강가정지원센터, 발달재활서비스 제공기관, 가족지원 업무 수행기관, 장애영유아를 위한 어린이집, 그 밖에 보건복지부장관 또는 지방자치단체의 장이 필요하다고 인정하는 기관 또는 단체는 복지지원을 할 수 있게 하고 있다.

⑮ 아동의 빈곤예방 및 지원 등에 관한 법률

「아동의 빈곤예방 및 지원 등에 관한 법률」은 2011. 7. 14. 법률 제10850호로 제정·공포된 법으로 2012. 7. 15.부터 시행된 법이다. 이 법은 빈곤아동이 복지·교육·문화 등의 분야에서 소외와 차별을 받지 않고 한 사회의 구성원으로 건강하게 자랄 수 있도록 제도적 기반을 마련하는 것을 목적으로 하고 있다. 이 법은 빈곤아동(생활 여건과 자원의 결핍으로 인한 복지·교육·문화 등의 격차를 해소하기 위하여 지원이 필요한 아동)이 부모의 사회적·경제적 지위와 상관없이 태어나서 자립할 때까지 충분한 역량을 갖출 수 있도록 균형 있고 조화로운 성장과 건강하고 행복한 삶을 누릴 수 있도록 하는 것을 기본이념으로 하고 있으며, 다음과 같은 사항을 주된 내용으로 규정하고 있다.

- 국가 및 지방자치단체는 복지·교육·문화 등의 지원 등 빈곤아동정책의 수행에 필요한 법적·제도적 장치를 마련하고 업무수행에 필요한 재원을 안정적으로 확보하기 위하여 노력해야 한다.
- 국가 및 지방자치단체는 빈곤아동의 안전·건강 및 복지 증진을 위하여 빈곤아동과 그 보호자 및 가정을 지원하기 위한 정책을 수립·시행하여야 한다.
- 국가 및 지방자치단체는 빈곤아동이 어떠한 종류의 차별도 받지 아니하도록 필요한 시책을 마련하여야 한다.
- 보건복지부장관은 빈곤아동의 복지·교육·문화 등의 기본적인 욕구 등에 대한 실태조사를 하여 빈곤아동의 복지·교육·문화 등 지원정책의 기본방향, 빈곤아동 지원 관련 전달체계의 구축 및 제도의 개선, 빈곤아동 지원에 관한 부처별 주요 시책과 협조에 관한 사항, 그 밖에 빈곤아동 지원을 위하여 대통령령으로 정하는 사항이 포함된 빈곤아동의 복지·교육·문화 등 지원에 관한 기본계획을 5년마다 수립하여야 한다. 이 경우 아동빈곤예방위원회의 심의를 거쳐야 한다.
- 종합적인 빈곤아동정책의 수립 및 관계 기관 간의 연계·조정과 상호 협력을 위하여 「아동복지법」에 따른 아동정책조정위원회의 분과위원회로 아동빈곤예방위원회를 두고 빈곤아동정책의 기본방향에 관한 사항, 빈곤아동정책 관련 제도 개선과 예산지원에 관한 사항, 여러 부처가 협력하여 추진하여야 하는 빈곤아동정책에 관

한 사항, 빈곤아동 관련 국제조약의 이행·평가 및 조정에 관한 사항, 그 밖에 위원장이 필요하다고 인정하는 사항을 심의·조정한다.

- 아동빈곤의 예방 및 빈곤아동의 지원에 관한 중요 사항을 심의하기 위하여 특별시·광역시·도·특별자치도 및 시·군·구에 지역아동빈곤예방위원회를 둔다. 다만, 지역위원회는 그 기능의 수행에 적합한 다른 위원회가 있는 경우에는 시·도 또는 시·군·구의 조례로 정하는 바에 따라 그 위원회가 지역위원회의 업무를 수행할 수 있게 하고 있다.

⑯ 아이돌봄 지원법

「아이돌봄 지원법」은 2012. 2. 1. 법률 제11288호로 제정·공포된 법이다. 이 법은 가정의 아이(만 12세 이하 아동)돌봄 서비스(아이의 주거지 등에서 개별적으로 제공하는 보호 및 양육 등의 서비스)를 지원하여 아이의 복지 증진 및 보호자의 일·가정 양립을 통한 가족구성원의 삶의 질 향상과 양육친화적인 사회환경 조성을 목적으로 하고 있으며, 다음과 같은 사항을 주된 내용으로 규정하고 있다.

- 국가와 지방자치단체는 돌보는 아이의 이익을 최우선으로 고려하여 아이돌봄을 지원하여야 한다.
- 국가와 지방자치단체는 보호자가 아이돌봄의 책임을 다할 수 있도록 지원하여야 한다.
- 아이돌보미가 되려는 사람은 제9조에 따른 교육기관에서 교육과정을 수료하거나 대통령령으로 정하는 일정 자격을 갖추어야 한다.
- 아이돌봄서비스를 제공할 수 있는 서비스 제공기관을 설치·운영하고자 하는 자는 여성가족부령으로 정하는 시설, 인력, 운영 등 기준을 갖추고 소재지를 관할 구역으로 하는 시·도지사·시장·군수·구청장으로부터 지정을 받아야 한다.
- 국가 및 지방자치단체는 아이양육 관련 정보교류, 부모교육 등을 위하여 공동육아나눔터를 설치·운영할 수 있다.
- 국가와 지방자치단체는 여성가족부령으로 정하는 일정 소득 이하 가구의 아이돌봄서비스 비용의 전부 또는 일부를 지원할 수 있다.

- 국가와 지방자치단체는 비용지원을 위하여 아이돌봄 서비스 이용권을 지급할 수 있다.
- 여성가족부장관과 지방자치단체의 장은 이용권에 관한 업무를 공공기관 또는 민간 기관·단체에 위탁할 수 있도록 하고 있다.

3. 아동권리와 복지 정책의 과제와 방향

현재 우리나라 아동복지정책의 현황과 그 문제점을 살펴보면, 먼저 저출산으로 인한 아동인구의 감소 현상의 지속성을 꼽을 수 있다. 2014년 전체 인구의 19%인 907만 명을 차지했던 0~18세 아동인구는 지속적으로 감소하여 2020년에 이르면, 전체 인구의 15.9%인 816만 명에 이를 것으로 추산된다. 아동인구의 감소는 보육, 고용, 주거, 산업 등의 여러 분야에 영향을 미칠 것이며, 장기적으로는 생산가능인구의 감소로 이어짐으로써 우리 사회의 지속적인 성장 가능성을 위협하는 요인으로 작용할 것으로 예견되고 있다. 이와 같이 단순히 인구만의 문제가 아니라 경제, 사회구조적 변화를 초래하는 저출산 현상에 대응하기 위해 미래사회의 인적 자원인 아동의 건강한 육성을 지원하는 아동복지정책의 필요성이 점차 커지고 있다는 데에는 이견이 없다.

출산과 보육 관련한 제19대 문재인 대통령의 정책방향을 짚어 보면, 배우자의 출산휴가는 기존 유급 3일에서 10일로 늘리고, 무급 2일은 4일로 상향조정안을 제시하고, 공공·대기업부터 아빠의 휴직보너스제를 도입하도록 권고하겠다고 했다. 이어 국공립어린이집 이용률을 40%까지 확대하는 방안을 내세웠다. 또한, 10대 공약 중 여덟 번째가 '교육·육아 국가책임제'로 '미래의 희망, 어린이를 위한 나라'의 어린이정책 공약을 제시했는데, 문재인 대통령이 약속한 정책의 내용을 살펴보면 다음과 같다.

- 어린이의 쉴 권리, 놀 권리를 보장하는 나라: 수업 없는 날의 단계적 도입과 어린이 문화예술·체육 교육 기회의 확대를 제안했다.
- 어린이가 건강한 나라: 건강한 어린이를 위한 환경 확보와 질병을 예방하고 튼튼한 건강 확보 방안을 시행하겠다고 약속했다.
- 어린이가 안전한 나라: 각 교실 공기정화기 설치와 어린이 절대 안전 확보를 구축하겠다고 약속했다.
- 어린이가 보호받는 나라: 어린이 안전보장 구축을 위해 정부에 전담컨트롤타워 설치와 아동학대와 아동대상 범죄 처벌 강화를 강조했다.
- 어린이 인권을 지키는 나라: 어린이 인권에 대한 심층조사로 어린이인권 종합계획 수립과 아동 빈곤 및 어린이 인권 강화를 공약으로 제시했다.

제19대 문재인 대통령의 공약에서 살펴본 바와 같이 아동의 인권과 아동을 위한 복지의 실천은 국가발전의 필수 사항으로 당연시되고 있다. 따라서 아동의 권리와 복지를 증진하는 정책수립의 과제와 그 방향에 대한 논의의 필요성이 제기된다. 이에 양정하(2014), 류정희(2016)에서 제기된 내용을 중심으로 아동의 권리와 복지의 과제와 방향성을 정리하고자 한다.

1) 보편적 아동복지정책의 추진

보편적인 아동복지정책은 기본적으로 아동수당 또는 가족수당제도와 가정·학교·지역사회의 기능 강화를 위한 일반사업을 포함하게 된다(송주미, 2004). 이러한 정책은 아동의 기본적 권리를 보장하고 그리고 그들의 욕구를 충족시키게 된다. 사회보장 프로그램으로 아동수당 또는 가족수당제도를 전면적으로 도입·실시하기 어렵다고 한다면, 국민기초생활보장 대상 가정 내지 영세가정에서 시작하여 일반가정으로 단계적이고 점진적으로 확대하여야 한다. 아동수당제도는 아동의 가정이탈방지라는 예방적인 측면과 아울러 아동의 가정 내에서의 건전육성이란 아동복지의 현대적 관점에서 볼 때, 보편적인 아동복지정책의 핵심인 것이다. 그리고 가정·학교·지역사회의 기능 강화를 위한 일반사업은 지역아동센터, 드림스타트 사업, 학교급식사업, 그리고 보육사업 등과 더불어 활성화되어야 한다. 이러한 일반사업은 가정복지기관 기능의 강화, 건전하고 다양한 과외활동 프로그램의 추진, 학교사회사업제도의 활성화 그리고 사회교육의 기능과 역할의 강조 등을 통하여 추진되어야 한다. 따라서 보편적 아동복지정책은 재가복지사업의 적극 추진, 아동수당 내지 가족수당의 급여 등 사회보장제도를 통한 경제적 원조, 그리고 가정·학교·지역사회의 기능 강화 등을 통하여 추진되는 것이 바람직하다.

2) 아동복지서비스의 내실화와 다양화

보편적 아동복지정책은 아동복지서비스의 내실화와 다양화를 통해 구체화된다. 아동복지서비스의 내실화와 다양화는 다음과 같은 과제를 안고 있다.

먼저, 요보호아동보호에 있어서 시설아동은 시설보호에서 가정보호로 지향하는 현대적 추세에 따라 소규모화된 영유아시설에서 양육되고 지역사회에서 보호되어야 한다. 이러한 보호방법에 부합되는 아동복지시설로는 아동공동생활가정시설(그룹홈)과 지역아동센터 등이 있으며, 이런 시설은 지방자치단체를 중심으로 확충·증설되어야 한다.

아동시설보호는 시설보호에 대한 비판에도 불구하고 시설보호서비스를 필요로 하는 아동이 존재하는 한 유지·확대되어야 한다. 이와 같은 맥락에서 영유아시설, 심신장애아시설 및 모자복지시설 등에 대한 정부의 적극적인 지원이 필요하다. 그리고 정부와 지방자치단체는 아동복지 관련 시설 운영비의 현실화하거나 그 인상도 충분히 고려해야 한다.

영유아시설의 시설보호아동은 국내입양사업 및 가정위탁사업의 적극적인 추진을 통해 가족보호와 같은 보호를 받아야 한다. 특히 가정위탁보호는 위기에 처한 아동과 가정에 가족중심 서비스를 제공할 수 있게끔 더욱 활성화되고 체계화되어야 한다. 아울러 소년소녀가정은 시설보호의 대안이라는 장점을 가지고 있지만, 장기적으로는 가정위탁사업에 포함되어야 한다. 그러면서도 소년소녀가정, 시설아동 및 저소득층 아동을 포함하는 불우아동 결연사업도 국민의 자발적인 참여를 유도하여 지속적이며 효율적으로 운영해 나가도록 한다.

시설보호, 가정위탁, 소년소녀가정, 공동생활가정, 장애인시설 아동 및 기초생활수급가정의 일부 등에 자립의지를 함양하기 위해 지원되는 아동발달지원계좌가 확대되고, 그 지원금도 증액되어야 한다. 이들을 위한 자립지원시설에 대한 지원도 확대되어야 한다. 아울러 저소득층 아동 가구 및 임산부에게 예방적인 통합서비스를 제공하고, 빈곤의 대물림을 방지하기 위하여 추진되고 있는 드림스타트사업(아동통합서비스지원사업)이 성공적으로 정착되기 위해 확대지원하고 유관기관과의 연계도 강화되어야 한다. 보육사업과 아동급식 서비스의 대상은 정부 예산이 허용하는 범위에서 확대되어야 할 것이다.

일반아동 보호서비스를 위해 그 절대 수가 부족한 어린이 공원, 어린이 놀이터 및 아동회관 등과 같은 시설도 지방자치단체가 중심이 되어 점차 증설되어야 한다. 아동복지시설에 있어 그 운영과 효율화를 기하기 위해서는 유자격 전문요원을 확보하고, 이들의 이직을 방지하기 위해서 아동복지 종사자에 대한 대우를 획기적으로 개선할 수 있도록 정책적 조치가 뒷받침되어야 한다.

아동복지서비스의 내실화와 다양화가 달성되기 위해서는 아동복지 관련 재원의 충분한 확보가 요구되고, 이러한 요구를 충족시키려는 정책당국의 배려와 확고한 실천 의지가 무엇보다도 중요하다. 아동은 국가발전의 근간이라는 인식하에 국가가 아동의 건전한 성장과 발달에 관련된 서비스에 적극적으로 개입해야 할 것이다.

3) 아동복지서비스 전달체계의 확립

아동복지정책을 수립하는 주무부서가 분산되어 있어 인력과 예산이 과도하게 들고 업무추진이 비효율적인 측면이 있다. 아동·청소년정책 영역에서 가장 오랫동안 지적되었던 문제 중의 하나는 아동·청소년정책의 부처 간의 분산이었다(김현용, 1994; 박보희, 2002). 이러한 분산은 아동·청소년정책의 분절성을 점점 악화시키고 있다. 따라서 일관성 있고 단일화된 아동·청소년정책의 추진을 위해 관련부처의 통합과 정책의 통합적 접근이 필요하다(정익중, 2009). 또한, 아동과 청소년은 연령상 중복된 부분이 많은 개념이다. 아동과 청소년의 과제를 다루기 위해 가정을 분리하여 생각할 수 없으므로 아동·청소년, 가정을 아우르는 부서를 통합할 필요가 있다. 이러한 과제를 해결하기 위해서는 무엇보다도 기존의 아동복지법과 관련 법률과의 보완이 필요하다.

아동복지 전달체계의 가장 핵심적인 문제는 다양한 전달체계의 구심점이 되는 중심축의 부재이다. 이러한 문제점을 해결하기 위해서는 아동복지 전달체계 간의 협력을 이룰 수 있는 조직이 필요하다. 따라서 아동복지 전달체계는 보건복지부를 중심으로 아동복지행정의 기능 강화와 더불어 중앙부처 수준에서 아동복지행정의 통합과 조정을 도모해 나가야 한다. 그리고 지방자치단체 수준에서도 효율적인 아동복지서비스 전달을 위한 제도적 개선이 필요하며, 중앙정부와 지방정부 간의 전달체계의 연계와 효율성 제고를 위한 대책이 강구되어야 할 것이다. 대책에는 중앙 – 지방 – 지역에 이르기까지 허브역할을 하는 서비스 중심축을 통합하여 규모화하고, 지역의 실제 서비스기관은 다양화하여 지역중심의 서비스 비중을 확대하는 것이다. 아동복지서비스 전달체계를 포함하는 아동정책 전달체계의 변화와 개편과 함께 복지전담공무원의 확대 배치와 관련 인원의 충분한 확보도 실현되어야 한다.

4) 아동복지 재정의 충분한 확보

아동복지의 주요 과제를 해결하는 데 있어 무엇보다도 중요하며 필수 불가결한 것이 아동복지 부문의 재원확보이다. 아동복지 재원의 부족을 타개하기 위해서는 아동복지가 지향하는 행복한 환경에서의 건강한 성장을 보장한다는 취지에 입각하여 아동복지 재원을 획기적으로 증액하려는 정부의 강한 의지와 이에 대한 실천이 요구된다. 그리고 국가의 장기적인 비전을 토대로 아동복지 부문에 대한 예산을 증액하는 정책적 배려도 필요하다.

복지국가를 지향하는 현시점에서 사회복지의 중핵적인 분야로 아동복지의 확충과 발전을 기하기 위해서는 실적주의를 과감히 벗어나 획기적인 예산의 할애가 요망된다. 아동복지예산의 획기적인 개선과 발전을 위해서는 균형 및 점증주의에 입각한 예산편성에 탈피하여 선별주의 또는 우선순위를 감안하는 제로섬 예산편성에로의 전환이 필요하다. 이를 위해서는 무엇보다도 정책결정자의 용단이 요구된다(양정하, 2002). 그리고 아동복지를 위한 공공과 민간, 중앙정부와 지방정부의 역할이 효과적으로 분담될 수 있는 방안도 마련되어야 한다. 공동모금과 더불어 민간단체의 적극적인 참여를 통해 아동복지를 위한 재원조달의 다원화를 이루도록 해야 할 것이다.

5) 아동권리의 강화

아동권리를 강화하고 그와 관련된 국제협약을 준수하려는 국가의 노력이 절실히 필요하다. 이를 위해서는 현행 아동복지정책의 내용이 아동권리를 보장하는 정도를 파악하고, 그 정책내용의 개선을 위한 장단기 대책이 수립·시행되어야 한다. 아동권리의 강화라는 아동권익을 위한 실천적 과제는 아동복지적 차원에서 사회복지법적 성격의 강화인 것이다(조홍식, 2000). 우리나라 아동의 권리수준이 정확하게 파악되고, 아동권리 상황이 지속적으로 모니터링 됨으로써 아동권리지표의 개발과 주기적인 권리수준의 측정이 가능하게 된다.

요컨대 아동복지정책 내용이 아동의 권리를 어느 정도 보장하는가를 평가하기 위해선 구체적이고 분명한 아동복지정책의 목표수립이 우선되어야 한다. 그리고 이러한 정책목표로 아동복지정책의 내용을 분석하고, 아동권리를 강화하기 위해서는 실질적인 활동, 즉 부모의 책임감의 증가, 국가 지원과 관련된 법제정, 제도확립이나 실행 등이 요구된다 하겠다.

1 주제

「아동복지법」이란 무엇인가?

2 주요 개념

- 아동복지의 개념
- 아동복지법의 변천
- 아동복지 관련 법규
- 아동복지시설

3 학습내용

- 아동복지법의 목적과 내용을 토대로 아동을 위한 복지의 방향 탐색하기
- 가족의 중요성, 건강한 가정의 필요성 고찰하기

4 교실활동

- 아동복지법
  - 「아동복지법」의 연혁을 시대적 흐름과 사회적 배경과 관련지어 이야기 나누기
  - 「아동복지법」의 구성 내용에 대해 이야기 나누기
- 아동복지 관련 법규
  - 「아동복지법」과 관련 있는 법의 종류에 대해 이야기 나누기
  - 「아동복지법」과 관련 있는 법의 내용 및 특징에 대해 이야기 나누기
- '식코'(마이클 무어) 영화를 보고 우리나라의 의료보험과 미국의 의료보험서비스를 비교하여 논의하기

5 퀴즈

- 「아동복리법」에서 「아동복지법」으로 변경된 이유에 대해 설명하세요.
- 「아동복지법」의 구성에 대해 기술하세요.
- 오늘날 아동복지의 개념에 대해 정의하세요.
- 각종 법규의 아동복지 관련성에 대해 분석하세요.
- 복지시설의 역할 및 그 필요성에 대해 설명하세요.

PART 2

아동권리와 복지 실제편 I

CHAPTER 6 아동권리와 복지의 실천 원리

학습 개관

본 장에서는 아동권리에 입각한 아동복지를 실천함에 있어서 아동복지종사자, 정책입안자, 관련 행정기관의 종사자들은 권리와 책임의 원칙, 보편성과 선별성의 원칙, 개발적 기능의 원칙, 포괄성(통합성)의 원칙,전문성의 원칙 등 다섯가지의 실천 원칙을 고려해야 함을 설명하고, 아동권리와 복지의 실천대상에 있어서의 문제점을 설명하고, 아동권리와 복지의 실천 방법으로 개인, 집단, 지역사회, 사례관리의 실천 방법을 알아본다.

학습 목표

- 아동권리와 복지의 실천 원칙을 이해한다.
- 아동권리와 복지의 실천대상에서의 문제점을 이해한다.
- 아동권리와 복지의 실천 방법을 이해한다.

주요 자료

영화

나무 없는 산
Treeless mountain
(2008, 김소영)

연을 쫓는 아이
The kite runner
(2007, 마크 포스터)

도서

- 그 사람을 본 적이 있나요?(2011, 김려령 글, 장경혜 그림, 문학동네) : 건널목아저씨
- 연을 쫓는 아이(2010, 할레드 호세이니 글, 현대문학)

1. 아동권리와 복지의 실천 원칙

아동권리와 아동복지 실천현장에서 원칙적으로 아동복지가 실천되어야 하는 전제 조건으로 아동이 성장, 발달, 교육, 안정을 위해서는 안정된 가정생활이 강화되어야 하며, 아동의 기본욕구인 의식주의 문제해결과 각종 복지대책을 위한 경제적 안정 및 주거의 보장이 전제되어야 한다. 또한, 아동의 신체, 정신을 건강하게 하기 위해 적절한 보건, 의료서비스의 혜택을 누릴 수 있어야 하며, 교육받을 권리가 전제되어야 하고, 아동의 본능인 놀 권리를 보장할 수 있는 놀이와 오락을 위한 놀이문화를 제공해야 한다.

아동은 만 18세 미만을 말하는 것으로 노동착취, 빈곤, 장애로부터 보호받아야 하며 결손가정, 취업모가정, 미혼모가정, 맞벌이 부부 가정 등의 아동은 물론 위탁아동, 입양아동은 특수한 보호가 전제되어야 한다.

아동의 권리를 기반으로 한 아동복지의 실천은 아동이 지닌 다양한 욕구를 충족시킬 수 있도록 지원하는 것은 물론 아동이 건전하게 성장하기 위한 물질적인 재화와 서비스가 필요하고, 의미 있는 인간관계, 가치 있는 생산과정에의 참여, 안전감, 자아실현 등의 욕구를 기본적으로 지켜야 하는 전제 조건을 Gil(1985)은 제시하였다(김현용, 1997, 재인용).

부모의 계몽, 가정생활의 보존과 강화, 심신보건시설의 증진, 경제적 안정, 종교, 교육, 놀이, 위험한 착취에서의 해방, 특수한 요구를 지닌 아동에 대한 서비스도 복지의 실천을 위해 우선시되어야 한다.

1) 권리와 책임의 원칙

아동욕구를 충족시키기 위해서는 아동이 속해 있는 일차적 사회인 가정을 지원하고, 가족, 사회, 문화가 계속해서 변화하는 과정에서 아동이 적응해야 하는 과제에 늘 직면하게 된다. 아동은 스스로 자신의 문제를 해결하기에는 미숙하므로 당면한 문제를 해결하기 위한 아동복지서비스가 필요하다.

아동복지 정책의 주요 당사자는 아동, 부모, 사회 또는 국가가 권리와 책임을 가진다. 권리에 대한 인정과 당사자의 책임을 인식함으로써 상호의 균형을 기해야 한다. 이 중 어느 한 부분의 권리나 책임에서 야기되는 갈등이나 부적응 또는 지나친 요구 등은 아동에게 심각한 문제를 야기할 수 있다(장인협 · 오정수, 2001).

(1) 아동의 권리와 책임

모든 아동은 독자적인 권리를 가진 인격체로서 성인과 같이 생존하기 위한 성장과 발달, 보호받을 권리, 참여하여 행복을 추구할 권리를 가지고 있다. 아동은 자신의 관심사와 이익, 그리고 의견을 갖고 있는 개별적 존재이며 가족과 사회의 온전한 구성원으로 받아들여야 한다. 18세 미만의 모든 아동은 특별한 보호를 받을 자격이 있으며 성장·발달하면서 권리를 행사할 수 있어야 한다.

유엔아동권리협약에서 제시하고 있는 것과 마찬가지로 아동은 몸과 마음이 건강하게 태어나고, 건강하게 살아가며, 지속적으로 교육과 보호를 받으며, 발달하고 성장할 권리가 있다. 아동은 권리를 가지고 있는 것과 함께 책임도 가지고 있다.

권리를 가진 사람을 '권리주체자'라고 하며, 권리주체자의 권리를 지켜 줄 책임이 있는 사람을 '의무이행자'라 한다. 아동은 권리를 갖고, 권리를 요구하고 주장할 수 있다. 아동은 의무이행자의 책무성을 이행하도록 요청할 권리가 있다. 권리주체자인 아동은 타인의 권리를 존중하고 지켜 줄 책임이 있는 의무이행자이기도 하다. 성인은 아동이 권리주체자임을 인정하고 그들의 권리를 존중하고 보호하며 충족시켜 주어야 하며, 그들이 타인의 권리에 대한 책임도 있는 의무이행자임을 아동에게 인식시켜야 주어야 한다.

(2) 부모의 권리와 책임

부모는 아동의 보호와 양육의 일차적인 후견인으로서 책임을 지닌다. 아동과 마찬가지로 부모 역시 자녀에 대한 권리와 책임을 가진다. 부모는 아동의 건강, 교육, 종교, 직업과 함께 의료보호에 관한 영역에서 수시로 의사결정하여야 하는 책임과 권리가 있다.

부모는 아동을 경제적으로 지원하고, 신체적·정서적으로 보호하며, 기타 아동이 성장하는 데 필요한 다양한 측면에서 안녕을 책임질 수 있어야 한다.

복지국가라 하더라도 아동의 복지는 국가와 함께 부모에게 그 책임이 있는 것으로 간주한다. 21세기에 들어서면서 우리나라의 복지정책은 복지국가의 발전과 더불어 아동과 가족을 대상으로 하는 복지정책이 개발되기 시작하였으나 여전히 아동복지의 책임은 부모에게 있다. 그러므로 부모는 부모로서의 권리를 국가에 주장하여 아동복지를 실천할 수 있다.

(3) 사회 및 국가의 권리와 책임

국가는 아동과 부모의 권리보장을 위한 책임이 있기 때문에 이러한 책임성은 의회나 정부부처, 지방정부, 판사, 사법당국, 경찰, 교사 및 외부 전문가를 포함하며 이들은 합법적인 의무이행자로서의 책임과 권리를 가지고 있다.

국가는 부모가 자기의 책임을 수행하지 못 할 때 자녀들이 갈등과 부적응을 경험할 수 있는 상황을 예방하기 위해서 권리주체자로서 부모와 아동의 권리를 존중, 보호, 충족시킬 의무를 지닌 의무이행자로서의 책임을 가지고 아동복지의 서비스를 증진하기 위한 의무를 갖는다.

자유방임주의에서는 아동보호의 모든 책임을 부모, 특히 아버지에게 있는 것으로 보고 국가나 사회의 개입을 불필요한 것으로 본다. 그러나 국가의 중요성이 커지고 국가의 역할 중 하나로 국민의 복지향상에 그 비중을 두고 있는 현대 대부분의 국가에서 아동복지의 책임은 더 이상 부모에게만 있지 않다고 할 수 있다. 국가는 적극적으로 가족에 개입한다. 가족의 기능이 약화되거나 소멸될 경우 이 기능을 국가가 대신한다(한성심·송주미, 2015).

국가의 책임이나 권리는 다양한 아동복지정책을 개발하고 입법의 권한을 행사하는 일을 가지고 법규정을 채택하여 광범위하고 실제적인 전책을 세워 아동복지를 위한 시설을 설립하고, 시설을 운영할 수 있는 재정적 뒷받침을 마련하는 책임을 갖는다.

아동을 위한 국가는 부모가 역할을 하기에 어려움을 겪을 때 개입하여 아동복지서비스로 충당하거나 가정의 위기나 가정의 파괴로 가정에서 아동을 양육하기 어려운 상황

일 때 아동을 가정에서 분리하여 시설이나 위탁·입양가정에서 가정의 역할을 대행할 책임이 있다.

아동복지 실천을 위한 국가의 권리와 책임의 원칙 아래서 국가가 아동권리를 이해하고 아동복지서비스를 부모와 아동에게 적합하게 제공할 수 있고, 적절한 자원을 분배하고 제공하는지에 따라 아동이 더 많은 혜택을 누릴 수 있느냐, 없느냐에 영향을 받을 수 있다.

2) 보편성과 선별성의 원칙

아동복지의 서비스는 보편성과 선별성의 균형을 이루어 정책을 결정해야 하는 실천의 원칙이 있다. 보편성은 아동복지서비스정책의 내용이 모든 대상의 아동에게 자신의 요구와 상관없이 무차별적으로 제공되는 것을 말한다. 선별성의 원칙은 아동복지대상자가 도움을 요청하는 경우에 한하여 보호를 필요로 하거나 가난하여 경제적 도움이 필요하거나, 부모나 아동이 장애를 가지고 있거나, 학대나 방임과 같은 위험에 노출될 때 급여나 서비스를 제공하는 것을 의미한다.

아동복지대책을 위한 재정적 역량의 개선과 함께 복지에 대한 인식과 요구가 높아지면서 최근에는 선별성의 원칙에 맞춘 복지 실천보다는 모든 아동을 대상으로 하는 보편성의 원칙에 맞춘 복지 실천을 지향하는 추세다.

급격히 변화하는 사회 속에서 가족의 기능과 구조가 변화했고 아동에 관한 발달수준, 교육적 욕구가 과거에 비해 높아지면서 점차 가족 내에서 자체적으로 그러한 변화를 수용하고 충족하기에 한계가 있다(이순형 외, 2016). 아동복지의 기본 토대가 되는 가족제도, 의료제도, 고용제도, 사회보장제도 등에서 공히 가족의 역할과 기능을 지지하는 제도를 구비함으로써 아동권리로서의 복지를 실천할 수 있도록 개별아동이 처한 환경 여건에 관계없이 모든 아동을 대상으로 하는 복지가 실현되어야 한다.

3) 개발적 기능의 원칙

아동권리와 복지의 실천을 위한 개발적 기능의 원칙은 아동복지의 거시적 측면을 고려해야 함을 의미한다. 과거의 복지지향적 체계에서 개발지향적 체계로의 전환이 필요하다. 복지문제와 개발 프로그램은 전혀 별개의 것이 아니고 서로 연관되어 상호작용하는 것으로 개발적 기능의 프로그램 실천은 기존 사회복지의 기능적 확대라고 볼 수 있다. 개발적 기능의 성격은 제도적인 변화뿐만 아니라 국가 전체의 요구와 경제개발 및 사회개발의 조건을 발전시키고 창조하는 일을 수행하는 것도 포함한다.

Kendal(1973)은 개발적 기능을 아동복지의 목적에서 적극성을 띠고, 접근방법에서 포괄성을 가지며, 대상 인구의 각 부문에 관련되며, 종전의 순수한 치료적 혹은 미시적 수준에서 지역사회로, 더 나아가 국가적, 거시적 수준으로까지의 제 복지기능에 관여하는 것이라고 했다.

아동의 문제해결을 위해 사회의 변화 및 사회문제의 해결을 도모해야 하며 아동복지와 관련된 다양한 영역과 유기적인 관계를 고려하여 아동복지 관련자들과 함께 거시적인 안목으로 아동의 복지를 실천하기 위한 적극성을 가져야 한다.

개발적 기능의 원칙은 아동 개인뿐만이 아니라 전체 사회의 변화를 고려할 수 있어야 하며, 사회와의 유기적 관계 속에 있는 아동의 문제를 사후치료적인 복지지향의 실천이 아닌 예방을 함께 고려할 수 있는 복지와 개발이 하나라고 여기며 아동의 개발, 가정의 개발, 지역사회의 개발과 함께 더 나아가서는 사회개발의 원칙을 기본으로 지켜야 한다(한성심 · 송주미, 2016).

개발적 내용을 가진 과제들로는 경제적 성장, 필요의 발견, 사회계획, 변화와 발전에 대한 사람들의 참여, 지도자의 개발, 기관과 집단 사이의 조정과 협조의 향상, 직원의 훈련과 감독 등도 필요하다.

4) 포괄성의 원칙

아동권리와 복지의 실천을 위해 어느 한 측면만의 강조는 아동복지의 목표를 충족시킬 수 없다. 아동복지를 위한 프로그램을 계획하고 제공할 때는 포괄성의 원칙이 고려되어야 한다. 포괄성의 원칙이란 통합성의 원칙이라고도 하며 아동복지대책과 관련된 경제 부문이나 교육, 의료, 주택, 노동, 오락 부문 및 사회복지 등 포괄적 정책이 아동 관련 제도, 정책, 프로그램과 서비스에 수반되어야 함을 의미한다.

아동복지에 종사하는 전문가들은 대부분은 아동을 어떻게 잘 보호하고 건강하게 성장할 수 있도록 할 것인가 하는 구체적인 지식과 기술에만 의존했다. 그리하여 한 아동을 위해 지원되고 있는 국가의 정책이나 법률체계 등에 관해서는 소홀하여 아동을 둘러싸고 있는 환경에 대한 총체적인 시각이 부족하였다. 빈곤한 아동의 권리와 복지 실천을 위해 부모의 실업이나 질병, 복역 등으로 아동의 자아정체감 및 자존감의 문제, 건강상의 문제, 문화적 차이로 인한 문제, 학교적응의 문제, 비행문제, 또래문화 등 빈곤으로 생길 수 있는 다양한 문제에 대한 부모지원과 특수보호와 같은 부모와 아동의 모든 욕구를 동시에 고려해야 한다.

이와 같이 아동복지의 실천이 총체적인 접근과 해결이 이루어져야 하는데 아직까지도 아동복지 서비스는 이러한 통합성에 크게 미치지 못하고 있어, 아동의 가정상황이나 여건에 관계없이 건강한 성장과 발달을 위한 통합적이고 포괄적인 원칙으로 실천되어야 함을 의미한다.

5) 전문성의 원칙

아동복지 실천이 아동복지전문가와 전문기관에 의해서 이루어져야 한다는 원칙이다. 전문성의 원칙을 적용하는 것은 그 성과 면에서 매우 중요하다. 단지 아동을 위하여 자원봉사를 하겠다는 마음만 가지고는 아동의 욕구와 상태를 전문적으로 파악할 수 있는 기술이나 지식을 갖기 어렵다. 아동의 욕구나 사고 및 행동의 발달과 변화, 특성에 관한 전문적 지식과 아동을 지도하기 위한 전문적 기술 없이는 아동을 올바로 이해하기 어려우며 문제해결을 도모하기 어렵다.

아동의 건강한 발달을 조력하기 위해서는 아동 및 인간발달을 이해하고 아동 관련 프로그램을 직접 기획하고 실천할 수 있는 역량을 가진 아동복지전문가가 요구된다. 아동복지 관련 종사자들은 전문직으로서의 자질과 윤리의식을 갖추어야 한다.

그러기 위해서는 일부대학에 속한 관계학과의 직전교육과 직무교육을 위한 연수교육을 실시하여 전문적인 아동복지전문가가 되기 위한 정부적 차원에서 제도적으로 강력한 보장·지지·격려가 필요하며, 지도자를 양성하여 사업이 성과를 거둘 수 있도록 노력을 기울여야 한다.

아동복지의 전문성을 확보하기 위해 아동복지전문가에 관한 보다 구체적인 규정과 이들을 양성할 수 있는 전문교육기관이 필요하다. 아동과 부모의 욕구를 보다 전문적으로 충족시킬 수 있는 아동복지 관련 기관이 지속적으로 증가되어야 하며 이에 관한 국가의 정책적 지원이 확대되어야 할 것이다.

2. 아동복지 실천대상 및 문제

1) 개인과 문제

아동복지 실천대상에서 개인은 개별지도 혹은 개별실천의 대상을 의미한다. 실천의 초기 단계에 사용한 개별사회사업은 1869년 자선조직협회에서의 우애방문이 시작이라고 볼 수 있다. 개인의 부적응에 대한 치료적 개입을 강조하고, 사회문제에 대한 거시적 접근보다 개별화된 문제에 대한 적응에 초점을 두는 미시적 접근이 중심적이었다.

19세기 후반과 20세기 초에는 구체적인 사회복지기술보다 단순하고 상식적인 수준에서 개별상황에 필요하다고 생각되는 활동들을 수행하였다.

여기서 직접적인 실천에는 직접 만나서 문제해결에 도움을 줄 수 있는 임상사회복지 분야, 면접, 상담 등이 있으며, 간접적인 실천에는 사회복지정책, 행정, 자원연계, 환경적 조정 같은 개입, 지역사회복지와 같은 클라이언트의 주변 체계에 개입하여 관련 자원을 활용하는 방법이다.

2) 가족과 문제

한부모가정, 확대가정, 혈연, 입양, 결혼 등으로 제한되지 않는 친족의 개념, 레즈비언, 게이부부, 그리고 그들의 아동을 포함하는 다양함을 인정하는 방법이다.

3) 집단과 문제

집단 실천은 자신의 문제를 해결하거나 성장을 원하는 집단구성원들에게 사회복지사가 의도적으로 집단 경험의 기회를 제공함으로써 집단구성원의 요구와 문제를 해결하고자 개인의 성장·발달 및 사회화에 기여하는 사회복지 실천의 방법이다.

- 집단구성원의 빈번한 상호작용
- 그들 자신을 집단구성원으로 규정
- 타인들에 의한 구성으로 인정
- 공동 관심사에 관한 규범 공유
- 상관성 있는 역할체제의 참여
- 초자아적 대상이나 동일한 모델을 설정함으로써 상호 간의 동일시
- 집단을 통한 욕구충족
- 상호 의존적 목표를 추구
- 집단적인 일치감 지각
- 외부환경에 대해 동일하게 행동하는 경향

이와 같이 집단구성원의 다양한 요구와 문제를 해결하기 위해 활용하는 방법이다.

3. 아동권리와 복지의 실천 방법

아동복지 실천은 학문적으로 정의되지 않았다. 다만 사회복지 실천으로 설명이 가능한데 사회복지의 학문적 성격은 곧 사회적 실천에 있다. 즉, 사회적 실천학문이라고 한다. 사회복지 실천은 사회복지를 구체적으로 실천하는 원조활동이나 실천기술을 의미하는 원조기술이라고 할 수 있다.

본 절에서 다루고자 하는 아동복지 실천 방법은 미시적 접근방법인 기술적인 접근을 통한 실천 방법으로 실천 방법의 유형을 개별적 실천, 집단적 실천, 지역사회 실천, 사례관리 실천으로 구분하여 설명하고자 한다. 특히 아동복지의 중심적인 클라이언트는 아동이므로 아동에 대한 직접 실천 방법을 개별적 아동복지의 실천, 집단적 아동복지의 실천, 지역사회 아동복지의 실천, 사례관리를 통한 아동복지의 실천으로 나누어 설명하고자 한다.

1) 개별적 아동복지의 실천

기술적 접근방법으로서 아동복지 실천의 아동과 부모의 만남에서 시작되므로 이러한 만남의 시작은 곧 상담과 치료가 시작됨을 의미하며 기초적 수준에서 전문적 수준까지 개별적인 면담을 통한 상담 및 치료의 기술이 적용된다. 즉, 아동의 필요에 따라 서비스를 제공하며 문제요인을 조기발견하고 치료하는 가운데 보다 건전한 사회인으로 성장할 수 있도록 하는 데 의의를 둔다.

아동의 신체적·인지적·사회정서적 역기능으로 인해 아동의 자존감이 낮을 때 적절한 개입방법이다. 아동복지전문가는 아동과의 일대일의 관계는 무력해진 아동에게 힘을 주고 자신의 가치감을 느끼게 하는 데 효과적이다. 동시에 부모가 아동의 낮은 자존감을 지지해 줄 수 있도록 부모상담을 병행한다.

개별적 아동복지의 실천과정은 초기 접수면접 단계, 탐색 단계, 사정 단계, 개입 단계, 평가 및 종결 단계로 구분하고 단계별로 설명하고자 한다(Rose & Fatout, 2003).

(1) 초기 접수면접 단계

초기 접수면접 단계는 클라이언트가 기관에 전화를 하거나, 인터넷으로 하거나, 직접 방문하여 이루어지는 첫 번째 단계이다. 아동이 자발적으로 방문하는 경우는 드물며, 부모와 함께 방문하는 경우가 많다. 아동복지전문가는 아동과 부모와 혹은 보호자와 함께 접수면접을 진행하게 된다. 초기 접수면접 단계의 과업은 아동의 문제를 파악하고 문제해결을 위해 해당 기관이 제공할 수 있는 서비스를 확인한 후 전문적인 개입에 대한 합의를 도출하는 최초의 대면접촉이다

아동복지전문가는 부모나 보호자로부터 명백하게 드러나는 아동의 문제가 무엇이며, 기관을 방문하게 된 중요한 동기를 확인한다. 가능하면 아동과 면접을 통해 아동이 스스로 현재 상황을 어떻게 생각하며, 아동이 느끼는 어려움과 욕구가 무엇인지 이야기할 수 있도록 함으로써 파악한다. 이때 아동전문가는 아동의 행동 및 특성, 부모의 대처방식 등에 대한 초기의 탐색을 시작한다(한미현 외, 2016).

초기 면접에서 다루어지는 영역을 곽금주(2002)는 외양과 행동, 언어와 대화, 사고의 내용, 감각동작기능, 인지기능, 정서기능, 통찰과 판단 등 7가지로 나누어 초기 탐색을 할 수 있다고 하였다(한미현 외, 2002, 재인용).

초기 접수면접을 통해 파악한 아동의 문제가 해당 기관에서 제공하는 서비스를 통해 개선될 수 있는지 확인하는 것이다. 아동복지전문가는 아동 및 부모에게 해당 기관에서 수행될 서비스에 대해 설명하고 서로의 책임과 권리, 원조과정의 원칙에 관해 숙지시키는 것이 필요하다.

만일 이 단계에서 아동과 부모가 동의하는 경우에는 잠정적인 합의를 이끌어 내어 다음 단계로 진행한다. 그러나 본기관과의 서비스의 내용에서 벗어난다면 타기관에 의뢰하도록 한다. 타기관에 의뢰할 때는 가능한 구체적인 정보를 제공하여 의뢰가 효과적이 되도록 협조한다.

(2) 탐색 단계

문제에 직면한 아동과 부모를 만나 문제에 개입하기 위해 상황에 대한 사실을 수집하고, 관찰하며, 이를 조직화하는 단계다. 생태학적 관점을 중심으로 할 때 아동 개인의 발달사뿐만 아니라 아동이 상호작용하는 가족, 친인척, 또래집단, 교육기관, 종교기관, 지역사회 등의 사회적 관계망을 함께 고찰하는 것이 필요하다.

- 심리검사를 통한 아동 개인의 발달사
- 가족관계 및 가계 역동성 조사
- 다양한 정보원을 위한 사회적 관계망 조사

(3) 사정 단계

사정 단계는 탐색 단계와 분리되기보다는 함께 이루어지는 과정으로서, 탐색 단계에서 수집된 정보를 조직화하여 분석하는 단계다. 수집된 자료를 사정할 때도 다음과 같이 아동 개인에 대한 사정, 가족에 대한 사정, 사회적 관계망에 대한 사정으로 구분하여 볼 수 있다.

- 아동 개인에 대한 사정: 아동의 발달 단계에 맞는 과업의 수행을 분석하고, 아동이 사용하는 대처전략에 대해 분석한다. 아동이 지닌 장점과 자원이 무엇인지 분석한다. 만일 아동이 신체적·정서적·성적인 학대나 방임을 경험한 것으로 여겨지는 경우, 아동복지전문가는 상응하는 법적인 조치를 취해야 한다.
- 가정에 대한 사정: 가족생활주기의 어느 단계에 가족이 위치해 있는가를 파악하는 것이 우선되어야 한다. 가족 내의 하위체계인 부부, 부모-자녀, 형제-자매가 가족생활주기의 발달과업을 어떻게 수행하고 있는지 구체적으로 분석한다.
  가족의 가치가 무엇이며, 누가 가족 내 권력을 행사하며, 가족의 규칙은 무엇이며, 이를 위반할 경우 어떠한 처벌이 이루어지는가 등의 질문을 통해 가족의 역동과 상호작용을 파악할 수 있는 분석틀을 얻을 수 있다. 가족의 항상성 유지를 위해 가족원이 어떻게 역할을 하며, 가족 내 하위체계 간의 경계는 어떠하고 가족의 응집성 및 소속감은 어떠한지에 주목할 필요가 있다.

- 사회적 관계망에 대한 사정: 아동과 가족과 지속적으로 상호작용하는 학교, 개인이나 집단의 영향력을 사정한다. 동시에 지역사회의 공식적·비공식적 자원을 사정하는 작업을 진행한다.

(4) 개입 단계

개입을 위해서는 사정을 통해 얻어진 결과를 바탕으로 개입목표를 설정하고 개입의 방법을 결정하며 개입과정에 참여시킬 대상을 선정해야 한다. 이러한 결정과정은 아동의 요구를 중심으로 아동과 아동전문가와 함께 참여한다.

다양한 개입모델 중에는 정신분석중심의 치료모델, 아동의 행동을 수정하기 위한 행동주의모델, 아동의 자아실현의 욕구를 지닌 자발적 존재로 보는 비지시적 클라이언트 중심 모델 등이 대표적이다. 한 가지 모델을 집중적으로 사용할 수도 있고, 절충적 방식을 사용할 수도 있으나 아동을 대상으로 하는 경우 놀이치료가 활발히 진행되는 경향이 있다.

정확한 개입에 따라 아동상담이나 치료가 진행되는 단계로서 다양한 상담이나 심리치료를 통해 아동의 문제해결과 심리적 성장과 변화를 유도하는 직접 개입과 아동에 대한 개입이 무의미하다고 판단될 때, 부모, 교사, 친척, 이웃, 더 나아가서는 지역사회와 전체 사회의 도움을 받거나 이들을 변화시킴으로써 아동의 문제를 해결하도록 하는 방법으로서 간접 개입의 2가지 방법이 있다.

때에 따라서는 직접적인 아동상담 및 치료보다 부모, 교사의 상담, 교육, 훈련과 같은 문제해결이 더 효과적일 때가 있다.

(5) 평가 및 종결 단계

종결은 다양한 형태로 이루어질 수 있는데 계약기간의 만료에 따른 종결, 아동의 이사를 하는 상황 변화에 따른 종결, 아동복지전문가의 이직에 따른 상황 변화에 따른 종결, 목표달성에 따른 종결 등이 있다.

가장 바람직한 종결은 목표달성을 하고 최종 평가를 통해 아동, 부모나 보호자, 아동복지전문가의 합의를 통해 이루어진다.

아동복지전문가는 아동과 부모 모두에게 종결에 대해 미리 준비하도록 해야 한다. 개입과정에서 형성된 상호 간의 친밀감이 의존성으로 변질되지 않도록 하는 심리적 대비가 필요하며, 갑작스런 종결을 선언하여 아동에게 배신감이나 두려움을 야기하지 않도록 주의해야 한다.

아동은 종결에 앞서 문제행동의 재발을 보이기도 하는데 이는 종결에 대한 저항으로 일시적 퇴행일 수 있다. 어느 정도 시간이 경과된 후 다시 한 번 사후면접을 하자는 제안이 종결에 도움을 줄 수도 있다(한미현 외, 2016).

2) 집단적 아동복지의 실천

(1) 집단적 아동복지 실천의 목적

저하된 사회적 기능을 회복할 필요를 지닌 아동이나 현재의 사회적 기능을 적극적으로 강화하고자 하는 아동을 대상으로 한다. 아동의 연령에 따른 발달과제를 다루거나 유사한 문제행동을 갖고 있는 아동집단을 대상으로 문제해결집단을 진행할 수 있다.

집단 아동복지 실천은 의도적인 소집단활동을 통해 집단구성원의 사고방식, 행동양식, 자기인식 등을 기능적으로 변화시켜 자신이 처한 문제에 보다 능동적으로 대처해 나갈 수 있도록 하는 데 목적이 있다(한미현 외, 2016).

(2) 집단적 아동복지 실천의 유형 및 방법

아동집단의 유형은 그 목적이나 진행방식 또는 이론적 접근의 차이에 따라 다양하게 구분할 수 있다. 일반적으로 과업집단, 상담집단, 주제별 집단, 자조집단, 사회화 집단 등으로 크게 나눌 수 있으며, 과업집단은 일정한 과업을 완성하는 것을 목표로 하는 집단이고, 상담집단은 심리상담을 목표로 하는 집단이며, 주제별 집단은 문제에 따라 주제를 가지고 운영하는 집단이며, 자조집단은 지도자 없이 아동들끼리 모여 문제에 대해

서로 감정을 나누는 형태로 진행되는 집단이다. 사회화 집단은 개인의 기능을 저해하는 요인과 행동을 수정·변화시켜 아동이 일탈된 행동 대신 사회적으로 기술발달, 자기확신의 증대, 미래에 대한 계획 등으로 이루어지는 집단이다(오정수·정익중, 2013).

개별적 아동복지 실천과는 달리 아동집단의 역동성과 응집력을 어떻게 활용하는가가 프로그램의 효과를 좌우할 수 있다. 아동복지전문가는 집단 내에서 아동의 개인적인 특성을 파악하고, 집단의 상호작용을 최대한 활용하는 고도의 기술을 필요로 한다.

많은 아동을 단시간 안에 도와주어야 할 때 또는 비슷한 문제를 가진 아동이 동시에 발생했을 때는 시간의 효율성을 위해서 집단상담을 활용하는 수도 있다. 집단운영은 대화를 주로 사용하는 방식과 프로그램 활용을 주로 사용하는 방식으로 나뉜다.

(3) 집단적 아동복지 실천의 원칙

집단적 아동복지 실천으로는 다음과 같다.

- 수용의 원칙
- 참가의 원칙
- 체험의 원칙
- 규범의 원칙
- 갈등해결의 원칙
- 개별화의 원칙
- 지속적인 평가의 원칙

(4) 집단적 아동복지 실천의 과정

① 사정

집단 아동복지 실천을 위해 아동복지전문가는 시작에서 종결에 이르기까지 집단아동 개개인을 개별 아동복지 실천의 원칙이 기본적으로 적용하여 아동의 약점이나 문제보다 강점을 중심으로 사정한다. 전체로서의 집단을 사정하기 위해서는 집단 내 의사소통 유형, 집단의 응집성, 집단의 발달 단계, 독특한 집단의 분위기 등에 주목함으로써 집단

역동을 이해할 수 있다. 집단환경의 사정을 위해서는 아동복지전문가가 소속된 기관이나 시설의 환경 및 지역사회의 환경 등이 포함된다. 집단환경에 대한 사정은 집단의 목표를 달성하기 위한 기관, 시설, 지역사회 등에서 이용 가능한 자원을 탐색하고 동원하기 위해 필수적이다. 적어도 세 차원에 대한 사정을 하게 된다.

② 개입

집단적 아동복지 실천에 개입하기 위해서는 준비, 진행이 필요하며 개입을 위한 기술 또한 필요하다. 개입의 방법은 아동의 상태에 따라 심리치료모델, 행동수정모델, 클라이언트 중심 혹은 아동중심모델, 놀이치료, 정신역동 아동치료, 인지행동아동치료 등 다양하다.

③ 종결

최종 단계로, 결과에 따라 종결 시의 느낌과 감정은 달라진다. 성공적인 집단은 집단이 소기의 목적을 달성하였으므로 적절한 시점에서 회기를 종결하는 것이 필요하다. 그러나 비성공적인 집단은 목표의 대부분이 달성되지 못한 경우이다.

④ 평가

평가는 집단지도가 효과적이고 성공적이었는지를 판단하는 것이다. 목표와 목적이 달성되지 않은 서비스는 효과적이지 않은 것으로 결정된다.

집단은 사이코드라마, 연극반, 자원봉사반, 음악반, 시사토론반 등 아동이 좋아하는 특별활동 시간과 함께 짜여지므로 아동이 더욱 흥미를 느낄 수 있도록 집단과 함께 경험하게 한 후에 아동이 느꼈던 정서나 주제에 대해 이야기할 기회를 주어 본인의 고민과 연결시켜 상담이나 치료를 통해 마음의 상처를 치유해 줄 수 있다.

이 밖에도 프로그램 활동은 게임, 각종 스포츠, 기타 놀이, 작품제작, 게시판 제작, 견학, 야외놀이 등 다양하게 꾸밀 수 있다. 놀이는 아동의 문제에 따라 얼마든지 창의적으로 제작할 수 있고 아동의 요구에 맞게 만들 수 있으며, 스포츠 활동은 아동의 낮은 자아존중감이나 낮은 사회성을 향상시킬 수도 있다.

집단 프로그램 활동을 진행할 때는 지나치게 경쟁을 유발시키기보다는 협동심을 불러일으키도록 유도하는 것이 매우 중요하다.

아동복지전문가는 상담집단이나 활동중심의 집단을 운영할 때 폐쇄형으로 운영할 것인가, 개방형으로 운영할 것인가에 대한 계획을 세워야 한다. 폐쇄형 집단은 구성원을 미리 선정한 후 집단을 운영하고 그 집단이 일정 기간 지속된 후 종결할 때까지 새로운 회원을 받아들이지 않는 집단을 말한다. 개방형 집단은 문자 그대로 집단을 개방하여 언제든지 새로운 구성원이 영입되고, 언제든지 집단을 그만둘 수도 있는 집단 운영 형태를 말한다. 예를 들면, 방과후 아카데미 아동은 정원이 정해져서 1년을 폐쇄형으로 집단 프로그램이 진행될 수 있으며, 정원 미달이 되었을 때 수시로 정원을 충원하여 반개방형으로 운영하기도 한다. 학교폭력 가해자 아동은 개별상담 후 집단에서 행동을 교정하는 집단 프로그램을 참여할 수 있다.

개방형 집단의 장점은 결국 많은 구성원이 참여할 수 있다는 점과 새로 들어온 구성원은 기존 구성원으로부터 역할과 기능을 본받을 수 있다는 점, 그리고 집단 전체가 방어기제를 사용하지 않는다는 점이다. 단점은 새로 들어온 구성원이 낯설어하는 점과 구성원에 따라서 치료의 단계가 다르다는 점 등이다. 그러므로 사회복지사가 새로 온 구성원을 되도록 빨리 소개하고 기존 구성원의 역할 모델링을 통해 집단발달에 지장이 없도록 활발한 개입을 해야 한다.

3) 지역사회 아동복지의 실천

(1) 지역사회 아동복지 실천의 특징

지역사회에서의 아동복지의 실천을 위해서 중앙정부의 복지정책과 기능의 일부 또는 전체가 지방자치단체로 이관됨에 따라 지역사회를 단위로 하는 새로운 개념의 복지가 나탄게 되었다. 아동복지전문가는 한 지역사회 내 아동과 부모, 가족, 지역사회 전체의 아동복지에 관련된 욕구나 문제를 정확하게 파악하고 있어야 하며, 지역사회가 지닌 특성에 관한 전반적인 이해가 있어야 한다.

지역사회중심의 아동복지가 실천되려면 지역사회 아동복지를 실천하기 위한 기준 분류가 필요하다. 지방자치단체·지역사회 기관의 정책 중심의 지역아동복지, 각종 위원회와 협의회를 통한 지역아동복지, 재정지원을 위한 모금을 통한 지역아동복지, 직접적 서비스를 제공하는 기관을 통한 지역아동복지 등 4가지이다(이성한 외, 2016).

이상의 분류를 2가지 유형인 간접적 서비스와 직접적 서비스로 나눌 수 있다.

- 간접적 서비스 분류 속의 유형: 지방자치단체 중심의 아동복지정책·행정·조례, 아동복지협의회, 사회복지협의회, 아동위원, 공동모금회 등이 있다.
- 직접적 서비스 분류 속의 유형: 사회복지기관, 건강가정지원센터, 다문화가정지원센터, 육아종합지원센터, 기타 아동 관련 기관 및 단체 등이 있다.

(2) 지역사회 아동복지전문가의 역할

아동복지전문가는 사람들과 잘 어울릴 수 있는 친화적인 자질을 가지고 있어야 한다. 지역사회의 다양한 일이 변화를 주는 시스템으로 인해 지역의 저항을 최소화할 수 있는 역할이 필요하다. 여기에 교사의 역할, 촉매제의 역할, 지원자의 역할, 연결자의 역할 등이 필요하다.

지역사회의 자원에 의뢰를 하고, 특정한 문제 상황을 해결하기 위해 다른 기관과 협력하며, 아동과 부모를 위해 새로운 자원을 개발하는 중요한 능력을 지녀야 한다. 지역사회의 서비스 전달체계는 보건, 아동복지, 직업재활, 교육체계, 정신건강 등의 여러 특수 기능으로 구분되어 있다. 이러한 제반 서비스가 분리되지 않고 통합되는 것이 바람직하지만, 현실적으로는 전문 분야별로 분리된 서비스를 제공하는 경향이 있다. 아동의 문제가 심각할수록 자원을 개발하고 여러 서비스를 조정해 주는 역할이 필요하다. 그렇지 못할 경우 부적절하게 서비스가 겹치면 위험은 더 커지게 되므로 유기적인 통합과 서비스를 전달해 주는 전문가가 필요하다.

예를 들어, 아동에 대한 성 학대, 신체학대, 의료 방임, 교육 방임, 영양과 위생에 심각한 문제 등이 발견될 경우에는 아동복지전문가는 관할 지역의 아동보호전문기관에 사례를 의뢰하고 아동학대예방전문가와 협의하여 아동의 환경체계가 개선되도록 조처하여야 한다.

이때 법에 위반되는 행위를 저지른 부모에 대한 서비스와 아동에 대한 서비스 중에서 아동보호를 우선해야 한다. 또한, 사회복지기관과 부모, 학교당국, 법률가, 아동보호전문기관의 사회복지 관련 아동복지전문가와 회의하여 원할한 의사소통과 전문적인 서비스를 제공하는 데 주력해야 한다. 더 나아가 사회복지사 본인이 지역사회의 일원으로서 자원이 되어 주고 지역사회의 다른 자원과 긴밀한 상호 협조체계를 갖추어 서로 도울 수 있도록 연결되어야 한다.

많은 기관이 클라이언트 상황에 대한 전체적인 접근을 하기 어렵고 각각 그 일부분만을 담당하고 있다. 각 기관이 협소하게 문제에 접근하기 때문에 목표를 달성하기가 쉽지 않다. 따라서 클라이언트의 문제와 상황에 여러 기관이 개입할 수밖에 없으며, 그 때문에 사례조정자나 사례관리자의 역할을 하는 사회복지사가 필요하다. 이러한 조정이 없다면 서비스 간의 통합적인 시너지 효과를 내기 어려울 것이다. 서비스 간의 조정과 연계는 시간과 노력이 많이 들지만 가치 있는 것이며 최종적으로 비용에 있어 효과적이다.

(3) 지역사회 아동복지 실천의 과정

지역사회 아동복지 실천의 과정은 사실 조사의 단계, 사업계획의 수립, 사업의 실시, 사업의 종료 및 평가 등 4단계로 되었다.

- 사실 조사의 단계: 지역사회 아동 및 가족의 실태조사, 지역사회 아동과 가족 관련 욕구와 문제파악, 관련된 자원을 확보한다.
- 사업계획의 수립: 지역사회 아동복지의 장기와 단기의 목표를 수립, 목표의 실현방법과 우선순위를 결정, 목표달성을 위한 조직, 기구, 재정, 구체적 사업의 계획을 세운다.
- 사업의 실시: 사업의 홍보 및 자원을 동원하고, 사업을 실시한다.
- 사업의 종료 및 평가: 사업의 종료와 평가를 하고, 문제점을 검토하고 수정한다.

4) 사례관리를 통한 아동복지 실천

(1) 사례관리 아동복지 실천

사례관리는 장기간 서비스를 제공받아야 하는 복합적인 문제를 가진 아동 및 부모에게 서비스를 제공하는 중재방법이다. 특히, 서비스의 지속성과 연계성 및 통합성을 필요로 하는 발달 초기 아동과 가족을 위한 서비스 프로그램에 효과적이다(한성심·송주미, 2016).

사례관리란 사회복지에 관한 복합적인 욕구를 가진 사람들을 위하여 총체적이고 통합적인 지역사회 복지와 직접적인 개별 접근이 혼합되어 있는 실천 방법 절차라고 할 수 있다.

사례관리의 복지 실천의 등장에는 클라이언트의 탈시설화의 영향, 복잡하고 분산된 복지서비스체계, 클라이언트와 그 가족에게 부과되는 과도한 책임, 복합적인 욕구를 가진 인구의 증가, 사회적 지지와 지원망의 강조, 서비스 비용의 억제의 필요성 등이다.

사례관리 아동복지서비스의 목적은 클라이언트의 다양하고 복합적인 욕구를 충족시키고 사회적 기능과 독립을 극화하려는 노력과 관련되어 있다. 이러한 측면에서 사례관리의 목적은 클라이언트와 직면한 장애를 극복하기 위해서 직접적인 서비스를 충분히 제공하고, 클라이언트를 자원과 연결시키고, 간접적인 서비스를 충분히 제공함으로써 클라이언트가 사례관리자의 도움 없이도 자원과의 연결을 유지할 수 있도록 하는 것이다.

다시 말하면, 클라이언트의 보호의 연속성, 서비스 전달의 내용, 효과성 증대, 서비스에 대한 접근성과 책임성의 증진, 일차집단의 보호능력의 향상, 클라이언트의 사회적 기능의 향상이 목적이라 할 수 있다.

1950년과 1960년대에는 탈시설화의 영향으로 인하여 정신장애인의 지역사회보호를 목적으로 하는 사례관리 복지 실천 방법이 수행되었고, 1976년 미국사회사업가협회는 사례관리가 클라이언트의 보호를 위한 실천의 새로운 출발점을 나타내는 개념이라고 제안하였다.

1980년대에 들어서 개별사회사업보다 진보된 하나의 실천 방법으로 활용되었고, 그 후 1990년 사회사업은 종래의 개별사회사업 항목이 사라져 버리고 대신 사례관리 항목이 새롭게 등장하여 미국 사회사업의 변화를 상징적으로 보여 주었다. 사례관리는 초기 사회사업 역사에서 행해진 사회사업 실천의 형태로 복지 실천에서 완전히 새로운 개념이 아니었던 것이다.

우리나라는 1990년대 이후 사례관리의 개념을 도입하여 클라이언트에게 필요한 도움을 통합적으로 제공하고자 노력하고 있다.

사례는 한 개인을 의미하지만, 아동복지 분야에서는 특정한 문제나 욕구를 가진 클라이언트 또는 클라이언트의 체계를 의미하며, 클라이언트에게 보호를 제공하는 데 초점을 두는 임상 측면에서 유래되었다.

사례관리 아동복지 실천 방법은 직접적인 개입과 간접적인 개입의 통합적인 개념이며 클라이언트의 욕구에 초점을 두고 서비스를 개발하고 자원을 제공하는 적극적인 지역사회보호 중심의 실천 방법이다.

이러한 사례관리를 통한 아동복지 실천은 외부 환경에 적응할 수 있는 클라이언트의 잠재력을 최대화하고, 클라이언트와 가족이 여러 서비스와 지원체계를 활용할 수 있는 방법을 습득하게 하여 가족, 이웃, 친구 등 비공식적 자원체계가 클라이언트를 보조할 수 있는 능력을 최대화시켜 주며, 클라이언트와 가족의 요구를 충족시키는 데 있어 공식적 도움체계의 능력을 최대화하는 역할을 수행한다.

(2) 사례관리 아동복지 실천의 특성

사례관리 아동복지 실천의 특성은 다음과 같다.

- 다양한 문제와 복합적인 욕구를 가진 클라이언트를 대상으로 한다.
- 클라이언트의 문제해결과 치료보다는 욕구충족과 보호에 더 중점을 둔다.
- 클라이언트의 사회적 기능과 독립을 극대화하기 위하여 보호의 연속성과 책임성을 보장한다.
- 서비스의 효과성과 효율성을 높이기 위해 포괄적인 서비스를 제공하고 서비스의 조정과 점검을 실시한다.
- 클라이언트와 그들의 사회환경과의 상호작용에 관심을 집중시키며 다양한 지원체

계와 광범위한 서비스를 조정과 점검을 실시한다.

- 가정방문과 같은 출장 원조, 안내와 의뢰 등과 같은 적극적인 클라이언트와의 접근을 강조한다.
- 클라이언트수준에서 클라이언트 각자의 욕구를 개별화하며 개입과정에서 클라이언트의 참여와 자기결정을 촉진시킨다.
- 개별적인 실천기술과 지역사회 실천기술을 통합한 형태이다.

결국 사례관리 아동복지 실천은 클라이언트의 욕구에 초점을 두고 기관의 목적보다는 클라이언트의 목적에 기반을 둔다. 또한, 계획된 프로그램에 기반을 두기보다는 개별화된 서비스 계획에 기반을 둔 실천 활동이라고 할 수 있다.

그러나 이 서비스는 특히 상이한 전문가, 기관, 대인서비스 프로그램이 필요한 클라이언트에게 유효하지만, 서비스 제공자가 교체될 때 서비스가 중단될 수도 있고 연계가 제대로 되지 않을 경우 서비스가 파편화될 수 있다.

FLIPPED LEARNING CHAPTER 6

1 주제

아동권리와 복지의 실천 원칙

2 주요 개념

- 권리와 책임의 원칙
- 보편성의 원칙
- 선별성의 원칙

3 학습내용

- 『그 사람을 본 적이 있나요?』(김려령)를 읽고, 지역사회에서 정부나 지방자치단체에서 도움을 주는 복지 실천과 마음이 따뜻한 이웃의 복지 실천에 대하여 이야기를 나누기
- 『연을 쫓는 아이』(할레이드 호세이니)를 보고 소설(혹은 영화) 속 아이들에게 할 수 있는 아동 권리와 복지 사각지대에서의 복지 실천 방법을 토의하기

4 교실활동

- 『그 사람을 본 적이 있나요』(김려령)를 읽고 권리와 책임, 보편성과 선별성의 원칙과 개인, 집단, 지역사회의 실천 방법을 크로스 인터뷰로 활동하기
- '나무 없는 산'(김소영) 영화를 본 후 자매에게 지역사회에서 어떠한 실천 사례를 통하여 복지를 실천할지 토의하기

5 퀴즈

- 아동권리와 복지의 실천 원칙을 이야기해 보세요.
- 아동권리와 복지의 실천대상에서의 문제점이 무엇인가요?
- 아동권리와 복지의 실천 방법의 종류는 무엇인가요?

7 CHAPTER 아동권리와 복지의 사례관리체계

학습 개관

본 장은 선진국의 아동사례관리제도에 대한 내용을 다루고 있다. 구체적으로 영국과 미국, 뉴질랜드의 주요 제도틀 및 내용을 고찰하고, 이어서 우리나라의 아동사례관리체계를 확산되고 있는 사례를 기술한다. 이를 통해 아동의 문제 발견에서 사정, 개입 및 종료에 이르는 과정에서 어떠한 기반에서 어떠한 체계로 접근하는지를 살펴봄으로써 더욱 실효성 있는 아동복지 전달 방법을 마련하는 데 기초 자료가 될 수 있을 것이다. 즉, 선진국의 아동사례관리체계를 살펴봄으로써 우리나라 관리제도의 내실을 기하게 될 것으로 기대한다.

학습 목표

- 아동사례관리의 개념 및 필요성을 설명할 수 있다.
- 선진국의 아동사례관리의 특징을 정의할 수 있다.
- 각 나라 간의 아동사례관리체계의 특성을 비교, 분석할 수 있다.
- 선진국의 아동사례관리체계를 토대로 우리나라 아동사례관리체계의 과제를 기술할 수 있다.

주요 자료

연구논문

- 선진국의 아동사례관리체계 비교연구: 영국, 미국, 뉴질랜드를 중심으로(2011, 김미숙 외, 한국보건사회연구원)
- 아동·청소년·가족 보호체계 개선방안 연구(2015, 김지연 외, 한국청소년정책연구원)

사이트

- 드림스타트 : www.dreamstart.go.kr
- 미국 헤드스타트 홈페이지 : www.acf.hhs.gov/programs/ohs
- 위스타트 : www.westart.or.kr
- 한국사회복지사협회 : www.welfare.net

1. 사례관리

사례관리(case management)란 장애인복지, 지역사회 정신보건, 노인복지, 의료·보건사업, 발달장애 등과 같은 인간을 대상으로 하는 서비스에 두루 쓰이는 실천 양식으로, 지역사회 세팅 내에서 만성 장애인이나 중증장애 클라이언트에게 차츰 확대되고 지속적인 보호를 제공하는 수단으로 여겨지고 있다. 사례관리기법의 실용적 정의는 광범위하고 포괄적이며 유동적이라고 할 수 있다. 사례관리의 본질적인 목적은 문제해결에 있다. 문제해결이란 지속적인 서비스를 제공하고 서비스 체계의 경직성, 분산된 서비스, 서비스나 시설 접근의 어려움 등을 극복함으로써 이루어지는 것을 말한다(이철수, 2009).

사례관리가 등장한 이래, 사례관리자의 역할과 기능은 급격히 변화했다. 1970년대 서비스 조정, 기관 간 협력의 목적으로 등장한 사례관리는 1980년대 들어 제도적 개혁과 함께 하나의 서비스 형태로서 명확하게 인식되면서 다양한 영역에 걸쳐 폭발적으로 성장했다. 이후 1990년대 후반부터 오늘날에 이르기까지 사례관리는 전문가의 역할 수준이나 실천 과정을 넘어서 국가의 장기적 보호(long-term care) 전달체계의 핵심으로 자리매김하고 있다.

사례관리의 특성은 다음과 같다.

첫째, 사례관리는 다학제간 접근이다. 사례관리는 사회복지, 간호, 재활치료, 심리, 직업, 정신과 등 다양한 학문 분야의 전문가들이 팀으로서 활동하는 것이 일반적이다. 이때 팀은 전 과정에 걸쳐 이루어지기도 하지만, 사정, 계획 등 특정 과정에만 활용될 수도 있다.

둘째, 사례관리는 직접적인 실천이면서 동시에 간접적인 실천이다. 사례관리는 상담, 치료, 조언 등을 클라이언트에게 직접 제공하는 것과 클라이언트를 지역사회 기관에서 제공하는 서비스와 지지에 연계시키는 핵심적인 기능 2가지를 통합하고 있다.

셋째, 사례관리는 미시적이면서도 거시적이다. 사례관리자의 많은 활동은 개인의 욕구를 충족시키고 권리를 옹호하는 실천 방법이며, 서비스 전달체계의 핵심으로서 전체 사회의 서비스 조직에 대한 정책을 구현한다. 최근 대부분의 나라에서는 사례관리가 고도의 욕구를 갖는 집단에게만 적용되는 것이 아니라 욕구 유형이나 수준에 관계없이 모든 이용자에게 적용되는 과정으로 발달시키고 있다.

넷째, 사례관리는 수직적이면서 동시에 수평적이다. 특정 시점에 클라이언트의 다양한 욕구를 충족시키기 위해 포괄적인 서비스를 제공할 수 있을 정도로 다양한 영역에 걸쳐 있어야 하며, 다른 한편으로는 클라이언트의 변화하는 욕구에 반응할 수 있을 정도로 장기적이어야 한다.

사례관리활동은 사례발견, 사정, 계획, 모니터링 및 재평가, 평가 및 종결의 단계를 거친다.

- 사례발견: 이 단계의 목적은 사례관리를 통해 도움을 받을 수 있는 가장 적절한 클라이언트를 확인하고 등록하는 것이다. 이 과정에서 사례관리자의 과업은 원조를 필요로 하는 클라이언트의 장애나 욕구를 개략적으로 파악하고, 또 사례관리를 통해 제공해 줄 수 있는 원조의 내용을 클라이언트에게 상세히 설명하여 클라이언트가 그러한 원조를 수령할 것인지의 여부를 확인하고 동의를 얻는 일이 중심이 된다.
- 사정: 개인과 관련된 상황에 대한 평가로서 정의되는 사정은 클라이언트의 욕구와 강점을 결정짓는 과정으로, 클라이언트의 적극적 참여와 협력에 의해 이루어지는 과정이다. 사정은 클라이언트가 자신의 얘기를 하도록 함으로써 시작되고, 그들의 경험을 탐색하고 변화를 이끌어 내는 데 장애가 무엇인지 등에 대해 함께 논의하는 과정이다. 사정은 일반적으로 총체적 사정이라고도 불리는데, 이는 클라이언트 삶의 전반에 걸쳐 탐구하는 과정임을 의미한다.
- 계획: 사정과 서비스 전달 간의 연결지점이다. 욕구가 사정되고 나면 실천가는 그러한 욕구에 이용 가능한 자원을 연결시키기 위해 일련의 케어 계획을 수립하게 된다. 사정에 의해 욕구가 확인되고 나면 욕구의 우선순위와 목표가 설정된다. 욕구가 변할 수 있음을 감안하여 계획은 충분히 융통성 있게 세워져야 한다.
- 모니터링 및 재평가: 모니터링과 재평가는 사례관리에서 중요하다. 사회사업은 단기 또는 시간제한적인 경향이 있는 반면, 사례관리는 일반적으로 장기적이고, 때로는 평생에 걸친 상황에 초점을 둔다. 사례관리 모니터링은 사회사업 개입이 효과적인지 아닌지에 단순히 초점을 두는 것이 아니라, 그것은 다른 기관들이 약속된 서

비스를 제공하고 있는지, 제공자가 시간에 맞게 질적으로 제공하고 있는지, 장기적 서비스 계획이 수정되거나 업데이트되어야 할 필요가 있는지 등의 문제를 다루어야 한다. 모니터링이 서비스가 실제 전달되는 동안 기존의 계획이 클라이언트에게 만족스러운지 또는 계획의 수정이 필요한지를 지속적으로 알아보는 일이라면, 재평가는 기존의 계획이 제대로 수행되고 있는지를 평가하는 활동이다.

- 평가 및 종결: 사례관리에서 결과를 평가하는 것은 매우 중요하며, 이러한 자료들은 궁극적으로 사례관리의 효과성을 제시하는 주요한 근거가 된다. 평가기능은 전 단계의 모니터링 기능과는 다르다. 모니터링이 개입활동이 계획된 대로 진행되었는지 여부에 일차적인 초점을 맞추는 것이라면 평가는 이러한 활동이 바람직한 결과를 초래했는지 여부에 초점을 맞춘다. 즉, 평가는 결과 목적이 달성되었는지 여부에 보다 많은 관심이 있다고 할 수 있다.
  사례관리는 다른 개입보다 종결을 논하기가 어렵다. 왜냐하면 지속적인 보호 관리를 목적으로 하는 사례관리의 대상층이 치료나 문제가 쉽게 해결되는 단기 환자보다는 대개 만성적이고 상태가 점점 악화되어 가는 경향이 있기 때문이다. 그 때문에 일부 사례관리 서비스는 클라이언트의 전 생애에 걸쳐 지속적으로 제공되기도 한다. 이러한 상황에서 유일한 종결은 클라이언트가 사망하는 경우일 것이다. 그러나 일단 이러한 상황이 발생하면 종결이 진행되고, 이때는 개인이나 가족, 서비스를 제공한 자원체계가 전부 관여된다. 또 다른 경우는 사례관리 서비스가 더 이상 클라이언트에게 도움이 되지 않는다는 판단이 설 때이다. 이때의 과업은 종결지을 때를 결정하는 것, 종결에 대한 정서적 반응을 해결하는 것, 미래에 대한 계획을 설정하거나 다른 전문가에게 의뢰하는 것 등 일반적인 실천에서의 종결 과업과 일치한다(김미숙 외, 2011).

우리 사회의 아동복지제도는 개별 아동에 대한 문제 진단 및 적절한 개입수준은 매우 초보적인 단계에 있다. 반면, 선진국의 경우는 통합적인 아동보호 및 사례관리제도를 통해서 밀착된 개별접근을 하고 있다. 따라서 본 장에서는 김미숙 외(2011)가 연구한 선진국의 아동사례관리제도에 대한 주요 제도 틀 및 내용을 고찰하고자 한다. 이를 통해 우리나라에서 확산되고 있는 사례관리제도의 내실을 기할 수 있게 되고, 보다 실효성 있는 아동복지를 전달하는 방법을 마련하는 데 기초자료가 될 것으로 기대한다.

2. 영국의 아동사례관리 체계

영국의 아동복지정책은 1989년 '아동법'에 근간을 두고 있다. 아동법은 학령전 보육, 아동복지, 아동을 위한 지방정부서비스, 장애아동의 보호, 장기입원아동과 학습장애아동의 보호 등을 포괄적으로 담고 있으며, 요보호(in need)아동의 복지를 촉진하고 안전을 보장할 의무를 다하기 위해 지역아동에 대한 서비스 제공의 책임을 지방정부에게 부여하고 있다. 요보호아동이란 아동발달의 합리적 기준을 달성·유지하기 어렵거나 기회를 갖지 못했거나 못할 것 같은 아동, 보건이나 발달 정도가 심각하게 저해된 아동 및 장애가 있는 아동을 의미한다(Department of Health, Department for Education and Employment & Home Office, 2000).

영국 정부는 아동의 권리를 중심으로 아동의 욕구에 맞는 전문서비스를 개발하는 것을 목표로, 아동과 그 가족을 지원하는 것을 우선시하며 나아가 지역사회보호를 강조하고 있다. 특히 요보호아동에 대한 조기지원과 통합적 서비스 제공의 필요성을 인식하고, 아동 관련 조직들의 파트너십을 통한 협력을 강조하고 있다.

1) 영국사례관리의 이해

영국에서는 아동의 욕구를 정확하게 파악할 수 있도록 요보호아동 및 가족의 평가를 아동의 발달 단계상의 욕구와 가족과 환경적 요인 그리고 양육능력의 3가지 주요 영역으로 구성하고 있다. 2004년 아동법이 개정되면서 아동서비스를 제공할 때 이를 활용하도록 하고 있는데, 이 3영역은 상호 연관된 체계로 각 영역에 따른 주요 요인은 다음과 같다.

- 아동의 발달 단계상의 욕구는 아동이 건강이나 학습과정에 있어 얼마나 잘 발달하고 있는지를 의미한다.
  - 건강(health)
  - 학습(learning)
  - 정서 및 행동발달(emotional and behavioral development)
  - 사회적 관계 형성(identity and social relationship)
- 가족과 환경적 특징은 아동의 발달과 부모의 양육능력에 대한 확대가족이나 환경적 요소의 영향을 의미한다.
  - 가족력 및 가족 기능(family history, functioning and well-being)
  - 주택(housing)
  - 고용(employment)
  - 경제적 상태(financial considerations)
  - 확대가족, 사회 및 지역사회 자원(wider family, social and community elements and resources)
- 부모와 주양육자의 양육 능력 및 부모 특성은 부모나 주양육자가 아동이 잘 발달할 수 있도록 지원하는가와 아동의 욕구에 적절하게 반응하는가를 의미한다.
  - 기본적인 보호(basic care)
  - 안전과 보호(ensuring safety and protection)
  - 정서적 안정(emotional warmth and stability)
  - 독립심 형성(guidance, boundaries, and stimulation)

개정 '아동법'에서는 기관 간 협력을 강조하고, 아동의 안전한 보호와 복지를 증진시킬 필요성을 제기한다. 통합된 서비스 전달을 위해 공통평가체제(Common Assessment Framework)가 개발·보급되었다. 공통평가체제는 아동의 부가적 욕구(additional needs)를 조기에 파악하고, 이를 충족시키기 위해 관련 기관들이 상호 협력하여 통합된 서비스를 제공하는 것을 목적으로 설계되었다. 공동평가체제는 부가적(additional)이고 복합적(complex)인 아동의 욕구를 충족시키기 위해 아동과 가족의 욕구와 강점을 평가하고, 아동과 가족의 욕구를 충족시키기 위한 방법이 무엇인지, 가족이 무엇을 할 수 있고 어떤 서비스가 제공되어야 하는지를 결정하는 데 기여하고 있다.

- 부가적인 욕구(additional needs)를 지닌 아동이란 현재 서비스를 제공받고 있지만 욕구가 충족되지 못한 아동으로, 다음의 상황과 연계되어 있다.
  - 반사회적 행동
  - 부모의 양육능력 부족
  - 범죄 개입
  - 학교결석 및 소외
  - 따돌림 경험
  - 특수교육 욕구
  - 장애
  - 16세 이상으로, 학교나 훈련 프로그램, 직장 그 어느 조직에도 소속되어 있지 않은 경우
- 복합적인 욕구(complex needs)를 지닌 아동으로 진단하기 위한 준거는 다음과 같다.
  - 아동보호계획의 대상
  - 지방정부로부터 보호받는 아동
  - 보호시스템을 벗어난 아동
  - 입양이 계획된 아동
  - 심각하고 복잡한 특수교육 욕구가 있는 아동
  - 복합적인 장애가 있는 아동
  - 심각한 정신건강문제가 있는 아동
  - 청소년 범죄자

결과적으로, 보편적인 아동서비스만으로는 Every Child Matters(HMSO, 2003)에서 언급하고 있는 건강, 안전, 즐거움과 성취, 긍정적 기여, 경제적 안녕의 달성의 지표에 도달하기 어렵다. 이슈에 따른 아동정책의 성과 및 목표는 〈표 7-1〉에서 찾아볼 수 있는데, 공통평가체제는 먼저 아동의 욕구를 조기에 파악한 후, 욕구를 평가하는 과정을 거쳐 욕

구를 충족시키기 위한 통합된 서비스를 제공한다. 그런 다음 일련의 과정을 4개의 단계로 나누어 검토한다. 욕구가 충족되었다고 판단되면 개입이 종결되는데, 모든 아동에게 공통평가체제가 적용되는 것은 아니다. 잘 지내고 있거나 이미 욕구가 파악된 아동의 경우는 제외가 된다. 또한, 이미 평가가 진행되었거나 해당 지역에서 아동의 욕구를 충족시키기 위해 서비스가 제공되고 있는 경우도 제외된다. 이 외에도 아동이 학대받고 있다고 의심되는 경우나 심각한 학대를 받고 있을 경우에는 반드시 지방아동보호위원회(LSCB: Local Safeguarding Children Board)의 아동보호 단계를 따라야 하기 때문에 해당 사항이 없다. 단, 유의사항은 공통평가체제를 적용하기 위해서는 아동이나 부모 또는 주양육자의 동의가 필수적이라는 점이다.

〈표 7-1〉 영국의 아동정책 이슈별 성과와 목표

구분	성과	목표
건강	• 신체적 건강 • 정신적, 정서적 건강 • 성적 건강	• 건강한 생활스타일 • 불법 약물을 하지 않음
안전	• 학대, 방임, 폭력, 성매매로부터 안전 • 사고와 죽음으로부터 안전 • 따돌림과 차별로부터 안전	• 학교 내·외에서 범죄와 반사회적 행동으로부터 안전 • 안전, 안정, 보호
즐거움과 성취	• 학교를 위한 준비 • 학교에 참여하고 즐기기 • 초등학교에서 국가교육 기준에 도달하기	• 개인적, 사회적 발달 도모 • 중학교에서 국가교육 기준에 도달하기
긍정적 기여	• 결정과정, 지역사회와 환경을 지원하는 일에 관여하기 • 학교 내·외에서 긍정적 행동에 관여하기 • 반차별을 위한 긍정적 관계를 발전시키기	• 자신감을 발전시키고 의미 있는 삶의 변화와 도전을 성공적으로 다루기 • 진취적인 행동 발전시키기
경제적 안녕의 달성	• 고등교육, 고용이나 훈련과정에 관여하기 • 고용을 위한 준비	• 적절한 주거와 친화적 지역사회에 살기 • 교통이나 유형 재화에 접근 • 저소득으로부터 자유롭게 살기

출처: 김미숙·우국희·양소남·이주연·이정현(2011). 선진국의 아동사례관리체계 비교연구: 영국, 미국, 뉴질랜드를 중심으로. p. 60.

2) 아동조기개입 및 가족통합 제도: 슈어스타트(sure start)

(1) 사업의 목적 및 특성

슈어스타트는 모든 아동은 그들의 배경이나 환경에 관계없이 인생에 있어서 가장 좋은 출발을 할 가치가 있다고 전제한 영국 정부가 아동보육, 조기교육, 그리고 보건과 가족지원을 통해서 모든 아동에게 그들의 인생을 가능한 한 가장 좋게 출발(start)할 수 있도록 보장(sure)하는 것을 목적으로, 범부처 차원에서 마련한 장기적 전략 프로그램이다. 즉, 슈어스타트는 아동과 그 가족의 건강과 안녕(well-being)을 증진시킨다는 비교적 포괄적인 목적하에, 아동의 사회·정서적 발달, 건강 및 학습능력을 증진시키고 가족과 지역사회 능력을 강화시킨다는 세부 목표를 갖고 있다. 이 프로그램은 개별 부처 단독으로 빈곤가정의 문제를 해결하기에는 역부족이므로 포괄적이고 통합적인 조기 아동 프로그램을 통해 상이한 아동의 삶을 고려한 맞춤형 서비스를 제공해야 한다는 취지에서 비롯되었다(Department for Work and Pensions & Department for Education and Skills, 2002).

1998년 프로그램 계획 발표 당시에는 가장 열악한 지역에 거주하는 가장 박탈당한 0~3세의 아동과 그들 가족의 빈곤감소와 사회적 배제를 방지하기 위해 설계되었으나, 이후 서비스의 수혜 대상을 점차적으로 늘려서 현재는 0~5세의 모든 아동(장애아동의 경우 16세까지)을 대상으로 조기교육과 방과후 교육, 아동보육, 건강, 가족지원 서비스를 통합적으로 제공하고 있다.

초기 슈어스타트 사업은 아동, 학교, 가족부(Department for Children, Schools and Families)와 고용과 연금부(Department for Work and Pensions)의 감독을 받았다. 슈어스타트 사업의 주요 특징은 중앙 및 지방정부, 민간의 협력관계에 기반하고 있다는 것이다. 이는 지방 차원의 자발적 노력이 요구되는 동시에 중앙정부의 방향제시와 관리 역할이 강조되는 새로운 파트너십에 기반한다. 여기에서 파트너십이란 중앙정부의 슈어스타트국과 지방단위의 슈어스타트 협의체(Local Sure Start Partnerships)의 파트너십, 지방단위의 슈어스타트 협의체와 서비스 공급자, 즉 지방정부와 보건기관 등의 지방 법정기관, 자원조직, 지역사회조직, 민간조직과의 파트너십, 그리고 지방협의체 내부의 협의체 운영자, 전문가, 부모와의 파트너십을 의미한다. 특히 전문가 또는 서비스 공급자간의 협력은 슈어스타트의 기본 토대를 이룬다. 이용자 참여는 부모위원회 또는 부모포럼을 통하여 부모들이 슈어스타트 계획의 수립과 실행에 참여할 수 있도록 보장하고 있다. 그리고 중앙정부는 슈어스타트의 전반적인 계획 수립과 재정 지원, 지방정부에 지침을 제시하는 등의 통합적 관리 역할을 수행하였다(백선희, 2006).

슈어스타트 사업의 또 다른 특징은 사업운영을 지역단위로 하는 것이다. 지방 슈어스타트 프로그램(SSLP: Sure Start Local Programme)은 대부분 영국의 가장 취약한 지역에서 사업을 수행했으며, 지역사회 특성과 욕구를 고려하여 슈어스타트를 다양하게 전개하였다. 모든 지방 슈어스타트 프로그램은 반드시 슈어스타트 원칙을 따라야 한다. 부모와 아동 대상 2세대 포괄 서비스, 모든 사람의 개별적인 욕구를 인정하는 서비스, 융통성 있는 서비스 제공, 가장 어린 시기에 개입시작, 수요자 관점의 투명한 서비스 제공, 전문가 협력을 통한 지역사회 중심의 서비스 제공, 성과에 기반을 둔 서비스 제공이다.

이 원칙을 바탕으로 해서 슈어스타트 프로그램은 어느 지역에서나 다음과 같은 서비스를 제공하도록 하고 있다. 아웃리치와 가정방문, 가족과 부모에 대한 지원, 양질의 놀이와 학습, 아동을 위한 케어 경험 지원, 아동건강 및 발달과 가족건강에 대한 지역의료보호와 안내, 특별한 서비스를 필요로 하는 대상자 지원, 이것은 지역 내 모든 활동이 슈어스타트 목표와 전략을 공유할 수 있고 정부가 계획을 효과적으로 추진하고 관리하는 데 도움을 준다.

(2) 슈어스타트 전달체계

지방 슈어스타트 프로그램은 파트너십에 기반한 통합된 전달체계를 통해 시행되고 있다. 먼저 지역사회 비영리기관, 민간기관, 보건기관, 고용기관 등 지역사회 관련 자원이 참여하는 가운데 지역사회계획을 수립하고, 지방당국은 이 계획을 확정짓고, 다시 지역협의체와 함께 재정조달 계획과 분배 전략을 수립한 후 각 서비스 공급자에게 재정을 배분한다. 공급자는 슈어스타트 재정을 통해 아동보육, 유아교육, 가족지원, 보건서비스 등 아동과 가족에게 필요한 서비스를 통합적으로 전달한다(백선희, 2006). 지방정부는 서비스의 계획, 재정, 서비스 평가 등에 있어 중심적인 역할을 하되, 센터는 서비스 제공의 거점으로서 지역사회의 공공, 민간기관과 자원을 연계하여 통합적으로 서비스를 제공한다.

2003년 〈*Every Child Matters*〉 보고서에서 기존의 슈어스타트를 더욱 강화하여 새로운 아동센터(Children's Centre)를 통한 포괄적이고 통합적 서비스 제공을 발표하였고, 2004년 개정 '아동법'은 아동서비스 관련 기관들 간의 조정과 협력을 한층 강조하였으며, 2006년 개정 '아동법'에서 지방정부에게 지역 아동의 삶의 질을 증진시킬 의무를 부여하고 조기지원 서비스가 아동과 부모에게 최대한 도움이 되도록 보다 통합적으로 접근 가능하도록 하였다. 이러한 법적인 강제력은 아동센터의 권한 강화를 보장하고, 아동과 가족의 삶의 질을 담보하도록 하는 데 중요한 역할을 하고 있다.

그러나 중앙정부가 개입하는 것이 아동의 빈곤 퇴치에 그리 효과적이지 못했다는 평가와 함께(HMSO, 2007; Katz & Valentine, 2009), 지방정부 차원에서 더욱 융통성 있게 자원을 동원하고 활용할 필요가 있으며, 이를 통해 지역단위에서 조직과 서비스를 운영하는 능력과 자율성을 강화해야 한다는 논의가 활발해지면서, 지방 슈어스타트 프로그램 또한 변화되어야 한다는 목소리가 높아졌다(Department of Education, 2010b). 또한, 한정된 기금의 효율적 활용을 위해 영국 정부는 우선순위를 두었는데, 사회에서 가장 취약한 아동을 보호하는 것이 가장 시급한 문제라고 사회적 합의가 이루어졌고, 그 결과 영국의 기금 활용은 아동서비스에 우선순위를 두게 되었다(Department of Health, 2007).

게다가 정부가 2008년 The Early Years Foundation Stage, 즉 0~5세 아동의 학습(learning), 발달(development), 보육 / 보호(care)의 기준을 마련하면서 아동에 대한 조기개입은 아동서비스에서 매우 중요한 과제가 되었다. 세대를 걸쳐 반복되는 빈곤의 악순환을 차단하기 위해서 가족을 지원하는 것이 요구되며, 이를 위해서 초기 도움과 개입이 매우 중요하다는 사회적 합의에서 출발하였다. 그리고 이러한 상황에서 전국적인 네트워크를 가진 슈어스타트 아동센터가 미취학 자녀가 있는 가족에 대한 통합적 지원을 전달하는 데 있어서 매우 중요한 역할을 담당하게 된 것이다(DfE & DH, 2008, 2011)

지방 슈어스타트 프로그램(SSLPs)과 조기교육센터(Early Excellence Centres)가 슈어스타트 아동센터로 전환되면서 지방정부의 책임과 역할이 더욱 강화되었으며, 기존의 슈어스타트에 근로연계복지(welfare-to-work)가 도입되었고(Katz & Valentine, 2009), 열악한 지역사회뿐만 아니라 전국 사업으로 확대되었다. 이러한 변화에 따라 정부는 2010년 기준 524개의 지방 슈어스타트 프로그램을 포함하여 3,500개의 슈어스타트 아동센터가 개설되었다고 보고하고 있다(Department of Education, 2010a).

아동센터로 발전된 슈어스타트 아동센터(Sure Start Children's Centres)는 0~5세 아동과 그들의 가족을 위한 통합적 서비스를 제공한다. 2010년에 이루어진 지출보고(spending review)에 따라 조기개입기금(The Early Intervention Grant)이 마련되었고, 이를 위한 네트워크가 구성되었다. 슈어스타트 아동센터는 현재 교육부(Department for Education)의 감독을 받으며, 민간과 지역사회의 다양한 조직에 의해 운영된다. 지방정부는 지역의 욕구를 충족시킬 수 있는 충분한 제공을 보장하기 위한 법적 책임이 있다. 지방정부는 지역사회가 새로운 아동센터를 설립하고자 할 때 기존의 아동센터에 대한 변화를 위해 지역사회에 자문을 제공해야 한다(DfE, 2010a).

기존의 지방 슈어스타트 프로그램이 아동발달에 초점을 두었다면 슈어스타트 아동센터는 아동보육과 부모, 특히 어머니의 직장 복귀에 초점을 두고 있으며, 이용자의 참여와 함께 지방정부의 역할을 강화하여 운영되고 있다. 따라서 아동보육과 교육, 보건서비스, 가족지원, 부모현장방문, 고용지원, 정보 제공, 부모에 대한 조언과 지지, 네트워크 등 포괄적이고 통합적인 기관의 역할을 하고 있다.

영국의 아동복지서비스 전달체계를 보면 대인사회서비스 행정에 대한 통제와 감독은 교육부(Department of Education)와 보건부(Department of Health)에서 수행하지만, 서비스 제공의 실제적인 책임과 집행은 '지방정부'에 의해 이루어진다. 따라서 지방정부 사회서비스국에 소속된 사회복지사가 아동과 가족의 욕구를 사정하여 필요한 서비스를 계획하며, 서비스를 조정 및 관리하는 역할을 수행한다.

(3) 성과평가

슈어스타트 아동센터의 사업에 대한 성과를 측정하기 위해 정부는 전국의 아동센터를 대상으로 감사계획을 세웠는데, 2010년 4월부터 2015년 8월까지 모든 센터에 대해 적어도 1회의 감사가 진행되었거나 진행될 예정에 있다(Ofsted, 2011). 외부의 독립적인 조직에 의해 진행되는 평가에서는 아동과 부모의 변화, 통합적으로 제공된 서비스 질, 관리의 효과성 등을 살펴보게 된다.

3. 미국의 아동사례관리 체계

미국은 대인서비스가 발달한 국가로 일찌감치 사례관리가 도입되어 보건복지의 제 분야에서 발전되었다. 이는 보건과 복지서비스가 전문화, 분화되고 서비스 대상자의 욕구가 복합화, 지속성을 띰에 따라서 공급자 중심의 서비스 체계가 가지는 한계를 극복하고 서비스의 효율성과 대상자의 욕구 만족도를 증진시키고자 하는 데에 따름이다. 특히 아동의 경우, 인구사회학적 특성상 성인보다 복지서비스에 대한 정보 접근성, 독립적 의사결정 능력 및 자원조달 능력이 부족하므로 사례관리서비스의 주요 대상으로 부각되었다.

1) 미국사례관리서비스의 개념 및 발전과정

(1) 미국의 사례관리서비스의 개념화

미국의 사례관리는 시대와 적용 분야에 따라서, 연구자에 따라서 다양하게 개념화되었다.

Weil과 Karls(1985)는 사례관리를 '서비스의 조정을 통하여 양질의 서비스를 제공하고 보다 효율적이고 비용 효과적인 방식으로 서비스를 전달하는 방법'으로 정의하여 사례관리의 조정자와 옹호자 역할을 강조하고 전달방식상 효율성 및 비용 효과적 측면을 부각시켰다.

Moxley(1989)의 정의는 좀 더 구체적이며 포괄적인데, 사례관리를 '복합적인 욕구를 가진 클라이언트를 대상으로 사례관리자가 그들의 욕구를 사정하며, 적절한 서비스, 기회 또는 급여를 확인하고, 포괄적인 서비스 계획을 개발하며, 클라이언트의 서비스에 대한 접근과 이용을 위한 옹호를 제공하고, 적절하고 효과적인 서비스의 전달을 점검하거나 평가하는 것 등을 통해 클라이언트의 욕구를 충족시킬 수 있도록 원조하는 것'으로 정의한다. 따라서 사례관리의 과정상 사례관리자의 역할을 규정하고 서비스 이용자(클라이언트)의 욕구의 복합성과 이를 충족시키는 면을 강조하고 있음을 알 수 있다.

Rubin(1992)은 사례관리의 개념을 '클라이언트가 도움을 필요로 하는 분야를 찾아낼 수 있도록 돕는 것과 도움이 될 만한 개인적 자원과 지역사회 자원을 연계하는 것'으로 설명하였다. 이는 사례관리의 옹호자적 역할과 자원개발 및 연계 역할에 중점을 둔 개념화로 볼 수 있다.

Dinerman(1992)은 사례관리를 전달체계의 기능적 측면에서 개념화하였는데, '클라이언트 혹은 클라이언트의 가족을 위하여 여러 공급자에 의해 제공되는 다양한 종류의 필요한 서비스의 정리와 지속을 위하여 고안된 기능'으로 사례관리를 설명하였다. 그는 다양하고 복잡한 복지서비스 공급체계와 복합적인 욕구를 가진 이용자(클라이언트)를 연결해 주는 연결고리로서 사례관리를 보고 있다.

또한, 미국사회복지협회(National Association of Social Workers, 1984)에서도 사례관리를 '서비스 전달체계의 요소를 조정하고 연계하여 개인의 욕구를 충족시킬 수 있는 포괄적인 프로그램을 확보하는 매커니즘'으로 정의하여 복지서비스 전달체계 속에서 사례관리의 전달자로서의 역할을 강조하였다.

종합적으로 살펴볼 때, 미국의 사례관리는 다양하고 전문적인 복지서비스 공급체계와 복합적인 욕구를 가진 이용자(클라이언트)를 연계하는 접점에 있는 공급자(사례관리자)의 복합적인 역량을 강조하여 서비스 공급자적 측면에서는 서비스의 효율성을 도모하고 이용자적 측면에서는 욕구 맞춤형의 양질의 서비스를 이용할 수 있도록 도모하는 서비스 전달의 한 방법으로 정리할 수 있다.

(2) 미국의 사례관리서비스 발전과정

미국의 사례관리의 시초는 19세기 후반 자선조직협회(Charity Organization Society)와 인보관운동(settlement house movement)이 일어났던 시기로 거슬러 올라간다. 당시 사례관리(case management)라는 용어는 부재했으나, 자선조직협회에서 활동하던 '친절한 방문자(friendly visitor)'와 인보관(settlement house)의 자원봉사자들이 빈곤가구를 대상으로 일정 부분 사례관리자의 역할을 수행하였기 때문이다(Blau & Abramovitz, 2004; 이근홍, 1998). 자선조직협회의 봉사자였던 '친절한 방문자'는 빈곤가구의 상황을 조사하여 서비스 전달자 간 서비스의 중복이 이루어지지 않도록 대상자의 목록을 작성하는 등 사례의 사정(assessment), 기록 및 조정활동을 담당하였다(Blau & Abramovitz, 2004; 이근홍, 1998). 더 나아가 인보관의 봉사자들은 복합적인 욕구를 가진 빈곤가구의 어려움을 해소하기 위하여 개인적, 사회적 네트워크를 동원하여 복지자원을 제공하였을 뿐 아니라 당시 지역사회 내 전반적인 복지자원 부족문제에 대응하기 위하여 서비스를 개발하고 지역사회를 조직화하는 등 현재 사례관리서비스에서 제공되고 있는 옹호(advocacy), 자원연계, 서비스 개발 및 조직화의 역할을 수행하였다(Blau & Abramovitz, 2004; 이근홍, 1998). 그러나 이들의 역할은 사례관리서비스를 단편적으로 적용한 데에 그쳐 서비스의 통합성이나 권리옹호, 강점관점 접근 및 역량강화 등 현대적 의미의 사례관리서비스로서 기능하지는 못했다.

이후 사례관리서비스는 1950~1960년대에 이르러 정신장애인 보호정책상의 패러다임 전환으로 인하여 발전의 계기를 맞게 되었다. 이 시기에는 이전까지 환자로 취급되어 격리시설에 집중 수용되었던 정신장애인을 지역사회에서 보호되도록 하는 탈시설화가 진행되었다. 이들의 복합적인 욕구에 대응하고자 기존의 파편적이고 분절화되었던 지역사회 서비스 체계를 보완할 필요성이 대두되었고 그 방안으로 지역사회지원시스템(Community Support System)이 구축되었다(이근홍, 1998; Turner & Shiffren, 1979). 이후 사례관리서비스는 보건 분야와 관련하여 지역사회지원시스템의 가장 주요한 구성요소로 반드시 제공되도록 법적으로 명문화되었으며(Childhood Vaccine Injury Act: P.L. 99-660, 1986), 이에 따라 보건 분야에서 사례관리서비스가 더욱 확대될 수 있었다.

1970~1980년대에는 지역사회의 대인서비스가 증가하게 되면서 사례관리가 장애인뿐 아니라 노인 및 아동학대 피해자 등 대상적 확대를 수반하게 되었다(설진화, 2009). 이 시기에는 다양하고 복합적인 욕구를 가진 인구집단이 출현하였는데, 기존의 장애인 및 만성질환 장애인과 더불어 산업화로 인한 도시의 빈민가족, 인구의 노령화에 따른 노인인구 및 학대와 방임 등의 피해아동 등이 대표적이다. 그러나 지역사회의 사회복지 서비스는 전문화에 따른 단편성과 분절성을 특징으로 하고 있었기 때문에 이들의 복합적인 욕구에 적절히 대응하기 어려웠으며, 이러한 문제에 대한 대안으로서 사례관리가 부각되었다.

1980년대에는 이전까지 연방정부에서 지원하던 복지서비스가 많은 부분 지방으로 이양되었으나 지방정부의 서비스 전달체계 및 자원의 수준은 미처 조율되지 못한 상황이었다(이근홍, 1998; 설진화, 2009; 권진숙 외, 2009). 따라서 지방정부에서는 복지서비스의 단편화, 분절화 및 비체계화로 인한 문제들을 경험하게 되었으며, 서비스의 연속성, 포괄성 및 체계성을 증진시키고 복합적인 욕구를 가진 서비스 대상자의 욕구에 맞는 맞춤형 서비스를 제공하기 위하여 사례관리의 필요성이 대두되었다.

사례관리라는 용어가 빈번하게 사용되면서 1990년 『사회사업백과사전(*Encyclopedia of Social Work*)』에는 기존의 사회사업실천을 의미하는 'casework'라는 단어 대신 사례관리를 의미하는 'case management'로 대체되었다(설진화, 2009). 또한, 사례관리서비스의 수행자(사례관리자)와 일련의 수행과정(욕구사정 – 서비스 계획 – 서비스 연계 – 서비스 전달 여부 모니터링 – 옹호 – 욕구의 지속적 사정)상의 절차도 일반화되었으며, 적용영역도 확대되어 최근에 이르기까지 고령계층, 약물중독, 만성질환, 발달장애 및 장애, AIDS, 출소 후 사례관리, 아동학대, 긴급복지, 직업훈련 및 근로자 지원 프로그램 등 다양한 사회복지 및 보건 분야에서 사례관리서비스가 시행되고 있다(이근홍, 1998; 설진화, 2009; 권진숙 외, 2009).

2) 아동조기개입 서비스체계 내의 사례관리서비스: 헤드스타트(head start)

미국의 대표적인 아동조기개입서비스로 헤드스타트 프로그램이 있다. 본 프로그램은 저소득층 가구 중 3~5세에 해당하는 자녀가 있는 가구를 대상으로 해당 아동의 취학준비도를 제고하기 위하여 교육, 영양, 건강 및 사회 서비스 등을 제공한다. 본 프로그램은 해당 아동의 다양한 서비스를 통해서 아동의 사회적 역량과 인지능력의 향상을 도모함으로써 아동의 취학 시 학습에 있어서 성공적인 결과를 가져올 수 있도록 하는 데에 그 목적이 있다. 아동의 연령이 어리기 때문에 특히 부모를 대상으로 하는 서비스도 제공되며, 부모가 아동의 취학준비도를 향상시키는 데에 기여할 수 있도록 돕는다.

또한, 조기 헤드스타트 프로그램은 임산부~3세 아동이 있는 가구를 대상으로 하며 헤드스타트 프로그램보다 더욱 어린 나이의 아동을 대상으로 한다. 이는 아동과 가족(특히 부모)의 변화가 아동의 영아기 중 수반되었을 때 더욱 효과적일 수 있다는 가정을 토대로 하고 있으며, 저소득가구의 영아를 대상으로 아동의 신체적, 사회적, 감정적 및 지식적 개발을 도모하고 임산부의 산전후 관리와 부모의 부모역할 연습 및 자립적 생활을 향유할 수 있도록 돕는다.

2010년 연간 헤드스타트 및 조기 헤드스타트 프로그램에 참여한 아동은 전국적으로 90만 4,153명에 달하며, 이 중 90%는 헤드스타트에 참여하였고, 나머지 10%는 조기 헤드스타트에 참여한 경우이다(Early Childhood Learning and Service Center, 2011).

(1) 사례관리서비스의 체계

헤드스타트는 미국 보건후생부(Department of Health and Human Services)의 아동가족청(Administration for Children and Families) 내에 헤드스타트 사무소(Office of Head Start)를 두고 운영되고 있다. 헤드스타트 사무소의 조직체계를 살펴보면 행정, 예산 및 정보화를 맡고 있는 하위 사무소 외에 '교육 및 포괄서비스부서', '서비스 질 확인 부서', '그랜트 및 계약부서', '프로그램 운영부서', '정책 및 기획부서', '주정부 주도사업 부서' 등 6개 부서로 구분되어 있으며, 프로그램 운영부서의 하위체계로는 12개의 지역별 및 특별 취약계층 인구를 고려한 지역 사무소와의 네트워킹이 수행되고 있다.

이러한 지역사무소는 지역별 헤드스타트센터를 연계하고 카운티 보건후생부사무소로부터 예산을 제공받으며, 프로그램이 원활하게 수행되도록 도움을 준다. 지역별 헤드스타트센터는 지역사회 공공기관(보건후생부사무소 산하 기관)이나 민간 전문 서비스기관으로서 지역사회(community)를 단위로 다양한 아동발달 및 가족지원서비스를 제공하게 된다. 2010년 기준 현재 전국에 1,591여 개의 헤드스타트 프로그램 제공기관이 운영되었다(Early Childhood Learning and Service Center, 2011).

이러한 헤드스타트 프로그램 체계에 따라서, 사례관리서비스는 지역사회의 헤드스타트 프로그램 제공기관에서 직접 제공하는 형태로 운영되며, 체계도 지역사회 해당 기관의 사례관리체계를 따른다.

(2) 사례관리 서비스의 절차 및 내용

헤드스타트 프로그램을 수행하는 기관에서 실시하고 있는 사례관리의 내용은 가족중심적(Family-centered)이며, 강점관점(Strength-based) 사례관리서비스 헤드스타트 사무소에서 제시하고 있는 '사례관리 도구'(DHHS/ACF/OHS, 2006)를 살펴보면 사례관리는 '가족에게 적절한 수준의 지원과 서비스를 제공하는 것'으로 정의되어 있으며, 특히 '사례에 대한 협의(case consultation)'와 '사례기록(case recordings)'을 강조한다.

사례에 대한 협의(case consultation)는 사례관리의 기술 중 하나로서 사례관리자가 수퍼바이저나, 동료 혹은 파트너 등의 관점과 경험을 빌려올 수 있도록 하는 절차이다. 협의 시에 가족의 상황에 대한 자세한 내용을 공유함으로써, 사례관리자는 다른 사람들이 해당 가족을 돕는 데 필요한 서비스의 조합을 찾아낼 수 있도록 한다. 또한, 본 절차는 한 가지 사례에 대한 다양한 해결책을 모색할 수 있도록 사례의 문제상황을 모두 노출시킴으로써 사례관리자의 역량강화를 위한 방법으로 사용될 수 있다.

이러한 협의 절차는 수퍼바이저(상급자) – 사례관리자 간에 일대일로 이루어지거나 사례관리 전체 팀이 함께 참여하기도 한다. 또는 관련된 기타 서비스기관이 함께 참여하여 파트너십을 제고할 수도 있다.

사례에 대한 기록(case recordings)은 가족과 사례관리자와의 모든 상호작용에서 오는 정보의 기록이다. 이러한 기록은 '사례에 대한 협의' 절차의 필수 도구이며, 가족에 대한 정보를 추적하고 사례관리의 질을 파악할 수 있는 방안으로 사용되기도 한다. 기록은 절차에 따른 사례관리 양식을 사용하여 충실히 기록되도록 하는데, 사례관리 양식에는 family assessment form, case recording form 등이 사용된다.

이렇듯 사례에 대한 협의와 기록 절차는 사례관리의 절차인 '접수·사정 – 목적 및 계획수립 – 계획의 실행·재사정 – 종료'를 수행하는 데에 있어 사례관리의 질적 수준을 증진시킬 수 있는 도구로 사용되며, 성공적인 사례관리를 위한 필수 요소이다.

4. 뉴질랜드의 아동사례관리 체계

1) 뉴질랜드 아동복지의 특징

뉴질랜드는 우리나라와 국민소득이 거의 유사한 국가로서, 비록 인구는 남한의 1/10도 안 되지만, 가족중심으로 아동 및 가족을 위한 실효성 있는 제도를 구축하고 있는 국가이다. 원주민 마오리족과 백인 간 문화 차이 극복하기 위해 택한 정책은 소수인종의 고유문화를 존중하면서 복지정책을 전개한 것이다.

뉴질랜드 아동복지의 다른 특성은 아동복지정책을 수행할 때, 가족의 테두리 안에서 제공했다는 데 있다. 따라서 아동복지정책과 가족복지정책을 분리해서 생각할 수 없다. 보다 효과적인 아동복지제도를 구축하는 과정에서 패밀리스타트(family start)가 시작되었다. 이 프로그램은 기존의 분절적으로 지원되었던 프로그램을 유기적으로 연계하고 가족의 기능을 최대한 강화하는 것을 주안점으로 하고 있다. 즉, '가족강점접근(family strength approach)'을 도입하여 가족을 중심으로 아동문제를 완화하고 있고, 더욱이 아동문제를 최대한 조기에 개입하여 문제를 '예방'을 하고자 하는 특성을 지닌다.

2) 조기개입적 아동 · 가족 통합지원: 패밀리스타트(family start)

(1) 패밀리스타트의 원칙과 태동배경

패밀리스타트 프로그램은 아동중심, 가족중심, 방문중심의 조기개입 프로그램으로, 뉴질랜드의 신생아를 둔 고위험가족을 위한 지원 프로그램이다. 이는 정부의 '가족강화전략'의 일환으로 4개 부처가 지원하고 있다. 여기에는 사회개발부(Ministry of Social Development), 보건부(Ministry of Health), 교육부(Ministry of Education), 사회개발부 내의 아동 · 청소년가족실(CYF: Department of Child Youth and Family Services)이 포함된다.

패밀리스타트는 1998년 처음 시작되었는데, 1990년대 초반부터 조기아동개입 프로그램의 필요성에 대해서 인지하고 있었다. 뉴질랜드 아동의 5%는 빈곤이 세습됨을 보고, 빈곤세습의 원인을 자원의 부족, 외적인 제약, 아동에 대한 낮은 기대 등임을 발견하였고, 이러한 요인은 악순환 고리를 형성한다는 사실도 확인하였다. 그럼에도 빈곤가족을 위한 서비스는 서비스마다 분절적이고 파편화된 제공체계를 가지고 있어서 서비스 전달의 효과성이 낮았다. 이러한 문제점을 극복하고자 가족의 기능을 강화하고 빈곤의 악순환을 단절하고자 1998년 '패밀리스타트 프로그램'이 시작되었다.

패밀리스타트 프로그램의 특징은 조기개입적, 예방적, 영역 통합성(건강, 교육, 복지 등)에 있다. 조기개입 및 통합 지원의 이념적 기초는 1800년대에 강조되었던 아동중심(child-centered), 가족중심(family-centered), 성인중심(adult-centered)에서 기인한다. 아동의 인지능력개발과 조기교육을 통해서 빈곤을 극복하고 한계를 넘도록 한다는 점에서 아동중심적이고, 총체적인(holistic) 가족접근을 통해서 아동복지를 제고한다는 점에서 가족중심적이다. 그리고 부모훈련과 역량강화를 통해서 부모역할을 강화하고 결국 아동복지를 제고한다는 점에서 성인중심적이다. 패밀리스타트에서는 이 3가지 접근을 모두 동시에 적용하고 있다.

이 프로그램의 궁극적 목적은 아동의 삶의 질 향상에 있지만 최근에는 이를 달성하기 위한 방안으로서 아동에게 직접 지원하기보다는 아동이 속한 가족의 성인에 대한 지원을 강화하여 성취하고자 하고 있다. 아동복지를 위해서 부모의 역할은 가장 핵심적이라는 것이다. 이러한 통합적 접근을 가족지원(family support)이라고 명명하고 있다. 가족지지 프로그램의 핵심이 되는 가정은 다음과 같은 5가지로 정리된다.

- 아동을 변화시킬 때 가족 구성원도 변화한다.
- 정보를 제공하고 부모기술을 제공할 때 가족이 변화한다.
- 개인 상담은 가족을 변화시킨다.
- 부모 역량강화는 가족을 변화시킨다.
- 가족지원을 통해 가족이 변화한다.

(2) 패밀리스타트의 목적과 대상

패밀리스타트는 위험에 있는 가족에 충실한 재가 복지서비스를 지원하는 프로그램으로, 특히 이러한 가족의 아동이 가족의 어려움에도 불구하고 태어나서부터 다른 가족의 아동과 마찬가지로 동등한 출발(start)을 보장하기 위해서 만들어진 제도이다. 이는 아동중심, 가족중심, 조기개입적, 고강도 재가방문 프로그램이다. 이는 가족의 강점을 강화하고, 아동이 탄생하면서부터 최대한 잠재역량을 발휘할 수 있도록 해 주는 프로그램이다.

패밀리스타트의 주요 목적은 다음과 같다.

- 아동의 건강증진, 교육 및 사회적 성취 증진
- 부모의 역량 개선
- 아동과 부모의 환경 개선

패밀리스타트 프로그램은 몇 가지 관점을 통합해서 활용하고 있다. 우선, 건강, 복지와 교육을 한꺼번에 접근하는 통합접근 방법을 활용하고 있다. 이러한 통합접근법은 '가족지원'이다. 둘째, 가족의 강점을 강화하는 측면의 접근인 '가족강점 관점'을 택하고 있다. 가족강점관점은 예방적 접근이다. 이 접근법은 원칙이나 가정에 있어서 매우 다양한 목적과 서비스를 제공하고 있다. 과거 가족결핍모델(family deficit model)에 초점을 둔 것과는 다르게, 패밀리스타트에서는 가족이 가지고 있는 자원, 역량 등을 강화하여 가족 및 아동의 문제를 완화하고자 하는 강점모델을 활용하고 있다.

대상별 세부 목적은 다음과 같다.

① 아동: 건강과 교육 및 다른 수준 제고

- 12개월 이하의 아동은 의료기관에 등록되어 있어야 하고, 정기적인 검진을 받아야 한다.
- 아동은 건강한 섭생을 하고 가족은 영양 관련 정보를 습득할 수 있어야 한다.
- 어머니는 신생아에게 최소한 6개월간 모유 수유를 하도록 권장된다.
- 아동은 유치원에서 정기적인 면역접종을 받아야 한다.
- 아동은 Well Child Tamariki Ora provider에 등록하여 주요 지원을 받도록 한다.

- 가족은 자녀출산 후 의료기관에 등록해야 한다.
- 아동은 조기교육기관에 등록해야 하고, 2살 이후부터는 놀이집단에 다니도록 한다.
- 6세 전 아동과 가족은 초등학교에 입학하기 전에 준비되어야 한다.
- 가족은 안정된 환경을 제공하도록 지원을 받아야 한다.
- 가족은 주거서비스를 받도록 한다.
- 가족은 아동을 학대하지 않는 환경으로 조성되도록 해야 한다.
- 아동 돌봄과 보호의 문제는 Child Youth and Family가 담당한다.
- 부모는 부모됨의 능력을 개발해야 한다.

② 부모

- 부모는 자녀의 연령에 맞는 기대를 파악해야 한다.
- 부모는 자녀와 돈독한 관계를 갖고, 적절한 양육기술을 받는다.
- 가족적 위기나 어려움이 있을 때를 대비하여 지원체계를 갖는다.
- 부모와 아동은 아동이 3개월 되었을 때 'Āhuru Mōwai and Born to Learn(AM & BTL) 프로그램'을 제공받는다.

③ 개인 및 가족환경

- 가족은 수립된 목적을 달성하도록 교육 프로그램을 제공받는다.
- 가족은 지속가능한 개인적 및 지역사회지지 네트워크를 갖는다.
- 가족은 그들의 확대가족과 지속적인 관계를 갖도록 한다.
- 가족은 소득을 얻거나 현금지원을 받을 기회를 최대화한다.

패밀리스타트의 대상이 되는 집단은 빈곤에 처한 위험집단으로 구성된 전체 뉴질랜드 국민의 15%에 해당하는 사람들이다. 이 중 고위험집단군 5%가 서비스 제공대상이다. 서비스를 받기 시작할 수 있는 시기는 아동이 태어나기 3개월 전부터 탄생 후 1년까지이고, 최대한 5년까지 서비스를 받을 수 있다. 무기한 혜택을 받는 것이 아니라, 제한된 시간 내에 프로그램을 종료하도록 설계되어 있다. 프로그램 참여는 강제가 아니라 가족의 자발적 참여에 따른다.

패밀리스타트 프로그램을 통해서 고위험가족이 체계적으로 발굴되고, 가족의 욕구가 정확하게 사정된다. 프로그램은 가족복지사에 의해서 제공되는데, 가족중심의 가정방문 서비스를 통해서 제공한다. 여러 기관이 연계된 전문적인 서비스를 제공하고, 가능하면 최대한 저연령의 아동에게 서비스를 제공하도록 설계되어 있다. 여러 프로그램 중의 하나가 아동 조기교육인 'Āhuru Mōwai and Born to Learn(ĀM & BTL)'이다.

지방자치단체는 상황에 맞게 프로그램을 독자적으로 개발하여 차별화할 수 있다. 특히 뉴질랜드에서 강조하는 것은 이 프로그램이 각 인종의 고유한 문화를 존중하면서 문화의 틀 안에서 서비스를 제공한다는 데 있다. 패밀리스타트 제공기관은 뉴질랜드 모든 인종(예: 마오리족, 태평양 연안 부족 등)의 문화와 사회적 가치 등을 기반으로 한 서비스를 제공하여, 모든 인종이 동등한 수준의 건강, 교육, 복지를 누리도록 하고 있다.

부모는 패밀리스타트 프로그램에 등록해야 한다. 프로그램은 문화적으로 적절하고, 전문적이며, 클라이언트에게 아동의 육체적, 문화적, 정서적 사회적 및 교육적 필요를 충족시켜 주는 종합적인 서비스를 제공한다. 아울러 부모들이 모든 서비스를 받도록 하고, 가족과 협의하여 결정된 개별화된 가족계획(IFP: Individualized Family Plan)에 기반해서 서비스를 제공하고 있다. 서비스는 적시에 제공하되 통합적이고 치료적인 방법으로 가족의 강점을 강화하는 측면에서 제공된다.

(3) 패밀리스타트 프로그램의 제공기관

패밀리스타트 서비스의 제공기관은 민간이다. 이 기관들은 주기적으로 정부기관에 정책, 서비스 과정, 서비스 제공 결과, 실천형태 등을 보고해야 한다. 민간 조정기관을 두고 각 기관의 서비스를 관장한다. 관장기관은 서비스를 제공하는 데 필요한 사항을 수립한다. 패밀리스타트 서비스는 외부기관에서 수행될 수도 있다. 패밀리스타트 제공기관은 다른 기관들과 밀접한 관계를 가지고 의사소통을 할 때 프로그램의 효과가 배가 된다고 권장하고 있다. 다만, 기관들이 개별적으로 활동하는 것은 지양한다.

(4) 가족복지사의 역할

패밀리스타트는 가족복지사(family worker/whānau workers)의 가정방문을 중심으로 하고 있다. 가족복지사의 핵심적 역할은 가족이 욕구에 기반하여 목적을 달성하도록 하는 데 있다. 가족복지사는 최소한 대학에서 사회복지학, 교육학 혹은 보건학을 전공해야 한다. 가족복지사는 가족이 우선순위를 정할 수 있도록 도와주고, 가족이 가지고 있는 목적을 달성하도록 한다. 한 가족은 매우 다양한 기관과 연계되어 있는데, 가족복지사는 가족이 서비스를 받을 때 우선순위를 성취할 수 있도록 가족의 옹호자 및 코디네이터로 활동한다.

실행계획을 수행하기 위해서 가족과 함께 활동하고, 수행계획이 달성되었는지 모니터링한다. 최소한 일주일에 1.5시간의 수퍼비전을 받고 때로는 가족복지사와 패밀리스타트 수퍼바이저는 지역사회의 다른 기관과 협업하기도 한다. 이러한 협업은 프로그램의 성취도를 높이기 위해서 적극적으로 권장된다.

(5) 패밀리스타트의 평가

패밀리스타트 프로그램 제공이 거의 끝날 무렵 효과성을 평가하게 된다. 평가목적은 프로그램 참여를 통해 소기의 목적이 달성되었는지 알아보고자 함이다. 아울러 가족이 가족복지사의 도움 없이도 독립적으로 삶의 영위할 수 있도록 하는 데 있다. 패밀리스타트 서비스의 목적은 건강, 교육, 복지에 있어서 위험에 처한 가족의 아동의 삶의 질을 개선하는 데 있는데, 전반적 평가기준은 다음과 같다.

- 아동이 건강, 교육, 복지적 측면에서의 개선
- 부모 됨의 역량 개선
- 부모의 개인적 가족적 환경 개선

평가 시 가족의 특정 욕구와 목표를 확인하고, 가족의 욕구 및 목표가 어느 정도 달성되었는지 점검한다. 평가 시 가족의 평가와 가족복지사의 평가가 모두 실시된다. 3~5년간 패밀리스타트에 참여한 가족은 다양한 개별가족계획을 활용하는데, 평가 시 가족계획 달성 여부도 평가된다.

패밀리스타트 프로그램 평가는 몇 가지 항목을 중점적으로 한다. 주요 평가항목에는 개발된 서비스가 고위험가족을 체계적으로 발견할 수 있는 체계인지, 가족의 욕구를 정확하게 사정하고 있는지, 가족복지사를 통해서 가족중심의 서비스를 제공하는지, 적절한 서비스를 연계하고 있는지, 서비스를 가능한 한 조기에 제공하고 있는지 등이 있다.

학자들은 프로그램을 평가하는 것은 매우 어렵다고 보고 있다(Gray, 2001). 왜냐하면 패밀리스타트 프로그램은 공통성이 적고, 매우 다양하기 때문이다. 각 프로그램은 목적, 서비스 제공 양식이 다르며, 표적집단, 서비스 제공기관 등이 상이하다. 이러한 다양성으로 인해서 프로그램의 효과를 비교하기가 어렵다. 아울러 동일한 프로그램이라도 해도 프로그램을 관장하는 기관이 다르기 때문에 평가가 용이하지 않다는 문제가 지적되고 있다.

그럼에도 전반적으로 패밀리스타트 프로그램의 평가결과는 긍정적인 편이다. 프로그램에 참여한 고위험가족의 문제가 상당히 완화되었다는 것이다. 다만, 아동의 건강과 교육면에서는 효과가 다른 측면보다는 약하므로 이 부분의 강화와 보완이 지적된다.

5. 우리나라의 아동사례관리 체계

1990년대 중반 이후, 사례관리가 우리나라에 소개되면서 우리나라 사회복지 실천현장에 적극적으로 활용하게 되었다. 아동사례관리가 집중적으로 이루어진 것은 2003년 교육복지투자우선지역사업을 시작으로 가족해체, 사회양극화 등에 따라 아동빈곤문제의 심각성이 대두됨에 따라 2006년 '드림스타트'가 공공서비스로 도입이 되면서 공적 아동사례관리가 최초로 시작되었다.

1) 아동사례관리 개요

우리나라에서 아동사례관리 체계가 도입된 것은 최근의 일이다. IMF 외환위기로 급증한 빈곤가구문제는 아동 및 가족에 대한 밀착된 지원을 필요로 하게 되었다. 빈곤가정 아동이 경험하는 문제가 복합적 성향을 띠게 되고, 빈곤이 아동에게 일생동안 미칠 부정적인 영향에 대한 우려가 제기됨에 따라 빈곤아동과 가족에 대한 사례관리의 필요성이 강조되기 시작하였다.

아동에 대한 밀착 사례관리는 '교육복지투자우선지역지원사업'(이하, 교복투)에서 구체화되기 시작하였다. 교복투 사업은 빈곤아동에 대한 사회투자전략의 일환으로 2003년도에 도입되었는데, 빈곤가정 아동에 대한 맞춤형 통합서비스를 제공하기 위한 방법으로 사례관리가 도입되었다(교육인적자원부, 2004). 2004년에는 위스타트(we start)마을 만들기 사업이 도입되어 사례관리가 빈곤가정과 아동에게 맞춤형 통합서비스를 전달하는 핵심방법으로 반영되었다(김상곤, 2010).

이후 아동사례관리는 중앙정부에 의해서 추진된 'start' 사업에 반영되었으며, 사회복지공동모금회의 지원으로 추진되는 '시소와 그네' 사업에도 영향을 미쳐 사례관리가 핵심 사업으로 반영되는 등 아동·청소년 관련 사업에 중요한 활동요인이 되었다(김상곤, 2010). 또한, 빈곤가정 청소년들을 위한 자활사업, 청소년쉼터, 지역아동센터 등 빈곤가정 아동을 대상으로 한 사업에서 사례관리의 필요성이 지속적으로 제기되었다(김상곤, 2010). 최근에는 보건복지부의 공공사례관리, 경기도의 무한 돌봄 사례관리 등 중앙과 지방자치단체의 공공에서 사례관리의 중요성을 인식하고 도입하기 시작하였다. 이에 따라 아동사례관리도 더욱 확대되고 복지전달에서 더욱 공고화될 것으로 예측된다.

2) 조기개입 및 아동-가족 통합사례관리체계: 드림스타트(dream start)

(1) 관련법 및 규정

드림스타트는 아동을 국가의 지속가능한 성장 동력으로 인식하고 인적자본에 대한 사회투자 확대의 일환으로 시작되었다(보건복지부, 2011). 가난의 대물림을 차단하고 모든 아동에게 공평한 출발기회를 보장하는 것을 주목적으로 한다. 드림스타트의 주요 대상은 취약지역에 거주하는 저소득층 임산부와 12세 이하 아동가구를 대상으로 한다. 공적 전달체계로서 지역사회 건강, 복지, 보육, 교육협력, 지역사회연계체계를 구축하여 수요자의 실제 욕구에 부응하는 맞춤형 통합서비스를 제공한다.

시·군·구에 드림스타트 전담팀을 구성하여 공적 전달체계의 중심축으로 기능하고자 하고 있다. 빈곤가정 지원을 위해서 지역사회 자원을 개발하고 자원 간 협력·연계체계 구축을 통해 지역사회 자원을 최대한 활용하고 있다. 2010년 기준 시·군·구에 101개의 드림스타트 센터를 두고, 2011년 말까지 131개소로 확충할 계획에 있다. 2011년 기준 사업예산은 372.4억 원이다. 센터유형은 지역의 기본요소(면적, 인구, 법적지위), 위기요소(빈곤, 아동빈곤, 아동취약성), 자원요소(재원, 가용 복지자원)를 고려하여 대도시 자치구, 대도시 기초단체, 중소도시 기초단체, 농산어촌 기초단체 4유형으로 구분하여 접근하고 있다(보건복지부, 2011).

드림스타트센터당 대상 아동은 300명이고, 사례관리 대상은 욕구를 가진 아동으로 이를 고위험군, 중위험군, 저위험군으로 나누어서 지원하고 있다. 아울러 아동뿐 아니라 가족에 대해서도 구체적이고 체계적 개입을 시도하고, 아동중심의 예방적 통합서비스를 제공하고 있다.

(2) 전달체계

드림스타트의 추진체계도는 보건복지부, 시·도, 시·군·구(드림스타트센터)이다. 드림스타트의 총괄 부처는 보건복지부 아동복지과이다. 보건복지부의 주요 기능은 사업지원단 구성·운영, 사업기본계획수립, 지침 시행, 사업 추진상황 점검 및 평가이다. 시·도는 사업을 관리하고 운영을 지원하도록 되어 있다. 구체적으로는 사업 관련 업무지원, 지역심사·추천, 예산 배정, 광역지원 연계, 시·군·구 드림스타트 센터 점검, 멘토센터 추천, 워크숍 총괄, 컨설팅 관련 업무 지원 등을 수행한다.

주요 인력으로는 사회복지사, 간호사, 보육교사 등 민간 인력과 공무원이 함께 센터에서 협력하여 사례관리를 담당하고 있다. 일반적으로 센터당 사회복지, 간호·보건, 행정분야 각 1인씩 최소 3인의 전담공무원을 두고 있고, 사업의 원활한 수행을 위해 민간 전문인력을 동일한 분야에서 채용하고 있다.

(3) 사례관리체계

사업대상을 선정할 때 필요성과 적합성 2가지를 고려한다(보건복지부, 2009). 필요성 차원에서는 지원서비스를 가장 필요로 하는 아동, 즉 위기수준이 가장 높은 아동을 우선 지원대상으로 하고 있고, 적합성 차원에서는 드림스타트의 사업취지와 내용에 부합하는 대상을 선정하도록 하고 있다(보건복지부, 2009a). 2011년부터는 모든 사업지역에 '드림스타트 대상아동 위기도 사정도구'를 적용하여 사례관리하도록 하고 있다. 일반위기지표, 임산부 적응지표, 아동발달지표(신체/건강, 인지/언어, 정서/행동), 양육환경지표(신체/건강, 인지/언어, 정서/행동)를 만들어서 평가하여 대상 아동을 선정한다. 즉 정밀한 평가도구를 가지고 대상자를 선정하는 체계를 갖추고 있다. 대상자 선정은 평가를 통해서 하고, 평가 후 적절한 개입방법을 적용한다. 자세한 사항은 드림스타트 대상 아동 위기도 판정도구 매뉴얼에 상세하게 제시되어 있다.

사례관리는 사례접수 및 사정·인테이크 – 서비스 계획 – 개입 및 점검 – 평가 및 종결의 절차를 거친다.

첫 번째 단계인 사례접수에서의 사례발굴은 지역 아웃리치 등을 통해 이루어진다. 사정은 대상 아동 및 그 가족의 다양한 욕구와 상황, 정보를 기초로 서비스 대상의 이해 및 우선순위를 결정하고 개입영역을 구체화하는 것이다(보건복지부, 2011). 아울러 접수 단계에서는 '사정도구 실시 및 결과 요약지 작성'을 작성하게 되는데, 임산부 및 아동의 연령에 따라 검사도구를 선정하여 지표별 해당사항 및 위기수준을 표시한다. 두 번째 인테이크 단계에서는 가정방문, 센터방문 등을 통해 초기 상담 및 서비스를 설계한다. 이때 인테이크 기록지를 사용한다. 세 번째, 계획 단계에서는 클라이언트와 공동 작업을 통해서 목표를 확인하고 목표달성을 위한 활동과 서비스를 구체화한다. 네 번째, 개입 및 점검 단계에서는 적절한 서비스를 제공하고, 서비스 내용을 종합적으로 점검하고 일지를 기록하는 단계이다. 마지막은 평가 및 종결 단계로 서비스를 종결하기 전에 제공된 서비스와 활동이 대상에게 바람직한 변화를 가져왔는지를 판단한다. 서비스 조정회의(사례회의)를 통해서 종결에 대한 합의를 도출하고, 서비스 담당자는 종결사유를 기록

하고 종결 평가를 실시하며, 이를 바탕으로 적절한 사후관리계획을 수립한다.

본 장에서는 영국, 미국, 뉴질랜드의 사례관리에 이어 우리나라의 사례관리체계를 살펴보았다. 이를 토대로 우리나라 아동 사례관리체계의 과제를 짚어 보면 다음과 같다(김미숙 외, 2011).

첫째, 선진국의 경우 사례관리는 위험도가 높은 아동을 주 대상으로 하고 있다. 일반아동은 보편적 복지에서 서비스를 제공하고, 사례관리는 주로 고위험아동을 주요 표적집단으로 하고 있다. 반면 우리나라의 경우는 사례관리는 저위험 및 고위험집단을 모두 포괄하는 특성을 보인다. 영국의 경우 일반아동은 보편적 복지를 통해서 필요한 서비스를 제공하고, 부가적 서비스를 필요로 하는 요보호아동을 사례관리 대상으로 하고 있다. 미국은 저소득층 아동을 사례관리의 주요 대상으로 하고 있고, 뉴질랜드도 빈곤층 5%에 속한 아동과 가족을 주요 대상으로 한다. 즉, 고도로 표적화된 집중사례관리체계를 가지는 것이다.

둘째, 지방자치단체의 역할이 활발한 가운데, 지역을 단위로 하여 밀착된 사례관리체계를 가지고 있다. 중앙정부는 재원을 지원하고 법령을 제정하는 등의 행정적인 역할을 담당하는 반면, 실질적인 사례관리는 지방자치단체가 직접 담당하거나, 위탁하여 제공하고 있다. 미국과 같은 경우는 사회복지사가 공무원으로서 공권력을 가지고 학대아동의 안전을 위한 사례관리를 하고 있다. 우리나라의 경우 일부 지방자치단체는 사례관리를 담당하고 있기는 하지만, 대부분의 지방자치단체는 아동대상 사례관리에 대해서는 관여를 하지 않고 있다. 최근 시작된 읍·면·동단위 사례관리는 취약계층을 대상으로 하고 있고, 담당 인력도 계약직으로서 업무의 연속성을 담보하지 못하고 있으며 대상 사례 수도 많아서 실질적이고 효과적인 사례관리가 되지 못한다는 지적이 일고 있다.

셋째, 선진국의 경우 사례관리대상 발굴 채널이 다양하다. 콜센터, 신고의무자, 사회복지사 방문 등 다양한 경로를 통하여 지역사회 어떠한 아동도 필요로 하는 보호대상에서 제외되지 않도록 하고 있다. 우리나라의 경우는 학대아동을 위한 핫라인(1577-1391)이 있고, 보건복지콜(129)이 있다. 그러나 이러한 번호에 대한 인지도가 낮고 이용율도 낮다. 아동학대의 경우 신고의무자의 신고율은 전체 신고건수의 33%로써 높은 편은 아니다

(보건복지부, 2010). 60%의 신고는 비신고의무자에 의해서 제보되고 있는 것이다. 한편 지역사회에는 아동학대 지킴이 역할을 하는 '아동위원'을 두도록 「아동복지법」에 명시되어 있다. 그러나 제도가 유명무실하여 그 기능을 제대로 발휘하지 못하고 있다. 따라서 지역사회에 고위험에 있는 아동을 발견하고 신고하기에 용이한 체계가 조속히 구축되어야 한다.

넷째, 선진국의 경우는 아동사례관리에서 공공과 민간의 역할 구분이 명확하다. 공공은 중심축으로 역할을 하면서 재원조달을 하고, 실질적인 역할은 지방자치단체에서 한다. 지방자치단체는 실질적인 재원조달 및 집행, 서비스 계획, 서비스 모니터링 및 평가 등 사례관리에서의 역할 비중이 크다. 우리나라의 경우는 일부 지방자치단체에서만 아동사례관리 업무를 실시하고 있고, 그 역할도 직접 서비스 제공 또는 센터를 통한 직접 사례관리 등 민간과 역할상의 차별이 없다. 영국과 미국에서는 공공에서 직접 아동사례관리를 하는 반면, 뉴질랜드에서는 민간에 위탁하고 있다. 어떠한 경우든 모두 공공과 민간의 역할상의 구분은 명백하다. 반면 우리나라에서는 양자(공공과 민간)의 역할이 중복되어 각 영역의 특징을 살리지 못하는 문제를 노정하고 있다.

다섯째, 선진국의 경우 아동사례관리 전문가 양성을 위한 꾸준한 교육 및 수퍼비전 등에 주력하고 있다. 영국의 경우 특히 지속적인 교육을 통해서 아동사례관리자의 수준을 제고하는 노력을 기울이고 있다. 우리나라의 경우 한국사회복지교육협의회에 소속된 4년제 대학 62개교의 교과과정을 조사한 결과, 25개교만 사례관리에 관한 교과과정이 개설된 것으로 나타났다(정순둘, 2009, 김미숙 외, 2011, 재인용). 즉, 현재 활동하고 있는 우리나라 사례관리자의 2/3는 대학에서 사회복지학을 전공했지만 사례관리에 대한 전문적인 교육을 받지 못한 것이다. 실무자자들도 실무현장에서도 윤리적 문제 및 사례 관련 솔루션 위원회가 필요함에도 불구하고 현재 각 기관에서 간헐적으로 교육하는 실정이라고 지적하였다. 따라서 더욱 심도 있는 사례관리 전문교육이 필요하고 아울러 수퍼비전도 전문화되어야 하겠다.

FLIPPED LEARNING CHAPTER 7

1 주제

아동사례관리체계의 효과는 무엇일까요?

2 주요 개념

- 사례관리의 개념
- 조기개입
- 사례관리 체계의 과정
- 선진국의 아동사례관리 체계
- 전달체계
- 슈어스타트, 헤드스타트, 패밀리스타트, 드림스타트

3 학습내용

- 스타트 정책
  - 영국의 슈어스타트, 미국의 헤드스타트, 뉴질랜드의 패밀리스타트, 그리고 우리나라의 드림스타트의 목적과 주 대상에 대해 정의하기
  - 스타트 정책의 효과에 대해 이야기 나누기
  - 빈곤이 아동에게 미치는 영향에 대해 이야기 나누기
- 뉴질랜드의 패밀리스타트
  - 패밀리스타트의 목적 및 효과 탐색하기
  - 아동복지정책에서 가족지원이 중요한 이유에 대해 이야기 나누기

4 교실활동

- 우리나라의 드림스타트
  - 드림스타트 출발의 배경 및 목적, 효과를 근간으로 앞으로의 발전 방향에 대해 이야기 나누기

5 퀴즈

- 사례관리의 정의를 기술하세요.
- 사례관리의 필요성 및 그 효과성에 대해 설명하세요.
- 가족지원의 당위성에 대해 설명하세요.
- 스타트 정책의 발전적인 방향성에 대해 기술하세요.

CHAPTER 8 아동권리와 복지의 실천 방법 및 절차

학습 개관

일반아동에 대한 복지는 서구에서 가정에서 제대로 보살핌을 받지 못하고 방치된 아동을 위한 보상교육의 한 부분으로 시작되었다. 이러한 복지정책은 저소득을 위한 보상교육 차원에서 통합 프로그램으로 실시된 요보호아동 복지의 시작이었다. 아동 애호사상의 함양을 중심으로 이루어진 아동복지는 권리의 개념과 함께 예방적 차원의 보편적 복지로 재탄생하고 있다. 본 장에서는 일반아동의 권리와 복지 증진과 함께 학대아동, 실종아동, 빈곤아동을 위한 아동권리와 복지의 실천과 정책을 살펴본다.

학습 목표

- 일반아동의 권리와 복지의 필요성을 이해한다.
- 학대아동의 권리와 복지의 실천과 방법을 이해한다.
- 실종아동의 권리와 복지의 지역사회실천 방법을 이해한다.
- 빈곤아동의 권리와 복지의 실천대책과 정책을 이해한다.

주요 자료

영화

더 헌트
Jagten, The hunt
(2012, 토마스 빈터베르그)

라이언
Lion
(2016, 가스 데이비스)

아메리칸 크라임
An American crime
(2007, 토미 오하버)

23 아이덴티티
Split
(2016, 나이트 샤말란)

도서

- 너는 모른다(2009, 정이현 글, 문학동네)
- 노숙인 인권 학교(2017, 그자비에 에마뉘엘리 글, 소피보르데 그림, 톡)
- 바로 그 신발(2017, 마리베스 볼츠 글, 지양어린이)
- 상처받아 마땅한 아이는 없다(2012, 진 하더 글, 대장간)
- 세계의 빈곤(2016, 김현주 글, 사계절)
- 왜 세계의 절반은 굶주리는가(2016, 장 지글러 글, 갈라파고스)
- 우리 아이들을 믿는다(2017, 리처드 백 글, 나눔의집)
- 동화 『헨젤과그레텔』, 『콩쥐와 팥쥐』, 『신데렐라』

방송

- EBS 다큐프라임 '행복의 조건, 복지국가를 가다' 보육편

사이트

- 드림스타트 사업단 홈페이지 : www.dreamstart.go.kr
- 드림스타트 서비스 흐름도 : www.dreamstart.kr/sub-01/body02.asp
- 보건복지부 홈페이지 : www.mohw.go.kr (누리과정 무상보육)
- 어린이급식관리지원센터 홈페이지 자료마당 참고 : ccfsm.foodnara.go.kr
- 청소년방과후아카데미 홈페이지 : www.youth.go.kr/yaca/index.do

1. 일반아동의 권리와 복지 실천 방법 및 절차

1) 일반아동의 권리와 복지의 필요성

우리나라 「헌법」 제10조에 따르면 '모든 국민은 인간으로서의 존엄과 가치를 가지며 행복을 추구할 권리를 가진다. 국가는 개인이 가지는 불가침의 기본적 인권을 확인하고 이를 보장할 의무를 진다.' 또 「헌법」 제34조 제1항은 '모든 국민은 인간다운 생활을 할 권리를 가진다.'라고 되어 있다. 복지현장에서는 요보호아동이 우선적으로 복지혜택을 받는 수혜자로 선택되므로 일반아동은 아동으로서 누려야 할 다양한 복지를 누리지 못하고 있다. 현재 문제가 없다고 복지가 필요 없는 것은 아니다. 「아동복지법」에서 아동이 건강하게 출생하여 행복하고 안전하게 자라도록 그 복지를 보장함을 목적으로 하기 때문에 궁극적으로 일반아동에 대한 복지는 예방적인 측면이 강하다.

2) 일반아동에 대한 복지 실천의 내용

- 안전한 사회환경조성: 유해한 매체환경에 대한 사회적 감시체계 강화와 유해환경 개선, 아동성범죄 예방 및 보호, 아동안전사고 예방과 홍보
- 아동보육·교육·문화활동 지원: 보육, 육아지원사업, 취학 전 및 초·중등무상교육, 방과후 활동지원, 아동·청소년문화활동 지원
- 아동수당: 국가가 소정의 양육비를 부모에게 지급
- 아동 놀이시설 확충: 어린이놀이터, 어린이회관, 어린이공원, 청소년캠프장, 체육시설, 유스호스텔 등 확충

3) 일반아동의 권리와 복지 실천 방법

(1) 서비스 제공 장소에 의한 실천

① 재가서비스(in-home service)

아동이 가족 구성원과 함께 생활하면서 필요한 서비스를 제공받는 형태로 가정에서의 양육에 대한 중요성이 인식됨에 따라 점차 중시되고 있다. 아이돌봄사업 같이 가족 내 구조적인 결손은 없더라도 심각한 스트레스나 역기능의 위험요소를 가지고 있을 때 원가정의 결핍된 부분을 재가서비스로 지지하거나 보충해 주어 원가정의 해체를 예방하는 기능을 수행하며, 아울러 해당 가정의 강점을 지원하여 특정 시점에서의 위기를 극복할 수 있는 자원의 역할을 수행하는 서비스이다.

② 가정 외 서비스(out-of service)

아동이 원가정에서 생활하지만 특정 시간 동안 가정 밖의 시설에서 양육과 보호를 받는 것이 가정 외 서비스에 해당된다. 부모가 직장에 있는 동안 어린이집이나 유치원 돌봄 교실에서 아동에 대한 보호, 양육서비스를 제공하는 서비스이다.

(2) 지역사회에서의 일반아동을 위한 서비스

① 육아종합지원센터

여러 가지 지원 중에 양육지원으로 우리동네보육반장, 부모교육, 육아상담, 장난감 나눔 축제, 육아정보, 어린이집 이용안내, 시간제 보육, 가정연계놀이 등을 지원한다.

어린이집을 위한 '아이좋아 서울' 맞춤 컨설트를 진행하여 일반아동이 어린이집에서 양질의 보육서비스를 받고자 하는 데 의의를 두고 지원한다.

② 자치구 육아종합지원센터

자치구별 육아지원센터는 지역에 맞는 일반아동을 위한 다양한 서비스를 제공하고 있다. 아버지-자녀를 위한 놀이 코칭 프로그램, 시간제보육, 영유아 자유놀이실, 장난감 대여, 영아선별과 교육진단검사를 지원하고 있다(대치육아종합지원센터).

③ 도서관 프로그램

2000년대 이후 자치문화센터별로 도서관 시설이 확충되어 다양한 도서를 구비하고 문화행사를 통한 일반아동의 복지를 위한 프로그램이 다양하다. 도서관 문화행사 프로그램으로는 인성이 자라는 글쓰기, 꽃과 식물, 인물로 보는 세계사, 기분 좋아지는 그림, 시와 함께 봄맞이, 책 나눔 행사, 도서 주간 및 세계 책의 날, 블링블링 친구와 요리기구 그려요, 처음 쓰는 그림일기, 영어 독서토론 등이 있다(즐거운 독서실 봄 프로그램, 2017).

④ 청소년수련관

청소년의 FUN한 아지트, 서울시 청소년 안전 체험장, 청소년 안전 문화제, 지하철로 떠나는 교과서 테마 여행, 어린이 농구, 실내 축구 풋살, 인라인 스케이트, 어린이댄스, 음악줄넘기, 유아와 어린이 블록교실, 아동요리, 도예교실, 종이접기, 동화구연과 창의활동, 한자 속독 키즈플라워, 어린이 수영, 어린이 미술, 바둑, 체스, 이야기로 풀어 가는 한국사 교실, 스크래치 코딩 등 체육, 음악, 컴퓨터, 인문학 강좌 등 다양한 프로그램을 아동이 이용할 수 있다(노원청소년수련관 봄 프로그램, 2017).

⑤ 기타 서비스

보건소, 상담소, 주민자치센터의 다양한 프로그램, 산림청 같은 공공기관의 생태 프로그램, 사회복지관과의 연계, 경찰서, 소방서, 병원, 지역행사, 대형박물관, 대학 내 박물관, 지역 내 미술관, 문화재 시설에서 일반아동을 위한 다양한 복지서비스를 제공한다.

(3) 안전관리서비스

① 식품안전관리대책

식품의약품 안전처는 2006년을 '어린이 먹거리 안전의 해'로 삼고 2007년 '어린이 먹거리 안전 종합대책'을 마련하였으며, 2008년 어린이 식생활안전관리 종합계획 수립을 위한 근거 법령으로 「어린이 식생활안전관리 특별법」을 제정하였다. 이 특별법에 따라 식품의약품 안전처는 2014년에 전국단위 조사를 시행하였으며, 3년마다 평가 및 지수가 생산되어야 한다는 규정에 따라 2017년에 국가통계로 두 번째 조사를 진행한다고 밝히고 이를 시행하고 있다.

② 안전관리대책

안전관리 원칙으로 기관 내의 복지사, 교직원 및 부모와 함께 아동의 안전사고예방을 위해 성실하게 노력하고 안전교육을 실시하여야 하며, 아동 프로그램 운영기관은 인근 소방서, 경찰서 및 가스, 유류 등의 안전상태를 점검하는 유관기관에 의해 정기점검을 실시하고 비상연락체계를 구축해야 하며, 자체적으로 정기적인 시설안전점검을 실시하고 기록·관리하여야 한다. 아동 프로그램 운영기관의 교직원은 어린이의 실내·외 활동 시 안전을 위해 아동을 보호·감독해야 하며 기관장은 아동과 청소년에 대한 물리적 환경과 인적 환경에 대한 안전확보를 위해 시설 및 환경을 조성하고 관리해야 한다.

4) 일반아동의 권리를 위한 복지 실천

(1) 아동 환경 감시활동

학교 및 유치원이나 어린이집 주변의 안전한 황경을 위해서 아동이 안전하고 편안하게 생활하고 건전한 도덕성을 함양하도록 하기 위한 아동복지 운동으로 학교 주변 환경의 감시, 신문, 잡지, 만화, TV, 인터넷, 스마트폰 등으로 감시하고, 학교폭력으로부터 보호하기 위한 사업을 하고 있다.

(2) 아동 중심 동아리 활동

아동복지기관에서 지원하여 형성되고 운영되고 있는 다양한 아동중심의 집단활동은 아동복지전문가의 도움과 관리로 아동이 스스로 만들고 운영해 가는 동아리 활동으로 집단활동인 이 활동들은 아동의 연령과 상관없이 아동의 성장과 발달에 긍정적인 영향을 준다. 새로운 활동 프로그램을 개발하고 지속적으로 활동하도록 지원해야 한다.

(3) 아동복지기관 교육

아동복지기관에서 성교육, 비행예방교육, 약물남용 예방교육 등을 제공하고, 각종 캠프, 체험학습 등과 같은 단기간의 집단 프로그램을 다양하게 실시하고 있다. 이러한 집단 프로그램을 이용하는 아동이 증가하고 있으므로 유익하고 전문화된 집단중심의 프로그램을 개발해야 한다.

(4) 자원봉사자 교육

아동은 복지 대상자이기는 하지만 타인을 도와줄 수 있는 자원봉사자도 될 수 있다. 또래친구의 어려움을 상담해 주는 청예단(청소년폭력예방재단: NGO)의 또래상담 프로그램이나 어려운 이웃을 생각할 줄 아는 이타심은 아동의 인성에 상당히 긍정적인 발달을 도모할 수 있다. 이를 위해 성인은 아동과 청소년들이 직접 참여하여 다양한 봉사 프로그램을 계획·개발하고 실천할 수 있도록 적극적으로 도와주어야 한다(청예단, 2017).

5) 일반아동의 권리를 위한 국가의 아동복지정책

(1) 아동복지 관련 입법활동

일반아동이 보편적인 복지의 혜택을 누릴 수 있는 아동수당제도의 도입과 함께 아동복지와 관련된 다양한 법률이 제정되어 현실적으로 당면한 아동의 이슈들을 제대로 반영할 수 있도록 관련 종사자, 전문가는 물론 복지수혜자인 아동과 청소년, 부모와 가족의 의견을 바르게 수렴하는 정책을 마련해야 한다.

(2) 아동복지 관련 전문가 양성

아동에게 적합하고 전문화된 서비스를 제공하기 위해서는 아동복지전문가에 대한 자격기준과 양성과정 및 양성기관에 대한 구체적 규정을 만들고 관련 기관에 적극 배치하도록하여 일반아동복지사업을 실천할 수 있어야 한다.

(3) 다양한 프로그램 개발과 실천

프로그램의 개발은 기존의 이론을 답습하는 프로그램이 아니라 그 지역에 맞는 프로그램을 개발하기 위하여 농촌, 도시, 어촌, 다문화가족의 밀집지역 등 프로그램의 주체자인 아동과 청소년을 참여시키고, 국가나 지방자치단체는 직접, 간접적으로 참여하고 지원하는 제도로 적극적으로 뒷받침해야 한다.

(4) 아동복지 관련 기관 육성

국가나 사회에서 아동복지 관련에 대한 모든 기관을 육성할 책임이 있으나 민간차원에서도 운영지침, 재정지원, 육성에 관한 법률의 제정은 물론 국가차원의 육성책이 개발되어 육성해야 한다. 다양한 자원봉사활동, 후원활동을 통해 아동복지 관련 기관을 지원할 수 있도록 뒷받침해야 한다.

(5) 아동복지사상과 아동권리사상의 구현

어린이날 및 어린이주간 행사 등이 있다. 아동을 위해 각 분야에서 기여한 유공자 및 모범어린이 등을 발굴하여 포상하고 아동안전박람회 등 아동의 안전, 복지 등 아동의 권리 증진을 위한 각종 행사를 실시한 것에 대한 내용이 「아동복지법」 제5조에 명시되어 있다. 아동기의 중요성과 아동권리에 관한 사회적 인식 변화를 통해 각종 아동복지 대책의 변화, 발전을 유도해야 한다.

(6) 아동친화도시 조성

아동친화도시는 아동의 기본적 생존권은 물론 사회의 일원으로서 지역사회에서 일어나는 일에 대해 참여할 권리를 보호하고, 궁극적으로 아동의 삶의 질을 향상할 수 있도록 하는 기반 시설과 서비스를 충분히 마련한 도시다(홍승애 · 이재연, 2013). 제1차 아동정책 기본계획수립(2015~2019)은 핵심 목표가 아동 행복 증진과 아동 최우선 원칙 실현 기반을 조성하고 '행복한 아동, 존중받는 아동'을 비전으로 한다. 아동이 생애주기에서 가장 행복한 시기로 아동기를 누리고 체감할 수 있도록 아동 친화적 발달환경을 제공해야 한다. 아동의 발달, 생존, 보호, 참여 등 모든 영역에서 아동을 권리의 주체로 인정하고, 아동의 권리를 온전하게 실현해야 한다(김효진·오종은·김정화, 2016).

2. 학대아동의 권리와 복지 실천 방법 및 절차

1) 아동학대의 개념

아동학대는 '보호자를 포함한 성인이 아동의 건강 또는 복지를 해치거나 정상적 발달을 저해할 수 있는 신체적·정신적·성적 폭력의 가혹행위와 아동의 보호자가 아동을 유기하거나 방임하는 것'으로 보호자를 포함한 성인이 0세부터 만 18세 미만, 즉 고등학생의 건강 또는 복지를 해치거나 정상적 발달을 저해하는 행위이다.

2) 아동학대의 원인

첫째, 정신 병리학적 관점은 아동학대의 원인을 부모로 간주한다. 경기침체의 장기화에 따른 불안정한 고용과 실직으로 인한 가족 갈등, 새로운 가족 형태의 등장과 이에 대한 부모역할 이중성으로 인한 부담감 증가, 핵가족화로 인한 양육기술 교육이나 양육 돌봄 지원 부족, 부모 자신의 학대받은 경험, 알코올 중독, 부모의 성격 등이 학대를 유발한다고 한다.

둘째, 발달론적 관점은 학대를 당하는 원인이 아동 자체일 수 있다고 간주한다. 아동이 신체적으로 기형아, 미숙아이거나 충동적인 성격과 폭력적 행동, 부모와의 성향 부조화, 원치 않은 임신, 성별 등이 학대를 유발한다고 본다.

셋째, 사회심리학적 관점은 부모의 학대가 부모의 자녀양육에 관한 지식부족, 부모의 자녀양육 거부 및 포기, 부모 자체의 문제 등 가정환경적 특성으로 발생할 수도 있고, 경제적 결핍과 그에 따른 심리적 스트레스, 사회의 공식적·비공식적 지지체계로부터 소외되었거나 체벌을 용납하고 아동을 부모의 소유물로 여전히 인식하는 사회의 태도에 따라 아동학대가 유발된다고 한다.

3) 아동학대의 유형

(1) 신체학대

신체학대란 성인이 만 18세 미만 아동에게 우발적인 사고가 아닌 상황에서 의도적으로 신체적 손상을 입히거나 또는 신체손상을 입도록 허용한 모든 행위를 일컫는다. 물건 던지기, 영·유아를 바닥에 던지기, 뺨 때리기, 벽에다 머리 치기, 여행가방 속에 아이 집어넣고 뜨거운 물 붓기, 다리미로 지지기, 날카로운 도구로 신체 찍기, 뜨거운 물건 머리 위에 얹기 등이다.

(2) 정서학대(아동복지법 제29조)

정서학대는 언어폭력으로 아이의 감정, 기분을 상하게 하고 인격을 모독하는 행위, 수치스러운 벌을 주는 행위, 아이 앞에서 가정 폭력을 목격하게 하는 행위 등으로 '나가 죽어라.', '밥값도 못하는 게.', '누구를 닮아 그 모양이야.', '너 때문에 내 인생 망쳤다.' 등 언어적·정신적·심리적인 행위가 모두 해당된다. 이러한 학대는 당장 그 결과가 심각하게 나타나지 않기 때문에 그냥 지나칠 수도 있다는 점에서 더욱 유의하여야 한다.

(3) 성 학대

성 학대는 주양육자인 부모, 조부모를 비롯한 대다수의 성인이 0세부터 만 18세 미만의 아동에게 자신의 성적 욕구를 충족하기 위해 행하는 모든 행위로 직접적인 신체적 접촉은 물론 아동에게 성적인 자극을 가하는 모든 행위가 포함된다.

(4) 방임

물리적 방임은 아동에게 고의적 반복적으로 아동에게 의식주를 제공하지 않거나 장시간 아동을 위험한 상태에 방치해 놓는 것을 말한다.

교육적 방임은 보호자가 아동을 학교에 보내지 않거나 아동의 무단결석을 허용하는 행위, 학교 준비물을 챙겨 주지 않는 행위, 특별한 교육적 욕구를 소홀히 하는 행위 등이며 가장 심각한 것은 출생신고를 하지 않는 것이다.

의료적 방임은 아동에게 있어서 교육적 방임만큼 치명적인 학대로 요즘 유행하는 '약 안 쓰고 아이 키우기(안아키)'가 바로 그것이다.

정서적 방임과 유기에서 정서적 방임은 아동에게 적절한 양육, 사랑을 제공하지 않는 경우이며, 유기는 보호자가 아동을 보호하지 않고 버리는 행위로 규정짓는다.

4) 아동학대의 후유증

아동학대는 아동의 전 연령에서 발생하며 주로 1세 이하의 영아를 비롯해 3세 이하의 유아가 많고 중·고등학교에 다니는 아동에게서도 빈번하게 발생하며, 최근 들어 신체적 학대와 성 학대를 당하는 아동의 연령이 점점 낮아지고 있다.

(1) 신체적 학대를 당한 아동

신체적 학대를 당하는 아동은 키에 비해 저체중이며, 피로감을 더 많이 느끼고 정상적인 체력이 부족하며 신체적으로 온 몸에 멍, 결손, 좌상, 화상, 골절이 있을 뿐만 아니라, 최악의 경우 시력상실, 장기조직 파열, 두뇌손상 등으로 사망하기도 한다고 한다.

(2) 정서적 학대를 당한 아동

신체적 학대를 당하는 아동과 유사한 증상을 보이며, 손가락 빨기, 손톱 물어뜯기 등 습관장애, 품행장애를 보이며, 부적절하게 어른스러운 또는 유아기적 행동을 하고 지적 또는 정서적 발달지체 증상이 있으며, 자기 비하적 이야기를 하고 과도하게 부모 또는 다른 어른의 지시를 따르려고 하는 행동을 보인다.

(3) 성 학대를 당한 아동

여러 학대 중 성 학대를 당한 아동이 가장 심각한 후유증을 겪고 있다, 성적 역기능을 경험으로 비정상적인 성적 개념을 갖게 되고, 신체적으로는 복부통증, 구토, 요도관 감염, 외음부의 외상, 성병, 항문 탈장, 심한 정서불안, 수면장애, 공포증, 수치심, 히스테리 증상과 성과 관련된 혼란행동 등을 보인다.

(4) 방임과 유기를 당한 아동

방임과 유기를 당한 아동은 위험한 환경에 처하거나 충분한 영양을 공급받지 못해 발육부진이 되는 경우가 많으며, 나이 어린 아동에게는 치명적인 결과(장애)를 가져오거나 사망에 이르게 한다. 또한, 발달상황에 놓여 있는 아동에게 다양한 측면에서 잠재되어 있는 파생적인 문제들이 발견될 수 있다.

5) 아동학대 관련법

(1) 미국

미국은 2년 동안 잔인하게 맞고 방에 갇힌 채 방임된 상태로 발견된 Marry Ellen 사건을 계기로 1875년 학대에 대한 법적 개입이 시작되었다. Marry Ellen은 미국동물학대방비협회에 도움을 요청함으로써 법의 도움을 받게 되었고 이 사건을 계기로 첫 번째 아동학대방지협회가 조직되었다. 이후 1962년 캠프의 '피학대아동 증후군'이란 논문의 발표로 아동학대에 대한 대중의 관심이 높아져 1960년대 중반에는 아동학대 예방 및 치료법이 의회에서 통과되었고 아동학대 단독법을 제정하면서 국가적인 개입이 시작했다.

(2) 영국

영국은 이미 19세기부터 빈민구제 개정법(1868년)을 통해 아동에 대한 적절한 안전과 보호를 의무화했고, '아동 및 청소년법(Children and Young Persons Act, 1933)' 제정을 통해 어린이에 대한 학대 및 폭력을 엄격하게 제재하기 위한 첫 법률적 근거를 마련하였다. 더불어 영국은 아동에 대한 방임(neglect) 및 정서적 학대(emotional abuse)가 아동의 교육과 성장을 침해하는 요인으로 간주하고 정치인과 시민단체는 아동에 대한 학대의 범위를 넓혀, 기존의 관련 법령인 아동 및 청소년법을 보완한 '신데렐라법'이라는 새로운 법률을 제정하였다. 이 법령에서 주목할 점은 아동에 대한 학대의 범주를 규정하는 용어로 기존의 불필요한 고통(unnecessary suffering) 대신 상해(harm)로 대체하였을 뿐만 아니라 '상해'는 물리적 폭력에 의한 것만이 아니라 정신적, 지능적, 감정적, 사회적 혹은 행동발달에 있어서 나타나는 모든 학대를 포함함으로써 아동에 대한 학대의 범위를 확장시켰다는 점이다.

(3) 우리나라

사회적 변화에 따른 아동학대의 증가 및 이에 대한 사회적 관심이 증가하자 아동학대의 방지를 위해 사회적 관심과 책임이 필요하다는 인식과 함께 아동복지 관련 단체들의 노력으로 전면 개정된 「아동복지법」이 1999년 12월 7일 정기국회를 통과하여, 2000년 1월 12일 법률 제6151호로 공포, 2000년 7월 13일에 시행되었다. 우선, 아동학대 신고의무조항을 신설하고, 국가적 차원의 보다 전문적이고 체계적으로 움직이려는 노력을 하고 접근하려는 움직임이 시작되었다는 것이 주목할 만하다.

전면 개정된 「아동복지법」의 주요 골자는 아동학대에 대한 보호체계의 마련과 함께 아동복지시설에 대한 안전기준 및 안전교육에 대한 법적 기준에 관한 것이다. 이 법에 근거하여 2000년 10월부터는 서울에 2곳을 비롯하여 전국 주요 도시에 아동보호전문기관의 설치 운영, 아동학대 긴급신고전화(1391)가 개통되어, 아동학대에 대한 보호체계를 갖추는 등 아동학대 관련 사항이 16개 조항에 이르러 가장 많은 변화가 이루어졌다. 그 후로 1981년과 2000년 2차례에 걸친 전면 개정과 1997년부터 2007년 사이에 10차례의 부분 개정이 이루어졌음에도 불구하고 법의 흐름이 아동학대를 예방하고 학대받은 아동을 보호하며 도와주기 위한 실제적 적용을 위한 개정이 아닌 최소한의 복지만을 구현하고자 하는 동정적이고 잔여적인 시각에 머무르고 있기 때문에 아동학대 사건이 발생할 때마다 적용할 법령이 없어 정부는 항상 아동학대 방지대책을 발표함으로써 국민들의 분노를 일단 무마하려고 한다. 예를 들어, 2015년 1월 인천어린이집 아동학대 사건, 2015년 12월 인천초등학생 감금학대 사건, 2016년 2월 평택의 원영사망 사건 등으로 정부는 아동학대 처벌 강화, CCTV 설치 의무화, 보육교사자격 관리 강화 및 근로 개선, 공공 인프라 구축, 미취학 및 장기 결석 아동관리 등 여러 대책을 발표하였지만 이러한 대책들은 권고, 필요조치 시행, 처벌 강화, 제고, 인프라 추진, 프로그램 개발 등으로 과연 얼마나 효율적으로 강력하게 지속적으로 실천될지 실효성은 있는지 의문이 든다.

현재 우리나라는 아동학대 사건을 「성폭력범죄의 처벌 및 피해자 보호 등에 관한 법률」, 「가정폭력 범죄의 처벌 등에 관한 특례법」, 「형법」, 「청소년보호법」, 「청소년 성보호에 관한 법률」, 「미성년자 보호법」, 「교육기본법」, 「초·중등교육법」, 「초·중등교육 시행령」, 「정신보건법」, 「경찰관 직무직행법」 등과 같은 관계법에서 아동학대와 관련하여 언급된 내용을 근거로 처벌 또는 처분 명령을 내리거나 2014년 1월 28일 제정되어 동년 9월 29일부터 시행된 「아동학대 범죄의 처벌 등에 관한 특별법(아동학대처벌법)」에 따라 결정하는 상황으로 우리나라는 여전히 아동을 보호하고 학대아동을 보호를 위한 단독법이 없다. 따라서 가정 내 아동학대, 약물중독, 아동의 안전문제 등을 해결할 수 있는 새로운 아동복지 욕구를 수용할 수 있도록 이제는 아동학대 관련 단독법의 제정이 절실하다.

6) 아동학대 예방 및 실천 관련 정책 강화

첫째, 보호자는 대부분 스스로 아동을 학대하고 있다는 것을 인지하지 못한다. 이에 다른 학대가 일어나기 전에 예방할 수 있는 대처방안으로 학대 신고의무를 강화할 필요가 있다. 폭력의 문제는 개인문제를 넘어 사회적인 문제가 될 수밖에 없음이 명약관하하기 때문에 무조건 학대신고는 의무가 되어야 한다. 이와 더불어 아동학대 사건의 주범은 거의 부모라는 점에서 아동학대 예방을 위한 부모교육은 필수적이며 아동에게 학대 예방교육을 실시하여 아동이 학대로부터 자신을 보호할 수 있도록 해야 한다.

둘째, 정서학대는 「형사소송법」상 증거재판주의를 취하고 있다. 즉, 정서학대와 방임을 했다는 명확한 증거를 밝혀내고 확실하게 증명해야만 소송에서 승소할 수 있기 때문에 정서학대와 방임은 소극적이고 비물리적 학대로 물적 증거의 확보와 판단이 쉽지 않아 소송이 이루어지는 경우가 많지 않다. 2016년 4월 9일 헌법재판소는 「아동복지법」 제17조 제5호, 제71조 제1항 제2호에 근거하여 각각 재판관 전원일치로 아동을 정서적으로 학대하는 행위를 처벌하는 「아동복지법」 규정은 합헌임을 결정하였다. 따라서 형사사건의 소추권이 검사에게 있고 국가가 형벌권을 집행하기 위한 과정이라는 점에서 피해자가 일견 소외되는 측면이 있다는 점은 어쩔 수 없는 부분이나, 정서학대와 방임에 대한 심각성과 잠재적 위험성에 대해 아동학대 가해자에 대한 교육뿐 아니라 신고의무자, 상담원, 수사기관 및 법 집행기관 관련자에 대한 인식 교육도 필요하다.

셋째, 2013년 6월 19일 성범죄의 '친고죄(親告罪)'와 '반의사 불벌죄(反意思不罰罪)' 조항이 폐지되었고, 아동·장애인대상 성범죄의 경우 장기간 경과 후 발견되는 특성을 감안해 공소시효 배제대상 범죄를 종전 강간 및 준강간에 한정하던 것을 강제추행, 유사강간 등으로 확대하여 해당 범죄의 경우 아무리 시간이 흘렀다고 해도 처벌할 수 있도록 하는 등 성범죄 관련 처벌법을 강화하여야 한다. 또한, 학대 전후 대처방안 교육을 강화하여야 한다. 성 학대의 경우, 가장 먼저 할 일은 당한 모습 그대로 병원에 가서 증거를 수집할 수 있도록 그 상황 그대로 병원에 가도록 해야 하며 학대를 통한 임신방지를 위해 성 학대를 당한 후 사후 임신방지 약(예: 3일 이내는 노레보, 5일 이내는 엘라원 등) 복용하기, 증거물 확보하기 등 현명하게 대처하는 방법 등에 대한 교육을 지속적으로 해야 할 것이다. 특히 주변에서 지적장애 아동이 성 학대를 당했을 경우, 진술의 오염을 방지하기 위해 어떠한 질문도 하지 말고 빠른 시간 내 해바라기센터와 같은 성폭력 예방기관에 데리고 가는 것이 중요하다.

넷째, 성 학대를 당한 아동이 언제든지 바로 치료를 받을 수 있도록 더 많은 성폭력 전담의료기관의 확대 및 무료 법률지원, 무료 심리치료를 함께 제공하는 무료 법률 구조사업을 확대해야 할 것이다. 또한, 성 학대를 받은 아동이 나날이 증가하는 성 학대 비율을 볼 때 해바라기센터는 통합형으로 기관의 수를 확대하는 것이 바람직할 것이다.

다섯째, 부모의 친권, 징계권 남용을 제재해야 한다. 2000년 10월 개정 「아동복지법」에 아동학대 금지 조항과 처벌 조항이 도입하였음에도 학대로 인한 아동 사망 사건이 증가하였다. 이에 더욱 강력하게 대처하기 위해 2014년 9월 「아동학대범죄의 처벌 등에 관한 특례법」까지 제정되어 시행되고 있다. 그러나 실제 학대 사건이 발생하면 결국 아동을 보호하고 양육할 사람 또는 친권자라는 이유로 훈방 조처를 내리고 아동을 그 학대의 굴 속으로 보내는 경우가 대부분이다. 그러므로 친권자라 해도 아동을 학대하는 경우 강력하게 처벌해야 할 것이다.

여섯째, 부모의 학대를 피하고자 자퇴한 학생에 대한 학습권 보장해야 한다. 중학교와 마찬가지로 고등학교에도 학업숙려제도가 적용된다. 그러나 고등학생이 학대를 피하기 위해 자퇴한 경우, 대체로 원적교에 재입학 후 타 학교로 전학하는 방식으로 되어 있지만, 특수목적고등학교는 교육청 권한 밖으로 학생의 입학 관련 여부는 해당 학교 교장 또는 이사회의 재량에 따라 재입학 여부가 결정되기 때문에 타 학교에 재입학하기란 거의 불가능하다. 부모의 학대로 자기가 태어나고 살던 곳을 탈출한 아동에게 이는 너무 가혹한 처사이며, 아동의 발달권, 학습권 등을 송두리째 빼앗는 것은 어른의 행정 위주의 치졸한 행동이다. 그러므로 학대 피해 아동은 교육청 관할 학교이든 아니든 어떠한 상황에서도 무조건 입학 허가를 해야 한다는 강력한 법이 제정되어야 한다.

일곱째, 아동학대 가해자에 대한 처벌 강화해야 한다. 최근 제정된 「아동학대범죄의 처벌 등에 관한 특례법」에 따르면 우리나라에서 아동의 생명을 심각하게 위협하거나 불구 또는 난치의 질병에 이르게 한 가해자가 받을 수 있는 형량은 고작 3년 이상의 징역이며, 아동을 학대하여 사망에 이르게 한 때는 5년 이상의 징역에 최대 무기징역까지 선고받을 수 있다고 하나, 지난 5년간의 통계에 따르면 재판받은 아동학대 가해자 10명 중 7명은 부모라는 이유로 실형을 받지 않고, 집행유예로 풀려나거나 벌금형에 그쳤다. 아동학대는 중대한 강력 범죄로 온정적 양형을 최소화하기 위해 법정형 하한선의 상향 및 특정 정신질환을 제외한 여타 정신질환과 음주는 약물 치료와 심리치료로 충분히 극복할 수 있으므로 감형되는 사유가 되지 않도록 명시해야 할 것이다. 그리고 아동학대 사건의 경우 사회복지 전공의 외부전문가를 필수적으로 포함할 수 있도록 해야 하며, 마지막으로 피해 아동에 대한 변호사 및 국선보조인 선임을 의무화하고, 성 학대 관련 소송 변호사에 대한 현실적인 수임료를 책정해야 한다.

- 신체 학대 가해자에 대한 처벌 강화: 우리나라의 정말 많은 아이들이 끔찍하게 학대로 살해당하고 있음에도 2000~2014년 사이 아동학대 사망 판결 20건 중 살인죄가 적용된 건수는 단 '1건'이라 할 정도이며, 아동학대 사망 사건 가해자들의 형량은 최소 8개월에서 최대 15년, 평균 형량은 5년으로 아주 낮게 형량이 내려진다. 대부분 사건에서 가해자의 정신 질환 또는 고의성이 입증되지 않는다는 이유로 살인죄가 아닌 치사죄가 적용됐기 때문이다. 외국은 아동이 받은 피해가 무엇보다 우선되기 때문에 살인죄 적용, 20~30년에서 최고 종신형으로 처벌받는다. 이와는 다르게 아동 살해라는 잔혹함에도 불구하고 우리나라의 판결은 유독 가해자에게 지나치게 관대하다는 비판이 제기되고 있다.
- 성 학대 부모에 대한 처벌 강화: 미국을 비롯한 유럽의 국가들은 아동에 대한 성 학대 가해자 처벌은 초범일지라도 아동에게 저지른 성범죄는 최소 기본 형량이 25년이며, 구형이 내려지지 않았다 하더라고 바로 해고당할 수 있고, 특히 술을 마시고 아동을 성 학대하면 가중 처벌을 받게 되어 감형없이 30년 이상 복역을 해야만 한다. 반면, 우리나라는 초범이라는 이유, 반성한다는 말 등으로 2~ 3년 정도로 구형을 하고 모범수라는 이유로 감형되어 조기 출소할 수 있다. 특히 더 안타까운 것은 13세 이상의 청소년과의 성관계는 상황 여부를 불문하고 성적 자기 결정권 사유로 가해자는 무죄로 판결을 받는다는 것이다. 미국의 경우 주별로 16~18세, 캐나다, 스위스, 영국 등은 16세까지 동의 여부를 불문하고 강간죄로 처벌하고 있는바, 우리나라도 13세 이상이라 할지라도 성관계 전후 과정에 대한 자기결정권 여부 판단은 의학적, 생물학적 데이터를 바탕으로 의사결정 능력에 대한 합의가 필요하다.
- 장애아동학대 가해자에 대한 가중처벌 강화: 장애아동을 학대한 행위에 대한 처벌은 죄에 정해진 형의 1/2까지 가중할 수 있다는 「아동학대범죄의 처벌 등에 관한 특례법」과 「아동복지법」 위반 혐의를 적용할 수 있지만 문제는 장애아동을 학대하는 경우, 별도의 가중처벌을 한다는 규정이 없다. 2011년 일부 개정된 「성폭력범죄의 처벌 등에 관한 특례법」은 성인장애인의 경우에는 3년 이상의 유기징역을 선고할

수 있다고 규정한 형법상 강간죄보다 처벌수위를 높였지만, 장애아동은 학대를 당해도 발견율이 매우 낮고, 장애아동이 스스로 신고하기가 거의 불가능하기 때문에 장애아동에 대한 학대범죄에 대해선 가중처벌 규정을 마련하는 것이 필요하다. 현재 아동학대치사죄의 경우 무기징역 또는 5년 이상의 징역에 처해진다. 그러나 장애아동을 학대해 사망에 이르게 한 경우 사형, 무기징역 또는 7년 이상의 징역에 처할 수 있도록 한 개정안은 2016년 11월 국회 법제사법위원회에 상정됐지만 아직 처리는 미루고 있는 실정이다.

여덟째, 대법원은 「아동학대 범죄의 처벌 등에 관한 특례법」 제34조가 공시되기 전에 발생된 아동학대와 아직 공소시효가 완성되지 않은 아동학대 범죄에 대해서도 공소시효 정지 규정이 적용된다고 해석함이 타당하다고 판결하였으나 아동학대로 인한 고통과 피해는 여전히 진행 중인데, 시행 전후를 구분하여 판결하지 말고, 아동학대 사건은 어떠한 상황에서도 공소시효 부분이 적용되지 않아야 할 것이다.

아홉째, 「모자보건법」 제14조는 성 학대를 통해 임신한 경우 경찰의 판단으로 임신중절수술을 합법적 수술을 할 수 있지만, 경찰이 인정하지 않거나 성 학대를 통해 임신한 것임을 증명하지 못할 경우 임신중절을 할 수 없을 뿐만 아니라 지적장애가 있는 아동이 성 학대를 통해 임신이 임신중절수술 사유가 됨에도 임신중절을 위법 행위로 간주하는 현실이다. 반면, 외국의 경우 사회경제적 사유를 보고 판단하며, 독일은 진찰한 의사와 수술한 의사를 다르게 하거나, 숙려기간 등 여러 절차와 함께 'B-WAVE(black wave: 임신중절 수술 자체를 반대하는 여성단체)'의 활동으로 좋은 조건에서 수술을 받을 수 있는 기회를 제공해야 한다고 목소리를 높이고 있다. 그러므로 1973년에 제정된 법을 유지하기보다 이러한 문제에 대한 사회적 합의를 하여 성 학대로 인한 2차 피해를 억울하게 받지 않도록 해야 할 것이다.

열째, 학대 피해아동은 낯선 곳에 머물러 있어야 하며, 며칠 뒤 다시 그 학대의 현장인 가정으로 돌아가야 하는 제도를 변경하여 가해자를 우선 구속함으로써 피해자를 익숙한 환경에서 심리적 안정을 취할 수 있도록 보호할 수 있는 제도 개선이 필요하다.

열한째, 아동학대 예방을 위한 사회안전망 구축을 위해 현실적인 예산 책정과 아동학대 사후관리를 위한 보호 지원 강화를 위해 아동학대 사례의 경우, 드림스타트와 희망복지지원단, 고용복지플러스센터 등에서 무조건 우선순위로 선정되어 지원될 수 있는 법적 지지가 제공되어야 할 것이다. 또한, 학대를 당한 아동의 경우 통장 개설, 후견인 선정 등에 대해 예외 규정을 제정하여 피해아동이 기본 인권 박탈이라는 제2의 학대를 겪지 않도록 해야 한다.

열두째, 경찰청의 학대전담경찰관(A. P. O: Anti-abuse Police Officer), '아동학대 착한 신고 112'와 'CARE'의 현실적인 운영이 필요하다.

- 학대전담경찰관의 자격 강화 및 증원: 학대전담경찰관은 아동학대 사건과 미취학 장기결석아동 등을 체계적이고 면밀하게 점검하기 위한 전담경찰관이다. 경찰청은 2016년 4월 20일 학대전담경찰관을 출범시켰지만, 배치되어 활동 중인 학대전담경찰관은 349명뿐으로 그 자격증 소지자는 23%에 불과하였다. 또한, 배치 후 전문교육 이수자도 36%로 학대전담경찰관의 활성화가 요구된다.
- 아동학대 착한 신고제 112: 아동학대를 당한 것으로 의심되는 아동을 발견 시 112로 신고하는 제도로 아동과 직접적인 관계가 없더라도 아동학대를 발견할 경우 누구나 신고할 수 있다.
- 피해자심리 전문요원(CARE: Crisis-intervention, Assistance, REsponse)의 확대: 경찰관이자 피해자 심리 전문요원은 위기상태의 피해자들에게 심리적 도움을 주는 일을 하며, 근무시간 및 보수는 동일한 계급의 다른 경찰관들과 같고 2007년부터 실시되었으며 현재 16명의 피해자심리 전문요원이 있다.

3. 실종아동의 권리와 복지 실천 방법 및 절차

1) 실종의 개념

실종의 사전적 개념으로는 '소재나 생사를 알 수 없게 사라지는 것'으로 '종적을 잃음, 행방을 알 수 없음, 사람의 소재 및 생사가 불분명하게 되는 일'이다(민중서림 편집국, 2015). 대한민국 대통령 의문사진상규명위원회에서는 '실종을 종래의 주소 또는 거주하는 장소를 떠나 쉽사리 돌아올 가망이 없는 부재자가 생사불명의 상태에 있는 경우를 말하는 것으로 규정하고 있다(대통령소속 의문사진상규명위원회, 2004).

실종의 법적 개념으로 「민법」이나 「형법」 등의 일반법에서 보편적 규정으로 실종에 대해 언급한 현행법은 없다. 「민법」 제29조 제1항, 「가족관계의 등록 등에 관한 법률」 제92조 제2항 등에서 실종선고의 취소와 신고 등과 관련하여 실종자라는 용어를 사용하고 있다. 이 2개의 법령에 의해 실종에 대한 선고는 법원에서 내리는 것으로 되어 있다(김종우 외, 2016).

그러나 2005년에 특별법으로 제정한 「실종아동 등의 보호 및 지원에 관한 법률」에 따르면 실종이란 '약취·유인 또는 유기되거나 사고를 당하거나 가출하거나 길을 잃는 등의 사유로 인하여 보호자로부터 이탈된 상태'로 다양한 스펙트럼의 실종 유형 성격을 포함하고 있다(실종아동법 제2조, 2014). 실종의 대상은 '실종 당시 18세 미만의 아동을 말한다.

2) 실종아동

미국의 법무부 산하 소년사법 및 비행 예방국에서는 2000년에 발표한 '실종, 가출 및 버려진 아동에 관한 전국 발생조사'를 토대로 2002년에 실종아동의 사회인구학적 특성과 실종 경위 등 실종아동 발생 실태를 재정리하여 발표하면서, 실종아동을 '보호자로부터 사라진 아이'나 '경찰 및 다른 기관에 실종신고가 된 아동'으로 구분하며, 실종아동 개념을 분류할 때 가출 및 버려진 아동, 비가족유괴로 인한 아동실종, 가족유괴로 인한 아동실종, 거짓경보 상황으로 인한 아동실종, 성폭행 당한 아동실종 등 8개의 범주로 나누어 설명하고 있다(Sedlak, Finkelhor, Hammer, & Schultz, 2002).

2005년 12월 「실종아동법」이 시행된 이후에는 단순히 길을 잃어버린 아동이라는 협의의 개념인 '미아'라는 용어 대신에 '실종아동'이란 용어를 사용하고 있다. 실종아동의 개념에는 미아 외에도 약취·유인, 유기 혹은 사고, 가출아동도 포함하고 있어서 그 범주가 확대되고 다양하다.

실종아동 연령 규정은 「실종아동법」을 만든 2005년 기준으로 실종 당시 나이와는 상관없이 14세 이상이면 가출인, 14세 이하만 실종아동으로 소법 적용했었다. 그러나 이러한 연령 규정이 많은 실종아동을 포괄하지 못하고 있어 2013년 「실종아동법」을 개정하여 실종아동대상을 18세로 확대하였다(김종우 외, 2016).

3) 실종아동의 원인

아동의 실종 발생원인 중 장기실종의 아동 부모가 생각하는 가장 큰 원인은 유괴(42.6%)로 타인이 금전 또는 양육의 목적으로 유괴했다고 생각하는 경우이다. 이는 길을 잃음(31.1%), 가출(11.5%), 사고(4.9%), 유기(3.3%)보다 월등히 높았다(어린이 찾아주기 종합센터, 2004).

실종아동의 원인과 유형은 유괴, 미아, 약취·유인, 유기, 사고, 가출 등과 같이 실종아동의 유형과 원인을 생각해 볼 수 있다.

첫째, 미아는 길을 잃고, 분별력이나 인지능력의 부족으로 스스로 자기 집과 부모를 찾지 못해 헤매는 아동으로 범죄와 연루되지 않은 '단순미아'라고 부르며 집 근처, 놀이공원, 백화점, 시장 등에서 발생하는 경우가 많다(김성천·이웅혁, 2008).

둘째, 약취·유인은 개인의 자유를 침해하여 협박, 폭력 등으로 꾀어내어 유괴하여 금품을 요구하거나 살해하는 경우로 '약취'와 '유인'을 합하여 유괴라고 하며 범죄의 목적이나 기족이나 지인에 의해 자행되는 경우다.

셋째, 유기는 부모나 보호자가 아동을 정당한 절차 없이 부적절한 곳에 버리거나 강제로 집이나 보호시설 밖으로 쫓아내는 것이며, 실종된 줄 알면서도 적극적으로 찾는 노력을 하지 않는 것을 의미한다. 간혹 유기한 후 실종신고를 하는 경우다. 유기를 하는 이유는 경제적 사정, 이혼, 가정해체 등으로 양육이 어려운 경우에 일어난다.

넷째, 사고란 불의의 안전사고와 같이 방치된 공사 현장, 정화조, 맨홀, 저수지, 웅덩이, 강, 바다 등에서 실종된 경우에 목격자가 없거나 방치된 경우 사고 시 가해자가 고의로 은폐하여 사건이 해결되지 않는 경우다.

다섯째, 가출은 아동이 스스로 집을 나간 경우로 아동이 가정이나 보호시설에서 보호자의 허락 없이 행방을 감추는 것을 의미한다. 주로 가정문제, 학업, 교우관계 등이 원인이며 청소년 대상이나 가출 연령이 점점 낮아지고 있다.

4) 실종아동법 제정

2005년 「실종아동의 보호 및 지원에 관한 법률(실종아동법)」이 제정되었다. 「실종아동법」 제정과 더불어 전문기관이 개설되고, 경찰청의 조직이 변화되었다. 어린이재단은 '어린이 찾아주기' 종합센터를 운영해 온 경험과 「실종아동법」 제정의 일등공신으로 2005년 12월 1일 '실종아동전문기관' 개관식을 하고 실종아동 모두를 찾는 그날까지 전문기관으로서의 역할과 소명을 다하고 있다.

그 후 개정된 「실종아동법」 2014년 1월 28일에 개정하고 7월 29일에 시행되었다.

5) 실종아동가족의 지원사업

- 사진 공개를 통한 실종아동 찾기
- KBS 등 TV 매체를 통한 실종아동 찾기
- '미아서포터즈', '찾으미'를 통한 찾기 시도
- 가출인 알리미 시스템 활용

- 실종아동 등 프로파일링을 통한 찾기
- DNA를 통해 찾기
- 유괴·실종경보발령 시스템 구축·운영
- 개인의 위치추적 및 미아·실종자 찾기 시스템 구축
- 스마트폰을 활용하여 실종아동 찾기(Missing child: 아이폰용 어플리케이션)
- 사전 지문등록제
- 불특정 다수인 이용시설 실종아동 등 조기발견 지침(2014년 1월 28일 관련법 제정, 7월 29일 시행. 어린이 실종 예방제도: 코드 아담)
- 얼굴 변환 프로그램(age progression program) 도입 운영
- 시민운동으로 실종아동 찾기
- 기타 범정부적인 대책 방안 수립
- 찾기 방법의 전환 '기다림'

이외에도 실종가족의 지원사업으로는 경제적인 지원, 심리·정서적 지원 프로그램, 맞춤형 사례관리모형, 한마음가족캠프, 지지 리더 프로그램 등이 있다.

6) 실종아동 예방활동과 실천

어린이 찾아주기 종합센터에서 하던 일은 사후처리 방식이었다. 그러나 아동복지시설과 유아교육기관에서의 실종 예방교육이 의무화되므로 예방사업이 활성화되었으며, 예방캠페인을 활동으로 강화되어 실천하게 되었다.

2007년 국제 실종아동의 날(international missing children's day)이 생겼고, 우리나라도 2007년 5월 25일을 '실종아동의 날'로 정하고 기념행사를 통해 전 국민에게 실종 예방의 중요성을 알리면서 실종에 대한 국민적 인식을 개선하였다.

휴가철의 실종아동 예방 이름표, 실종 예방지침 혹은 실종아동 사진이 있는 휴대용 휴지를 무료로 배포하여 캠페인을 전개하였다. 이름표의 종류로는 명찰형, 기념배지형, 목걸이형 등이 있고, 물놀이에서는 팔찌형, 실종예방 핸드링을 사용하기도 한다.

공익광고 및 특별기획 방송을 통해 일반시민들이 아동실종·유괴 사건의 위험성에 대한 경각심과 예방의 중요성을 인지하도록 실종·유괴 예방캠페인 공익광고를 제작하여 송출하고 있다. '사라지는 아이들'(2008년), '슬픈 숨바꼭질 이야기'(2009), '아이 실종되는 시간 35초!', '3단계 구호 멈춰요! 생각하기! 도와주세요!'(2011년), '아홉 살 효정이 지금 어디 있니?'(2014년) 등의 내용으로 구성하여 영상물을 여러 주요 언론매체를 통하여 홍보하고, 실종에 대해 일반인의 지속적인 관심을 유도하고 있다.

이외에도 실종가족 부모회 '미아가족모임', '미아가족협회', '전국 미아·실종가족 찾기 시민의 모임(전미찾모)'을 결성하여 힘을 모아 대정부 활동을 하기도 하며, 그 후 '실종아동찾기협회'로 명칭을 변경하여 실종아동 가족과 지속적인 만남을 통해 정보를 교류하고 위로하며 친목을 다져 왔으며, 2010년에는 보건복지부에 사단법인으로 등록하였다. 이로써 실종아동의 권리에 대한 가치 인식의 확산, 아동실종의 예방을 위한 교육활동, 실종아동을 위한 수색·수사활동 및 홍보활동, 실종아동 가족의 문제를 해결하기 위한 여러 가지 활동을 전개하고 있다.

7) 실종아동을 위한 대책

(1) 실종아동을 위한 대책

① 실종·유괴 예방교육: 인형극 예방교육, 탈인형극 예방교육, 유괴 예방 체험존 교육 등이 있다.

② 예방교육 콘텐츠 개발·보급: 예방교육 교재 개발 및 배포, 예방교육 애니메이션 개발 및 보급과 반영, 예방교육 드라마 및 교육자료 제작·배포한다.

③ 교육담당자 양성교육: 유아교육기관 교사교육 실시, 어린이재단 지방사업장 예방교육담당자 교육 등이 있다.

④ 예방사업의 변화 추구: 예방교육 내용의 변화와 강화 작업, 예방교육의 다변화 추구, 실종예방 음악 제작·배포, 다양한 실종예방 안전상품 출시, 아동안전지킴이집 운영 등이 있다.

휴대폰 위치추적서비스

- SK텔레콤: '자녀안심서비스'는 매일 8회 1시간 간격 자녀의 위치정보를 부모에게 제공하는 '자동위치알림', 일정 지역을 벗어날 경우 부모에게 통보하는 '안심존이탈알림', 자녀이동 경로를 보여 주는 '이동경로보기', 긴급상황 발생 시 동시 2명에게 호출하는 '문자긴급호출' 서비스 제공
- KTF: '아이서치서비스'는 자녀의 위치정보를 최대 4명의 가족에게 자동으로 알려주는 '자동위치알림' 자녀의 일정 지역 이탈의 경우 자동으로 알려 주는 '안심존' 서비스 제공
- LG텔레콤: 위급 시 휴대전화 버튼을 누르면 경보음이 울리고 보호자에게 자신의 위치를 전송하는 '보디가드서비스', 상대방의 위치를 확인할 수 있는 '친구찾기서비스' 제공

⑤ 실종·유괴 예방 홍보사업: 다양한 채널을 통한 실종·유괴 예방 홍보사업을 펼치며, 기관 공익광고 송출, 언론보도 등을 진행하며, 실종·유괴에 대한 사회적 관심을 제고하여 이를 위한 예방의 중요성을 알리고자 하는 사업이다. 첫째, 홍보활동으로 이름표 달아 주기 활동 캠페인, 신학기 및 여름휴가철 포스터 배포, 온라인 페이지 홍보, '실종아동의 날' 연계 캠페인 등이 있다. 둘째, 공익광고제작 및 송출로는 대국민 홍보활동을 위해 기관 공익광고를 송출함으로써 이를 접한 시민들이 아동실종·유괴 사건에 대한 경각심을 느끼도록 촉구하고, 실종·유괴 예방의 중요성을 인식하여 예방에 관심을 기울여 실종·유괴의 발생을 줄이고자 한다. 라디오 광고, 유튜브, 티빙 등의 온라인채널, 케이블 TV, 디지털 VOD 등에도 영상 송출이 계속되고 있다. 셋째, 언론 홍보 및 홍보활동으로는 방송, 온라인신문, 인터넷매체, 기관 SNS 운영, 실종·유괴 예방 동화책 제작, 예방 스토리텔링 공모전 등이 있다.

⑥ 실종아동 등 가족지원사업: 실종사고 이후 가족은 정신적·심리적인 정신과 개입이 필요할 정도로 불안정성을 띠게 되므로 특히 찾기 활동과 같은 공공서비스도 중요하지만 원가족의 고통을 경감할 수 있는 적절한 심리재활치료가 필요하다. 2006년부터 현재까지 실종가족에게 무료 가족치료 서비스를 지원하고 실종가족 구성원간 치료 목적의 단체 프로그램 및 의료·상담시설을 통한 전문의료 서비스를 제공받고 있다. 상황 적합 맞춤형 가족사례관리 서비스, 치료 지원 서비스, 실종가족 찾

기 지원 서비스, 심리정서지원 서비스, 실종가족 협력 강화 등이 있다.

⑦ 실종아동 관계기관 협력체계 구축 및 강화: 실종아동 등 가족지원사업이 원할하게 진행되기 위해 관련 법령이 제정되는 것도 중요하지만 그 법령이 제대로 잘 집행될 수 있도록 하는 것은 더 중요하다. 관계공무원과 협력체계를 구축하고 관련부처와 협력적 관계, 자문위원회를 조성하고, 실종아동·장애인 사업안내 및 업무매뉴얼 제작·배포, 관련 기관 간 정보공유를 위한 노력, 전국 사회복지시설 일제 점검, 관련 부처 간 협업체계 구축, 일시보호센터지원 등 찾기에 있어서 경찰의 영역만 아니라 감사원, 국민건강보험공단 공동으로 의료기관을 면밀하게 추적하여 실종과 가출을 밝히고, 공무원연금공단과 국민연금공단이 동참했다. 해양경찰과 함께 경찰은 아동·장애인·노인시설과 가출 청소년 밀집지역을 수색하여 실종자와 가출인을 가족에게로 돌려보냈다. 정부 관련 부처의 업무협조의 중요함을 보여 준 결과이다(김종우 외, 2016).

⑧ 국제 실종 및 착취아동센터 회원가입: 실종아동전문기관은 2007년 말에 국제실종 및 착취아동센터(ICMEC: International Center Missing & Exploited Children)에 가입하여 전 세계 17개국이 회원국으로 가입되어 있다. 아동유괴범이 해외로 도피할 가능성도 있고, 공식적인 입양기관을 거치지 않은 채 아동이 해외로 입양되는 경우도 있기에 이 같이 불법으로 아동을 데려갈 경우를 대비하여 국제적 정보교류와 서비스를 실시하여 실종아동의 사진 및 신상정보가 한국어와 영어로 동시에 공개되고 기존기관 사이트를 ICMEC와 링크함으로써 국제적 실종아동 네트워크를 형성하게 되었다.

⑨ 실종아동 등 실태조사 및 연구사업

(2) 실종아동대책의 향후 발전방안

첫째, 한국의 실종아동대책은 짧은 역사에도 불구하고 체계적인 모습을 갖추고 있다. 그러나 법의 집행력이 약하고 실종대책에 소요되는 예산과 인력의 부족, 전달체계와 담당부처 간의 연계조정 역할의 미흡 등의 문제로 인해 앞으로 해결해야 할 과제가 적지 않은 것이 사실이다. 사건이 일어나면 집중 조명되다가 관심이 약해지는 상황이 반복되어 여전히 실종에 대한 국민적 관심이 낮은 수준에 머무르고 있어, 아동이 혼자 가정에 방치되어 있거나 등·하교시간, 놀이터에 보호자가 동행하지 않는다. 외국 같이 가디언(guardian) 배치하여 실종 예방을 해야 한다.

둘째, 실종아동의 신상신고를 의무화하는 실효성을 높일 대책으로 사회복지시설 정보시스템에 등록된 신상이 실종아동 찾기에 연동되도록 법이 개정되어야 한다.

셋째, 관련 부처 간 정책을 조율할 수 있는 실질적인 정책조정기구가 필요하다. 보건복지부, 경찰청, 실종자가족 및 협력부처(교육부, 외교부, 행자부, 검찰, 방송 등)가 관여되는 실종전담팀을 구성하여 실질적인 활동이 이루어져야 한다.

넷째, 경찰청은 찾기 사업, 실종아동전문기관은 예방과 가족지원사업 등을 담당하고 연계되어 있다. 장기실종가족을 대상으로 가족지원사업을 하는 것은 궁극적으로 찾기 사업을 효과적으로 진행하는 것으로 이 부분에 대한 전문성이 강화되어야 한다.

다섯째, 실종아동전문기관을 전국에 권역별로 확대·설치할 필요가 있다. 따라서 각 지역의 실정에 맞는 예방과 가족지원사업을 지원하는 방안도 생각할 수 있다.

여섯째, 장기 실종아동 부모를 위한 다양한 자조집단의 육성이 필요하다.

일곱째, 무연고아동 등의 유전정보 관리가 매우 효과적인 방법으로 부각되고 있다. 무연고아동 등의 경우 DNA 채취를 임의 조항으로 규정하여 진행이 안 되는 경우가 많아 의무사항으로 개정해야 한다.

여덟째, 실종전담업무기관이 사회복지시설 정보 시스템과 연계하여 일할 수 있어야 한다. 이것이 가능하면 시설 입·퇴소 아동의 신상정보를 일원적으로 관리할 수 있어서 관련법의 개정이 요망된다.

아홉째, 실종아동의 날이 제정되어 공식 기념일이 되어야 하고 행정기관의 참여와 관심이 높아지면 언론의 보도를 통해 국민과 사회의 인식을 제고할 수 있다.

이와 같이 실종아동 문제를 예방하고 찾기를 효율화할 수 있는 방향과 방안을 모색하였다. 어린 아동이 있는 가족이면 누구나 걱정이 되는 아동실종문제의 대책을 발전시키기 위해서는 무엇보다 온 국민적 관심이 경주되고 감시자가 되어 실종을 예방하고 실종문제를 효과적으로 해결할 수 있는 대책 마련에 힘써야 할 것이다.

4. 빈곤아동의 권리와 복지 실천 방법 및 절차

1) 빈곤 개념

빈곤을 한마디로 정의하기에는 쉽지 않다. 김기원(2000)은 빈곤이란 기본적인 욕구를 충족시킬 수 있는 능력이 부족한 상태라고 했다. 김기태 외(2004)는 빈곤이란 궁핍으로서의 빈곤, 불평등으로서의 빈곤, 문화로서의 빈곤, 착취로서의 빈곤 등으로 설명하고 있다. 빈곤은 최소한의 인간다운 삶을 유지하는 데 있어 필요한 자원이 부족한 상태로서 자원이 결핍하여 한 사회의 구성원으로서 의식주와 같은 기본적인 생활을 하는 데 어려움이 있거나 다양한 활동에 참여할 기회가 박탈되거나 배제된 상태라고 본다. 이것은 단순히 육체적 상황에 그치는 것이 아니며 근대 도시사회에서의 빈곤은 바야흐로 음식물, 의복, 주거의 결여를 의미할 뿐 아니라 정신적 황폐까지 의미한다. 빈곤의 이론적 정의는 경제적 측면에서의 결핍이다.

일반적으로 빈곤은 인간의 생명을 유지하는 데 필요한 최소한의 물적 자원의 부족, 교육 및 문화적 측면에 대한 기본적 욕구가 결핍된 상태를 말한다. 빈곤은 물적 자원의 결핍을 의미하기도 하지만 교육기회, 의료기회, 사회적 이동의 기회 등과 같이 가치 분배 과정에서 발생하는 불평등을 포함하는 동시에 개인의 성취동기 열망수준, 자아실현 등의 심리적 차원과 관련된 박탈과 문화적 가치로부터 소외 등을 포괄하는 개념이다.

2) 빈곤아동

(1) 개인적 원인

아동이 있는 가구주는 대부분이 경제활동에 활발하게 참여하고 있는 세대이기 때문에 가구주의 근로소득 및 가구주의 역할수행은 아동의 빈곤에 큰 영향을 미친다. 개인적 원인으로는 가난의 대물림, 한가족의 증가, 가구주의 사망, 질병, 불구, 노령, 낮은 교육, 부적응 등 이들은 개인적 원인이긴 하지만 빈곤가정이 발생하게 된 상당한 원인이 주로 사회에 있다.

- 가난의 대물림: 저소득아동의 가정환경은 경제적 빈곤, 주거환경, 학습공간 부재, 자녀학습지도 미흡 등 모든 면에서 열악하다. 여기서 아동은 학습결손과 정서발달에 장애를 겪게 되며 곧바로 학업성취 저하를 가져온다. 학교부적응과 일탈, 비행현상도 발생한다. 학력이나 실력 등 경쟁력을 갖추지 못하다 보니 비정규직 취업이나 낮은 임금의 직종을 택하게 되어 결국 빈곤을 이어받게 되는 것이다.
- 한부모가족의 증가: 한부모는 배우자와의 이혼, 별거, 사별 등으로 배우자 없이 혼자 자녀를 키우는 부나 모를 말하며 이혼, 사별, 유기, 미혼모에 의하여 발생하는 가정으로 현재 18세 미만의 자녀와 살면서 자녀를 부양하고 부모역할을 담당하고 있는 한부모와 자녀의 집단을 말한다.

  이런 가정은 경제적으로 어려움이 있다. 한부모가정의 경제적 문제는 부자가족보다 모자가족이 더 심각하게 나타나고 있다. 저소득 한부모가구의 비율은 전체 한부모가구의 7.1%를 차지하며, 그중 81.6%가 여성 한부모가구가 차지하는 것을 통해서도 모자가족이 경제적인 어려움을 겪고 있음을 알 수 있다.
- 미혼모의 증가: 일부 미혼모는 사회의 냉대와 거부, 죄의식, 수치심 등에 시달리며, 학업을 중단하거나 직장을 포기하여 기초생활 기반을 잃게 되기도 한다. 이로 인해 신체적·정신적으로 극히 불안정한 상태가 되어 영아유기, 정신적 쇼크 상태, 윤락여성으로 전락하기도 한다. 더욱이 저소득 모자가정에서는 빈곤문제로 인해 아기가 방치되거나 기아가 발생하는 등 아동문제가 발생하기도 한다.

(2) 사회적 원인

Galbraith에 따르면 빈곤을 발생시키는 사회적 요인에는 자원 부족, 정부의 성격, 경제제도, 자본과 기술의 부족, 기후, 시장구조 등이 있다.

- 국가의 취업구조, 노동시장의 구조적 불평등과 고용불안정, 임금차별 등으로 가장의 실직으로 인한 가정의 경제적 붕괴를 야기한다.

- 조부모가 조손을 양육하는 가정 증가, 이혼율 증가, 여성가구주 가구 등 결손가정 증가 등으로 인한 가구 내 비노동인구의 증가를 가져온다.
- 소득재분배 기능을 수행하는 사회보장제도를 포함한 사회복지정책의 부실을 들 수 있다.
- 건강보험제도의 사각지대인 비급여항목으로 인한 의료비 부담은 중증 희귀난치라는 의료비 과부담으로 인해 빈곤에서 벗어나기 어려운 상황에 놓이게 된다(김은정, 2017).

3) 빈곤의 유형

(1) 절대적 빈곤(absolute poverty)

가장 오래된 빈곤의 정의로 생존을 위한 최저한의 물질의 결핍상태를 말하는데 이는 한 가족이 생존하는 데 필요한 물품을 구매할 때 필요한 최저한의 금액(dollars)으로 표현된다. 객관적으로 결정한 절대적 최저한도보다 미달되는 상태를 말하며, 흔히 절대빈곤선 개념을 토대로 생존의 의미를 강조한다. 따라서 절대적 빈곤은 실질 경제성장이 계속되어 그 사회의 전반적인 생활수준이 향상되면 빈곤선 이하의 생활을 하는 절대적 빈곤 개념이 가지는 한계는 빈곤을 측정하는 것은 상황에 따라 시장의 여건에 의해 크게 영향을 받는다. 이는 인간의 기본적 필요라고 하는 것은 시기와 지역, 소득수준에 따라 다양하게 결정될 수 있다.

(2) 상대적 빈곤(relative poverty)

사회의 평균 또는 일정 생활수준과 비교해 볼 때 상대적으로 적게 가지고 있는 상태를 말한다. 상대적 빈곤이란 사회적 상호작용을 저해한 요인으로 빈곤을 파악하며 개인이나 가계의 절대적 결핍문제가 아닌 상대적 수준을 파악함으로써 개인과 가계, 전체 사회의 특성을 표현하고자 하는 개념이다.

공동체의식을 반영하여 상대적으로 사회의 다른 사람들보다 적게 가지고 있다고 생각하는 빈곤으로 빈곤을 측정할 때, 한 사회구성원의 삶의 수준과 비교하여 개인이나 가족이 소유한 자원의 양을 측정하는 데 있다. 상대빈곤선도 절대빈곤선과 마찬가지로 소득(income)으로 표현된다(김미숙 외, 2007).

(3) 주관적 빈곤(projective poverty)

주관적 빈곤은 기준 없이 주관적 판단에 근거해서 정의되는 빈곤이다. 자신이 충분히 물질에 대해 갖고 있지 않다고 느끼는 것을 말하는데, 앞에서 서술한 두 개념은 제3자의 판단에 의한 객관적 수준이 결정되는 반면, 주관적 빈곤의 개념은 빈곤한 사람들이 빈곤으로 느끼는 수준에서 결정된다. 빈곤은 결국 개인의 안녕과 관련되는 문제이기 때문에 개인의 주관적인 판단이라는 측면도 무시할 수 없으며, 어떤 의미에서는 전술한 객관적인 기준보다 중요할 수 있다.

4) 빈곤의 발생원인: 가족배경과 빈곤

빈곤원인을 가족배경에서 증여, 상속, 부모의 낮은 학력, 부모의 소득수준, 가난한 성장환경, 과도한 축소, 부모의 직업으로 볼 수 있다.

- 증여, 상속: 증여와 상속을 통한 소득, 재산의 이전이다. 부모로부터 소득, 재산의 이전이 자녀의 빈곤 여부에 영향을 주는 정도는 전통사회의 경우 절대적이었으나, 현대사회에서는 그 영향력이 매우 낮다. 그 이유는 현경제적 지위에 영향을 크게 줄 정도로 많은 재산이나 소득을 이전 받는 사람은 소수에 불과하기 때문이다.
- 부모의 낮은 학력: 사회 전체 가구를 대상으로 할 경우 하위계층과 상위계층 간의 부모 교육수준의 격차는 매우 크다고 할 수 있다. 그러므로 교육수준이 낮은 부모를 둔 사람은 교육수준이 높은 부모를 둔 사람보다 빈곤에 빠질 가능성이 더 크다고 볼 수 있다.
- 부모의 소득수준: 가족배경이 좋은가 나쁜가를 나타내는 변수 중 하나가 부모의 소득수준이다. 나쁜 가족배경을 가진 사람이 좋은 가족배경을 가진 사람보다 빈곤할

가능성이 높다면 부모의 소득수준이 낮은 사람은 그렇지 않은 사람보다 빈곤할 가능성이 더 높은 것이다. 이는 나쁜 가족배경이 빈곤의 한 원인이라는 점을 시사해 주는 것이다.

- 가난한 성장배경: 성장환경이 빈곤계층으로의 전락 여부에 중요한 영향을 미칠 수 있다. 좋은 성장환경 아래에서 자란 사람은 성장기에 좋은 양육을 받고 자기 능력껏 교육받을 수 있을 것이며, 그 결과 성인이 되어서 높은 소득을 얻을 수 있을 것이다. 반면에 나쁜 성장환경에서 자란 사람은 성장기에 좋은 양육을 받을 가능성이 적고 자신의 능력만큼 교육받을 가능성도 낮으며, 그 결과 성인이 되어서 높은 소득을 획득할 가능성도 낮다.
- 부모의 직업: 가족배경에서 부모의 직업에 따라서 빈곤의 차이를 볼 수 있다. 그러나 우리나라는 산업화의 역사가 그리 길지 않아 현재 30~50대의 연령에 있는 사람의 부모는 대부분 농업에 종사하였으므로 빈곤한 사람과 그렇지 않은 사람 간 부모의 직업에서 커다란 차이가 있다고 볼 수 없다.

5) 빈곤이 아동에게 미치는 영향

- 건강에 미치는 영향: 빈곤이 건강에 미치는 영향으로는 '기아'는 불충분한 영양상태로 두뇌발달에 부정적인 영향을 미쳐 언어능력, 독해력, 산술능력 등 학습능력을 저하시킨다. 영양실조는 사회적 행동위축, 운동신경 저하, 신체발달의 장애를 초래한다. 특히 발달지체장애로 발전할 수 있다. 빈곤은 가정구성원 모두에게 다양한 형태로 영향을 미치는데, 자원 제한으로 인해 파생된 것으로 의사, 임상치료전문가로부터 받을 수 있는 다양한 의료서비스를 받는 데 제한될 수 있다.
- 인적 자원에 미치는 영향: 인적 자원은 기술, 능력, 성공, 가치, 기회, 참가, 교육적 비전, 직업활동, 여가, 개인적 성장과 발달, 성취 등으로 특징지을 수 있다. 빈곤은 아동의 인지발달 및 학교교육과 가족의 여가·문화활동이란 측면에서 인적 자원에 부정적 영향을 미치게 된다. 다양한 경험에서 유래되는 경향이 있는데 빈곤한 가족은 이러한 경험을 제공할 수 있는 경제적 능력이 부족하므로 기회의 평등이란 점에서

불리한 환경에 처하게 된다.

- 물리적 환경에 미치는 영향: 물리적 환경의 범주에는 공간, 안전, 노동, 학교, 지역사회 등이 포함된다. 가족복지와 관련해서 빈곤가족은 안전하고 쾌적한 주거공간이 결여된다. 겨울에 난방이 되지 않거나 좁은 공간에 다수의 구성원이 함께 생활하고 불결한 공간에서 생활할 확률이 3배나 더 높은 것으로 보고되고 있다(U. S. Bureau of Census, 2000). 공격적 성향의 순환으로 빈곤가구의 밀접한 공간에서는 공격적 성향이 살아가는 데 필요하기 때문이다.
- 정서적 환경에 미치는 영향: 경제적 불안정성은 그 자체가 부모뿐만 아니라 아동에게도 스트레스 요인으로 작용된다. 빈곤계층에 머무는 시간과 아동의 정신적 건강은 관련이 있다. 빈곤계층에 머무를 시간이 길수록 아동의 스트레스 수준과 불행하다는 느낌, 불안, 의존 등의 증세가 더 심화되어 경제적 자원의 부족으로 인한 어려움은 모의 자존감을 낮추어 결국 자녀인 아동에게 악영향을 미치게 된다.
- 가족의 상호작용에 미치는 영향: 빈곤은 부모로부터 아동과 긍정적 상호작용을 할 수 있는 능력을 제한하는 경향이 있다. 가족의 상호작용에서 정서적·관계적 요소인 가족 구성원과의 관계, 역할, 정서적 분위기, 대화행동 등에서 부정적일 수 있다.

6) 빈곤아동의 권리와 복지 실천과 과제

(1) 빈곤아동과 권리와의 관계

빈곤아동과 직접적으로 관련되어 있는 가장 중요한 권리는 생존권이라 할 수 있다. 일반적으로 생존권이라 하면 적절한 생활수준을 누릴 권리, 안전한 주거지에서 살아갈 권리, 충분한 영양을 섭취하고, 기본적인 보건서비스를 받을 권리 등 기본적인 삶을 누리는 데 필요한 권리를 말한다.

〈표 8-1〉 아동권리지표 중 빈곤아동 관련 영역 내용

분야	관심 영역	세부관심 영역	개별지표	관련 법률
생존과 건강	건강	모자보건, 건강	저체중아 출생률, 모유 수유율, 예방접종률, 신체중량지수, 우울감 경험 아동 비율, 자살사고아동 비율	모자보건법, 지역보건법, 정신보건법
사회 복지	사회 보장	재정기초보장	GDP 대비 아동 관련 총 예산 비율, GDP 대비 사회보장 예산 비율	사회보장기본법, 국민기초생활 보장법
	복지 서비스	상담보육, 요보호아동보호, 입양, 장애아동보호, 학대아동보호	아동상담기관 수, 상담전문가와의 상담 경험률, 보육서비스 이용률, 시설 유형별 보육구성 비율, 보육료 지원 아동 비율, 보육수요 충족률, 요보호아동 발생 수, 대리보호아동 비율, 아동복지시설 수 및 보호아동 수, 대리보호아동 생활만족도, 급식지원 아동 비율 입양아동 수, 입양아 중 장애아동 비율 장애아동의 장애인등록률 치료 서비스를 받는 장애아동 비율 학대아동 수, 학대아동 조치 결과	아동복지법, 영유아보육법, 아동복지법, 입양특례법, 장애인복지법, 아동복지법

출처: 서문희·안현애·이삼식(2003).

(2) 아동빈곤의 예방을 위한 실천

「아동의 빈곤예방 및 지원 등에 관한 법률 시행규칙」 제2조 '빈곤아동의 기준'으로 「아동의 빈곤예방 및 지원 등에 관한 법률」 제3조 제3호에 따른 빈곤아동은 다음의 어느 하나에 해당하는 아동을 말한다.

「아동복지법」 제3조 제4호 및 제5호에 따른 보호대상아동 및 지원대상아동, 「국민 기초생활 보장법」 제2조 제2호에 따른 수급자인 아동, 「한부모가족지원법」 제4조 제2호에 따른 한부모가족 및 「다문화가족지원법」 제2조 제1호에 따른 다문화가족의 아동 등 복지·교육·문화 등의 격차를 해소하기 위하여 사회적·경제적·문화적 지원이 필요하다고 보건복지부장관이 인정하는 아동으로 정의하고 있다.

그러나 이러한 법적 정의는 우리나라에서 빈곤아동을 위한 지원정책의 대상자를 선정할 때 근거가 될 뿐, 실제로 이러한 법적 정의로 빈곤아동을 정의하는 경우는 드물다. 이러한 정의는 아동의 빈곤에 관한 법의 빈곤아동 기준이 그 적용대상을 확대하여 실효성을 얻기가 힘들다. 그러므로 아동양육수당, 드림스타트사업, 희망스타트, 아동발달지원계좌(CDA)사업의 씨앗통장, 위스타트(we start: wellfare education start)운동을 통한 위스타트마을 조성, 건강지킴이, 희망의 집 꾸미기, 교육출발선 만들기, 지역아동센터, 청소년수련관 내 방과후 아카데미를 실천하고 있으며, 복지관 내에서는 재가복지서비스와 아동복지사업을 실시하고, 빈곤아동의 권리와 복지를 실천하고 있다.

(3) 빈곤아동의 권리에 대한 국가 과제

① 빈곤 아동·청소년에 대한 기본생활보장체계 미흡

기초생활수급 가정의 아동은 생계·의료·주거·교육 등 기초생활보장을 받고 있고 생계보장 외에 의료·교육 등 일부 급여는 차상위계층(최저생계비 120%)이나 저소득층(최저생계비 150%)까지 확대되었다. 선진국의 아동수당제도(국제노동기구의 권고를 받아들여 18세 미만 아동에게 수당을 지급. 일본, 독일 등 8개국은 저소득층에 한정)를 시행하고 있다.

결식아동에게는 급식과 함께 통합적인 복지서비스가 제공되어야 한다. 특히 가족기능 약화로 인한 결식과 빈곤이 결합된 경우 급식 이외에 심리정서적 지지서비스, 가족기능 강화 상담서비스, 학습지원 및 학교생활지원 서비스, 각종 문화활동, 부모의 빈곤과 방임이 지속되지 않도록 하기 위한 부모에 대한 자활자립지원 등이 필요하다.

② 빈곤 아동·청소년 건강의 체계적 관리 미흡

빈곤가정의 경제적, 정서적 결핍, 상업적 유해환경의 범람, 학교폭력, 학습 스트레스 등으로 아동과 청소년의 행동장애, 우울증, 약물남용, 자살 등이 증가하는 추세다(Kadushin & Martin, 1988). 또한, 빈곤 아동·청소년의 음주, 흡연, 불균형한 영양과 운동부족 등 건강습관에 대한 교육과 정신건강에 대한 검진과 치료체계 구축이 필요하다.

③ 학교부적응 조기 발견 미흡

빈곤한 아동과 청소년의 교육과 관련하여 교육비 지원만이 아닌 명실상부한 교육기회 보장이 필요함을 알 수 있다. 교육이 더 이상 계층 상승의 통로역할을 하지 못한다는 지적도 있을 수 있지만, 교육성취의 불평등이 오늘날 빈곤 재생산과정의 한 단면임을 고려한다면 빈곤 아동·청소년의 교육기회 보장은 일차적 중요성을 갖는다. 빈곤탈출을 위한 경로가 불투명하므로 객관적 평가를 거쳐 정부중심의 사업으로 수용하여 정부가 주도적으로 빈곤 아동·청소년사업을 실시하는 것이 필요하다.

④ 빈곤가족에 대한 다각적인 지원 미흡

1차 환경인 가족에 대한 지원이 이루어지지 않고는 빈곤 아동·청소년문제에 대한 근원적인 해결을 기대하기 어렵다. 통합적인 가족지원정책의 수립을 통해 제반사회적 전망의 유기적 결합을 높일 것이 요구된다. 또한, 이는 빈곤가족에 대한 정책에서, 특히 그 가정 내의 아동에 초점을 맞추어야 함을 강력히 시사하는 바, 아동권리 차원에서 빈곤가족에 대한 다각적인 지원을 해야 할 것이다(서문희 외, 2003).

1 주제

일반아동, 학대아동, 실종아동, 빈곤아동의 권리와 복지 실천 방법 및 절차

2 주요 개념

- 일반아동의 권리와 복지
- 학대아동의 권리와 복지
- 실종아동의 권리와복지
- 빈곤아동의 권리와 복지

3 학습내용

- '더헌트'(토마스 빈티베르그) 영화를 보고 보육현장에서 남자보육교사에 대한 편견에 대해 토의하기
- '23아이덴티티'(나이트 샤말란) 영화를 보고 어린 시절의 성 학대 경험이 한 인간의 인격형성 및 삶에 어떤 영향을 주는지 토론하기
- '아메리칸 크라임'(토미 오하버) 영화를 보고, 학대 경험의 위험성 토론하기
- '라이언'(가스 데이비스) 영화를 보고 '세루'가 실종된 이유를 토의하기
  [한 해에 8만 명의 실종아동이 발생하는 인도와, 한 해 2만 명 이상의 실종아동이 발생하는 우리나라의 상황을 함께 토의하기]
- 『왜 세계의 절반은 굶주리는가?』(장 지글러)를 읽고 아직도 8억 5천만 명이 굶주리고 있는 빈곤에 대하여 토의하기
- 『바로 그 신발』(마리베스 볼츠) 그림동화를 읽고, 빈곤을 이해하고, 나눔을 실천하는 마음을 토의하기

4 교실활동

- 지역사회에서 일반아동의 권리와 복지를 위한 다양한 복지 실천 방법을 월드카페(육아종합지원센터, 사회복지기관, 아동센터, 아동회관)를 활용해 활동하기
- 동화 『헨젤과 그레텔』, 『콩쥐와 팥쥐』, 『신데렐라』 등에 나오는 학대의 유형을 살펴보고, 학대 관련 자료를 찾아 크로스 인터뷰하기

• 『너는 모른다』(정이현)를 읽고 실종 이유, 가족 안에서 실종된 동생 찾기를 통해 가족의 의미를 크로스 인터뷰하기
• 지역사회에서 실종아동의 권리와 가족의 권리와 복지를 위한 다양한 복지 실천 방법을 월드카페(비영리단체인 초록운산, 경찰서, 방숭국)를 활용해 활동하기
• 『노숙인 인권 학교』(그자비에 에마뉘엘리)를 읽고, 지하철의 상자 속에서 사는 어린이와 엄마에 대하여 이야기해 보기
• 『왜 세계의 절반은 굶주리는가?』(장 지글러)를 읽고, 이 책에서의 다음과 같은 내용을 토대로 빈곤의 원인을 토의하기

  "〈가난한 사람에게 물고기를 주면 하루를 먹고살 수 있지만, 물고기 잡는 법을 가르쳐 주면 평생을 먹고 산다.〉는 말이 있다. 가난한 사람을 도우려는 사람들이 흔히 하는 이야기지만 만약 어떤 사람이 물고기를 잡을 줄 안다고 해도 고기를 잡을 수 있는 권리를 보장받지 못한다면 이는 아무 소용없는 일이다."

• 정부와 지역사회에서 빈곤아동의 권리와 가족의 권리와 복지를 위한 다양한 복지 실천 방법을 월드카페(드림스타트, 지역아동센터)를 활용해 활동하기

5 퀴즈

• 일반아동의 권리와 복지의 필요성을 이해하나요?
• 학대아동의 권리와 복지의 실천과 방법을 이해하나요?
• 실종아동의 권리와 복지의 지역사회실천 방법을 이해하나요?
• 빈곤아동의 권리와 복지의 실천대책과 정책을 이해하나요?

9 CHAPTER 아동권리와 복지 종사자의 역할 및 자질

학습 개관

본 장에서는 아동복지와 권리의 업무를 수행하는 보육교직원, 사회복지사, 청소년지도자의 정의, 역할 및 권리에 대해 살펴보고자 한다. 이들이 활동하는 영역과 전문 복지 영역에서 역할은 무엇인지 알아보고, 이들을 위한 정책을 살펴보고자 한다.

학습 목표

- 보육교직원의 윤리와 자질을 이해한다.
- 보육교직원의 역할을 이해한다,
- 사회복지사에 대한 정의, 역할과 윤리를 안다.
- 청소년지도자의 자격과 청소년지도자를 위한 정책을 이해한다.

주요 자료

영화

굿바이 마이 프랜드
The cure
(1995, 피터 호튼)

굿 윌 헌팅
Good Will Hunting
(1997, 구스 반 산트)

인비저블 사인
An invisible sign
(2010, 마릴린 아그렐로)

클래스
Entre les murs, The class
(2008, 로랑 캉테)

플레이스 비욘드 더 파인즈
The place beyond the pines
(2013, 데릭 시엔프랜스)

히든 피겨스
Hidden figures
(2016, 데오도르 멜피)

✿ 도서

- 비폭력 대화(2011, 마셜 B. 로젠버그, 캐서린 한 역, 한국NVC센터)
- 아이를 천재로 키우는 4개의 스위치(2010, 요코미네 요시후시 글, 토트)
- 창가의 토토(2013, 구로야나기 테츠코 글, 이와사키 치히로 그림, 김난주 역, 프로메테우스출판사)

✿ 사이트

- 사회복지사협회 홈페이지 - 사회복지사 윤리강령 찾기 : welfare.net
- 서울특별시 육아종합지원센터 - 대체교사 신청 : seoul.childcare.go.kr
- 월드비전 : www.worldvision.or.kr
- 2016 서울특별시 보육교사 소통방 : iseoul.seoul.go.kr
- 청예단 - 사이좋은디지털세상 : www.jikim.net

1. 보육교직원의 역할 및 자질

1) 보육교직원의 정의

보육교사는 영유아의 보호와 교육에 필요한 일정한 자격을 갖추고 어린이집에서 영유아를 가르치는 사람으로 영유아의 상호작용을 통해 영유아의 본성에 내재하고 있는 법칙에 따라 발달이 최적화될 수 있도록 안내해 주고 도와주는 사람으로 정의된다. 사전적 의미에서 교사는 본받을, 가르칠, 훈계하는 의미의 교사, 스승, 선생님, 본받을 어른을 의미하는 자가 합쳐진 것으로 가르치는 사람을 의미한다. 「영유아보육법」 제2조(정의) 5조 '보육교직원'이란 어린이집 영유아보육, 건강관리 및 보호자와의 상담, 그 밖에 어린이집의 관리, 운영 등의 업무를 담당하는 자로서 어린이집의 원장 및 보육교사와 그 밖의 직원을 말한다. 1991년 「영유아보육법」의 제정으로 지금까지 여러 정부부처에서 분산, 관리되어 온 보육업무로 보건사회부에서 일원화하여 관장하게 되었고, 이를 계기로 보육교사는 '보육시설종사자'의 일원으로서 지위를 인정받게 되었다.

2) 보육교직원의 역할

- 양육자로서의 역할: 보육교사는 영유아의 건강, 안전, 신체, 심리적 요구에 대해 민감하게 반응해 주는 기본적인 양육자로서 역할을 한다. 교사가 민감하고 책임감 있게 영유아와 상호작용을 하면 영유아는 안정감을 갖게 된다.
- 교수자로서의 역할: 계획자, 교육 운영자, 관찰과 기록을 통한 평가자, 촉진자 역할을 한다.
- 교류자로서의 역할: 가족과의 교류, 지역사회와의 교류, 보육정보센터와의 교류, 사회복지기관, 관공서, 경찰서와 소방서, 지역사회시설과 상호 교류하는 역할을 한다.
- 상담자로서의 역할: 부모와 영유아의 현재 상황을 통해 문제의 발생을 예방하기 위한 상담자 역할을 담당한다.

3) 보육교직원의 권리

2012년 국가인권위원회에서 보육교사의 인권 상황에 대한 실태조사를 한 결과 보육교사들은 학부모에게서 가장 많은 부당행위와 교사인권 침해를 받는다고 보고하였다. 보육교사는 소득에 비해 업무 강도가 강하고 노력에 비해 급여가 낮다. 이 보고서에서는 보육교사의 81.3%가 보육과 수업준비, 행사준비 등으로 초과근무를 하는 것으로 나타났으나, 초과근무수당을 받는 경우는 5%에 불과한 교사의 인권침해를 나타내고 있다.

신규 교사에 대한 인성과 적성, 직무능력 등 보육교사로서 자질과 소양을 키우기 위한 통로가 없어 보육교사는 역량을 키우기 위한 전문적인 보육교직원으로서의 권리를 보장받지 못하고 있다.

'보육교사 소통방'은 보육교사의 권익보호, 보육교사에 의한 보육현장의 실시간 의견수렴, 보육교사를 위한 on-off line 상담 및 정보제공을 위한 서울시 보육교사라면 누구나 이용할 수 있는 보육교사 전담기구로 서울시 보육교직원의 역량과 전문성 강화를 위해 보육서비스지원센터를 설립 및 운영하고, '보육교사 소통방'을 개설하여 보육교사의 인권보호 및 고충처리 지원을 위해 상담 및 정보 제공, 교육, 자조모임을 운영하며 보육교사의 권리 신장과 역량강화에 힘쓰고 있다(서울특별시 여성가족재단, 2016). 보육교직원의 권리를 보호하기 위한 어린이집 대체교사 제도는 보육교사의 법정 연가 보장과 교사의 부재 시 보육서비스 공백을 방지하는 보육교사의 권리를 위해 육아종합지원센터에 채용된 대체교사를 파견해 주는 제도이다. 보육통합정보시스템(보건복지부), 서울시 보육포털서비스를 통해 신청한 후 지원받을 수 있다. 연가, 보수교육 참석 등 보육교사 대체 수요에 탄력적으로 대응할 수 있도록 지원 일수를 다양화하고 있으며, 대체교사 파견지원이 원칙이나, 인력부족으로 파견이 안 될 시, 어린이집에서 대체교사를 직접 채용하고 대체교사 인건비를 지원받을 수 있다.

4) 보육교직원의 윤리

우리나라 보육교직원의 윤리강령은 다음과 같다.

보육교직원의 윤리강령

- 나는 유아의 건강한 성장과 발달을 지원하는 어린이집의 교사로서, 직무상의 윤리적 책임을 다하여 다음 사항들을 지킬 것을 다짐합니다.
- 나는 내가 유아에게 지대한 영향을 미치는 존재임을 잊지 않으며, 항상 스스로의 말과 행동에 신중을 기한다.
- 나는 유아의 인격과 권리를 존중하며, 어떠한 경우에도 유아에게 해가 되는 일을 하지 않는다.
- 나는 유아 가정의 다양성을 이해하고 존중하며, 상호 신뢰하는 동반자적 관계를 유지한다.
- 나는 동료를 존중하고 지지하며, 서로 협력하여 최상의 교육서비스를 제공하기 위해 노력한다.
- 나는 교육의 사회적 책임과 역할을 인식하고, 유아의 권익과 복지를 위한 활동에 앞장선다.
- 나는 「교사 윤리강령」을 직무수행의 도덕적 규준으로 삼아 진심을 다하여 충실히 이행한다.

"자신의 욕망을 따라서 자발성으로 비롯된 태도로 공부를 할 수 있기 때문에 공부하는 기간 내내 행복할 것이고, 그 행복이 그에게 열정을 제공할 것이며 그 열정이 창의적 결과로 이어질 것이라는 확신이 들었습니다. 사명감에서 하는 게 아니고 그 자신만의 고유한 욕망에 따라 하기 때문입니다. 남이 시켜서 하는 게 아니라 좋아서 하는 것이기 때문입니다. 자신이 하는 일과 자신의 욕망 사이의 거리가 가까우면 가까울수록 사람은 더 헌신적이고 더 창의적일 수 있습니다. 윤리적인 힘도 바로 거기서 나옵니다."

– 최진석(2014).

5) 보육교직원의 자질

(1) 유아의 권리를 존중하는 보육교직원의 자질

① 인간적 자질

- 영유아를 사랑하는 마음을 가진 자
- 신체와 정신적으로 건강함을 지닌 자
- 긍정적인 사고를 가진 자
- 공평함을 가진 자
- 원만한 인간관계를 가진 자

② 전문적 자질

- 보육활동에 필요한 전문적인 자질을 소유한 자
- 보육과정 및 교수에 대한 전문적인 지식을 소유한 자
- 보육교사로서의 소명의식과 직업에 대한 바른 태도를 소유한 자

(2) 성찰을 통한 보육교직원의 자질

온종일 유아를 관찰하고 상호작용하는 교사는 고려해야 할 점이 매우 많다. 이 때문에 관찰내용을 액면 그대로 받아들이기 쉽다. 유아를 관찰할 때 '이 유아가 무엇을 하고 있는가?' 또는 '무엇을 알고자 하는가?'라고 스스로에게 물어볼 수 있다. 이러한 질문은 교사가 유아의 관점에서 놀이를 생각하게 하고 다음으로 무엇을 해야 할지를 생각하게 한다.

① 사라진 무엇: 성찰의 시간 갖기

교사가 성찰하지 않고 계획하는 것은 무엇인가가 빠진 것이다. 그래서 이것을 중간에 사라진 것이라 부른다. 교사는 온종일 선택을 한다. 그러나 선택을 잘하기 위해서 관찰한 내용을 그 다음에 무엇을 할지와 연결할 시간이 필요하다. 이러한 연결이 성찰의 핵심이다.

② 동료교사와 함께 성찰하기

교사가 동료와 함께 성찰할 때 여러 가지 일이 일어날 수 있다. 교사는 자신의 생각을 나누고 보다 복잡한 사고를 하게 되며, 자신에 대해 생각해 보고 그 실현 가능성을 점검하게 된다. 관찰한 것에 어떻게 반응할지에 대한 답을 찾는 것이다.

- 교실저널 이용하기
- 생각 나누기
- 복합적으로 사고하기
- 사고에 대해 사고하기
- 실제적인 문제 다루기
- 성찰을 위한 시간 확보하기
- 디지털 사진 많이 찍기
- 기록 패널 만들기
- 유아의 작업에 대해 토론할 수 있는 시간 마련하기

③ 지속적으로 성찰하기

다른 교사와 함께 아이디어에 대해 생각하고 토론하기를 원한다면 생각이 비슷한 사람을 찾아 주기적으로 만나야 할 필요가 있을 것이다. 아이디어를 교환하는 것을 좋아하는 교사는 브레인스토밍, 나누기, 활발한 상호작용 등이 있으며 이를 위해서 토론집단 만들기, 멘토나 동료 코치 찾기, 장거리의 문제를 해결할 수 있는 기술의 활용, 저널 쓰기 등이 포함된다(Stacey, 2015).

6) 보육교사의 양성과정과 자격

보육교직원의 자격 및 자격기준에 대한 규정은 1991년 「영유아보육법」에 명시된 것을 시작으로 지속적인 개선의 노력이 이루어졌다. 2005년 보육교사를 위한 국가자격증 제도가 도입되었고, 학점이수를 통해 자격을 취득하도록 규정을 함으로써 다양한 경로를 통한 보육교사 진입의 문을 열어 놓는 계기를 마련하였다. 이를 통해 보육교사의 수급문제를 해결하기는 하였으나 보육교사 공급 과잉과 전문성 및 질 저하라는 또 다른 문제를 야기하였다는 평가도 받게 되었다. 현재까지 이러한 문제를 해결하기 위한 노력으로서 보육 관련 교과목 및 학점 상향 조정, 보육실습의 내실화를 꾀하고 있으나 여전히 부족하다는 비판을 받고 있다(이미화, 2015)

초기 보육교사 자격 취득은 자격인정제도였으나, 2005년 「영유아보육법」이 개정되어 국가자격증으로 전환되면서부터 자격 취득을 위한 이수교과목을 구성하는 등 보육교사 자격 취득기준이 제시되었다. 보육교사 자격기준 요건은 전공 제한이 없으며, 규정된 보육 관련 교과목 및 학점을 이수하면 2급 보육교사 자격을 취득할 수 있게 되었다. 이후 전문성 강화를 위해 전공과목의 필수 요건을 강화하여 유사 과목 확인서, 보육실습확인서 등을 요구하였으나 여전히 전공 제한이 없기 때문에 보육교사로의 진입 장벽이 낮아 전문성 확보가 어렵다는 점이 지속적으로 제기되었다. 또한, 2급 보육교사 자격 취득을 위한 이수교과목의 수(학점)가 부족할 뿐만 아니라, 보육 직무를 수행하기 위해 필수적으로 갖추어야 할 직무 능력과 직결되는 관련 교과목 이수가 부족하다는 점도 부각되었다(박진옥 외, 2017).

(1) 보육교직원 양성 및 자격체계 현황

보육교사 양성기관은 2, 3, 4년제 정규대학과 보육교사교육원, 학점은행제의 다양한 경로를 통해 보육교사를 배출하고 있다.

보육교사 2급 자격 취득을 위한 보육 관련 교과목 및 학점기준은 다음과 같다(보건복지부, 2017).

- 적용대상은 「고등교육법」에 따른 전문대학, 대학 등에서 보육 관련 교과목 및 학점을 이수하고 전문학사학위 이상을 취득한 사람과, 「학점인정 등에 관한 법률」에 따라 학점은행제로 보육 관련 교과목 및 학점을 이수하고 전문학사학위 이상을 취득한 사람과, 다른 법률에서 졸업 시 전문대학 이상의 학력이 인정되는 시설에서 보육 관련 교과목 및 학점을 이수하고 전문학사학위 이상을 취득한 사람이다.
- 보육교사 자격 교과목 및 학점은 교사인성영역, 보육지식과 기술영역, 보육실무영역으로 나눠 17과목 51학점 이상으로 각 과목은 3학점을 기준으로 하며 최소 2학점 이상이어야 한다.
- 대면교과목은 인성영역의 보육교사인성론, 아동권리와 복지이며, 보육지식과 기술영역의 놀이지도, 언어지도, 아동음악(또는 아동동작, 아동미술), 아동수학지도(또는 아동과학지도), 아동안전관리(또는 아동생활지도), 보육실무영역의 아동관찰 및 행동연구, 보육실습이다. 실시방법은 과목당 8시간 이상 출석수업, 1회 이상 출석시험을 실시한다.
- 현장실습기간을 4주 160시간에서 6주 240시간으로 확대하여 실시한다.

7) 보육교직원을 위한 정책

(1) 보육교직원 전문성과 역량강화 지원정책

유능하고 행복한 교사와 원장이 되는 과정으로 제2차 중·장기 보육 기본계획(2013~2017)에서 교사의 전문성은 보육교직원이 된 순간부터 그 직업을 그만둘 때까지 지속적으로 발달시켜 나가야 하는 과제이다. 교사가 자격증을 취득한 후 현장에서 지속적인 훈련과 재교육지원 등이 다양하고 활발하게 이루어지지 않는다면 그 직무의 발전과 그 직무를 수행하는 사람들의 능력발달은 기대하기 어렵다(김명순, 2014). 교사는 영유아의 발달특성에 대한 전문지식, 영유아를 보살필 수 있는 기본소양과 신념·태도, 지식활용 극대화를 위한 직무능력, 의사소통의 기술 등이 필요한데, 보육현장에서 교사가 충분한 역량을 발휘하지 못하는 이유는 그들의 성장주기에 적절한 전문성 발달과정이 부족했거나 자기계발에 주력하지 못했기 때문이다.

원장은 보육교직원의 수장으로 어린이집의 전반적인 운영계획을 수립하고 관리하는 책임자이며 보육과정의 계획과 관리뿐만 아니라 영유아의 생활지도 및 건강관리, 보호자와의 상담 등을 수행하는 보육전문가이며, 어린이집의 다른 구성원들을 이끌고 지원하는 리더의 역할을 담당하는 포괄적인 보육서비스를 제공하는 사람이다. 즉, 보육교직원과 영유아 가족에게 통합적 서비스를 제공하는 어린이집의 원장의 전문성 수준은 보육 프로그램과 보육서비스의 질을 유지하고 개선하는 데 중요한 영향을 미친다. 그 요인에는 보육교사로서의 경험과 연륜, 올바른 아동관과 보육에 대한 철학, 비전의 제시, 어린이집의 운영에 대한 행정능력과 관리기술, 리더십과 원만한 대인관계가 기반이 되어야 한다(김은설 외, 2009).

교사의 전문성 향상을 위해 교사 스스로 모니터링하거나 스스로 재인식하도록 하는 방법이 효과적이다. 이를 위해서는 교사를 개별적 또는 소집단으로 코칭, 멘토링해야 하고 그 전문가를 교육하는 능력 있는 컨설턴트를 양성하여 개별교사의 전문성 발달 계획하에 지속적으로 이를 기록하여 다시 지원하는 접근방법이 필요하다(김명순, 2015).

현재 진행되고 있는 획일적이고 공급자 위주인 보수교육제도를 보완하여 원장과 보육교사의 역량개발을 다양한 방법으로 계획하는 것이 필요하다. 이를 위해 법적 기준을 마련하여 시간이 걸리더라도 직무, 승급, 재교육 등을 재정비하여야 한다.

(2) 보육교직원 보수교육·재교육 정책방향

2000년 당시 보건복지부장관 정책자문기구로서 보육발전위원회 및 보육발전기획단이 구성·운영되어 '보육인력 자격관리체계 개선방안'과 더불어 '보수교육제도의 효율적 운영방안' 연구가 이루어졌다. 교육시간의 연장 및 실시 시기의 다양화, 교육내용 및 교과목의 세분화 및 전문화, 실시기관 및 용어의 재정비 및 교육 참여의 동기 부여를 개선 방안으로 보육교직원의 효율적인 보수교육제도의 수립과 운영을 요구하였고, 2004년 「영유아보육법」 전면 개정내용에 반영되었다. 법적 보수교육 이외에 지방자치단체에서는 보육교직원 재교육을 위한 노력이 활발히 진행되고 있다.

시·도, 시·군·구 육아종합지원센터에서 필수교육으로 요구되는 아동학대 예방교육, 어린이집 놀이시설 안전교육, 그 외 개별적 선택으로 듣는 평가인증 관련 교육, 보육과정 컨설팅 등 다양한 재교육은 법적 이수교과목으로 인정되지만, 대부분은 그렇지 않다. 따라서 보육교직원이 전문성과 역량개발에 도움이 되는 공인된 교육 프로그램이나 교과목을 명시해 향후 보수교육처럼 법적으로 인정해 주면 과다한 교육으로 인한 스트레스와 낮아지는 교육효과를 최소화할 수 있다.

보건복지부에서는 2013~2017년까지 제2차 중·장기 보육 기본계획이 추진하여 양질의 안심보육 여건 조성을 위해 보육인력의 역량지원 강화 및 처우개선으로 엄격한 자격관리 및 전문성 지원 강화하고, 근로환경 개선 및 급여 인상 등 처우를 현실화하였다. 영유아발달에 적합한 양질의 보육 프로그램을 제공하여 보육 프로그램의 맞춤형 개발·보급, 운영 여건, 컨설팅 등 단계별 지원과 관리를 강화, 어린이집 특별활동 적정 운영방안을 마련하였다.

그러나 국가자격제 도입 이후 전문성 강화를 위한 제도 개선을 지속해서 추진하여 학점중심의 자격 과잉공급 및 교사의 자질의 격차가 발생할 우려가 있고, 공급자인 지방자치단체 및 교육기관 중심 저비용 구조의 현행 보수교육도 현직 보육교사의 전문성과 자질 향상을 어렵게 하는 요인이 된다. 2016년 보육교사 양성체계를 전면 개정하고 자격기준도 강화하였다. 2016년에는 보수교육기관 평가 시행으로 인터넷을 통한 자격 취득 등 보육서비스의 성격이 미반영된 양성과정의 보육교사 수급 또는 전문성에 대한 문제가 제기된 후, 보육교사 대면교육 및 보육실습 강화를 위한 「영유아보육법」이 시행되어 자격 취득 17개 교과목 중 9개 과목을 대면교과목으로 지정하고, 8시간 출석수업 및 1회 이상의 출석시험을 의무화하였다. 보육실습 시간을 6주 240시간으로 확대하고 평가인증을 유지하는 우수어린이집에서 실습을 필수적으로 하도록 하였다.

대면교과목은 인성 영역의 보육교사인성론, 아동권리와 복지, 보육지식과 기술영역의 놀이지도, 언어지도, 아동음악(또는 아동동작, 아동미술), 아동수학지도(또는 아동과학지도), 아동안전관리(또는 아동생활지도), 보육실무 영역의 아동관찰 및 행동연구, 보육실습 등이다. 여기서 문제점은 보육교사인성론만으로는 교사의 인성교육에 무리가 있으며, 유아수학을 배우면 과학은 제외되며, 유아음악을 배우면 동작과 미술이 제외되는 것이다. 학생들은 아동안전관리로 인해 아동생활지도를 배우지 못하게 되어 결국 중요한 교과목을 배우는 기회를 얻지 못한다.

보육지식과 기술 영역에서 선택교과목은 아동건강교육, 영유아 사회정서지도, 아동문학교육, 아동상담론, 장애아지도, 특수아동이해, 어린이집 운영관리, 영유아 인간행동과 사회환경, 아동간호학 보육 프로그램 개발과 평가, 보육정책론, 정신건강론, 아동영양학, 부모교육론, 가족복지론, 가족관계론, 이 과목 중 인간행동과 사회환경, 아동간호학과목은 사회복지사 자격 과목임을 전문가들은 지적하고 있다(박진옥 외, 2017),

이로써 온라인 강좌를 통한 보육교사 자격 취득 문제를 해소하고 보육교사의 인성과 자질을 향상시켜 어린이집의 보육의 양질을 위한 기여에 도움을 주고자 노력한다. 보수교육 프로그램의 인성 및 실무능력 함양기능을 강화하여 인성교육 및 상담관리를 통한 보육교사의 신뢰성도 회복하고 있다. 2017년 보육정책 방향은 보육교사 직무스트레스 관리를 위해 웹기반 「보육교사 자기이해 테스트」와 그 결과에 따른 보육교사 인성교육, 심리상담을 계획하고 있다.

보육교사의 직무분석이 국책연구소에서 연구되어야 할 필요성이 있고, 교사들의 만족도, 요구도 조사를 통해 보다 합리적인 내용의 개편이 요구된다. 그 외에도 다음과 같은 정책을 제안한다.

- 보수교육 운영주체의 다양화
- 보수교육 행정적 · 재정적 지원체계 확립
- 보수교육 자발적 참여 독려 장치로 승진, 인센티브 마련
- 보육전문가 양성은 체계적, 지속적인 교육정책 수립과 운영에 필수
- 정보와 부모가 지원하는 보육교직원 전문성 계발 정책 수립 필요

(3) 보육교직원 처우지원정책

- 보육교직원 급여 및 호봉 관련 정책 실현화를 위해 보육교사의 임금체계를 일원화하고, 현실화해야 한다. 보육교사 학력에 따른 호봉체계를 현실화하고, 정부지원 및 미지원시설 임금체계를 일원화하고, 표준보육서비스를 마련하고 표준보육비용을 재산정하여 어린이집 인건비, 운영비 지원 분리 및 인건비를 직접 중앙정부에서 지원해야 한다.
- 보육교직원 8시간 근로와 1시간 휴게시간 준수를 위해 「근로기준법」이 정하는 근로기준 중 기본적으로 8시간 근로에 1시간 휴게시간, 최저임금, 4대 보험, 근로계약, 해고 제안, 임산부 및 산후보호, 근로감독, 육아휴직이 전 사업장에 적용되어야 한다.
- 보육교사와 유치원교사와의 호봉체계 차등 적용: 보육교사는 4년제 대학 졸업자이든 1년 과정인 보육교사교육원 졸업자이든 동일한 1호봉부터 시작한다. 유치원교사는 학력에 따라 6호봉에서 9호봉까지 차등적용한다. 4년제 대학 졸업 후 호봉 산정이 다르고, 남자의 경우 군대기간의 호봉을 인정한다.

(4) 보육교직원 인권 및 사회적 지위향상을 위한 정책

합리적 근무 여건 조성하고 보육교직원 인권사례 연구를 수행하여 이를 토대로 인권침해 부분의 개선책을 마련해야 한다. 보육교사의 복무규정을 명확히 고지함으로써 교사의 권리를 보호할 수 있는 행정적 절차를 마련하고 매일 일하는 시간을 합리적으로 설정하고 업무 외 개인시간을 부여해야 한다. 교사를 위해 업무정책을 변화하고 교사가 부모와 그들의 문제에 관하여 사적으로 일정한 거리를 둘 수 있는 권리 등의 보장이 필요하다. 4차 산업혁명으로 빅데이터를 활용하여 교사의 권리를 침해하는 부모의 정보를 분석하여 교사의 권리를 보장하는 기회로 삼을 수도 있다(박영충, 2016).

(5) 미래 보육을 위한 보육교직원의 정책

문화에 적합한 교육을 하되 유아의 부모 혹은 유아의 문화적 정체성, 언어, 가치, 현재 살고 있거나 태어난 나라의 민족적 가치, 해당 유아의 문명과는 다른 문명에 대한 존중을 발달시킬 수 있는 출신국별 특징이나 대상자 수준에 따라 차별화가 필요하므로 교사를 위한 다문화교육이 필요하다. 생애주기별 부모교육서비스를 6단계(임신, 신생아, 영아기, 걸음마기, 유아기, 학령전기, 학령후기)로 세분화하여 체계적으로 교육한다. 교육부는 2015년 3월 다문화 유치원 30곳을 시범운영하고, 독서, 연극, 음악, 맞춤형 교육을 실시하고 있다. 여기에 통일 대비 남북한 영유아교육과 보육모델의 구상이 필요함을 인식하고, 유치원교사와 보육교사의 질을 확보하기 위한 행정직원을 법적으로 배치하는 시스템을 구축하고 있다.

정부는 2014년 4월 '세월호' 침몰사고를 계기로 국민의 안전과 국가적 재난관리를 위한 재난안전총괄기관으로 '국민안전처'를 출범시키고, 2015년 4월에는 '청소년활동 안전센터' 설치, 2014년 6월에는 「어린이제품 안전 특별법」을 제정하였고, 2016년에는 동법을 개정하여 2016년 4월 '어린이 안전 종합대책'을 발표했다. 안전인증이 없는 어린이 제품의 중개를 금지시켰다. 2015년 12월에는 '학교 안전사고 예방에 대한 기본계획(2016~2018)'을 수립하여 시행하고 있다(보건복지부, 2017).

안전에 대한 보육교직원의 인식수준을 높이고, 세계적으로 민감하고 어려운 문제인 테러에 대해 어린이집 및 학교교사는 아동 및 청소년이 테러에 빠질 위험이 있는지를 평가하고, 아동 및 청소년을 테러로부터 보호하고 있음을 증명해야 한다. 또한, 직원 및 교사를 훈련하여 테러 및 극우주의에 휩쓸릴 위험에 있는 아이를 발견하고 테러리즘을 정당화할 수 있는 극단적인 의견에 도전할 수 있도록 해야 한다(곽윤경, 2017) .

2. 사회복지사의 역할 및 자질

1) 사회복지사의 정의

사회복지사는 「사회복지사업법」에 의하여 '사회복지에 관한 전문지식과 기술을 가진 자'로 규정하고 있다. 1970년대 사회복지사업 종사자로 시작한 사회복지사는 1983년 5월

「사회복지사업법」 개정으로 사회사업가 또는 사회사업 종사자로 불리던 명칭을 완전하게 '사회복지사'로 확정하고 사회복지사 자격증을 발급하였으며 사회복지사의 영문표기는 'social worker'이다.

2) 사회복지사의 업무 영역과 사회복지사의 역할

사회복지사는 각 지역사회에 위치한 지역사회 복지관이나 사회복지시설(양로원, 보육원 등) 또는 공무원 신분으로 지방자치단체 각 단위기구에서 사회복지 업무를 전담하게 된다. 또한, 각 보건소의 정신보건센터나 병원 정신과 등에서 의사, 간호사와 팀을 이루어 정신과 재활치료를 담당하고, 일반 종합병원 등에서도 환자의 사회·경제적 원조를 위해 의료사회사업가로 일할 수 있다. 그 밖에 국민연금관리공단이나 각 사회단체, 노동부 산하 고용안정센터 등에서 지역사회 주민의 삶의 질을 향상시키기 위해 일한다.

(1) 일반 영역

- 공적 사회복지 영역(사회복지사업법 제14조)에서는 공적 사회복지사업 업무 수행을 위해 시·도, 시·군·구 및 읍·면·동 또는 복지사무전담기구에 사회복지사 자격증을 가진 사회복지 전담공무원으로서 배치된다.
- 사회복지기관 및 시설 영역에서는 민간 사회복지기관 및 시설영역에서 지역복지사업, 아동복지, 노인복지, 장애인복지, 모자복지 등의 업무를 수행한다.
- 의료사회복지사 영역(의료법, 정신보건법에서 규정)으로는 병원이나 진료소가 있으며, 임상치료 팀의 일원으로 질병의 직·간접적인 원인이 되고 치료에 장애가 되는 환자의 심리·사회적인 문제들을 해결하도록 도와주며, 환자가 퇴원한 후에도 정상적인 사회기능을 발휘할 수 있도록 환자의 가족에게 전문적인 사회복지 서비스를 제공한다.
- 정신건강 영역은 사회복지사 1급 자격증 소지자 중에서 정신보건 분야의 전문적인 지식과 기술을 가진 자가 활동할 수 있다.

(2) 확장 영역

- 학교사회복지사(school social worker)는 학생 개개인의 지적, 사회적, 정서적 욕구와 문제해결에 관심을 갖도록 도와주며, 이를 통하여 모든 학생이 학교에서 공평한 교육기회와 성취감을 제공받을 수 있도록 사회복지의 다양한 실천 방법을 활용한다.
- 자원봉사활동관리 전문가(voluntary activities coordinator): 자원봉사자들을 모집, 배치, 상담, 훈련하고 자원봉사자 활용 프로그램을 개발 · 시행 · 평가한다.
- 교정 사회복지사(correctional social worker): 사회복지전문직인 교정 사회복지사로 통칭되며, 현행 법무부 산하의 교정시설에서 범죄인의 재활과 범죄 예방에 개입한다.
- 군 사회복지사(military social worker): 병과분류 764로 분류된 의무병과 · 의무행정 · 사회사업 차원에서 군대 내의 의무직에 속하며 환자의 상담과 복귀를 위한 복지업무를 담당한다.
- 산업 사회복지사(industrial social worker): 기업체에서 노동자들의 비복지적 문제의 개선을 위해 사회복지학의 전문지식을 활용하여 문제해결을 수행한다.

(3) 사회복지사의 역할

① 청소년복지 영역에서의 사회복지사의 역할

청소년 활동에 대한 전문적 지식과 기술을 습득한 전문가이자 청소년의 개인적인 성장을 지원하고 그들의 문제해결과 의사결정 과정을 조력하며, 합리적인 사회적응 과정을 촉진시켜 주는 촉진자이며, 인격이 형성되는 시기에 불안정할 수밖에 없는 청소년에게 좌절하고 용기가 없을 때 힘이 되어 주는 격려자, 상담자가 되어 주어야 한다. 그 외 프로그램 설계자 또는 개발자, 정보제공자, 조정자, 지역사회 지도자, 요보호청소년의 보호자, 건전한 가치관 전달자, 문제청소년의 치료자로서 역할을 해야 한다.

② 노인복지 영역에서의 사회복지사의 역할

노인복지 영역 업무를 수행하는 사회복지사는 섬세하게, 업무보다는 인간적인 측면에서 접근해야 한다. 우선, 자원연결자로서 지역사회 자원에 대한 정보를 수집하여 노인의 욕구에 맞는 각각의 지역사회 자원과 지역사회 기관을 연결함으로써 노인이 더 나은 삶을 살 수 있도록 해야 한다. 또한, 약자인 노인의 권익 옹호 및 교육 등을 제시할 뿐만 아니라 상담가, 자문가 등과 같은 역할도 수행해야만 한다.

③ 여성복지 영역에서의 사회복지사의 역할

우리나라는 여성이 직면하는 여러 복지문제를 여성 개인의 문제로 치부하고 사회제도적 개선보다는 개인적 적응을 강요하고 있다. 따라서 조정자로서 각종 사회복지자원을 연결하고, 조력가, 사례관리자, 상담가 등으로 여성복지를 위한 역할을 하며, 중재자, 옹호자, 자문가, 교육자 등 사회복지사의 역할도 제공해야 한다.

3) 사회복지사의 윤리강령

사회복지사 윤리강령은 사회복지의 이념과 사회복지사의 사명을 밝히고, 이를 달성하기 위해 사회복지사가 준수해야 할 준칙으로 1973년 2월 초안을 작성하고 1982년 사회복지사 윤리강령을 제정하였다. 이후 2001년 12월 15일까지 3번의 개정과정을 거쳐 지금까지 사용하고 있다.

(1) 사회복지사 윤리강령 전문

사회복지사는 인본주의·평등주의사상에 기초하여, 모든 인간의 존엄성과 가치를 존중하고 천부의 자유권과 생존권의 보장활동에 헌신한다. 특히 사회적·경제적 약자들의 편에 서서 사회정의와 평등·자유와 민주주의 가치를 실현하는 데 앞장선다. 또한, 도움을 필요로 하는 사람들의 사회적 지위와 기능을 향상시키기 위해 저들과 함께 일하며, 사회제도 개선과 관련된 제반 활동에 주도적으로 참여한다. 사회복지사는 개인의 주체성과 자기결정권을 보장하는 데 최선을 다하고, 어떠한 여건에서도 개인이 부당하게 희생되는 일이 없도록 한다. 이러한 사명을 실천하기 위하여 전문적 지식과 기술을 개발하고, 사회적 가치를 실현하는 전문가로서의 능력과 품위를 유지하기 위해 노력한다.

사회복지사는 이처럼 클라이언트와 동료, 기관, 지역사회 및 전체 사회와 관련된 사회복지사의 행위와 활동을 판단하고 평가하며 인도하고자 다음과 같은 윤리기준을 준수해야 한다.

(2) 사회복지사의 기본적 윤리기준

① 전문가로서의 자세

- 사회복지사는 전문가로서의 품위와 자질을 유지하고, 자신이 맡고 있는 업무에 대해 책임을 진다.
- 사회복지사는 클라이언트의 종교·인종·성·연령·국적·결혼상태·성 취향, 경제적 지위·정치적 신념, 정신·신체적 장애, 기타 개인적 선호, 특징, 조건, 지위를 이유로 차별대우를 하지 않는다.
- 사회복지사는 전문가로서 성실하고 공정하게 업무를 수행하며, 이 과정에서 어떠한 부당한 압력에도 타협하지 않는다.
- 사회복지사는 사회정의 실현과 클라이언트의 복지 증진에 헌신하며, 이를 위한 환경조성을 국가와 사회에 요구해야 한다.
- 사회복지사는 전문적 가치와 판단에 따라 업무를 수행함에 있어, 기관 내외로부터 부당한 간섭이나 압력을 받지 않는다.
- 사회복지사는 자신의 이익을 위해 사회복지 전문직의 가치와 권위를 훼손해서는 안 된다.
- 사회복지사는 한국사회복지사협회 등 전문가단체 활동에 적극 참여하여, 사회 정의실현과 사회복지사의 권익 옹호를 위해 노력해야 한다.

이 외에 사회복지사의 기본적인 윤리강령에는 전문성 개발을 위한 노력, 경제적 이득에 대한 태도가 있으며, 사회복지사협의 홈페이지를 방문하면 자세하게 알 수 있다.

② 각 복지 영역별 사회복지사가 갖추어야 할 윤리기준: 클라이언트와의 관계

- 사회복지사는 클라이언트의 권익 옹호를 최우선의 가치로 삼고 행동한다.
- 사회복지사는 클라이언트에 대하여 인간으로서의 존엄성을 존중해야 하며, 전문적 기술과 능력을 최대한 발휘한다.
- 사회복지사는 클라이언트가 자기결정권을 최대한 행사할 수 있도록 도와야 하며, 저들의 이익을 최대한 대변해야 한다.

- 사회복지사는 클라이언트의 사생활을 존중하고 보호하며, 직무 수행과정에서 얻은 정보에 대해 철저하게 비밀을 유지해야 한다.
- 사회복지사는 클라이언트가 받는 서비스의 범위와 내용에 대해 정확하고 충분한 정보를 제공함으로써 알 권리를 인정하고 존중해야 한다.
- 사회복지사는 문서·사진·컴퓨터 파일 등의 형태로 된 클라이언트의 정보에 대해 비밀보장의 한도 내에서 정보를 얻어야 하는 목적 및 활용에 대해 구체적으로 알려야 하며, 정보 공개 시에는 동의를 얻어야 한다.
- 사회복지사는 개인적 이익을 위해 클라이언트와의 전문적 관계를 이용하여서는 안 되며 어떠한 상황에서도 클라이언트와 부적절한 성적 관계를 가져서는 안 된다.
- 사회복지사는 사회복지 증진을 위한 환경조성에 클라이언트를 동반자로 인정하고 함께 일해야 한다.

이 외에 동료의 클라이언트와의 관계, 사회복지사의 동료, 사회복지사의 사회, 사회복지사의 기관에 대한 윤리기준이 있으며 사회복지사협의 홈페이지를 방문하면 자세하게 알 수 있다.

4) 사회복지사의 종류 및 자격

사회복지사로서 일하고자 하면 사회복지사 자격증을 우선적으로 갖추어야만 한다. 사회복지사 자격은 1급, 2급, 3급으로 구분된다. 등급별 자격기준과 자격증 교부 절차 등은 대통령령으로 정하며, 2003년부터는 사회복지사 1급 자격증을 교부받고자 하는 자는 국가고시자격제도에 근거한 국가시험에 합격해야 한다. 그 이하는 일정 교과목만 이수하면 자격증이 지급된다.

5) 사회복지사의 권리를 위한 제도의 문제점 및 정책 제안

가장 시급한 문제는 사회복지사 자격 취득 문제이다. 현행 제도에서 1급 사회복지사 자격은 국가공인시험을 통해서만 취득할 수 있는 반면 사회복지사 2·3급의 경우 학력

별로 보건복지부에서 지정하는 사회복지사 양성 교육기관인 평생교육원, 사이버대학, 사이버 평생교육원 등에 입학 또는 가입하여 일정 기간 동안 교육을 이수한 후 사회복지 실습을 마치면 자격증 취득이 가능하게 되자, 사회복지사자격증은 '전문성 없는 직종의 자격'으로 추락하는 실정이다. 따라서 대학에서 사회사업과, 사회복지학과 정규 과정을 거친 자로서 자격시험을 통과한 자에게만 자격증을 주도록 해야 하며, 사이버대학과 사이버 평생교육원은 반드시 오프라인 교육과 일정 기간의 보수교육 및 사회복지과 학생과 동일한 기간의 실습과 지도를 받고 시험에 통과해야만 자격증을 받을 수 있도록 해야 한다.

사회복지사에게 개개인의 도덕적 가치의 투철한 직업관을 유지할 수 있는 인권교육을 포함한 인성교육과 보수교육을 통해 전문가로서의 전문성을 유지하도록 보수교육 규정을 제도화하여야 한다.

사회복지사가 인권을 침해당하는 이유는 제도적 차원의 문제로 정부의 적절한 지침과 지원의 부족하다는 점, 불안정한 신분, 각종 폭행에 대한 안전보호망이 부족한 것으로 이를 보호하기 위한 사회복지사의 권리를 보장할 수 있는 보호망 구축이 되어야 한다.

3. 청소년지도자의 역할 및 자질

1) 청소년지도자의 정의

청소년사업의 정의가 다양한 만큼이나 청소년사업을 실천하는 청소년지도자(youth worker)의 개념도 국가, 청소년조직과 기관에 따라 각각 다르다. 청소년지도자의 정의는 포괄적인 것에서부터 구체적인 정의에 이르기까지 매우 다양하다. 청소년지도자는 청소년의 개인적·사회적·교육적 발달을 촉진하고, 청소년이 의존에서 독립으로 이행할 때 사회에서 목소리와 영향력 및 지위를 획득할 수 있도록 청소년과 함께 혹은 청소년을 대신하여 사업하는 한 개인을 말한다(조남억, 2016). 청소년지도자는 무형식적, 비형식적 맥락의 다양한 영역에서 청소년과 함께 일하는 사람이다. 이런 청소년지도자의 정의는 영국의 청소년사업을 위한 국가직업표준(NOS: National Occupational Standards for Youth Work)에서의 정의와도 비슷하다.

미국의 청소년지도자를 지원하기 위한 '청소년사업중심(The Youth Work Central)'의 사이트(www.youthworkcentral.org)에서는 청소년지도자를 학교 밖 프로그램 직원, 또래교육 프로그램 성인지도자, 교사, 청소년기관 직원, 사회서비스 담당자, 그리고 청소년의 삶에 영향을 미치는 사업을 하는 모든 사람 등을 포함하여 매우 포괄적으로 정의한다.

청소년지도자는 「청소년기본법」에 의해 청소년 관련 분야의 경력이나 자격을 갖춘 응시자를 대상으로 국가가 자격검정과 연수과정을 실시한 후 국가공인자격증을 부여한 전문가로서 1, 2, 3급으로 구분하며, 청소년지도자는 청소년지도사 및 청소년상담사와 청소년시설과 청소년단체, 청소년 관련 기관 등에서 청소년육성 및 지도업무에 종사하는 자를 말한다.

2) 청소년지도자의 종류

(1) 청소년지도사

- 여성가족부장관은 청소년지도사 자격검정에 합격하고 청소년지도사 연수기관에서 실시하는 연수과정을 마친 자에게 청소년지도사의 자격을 부여한다.
- 여성가족부장관은 청소년지도사 자격검정에 합격한 자의 연수를 위하여 필요한 경우에는 대통령령이 정하는 바에 의하여 청소년지도사 연수기관을 지정할 수 있다.
- 청소년지도자가 될 수 없는 사람은 다음과 같다.
  - 미성년자·금치산자 또는 한정치산자
  - 파산선고를 받은 자로서 복권되지 아니한 자
  - 금고 이상의 형을 받고 그 집행이 종료되거나 집행을 받지아니하기로 확정된 후 2년이 경과되지 아니한 자
  - 금고 이상의 형을 받고 그 집행유예의 기간이 종료되지 아니한 자

– 법원의 판결 또는 법률에 의하여 자격이 상실되거나 정지된 자

(2) 청소년상담사

- 여성가족부장관은 청소년상담사 자격검정에 합격하고 청소년상담사 연수기관에서 실시하는 연수과정을 마친 자에게 청소년상담사의 자격을 부여한다.

(3) 청소년육성 전담공무원

- 특별시·광역시·도, 시·군·구(자치구) 및 읍·면·동 또는 청소년육성 전담기구에 청소년육성 전담공무원을 둘 수 있다.
- 청소년육성 전담공무원은 청소년지도사 또는 청소년상담사의 자격을 가진 자로 한다.
- 청소년육성 전담공무원은 그 관할구역 안의 청소년 및 다른 청소년지도자 등에 대하여 그 실태를 파악하고 필요한 지도를 하여야 한다.
- 관계행정기관, 청소년단체 및 청소년시설의 설치·운영자는 청소년육성 전담공무원의 업무수행에 협조하여야 한다.
- 청소년육성 전담공무원의 임용 등에 관하여 필요한 사항은 조례로 정한다.

(4) 청소년지도위원

- 시장·군수·구청장은 청소년육성을 담당하게 하기 위하여 청소년지도위원을 위촉하여야 한다.
- 청소년지도위원의 자격·위촉절차 등에 관하여 필요한 사항은 조례로 정한다.

3) 청소년지도자의 윤리와 권리

(1) 윤리적 원리(ethical principles)

- 청소년 스스로 결정하고 선택하는 권리를 존중하고 촉진하기, 부정적 차별을 하지

않기
- 청소년의 복지와 안전을 촉진하고 보장하기, 동시에 도전적인 교육활동을 통한 학습을 허용하기
- 차별을 없애고, 차이와 다양성을 존중함으로써 사회에서 청소년을 위한 사회적 구현에 기여하기

(2) 전문적 원리(professional principles)

- 개인적 생활과 전문가 생활의 경계를 인정하고, 적절한 전문적 거리를 가지고 돌봄과 청소년과의 지지적 관계와의 균형을 맞출 필요를 인식하기
- 청소년, 그들의 부모나 후견인, 친구, 재정후원자, 광범위한 사회 및 사업에 적절한 이해를 가진 다른 사람들에 대해 책임성을 가질 필요를 인정하기(이런 책임성은 서로 갈등 관계에 있을 수도 있음)
- 직무를 수행하는 데 필요한 기술과 역량을 개발하고 유지하기
- 이런 원리를 논의·평가하고 지지하는 고용기관의 조건에 맞춰 사업하기

(3) 청소년지도자의 아동·청소년 권리의 이해

청소년지도자가 아동·청소년 권리의 이해를 바탕으로 아동 최선의 이익을 보급할 수 있도록 하기 위해 개별사례에서 이들은 상황을 평가해야 하고, 아동을 관찰하고, 경청해야 한다. 아동과 청소년의 바람이 아동 최선의 이익과 상반되는 점이 있는지를 조사해야 하며, 아동 관련 종사자는 아동과 청소년의 발달에 대한 깊은 지식 또한 필요하다. 자신의 의견이 비록 아동과 다르더라도 아동의 의견에 귀를 기울일 수 있어야 한다. 중앙정부 및 지방정부가 시급히 시행해야 할 과제와 중·장기적 차원에서 청소년지도자는 성인 최상 이익을 위해 종종 법적 내용, 판례, 정부기관에 아동의 상황을 설명하는 위치에 서 있다. 청소년지도자들은 이 역할을 객관적으로 하도록 노력해야 한다. 사실에 기반을 두고 의견을 제시하고 아동 최선의 이익을 위해 선봉에 서야 한다.

4) 청소년지도자의 핵심 역량

일반적으로 청소년사업은 방과후 학교 밖 시간, 학령기 아동 돌봄, 청소년개발, 레크리에이션 및 청소년서비스 분야 등에서의 사업을 포함하는 포괄적 용어로 사용된다. 따라서 모든 형태의 청소년사업을 기술하기는 어렵다. 이를 담당하는 청소년지도자도 방과후 지도자, 청소년개발 전문가, 사회교육자, 레크리에이션 지도자, 아동 돌봄 전문가 등의 형태로 다양한 직무를 수행하기 때문에 청소년지도자의 역할과 기능을 모두 나열할 수는 없지만 이러한 이유로 유럽 국가를 비롯하여 미국, 싱가포르 등 선진 각국에서는 전문 혹은 자원 청소년지도자의 핵심역량 프레임워크(core competency frame works)를 개발하여 대처하고 있다(조남억, 2016).

5) 청소년지도자의 양성과정과 자격

(1) 청소년지도자 양성과정의 독립 영역 여부

청소년지도자 양성과정의 독립영역 여부는 전문적, 학문적 분야에서 청소년지도자의 교육과 훈련과정이 차지하는 위상을 말하는 것이다. 즉, 청소년지도자의 양성과정이 다른 전문분야와 독립영역으로 존재하는가, 다른 학문분야에 포함되어 있는가 하는 것이다. 이는 청소년사업과 지도자 양성과정의 전문화 정도라고 볼 수도 있다. 많은 국가에서는 청소년지도자의 교육과 훈련체제를 갖추고 있고, 전문적 학교와 대학에서 시간제, 전일제 학위과정 등 전문과정을 운영하고 있는 경우도 있다.

핀란드의 경우는 독립적인 청소년지도자 양성과정을 두고 있는데, 크게 고등학교와 고등교육 수준으로 구분된다. 우선, 3년 과정의 '청소년과 여가강사(youth and leisure time instructor)'를 고등학교 수준에서 양성한다. 또한, 고등교육 수준에서는 3년과 5년의 폴리테크닉(polytechnic) 학위과정으로 '시민사업과 청소년사업(civil work and youth work)' 및 여가 관련 지도자를 양성하여 주로 청소년사업의 관리와 기획 분야에 고용하고 있다.

그 밖에 독일, 이탈리아, 그리스, 에스토니아와 같은 국가에서의 청소년지도자 양성과정은 독립과정으로 운영되지 않는다. 대부분 사회교육학, 교육과학, 사회과학, 사회사업, 사회행정학과 같은 전문과정에 포함되어 있다. 사회교육과 교육과학 전통이 형성된 독일이나 청소년정책과 사업의 형성 역사가 비교적 짧은 이탈리아 등 지중해 연안 국가에서는 교육과학이나 사회교육학에 청소년지도자 양성과정이 포함되어 있는 경우가 많다. 그리스나 노르웨이와 같이 사회사업의 역사가 오래된 국가에서는 주로 청소년지도자 양성과정이 사회사업학, 사회복지학 영역에서 한 부분으로 다루어진다(조남억, 2016).

(2) 우리나라 청소년지도사 자격검정의 과목 및 방법

구분	검정과목	검정방법	
1급	청소년연구방법론, 청소년 인권과 참여, 청소년정책론, 청소년기관 운영, 청소년지도자론	주관식 · 객관식 필기시험	
2급	청소년육성제도론, 청소년지도방법론, 청소년심리 및 상담, 청소년문화, 청소년활동, 청소년복지, 청소년 프로그램 개발과 평가, 청소년문제와 보호	객관식 필기시험	면접 (3급 청소년지도사 자격증 소지자는 면접시험 면제)
3급	청소년육성제도론, 청소년활동, 청소년심리 및 상담, 청소년문화, 청소년지도방법론, 청소년문제와 보호, 청소년 프로그램 개발과 평가	객관식 필기시험	면접
• 비고: 청소년지도사 자격검정 과목과 관련된 전공과목의 인정 범위는 여성가족부장관이 별도로 정하여 고시한다.			

출처: 「청소년기본법 시행령」 제20조 제3항 관련 [별표2]〈개정 2015. 5. 1.〉.

6) 청소년지도자를 위한 정책

(1) 전문적 청소년지도자 양성

청소년의 자질 향상을 위해서는 자격 취득 후 지속적인 연수과정을 통해 관련 분야에 대한 전문성을 높여야 하고, 안정적인 처우를 뒷받침하여야 한다. 이러한 청소년지도사의 전문성과 관련 분야에서의 경험 축적, 그리고 근무 여건 향상을 통한 프로그램 개발 시간의 확보를 통해 양질의 프로그램이 개발될 수 있다. 청소년을 위한 다양한 봉사활동 프로그램 개발과 청소년 봉사활동을 전담할 청소년자원봉사 전문가 양성이 필요하다. 청소년 봉사활동에 참여하는 인구는 해마다 늘어나고 있지만 이들을 관리하고 청소년의 성장에 도움을 줄 수 있는 청소년자원봉사 전문가는 거의 없는 실정이다.

청소년기의 특성을 이해하고 그에 맞는 청소년 봉사활동 전문 프로그램을 개발하여 청소년 봉사활동을 전담할 수 있는 전문가 양성도 시급하다.

(2) 청소년지도자의 처우개선

청소년활동 활성화의 선결조건으로 청소년지도사 보수체계 개선이 필요하다. 유사 직종(사회복지사 등)에 비해 청소년지도사의 열악한 근무환경과 처우, 낮은 보수수준은 청소년지도자의 사기 저하 및 높은 이직의 원인으로 작용하고 있고, 결과적으로 청소년 활동 활성화의 걸림돌로 작용하고 있다(조남억, 2016, 재인용).

- 개별 수련시설 및 지역별 보수 수준의 심한 편차 개선
- 청소년수련시설 종사 청소년지도사 임금 현황에 대한 체계적 조사
- 청소년수련시설 유형별 청소년지도사 직무 분석
- 중앙정부 차원의 합리적인 보수체계 가이드라인 마련
- 중앙정부 청소년지도자 보수체계 가이드라인 준수 점검 체계 마련
- 관련 법·제도 기반 마련

2012년「사회복지사 등의 처우 및 지위 향상을 위한 법률」시행에 따라 사회복지사의 처우 개선 및 신분보장에 대한 국가와 지방자치단체 노력 의무화, 보수수준 등에 대한 3년 주기 조사를 통해 사회복지사 보수수준이 사회복지 전담공무원에 도달하도록 권장하는 것에 대한 법적인 보장을 받고 있다. 사회복지시설에서 근무하는 사회복지사의 보수체계는 개별시설에서 산발적으로 책정하다가, 2002년부터 수차례에 걸친 관련 연구와 토론회, 공청회 등의 제도화와 노력을 통해 체계화되었다.

(3) 청소년지도자의 청소년이해 정책

① 정부의 부처 간 협력 및 책임성 강화 정책

청소년에 관한 정책은 보건복지부, 여성가족부, 교육부가 그 실행을 담당하고 있다. 하지만 부처 간 분절화에 대한 이슈는 지속해서 제기되고 있으며 그에 따른 사각지대도 계속해서 발생하고 있다. 이러한 구조는 청소년의 목소리 반영에 악영향을 끼칠 수 있으므로 관계부서에서 청소년의 참여권에 대한 현 상황을 다시 돌아보고 중복 방지와 사각지대에 대한 추가적인 발굴지원을 통해 청소년의 의견을 수렴하기 위해 노력해야 한다.

② 참여권을 보장하는 청소년지도자의 자세

청소년의 참여권을 보장하기 위해 정부뿐만 아니라 민간기관인 월드비전, 굿네이버스, 국제아동인권센터, 유니세프, 초록우산어린이재단, 세이브더칠드런에서도 지속적인 노력을 하고 있음에도 불구하고 청소년의 참여권은 아동보다는 나은 편이지만 여전히 보장되지 못하고 있으며 그 중요성도 인정받지 못하고 있는 상황이다. 미래를 준비하는 청소년에게 청소년의 참여권의 중요성에 대하여 재인식하고 권리 신장을 위한 정책적 노력을 할 뿐만 아니라 정책적 사각지대에서 현장을 기반으로 움직이는 다양한 단체에서 종사하는 청소년지도자들을 격려하고 지원하고 협력한다면 미래의 인재로 성장할 청소년들에게 새로운 기회를 제시할 수 있는 유능한 청소년지도자가 될 수 있을 것이다.

1 주제

보육교직원, 사회복지사, 청소년지도자 역할 및 자질

2 주요 개념

- 보육교직원, 사회복지사, 청소년지도자, 보육교직원 윤리 및 자질과 권리

3 학습내용

- 『비폭력 대화』(마셜 B. 로젠버그)를 읽고 평화의 언어, 삶의 언어를 이해하고 토의하기

4 교실활동

- 『아이를 천재로 키우는 4개의 스위치』(요코미네 요시후시)를 읽고, 월드카페 형식으로 경쟁하고 싶은 아이, 흉내 내고 싶은 아이, 어려운 일을 하고 싶은 아이, 인정을 받고 싶은 아이로 구릅지어 보육교직원의 역할을 토의하기
- 『창가의 토토』(구로야나기 테츠코)를 읽고 개성존중, 약자 배려 등 학교에서의 참교육에 대해 크로스 인터뷰하기
- 2016 서울특별시 보육교사 소통방(iseoul.seoul.go.kr)을 조사하고, 청소년지도자, 사회복지사들의 권리와 관련된 정책을 크로스 인터뷰하기
- 영화 '굿 윌 헌팅'(구스 반 산트), '굿 바이 마이프렌드'(피터 호튼)를 보고 사회복지사로서의 역할과 자격의 천부성 여부 논의하기
- '히든 피겨스'(데오도르 멜피) 영화를 보고 21세기 현재에도 여성, 다문화 청소년에 대한 차별이 존재하는지를 크로스 인터뷰하기

5 퀴즈

- 보육교직원의 역할은 무엇인가요?
- 청소년지도자의 역할은 무엇인가요?
- 사회복지사의 윤리는 왜 필요할까요?
- 보육교직원, 청소년지도자, 사회복지사의 권리에는 어떠한 것들이 있을까요?

3
PART

아동권리와 복지 실제편 II

10 CHAPTER 지지적 서비스의 실제

학습 개관

본 장에서는 한부모가정과 청소년 미혼모의 아동의 권리, 복지 실제 정책과 학교사회복지사를 위한정책, 서비스 실제, 다문화가정, 북한이탈가정, 조손가정아동의 권리, 복지정책 실제를 살펴본다.

학습 목표

- 한부모가정과 청소년 미혼모에 대한 복지를 이해한다.
- 다문화가정의 아동의 권리를 이해한다.
- 북한이탈가정의 복지 실제를 이해한다.
- 조손가정의 복지 실제를 이해한다.
- 학교사회복지를 이해한다.

주요 자료

영화

그랜 토리노
Gran Torino
(2008, 클린트 이스트우드)

나무 없는 산
Treeless mountain
(2008, 김소영)

디센던트
The descendants
(2011, 알렉산더 페인)

보이후드
Boyhood
(2014, 리차드 링클리에이터)

우리들
The world of us
(2015, 윤가은)

인비저블 사인
An invisible sign
(2010, 마릴린 아그렐로)

크로싱
Crossing
(2008, 김태균)

토일렛
Toilet
(2010, 오기가미 나오코)

드라마

- 풍문으로 들었소(2105, SBS): 청소년 한부모

도서

- 나마스테(2005, 박범신 글, 한겨레신문사)
- 봉주르, 뚜르(2010, 한윤섭 글, 김진화 그림, 문학동네어린이)
- 우정의 조건(2007, 수지 모건스턴 글, 이지연 그림, 김민정 역, 시소)
- 완득이(2008, 김려령 글, 창비/ 2011, 영화, 이완)
- 창가의 토토(2013, 구로야나기 테츠코 글, 이와사키 치히로 그림, 김난주 역, 프로메테우스출판사)

방송

- 다큐공감: 아이가 행복입니다(2015, 한국방송공사)

사이트

- 서울특별시 교육청 서울미래교육프로젝트 상상 : www. sen.go.kr
- 청예단 : www.jikim.net
- 허들링청소년합창축제 : www.huddlingkorea.org
- 한국 미혼모지원네트워크홈페이지 : www.kumsn.org

1. 한부모가정 서비스의 실제

1) 한부모가정 아동에 대한 이해

(1) 한부모가정의 개념

'한부모'란 사별, 이혼, 미혼 등의 사유로 배우자가 없거나 배우자가 있더라도 장애·병역·감호 등의 사유로 실제적 양육에 참여하지 못하여 자녀양육을 사실상 혼자 감당하는 아버지나 어머니를 의미한다. 그중에서도 아버지나 어머니가 만 24세 미만인 경우를 '청소년 한부모'로 정하고 있으며 아버지가 자녀를 양육하는 가족을 '부자가족', 어머니가 자녀를 양육하는 가족을 '모자가족'이라고 정의한다.

한부모가정은 여러 가지 사유로 부모 중 한쪽 부모와 자녀가 생활하는 가족의 가정이다. 한부모가정의 유사용어로는 모자 및 부자가정, 편부모가족, 여성가구주 가정 등이 있다.

「한부모가족지원법」에서는 '한부모가족'을 18세 미만의 자녀를 양육하는 가족이라고 정의한다. 이 법에서는 '한부모가족'을 18세 미만의 자녀를 양육하는 가족에 한하나 자녀가 대학에 취학하고 있는 경우 22세 미만까지, 병역의무를 다하고 취학하는 경우에는 그 기간을 가산할 때까지 한부모가족으로 인정하고 있다. 한부모가족의 개념에는 양부모 중 어느 한 사람이 양육에 사실상 참여하지 않는 가족이라는 의미가 있기 때문에 부모 외에 조부모나 친척 등 다른 가족이 함께 거주하더라도 한부모가족에 해당한다.

한부모가정이란 용어는 여성민우회 가족과 성상담소에서 1977년부터 편부모 대신 '한부모'란 용어에 대해 우리말의 '한'은 하나라는 의미로 '하나로도 충분하며 온전하다'의 의미를 포함한 것으로 결손의 의미를 나타내는 '편부모'란 용어보다 긍정적인 의미라고 한다(한성심·송주미, 2016).

「한부모가족지원법」은 그 지원대상의 선정에 있어 특례 조항을 정해 복지서비스 수혜대상을 더욱 확대하고 있다. 아동을 양육하지 않지만 미혼모자 가족복지시설을 이용하는 어머니나 부모로부터 양육받지 못하는 아동을 양육하는 조부 또는 조모, 그 외에 우리나라 국적의 아동을 양육하는 국내 체류 외국인으로서 「출입국관리법」 제31조에 따라 외국인등록을 마친 자까지를 포함하여 지원대상으로 삼고 있다(황해익 외, 2016).

우리나라에서 한부모가족으로 지원을 받는 대상에는 18세 미만의 아동, 취학 중인 경우에는 22세 미만 청소년을 양육하는 모자가족, 부자가족, 조손가족, 미혼모 한부모가족, 미혼부 한부모가족, 청소년 한부모가족, 대한민국 국적을 가진 배우자와 결혼을 하여 우리나라 국적을 소유한 자녀를 양육하는 국내 체류 외국인 한부모가족이 포함된다.

한편, '한부모가구'라는 용어는 아버지와 자녀 혹은 어머니와 자녀만으로 구성된 가구 형태를 일컫는 것으로 부모가 자녀를 함께 양육하더라도 직장이나 학업 등의 이유로 부모가 분리하여 거주하는 경우나 만 18세 이상의 자녀와 양친 중 한 사람으로 구성된 가족까지도 포함하는 말이다. 한부모가구는 가족의 거주에 기반한 개념이기 때문에 양부모 중 한 사람과 이외에 다른 가족이 함께 거주하는 가구는 해당되지 않는다.

- 부나 모의 사망에 따른 한부모가정의 아동
- 이혼에 따른 한부모가정의 아동
- 배우자 유기에 따른 한부모가정의 아동
- 미혼에 따른 한부모가정의 아동

(2) 한부모가정의 특징

한부모가정은 자녀양육과 관련하여 일반가정과 비교할 때 다음과 같은 측면에서 어려움이 있다.

- 경제적 측면
- 가족생활 측면
- 심리사회적 측면

2) 한부모가정 아동의 권리

한부모가정 아동의 권리에서 가족의 형성과정 중 미혼모의 경우나 청소년 미혼모의 경우, 아동의 생존권, 학습권, 행복권 등의 침해를 고려해야 한다. 이는 가족생활에서 보장받아야 할 권리를 인정하고 권리를 아동의 입장에서 보장을 받기 위한 국내외 법이 중요하다.

유엔아동권리협약 제2조에서는 아동이 출신이나 태생에 따른 차별 없이 권리를 존중받아야 함을 밝히고 있고, 가족의 구성이나 구조로 인해 불이익이나 권리의 침해가 있어서는 안 된다는 조항을 분명하게 제시하고 있다. 제7조에서는 아동이 가능한 한부모가 누구인지 알고 부모에 의해 양육받아야 하며, 제9조에서는 자신의 의사에 반해 부모와 떨어지지 않도록 보장하되 부모의 한쪽이나 양쪽 모두로부터 떨어진 아동이 정기적으로 부모와 관계를 갖고 만남을 유지할 권리를 존중해야 한다고 밝히고 있다. 한부모가족 아동 역시 양쪽 부모와 원활한 상호 관계를 형성할 수 있어야 함을 제기하고 있다.

그뿐만 아니라 유엔아동권리협약 제27조에서는 당사국이 국내외에 거주하는 부모 또는 아동의 재정적 책임자로부터 양육비를 확보하기 위해 모든 적절한 조치를 취해야 한다고 밝히며 양육비 부담이 온당한 책임임을 공고히 하고 있다(황해익 외, 2016).

우리나라에서는 한부모가족에 대한 사회적 편견과 차별 예방, 이를 위한 교육 및 홍보 등 필요한 조치를 국가와 지방자치단체가 실시하도록 「한부모가족지원법」에 규정하고 있다. 또한, 이혼 소송 시 자녀발언권을 인정하고 이혼 뒤 현실적으로 자녀를 보호·양육하지 않는 한쪽 부모와 자녀가 서로 직접 만나거나 연락할 수 있는 면접교섭권을 민법 등 관련법에 명시하고 있으며, 「양육비 이행확보 및 지원에 관한 법률」을 마련하여 이혼 후 자녀를 양육하지 않는 부 또는 모로부터 양육비의 원활한 수급이 이루어지도록 하고 있다. 또 관계부처에서 실시하는 한부모가족 아동을 위한 다양한 경제적·정서적 지원서비스는 한부모가정 아동의 권리를 적극적으로 보장하기 위한 조치이다.

그러나 부모이면서 동시에 아동이기도 한 청소년 한부모의 권리에 대해서는 여전히 우려의 목소리가 높다.

정부는 2011년 4월 12일의 「한부모가족지원법」의 제17조의 2에 '청소년 학부모에 대한 교육지원' 조항을 신설하였고, 청소년 한부모에 대한 학교교육비 또는 검정고시 학습비, 고교교육비 지원, 자립촉진수당, 위탁형 교육제도를 지원하여 학업중단을 예방하고 있다. 또한, 「한부모가족지원법」 개정(2014. 1. 21.)을 통하여 한부모가족 복지시설에서 순회교육을 실시하고 지원할 수 있는 근거를 마련, 청소년 한부모가 전학 없이 위탁교육기관에서 교육 후 원적학교에서 학력 수료를 인정하는 제도를 도입하여 청소년 한부모의 학습권을 더욱 강화하게 되었다.

또한, 강요에 의한 입양을 막기 위해 입양기관을 운영하는 자가 '기본생활지원형 미혼모자 가족복지시설'을 운영하지 못하도록 하였다.

위탁형 교육제도를 실시하여 학습권이 보장되도록 하였으며, 2017년부터는 청소년 한부모 전용시설도 운영할 예정이다. 국가와 지방자치단체가 청소년 한부모의 주거 마련 등 자립에 필요한 자산을 형성할 수 있도록 재정적인 지원을 할 수 있는 법조항이 「한부모가족지원법」 제17조의 4(청소년 한부모의 자립지원)로 신설되었고(2014. 1. 21.), 청소년 한부모가 입소요청을 하는 경우에 한부모가족 복지시설의 장은 우선 입소조치를 하여야 하는 조항이 「한부모가족지원법」 제20조(한부모가족 복지시설의 설치) 제1항에 마련되어 청소년 미혼모의 자립지원을 보완하였다(보건복지부, 2017).

3) 한부모가정 아동을 위한 복지 실제

(1) 한부모가족 아동양육비 지원

2016년부터 소득인정액을 기준으로 기준중위소득 일정 비율 이하의 조손가족을 포함한 한부모가족을 지원한다. 저소득 한부모가족에게 자녀 1인당 아동양육비를 지급하며, 조손가족 및 미혼 한부모에게 영유아 자녀에 대한 1인당 추가 아동양육비를 지급하고 있으며, 연 일정액의 학용품비, 복지시설에 입소한 한부모가족의 생활보조금 지원이 주요 내용이다.

(2) 양육비 이행 원스톱 종합서비스

조손가족을 포함한 한부모가족이 원활하게 양육비를 지급받을 수 있도록 양육비 이행 원스톱 종합서비스를 운영하고 있다. 한부모자녀의 자녀가 1회 신청으로 자녀가 성인이 될 때까지 양육비 관련 상담, 합의 소송, 채권추심, 사후 이행 모니터링 등을 이용할 수 있는 맞춤형 종합서비스를 말한다. 공적 전달체계를 통하여 0~5세까지는 교육료와 보육료를 지원하고, 방과후 보육료지원, 저소득층에 대한 급식비, 방과후 학교 자유수강권 지원, 초등 돌봄교실 운영, 고교학비 지원 등의 사업에서 한부모가족에게 우선적인 복지서비스를 제공하고 있다. 이러한 서비스는 '교육서비스', '빈곤 아동을 위한 복지서비스'를 통해서도 참고할 수 있다.

(3) 한부모가족복지시설 지원

일정 기간 생활이 어려운 한부모가족에게 양질의 서비스를 제공하기 위하여 지원하는 복지서비스로서 기준중위소득 일정 비율 이하인 한부모가족에게 주거를 지원하고, 미혼모자 시설에서는 간호사의 의료서비스, 해산 등 돌봄서비스를 제공하며, 심리치료 및 상담 또한 지원한다. 모자가족 복지시설, 부자가족 복지시설, 미혼모자가족 복지시설, 일시 지원 복지시설로 분류되어 한부모가족 복지시설은 전국에 분포되어 있다. 국토교통부에서는 「한부모가족지원법」 보호대상자로 선정되어 한부모가족 증명서 발급이 가능한 경우에 영구임대주택, 다가구 매입주택 등에 입주 우선권을 부여하고 있다.

(4) 청소년 한부모가족 자립 지원

정부는 2011년 4월 「한부모가족지원법」을 개정하여 청소년 한부모 지원에 관한 법적 근거를 마련하였다. 이를 통해 청소년 한부모가 스스로 자녀를 키울 수 있도록 자녀양육환경을 조성하고 조기에 자립할 수 있도록 지원을 제공한다. 소득인정액 기준 중위소득 일정 비율 이하의 청소년 한부모가정에 자녀양육을 위하여 아동 1인당 월 양육비를 지원하며, 청소년 한부모의 자립을 위하여 청소년 한부모에 대한 학교교육비 또는 검정고시 학습비, 고교 교육비 지원, 자립촉진수당, 위탁형 교육제도를 지원하여 학업중단을 예방하고 있다. 2017년부터는 청소년 한부모 전용시설도 운영할 예정이다. 청소년 한부모 검정고시학습 지원센터를 온라인으로 개설하고, 교재, 학습 콘텐츠, 학습관리 서비스를 무료로 제공하는 복지서비스를 제공하고 있다. 이에 청소년 미혼모 교육권을 보장하고 가정양육의 지원을 강화한다(보건복지부, 2017).

(5) 청소년 산모 임신·출산의료비 지원

청소년 산모가 건강하고 안전하게 출산할 수 있도록 임신 및 출산과 관련된 진료비를 지원하여 산모와 태아의 건강증진을 돕는다. 청소년 산모에게 건강관리 관련 의료비 일정액을 진료비 결제 카드를 발급하여 산전관리를 지원하고 전자바우처 시스템으로 관리한다.

(6) 미혼모, 미혼부 지원기관 운영

양육 초기 위기에 대처할 수 있도록 다양한 서비스를 제공함으로써 아동양육은 물론 자립에 이르도록 권역별 미혼모·부자 거점기관을 전국에 운영하고 있다. 미혼모·부에 대한 상담 및 정보 제공, 출산 및 양육의 응급상황 시 병원비 및 물품 지원, 문화 및 교육 프로그램 운영, 자조모임 운영 등을 실시하여 가정의 역량을 강화하는 취약 가정에 대한 맞춤형 서비스로 상담, 교육, 의료비 지원, 학습도우미, 생활가사 도우미 파견, 주거환경 개선 등의 지원을 제공하여 가족기능 회복 및 자립 역량강화를 꾀하는 복지서비스를 제공한다.

2. 학교사회복지 서비스의 실제

1) 학교사회복지의 개념

학교사회복지는 '학교'와 '사회복지'가 합쳐진 용어이다. 초기의 학교사회복지는 학생 개인에 대한 개인수준, 사회복지 실천에 한정되었다. 그 후 발달과정을 겪으면서 학생 개인뿐 아니라 가족, 학교, 지역사회 등의 환경적 요소와 예방적 접근까지도 포함되는 확장된 정의를 가지게 되었다. 사전적 의미의 학교는 어떤 의도와 목적 아래 일정한 장소에서 시설을 갖추고 계획적이며 계속적으로 교육을 베푸는 기관이며, 사회복지는 공사의 단체에 의해 사회공공의 생활개선, 보호하며 교화하는 목적사업을 말한다.

2) 학교사회복지의 목적과 기능

(1) 학교사회복지의 목적

학교사회복지의 일차적 목적은 학교장면 안에서 교육체계 본연의 목적을 원만하게 수행되도록 돕는 데 두고 있다. 이차적 목적은 학생의 특성, 학교체계, 외부지역 체계, 그 밖에 학생이 직면하는 사회상황과 관계가 있다. 즉, 학생이 민주사회 시민으로서 본연의 역할을 수행하는 데 필요한 기술적인 요건으로 읽기, 쓰기, 계산하기 등을 학습할 수 있도록 도와주어야 한다. 사회복지의 목적이 클라이언트의 사회적 기능 향상에 있으므로 학교사회복지 또한 학생의 사회적 기능 향상, 즉 학교에 적응하고 학문적 성취를 이룰 수 있도록 도와야 한다. 더불어 가정과 지역사회에 학교의 교육지침을 해석해 주어 학교교육을 이해하고 참가할 수 있도록 돕는 데 목적을 두고 있다(한인영 외, 2004).

(2) 학교사회복지의 기능

- 사회적·정서적 부적응 징후를 나타내는 학생문제를 조기발견하고 예방하는 기능
- 학생이 학교에서 만족스러운 자아실현의 기회를 갖도록 그의 잠재능력을 최대한으로 개발시키는 기능
- 개인 수준 사회복지 실천 및 집단수준 사회복지 실천을 통한 직접적인 치료활동을 비롯하여 지역사회의 이용 가능한 자원을 조직하고 동원하는 기능
- 교사와 학생 간의 관계 개선의 노력과 학교 내의 문제해결을 위한 전문가 팀(심리학자, 정신의학자, 교육책임자)을 구성하여 효과적인 원조관계를 형성하는 기능
- 학교 – 학부모 – 지역사회 인사와의 상호 협력체계를 구성하는 기능
- 정신건강의 입장에서 학생들에게 장애를 주는 환경적 요소를 개선하고 교육적 분위기를 조성하는 기능
- 학생문제에 대한 새로운 중재방법을 제공하고 활용하는 기능

(3) 학교사회복지의 철학과 가치

- 인간존중
- 인간의 자기결정
- 인간의 기회균등
- 사회적 연대책임

(4) 학교사회복지대상

학교사회복지는 모든 학생이 자신의 잠재력과 능력을 최대한 개발할 수 있도록 도와주고 미래의 건전한 사회 구성원으로서 성장할 수 있도록 최적의 교육환경을 제공해 주고자 한다.

학교부적응 학생에게 일차적 관심을 두어 개별상담, 집단상담 시에 학생들의 교육적 욕구에 적합한 교육을 받을 수 있도록 교육기회의 형평성을 보장해 줌과 동시에 이들이 학교를 통하여 자신의 잠재력과 능력을 개발할 수 있도록 우선순위를 부여한다.

3) 학교사회복지의 모델

(1) 전통적 임상모델

개별학생에게 초점을 두는 모델로, 문제의 초점을 학생 개인에게만 맞추고 있는 단점도 있다. 사회·정서적 어려움을 가진 학생들이 학교에서 보다 효과적으로 수행할 수 있도록 도와주는 것이다.

(2) 학교변화모델

학교환경과 학교규범에 초점을 두고 있으며, 학생문제의 초점을 학교 자체에만 초점을 두는 것이 이 모델의 단점이다.

(3) 지역사회학교모델

지역사회가 학교를 지원하게 하는 지역사회에 초점을 두고 있는 모델이며 학생의 문제해결을 위해 지역사회 자원을 지나치게 의존하는 것이 이 모델의 단점이다.

(4) 학교상호작용모델

이 모델은 전통적 임상모델, 학교변화모델, 지역사회모델의 문제점을 보완하여 통합적으로 접근하는 모델이다. 학생과 그 가족에게 서비스를 제공하기 위해 학교교사, 행정가 및 지역사회 기관과 함께 일할 수 있다. 이 모델은 학교사회복지사, 학교행정가, 지역사회 간의 협력이 필수적이다.

4) 학교사회복지의 발전

1970년대에 학교사회복지라는 개념이 처음 소개된 후 실제적으로 사회복지현장에 적용된 것은 1990년대 이후였다. 자세한 발전사항은 다음과 같다.

(1) 학교사회복지의 태동기(1950~1990년대 중반)

- 아동복지원의 활동(1950~1960년)
- 학교사회복지 이론 도입(1970~1980년)
- 학교사회복지 실천의 시작(1990년대 초반~중반)

(2) 학교사회복지 실천의 도입기(1990년대 후반)

- 정부의 학교사회복지 시범사업: 1995년 '국민복지기획단'에서 제도적 도입 건의. 1997년도 3월부터 1999년 2월까지 2년간 '학교사회복지 시범사업'으로 무학여고, 충남중, 광주의 북성중, 대구 제일여상에서 실시
- 서울특별시 교육청의 학교사회복지 시범사업
- 한국사회복지학회 창립(www.schoolsocialwork.org)
- 삼성복지재단 지원 지역사회복지관 중심 학교사회복지
- 중·고등학교 전문상담교사제 도입: 1998년 중·고등학교에 전문상담교사 도입

(3) 학교사회복지 실천의 확충기(2000년대 이후)

- 한국학교사회복지사협회 창설(www.kassw.or.kr)
- 사회복지공동모금회의 기획사업
- 학교사회복지 제도화의 추진과 학교사회복지사 자격시험
- 서울특별시 교육청 지원사업
- 지방자치단체 지원 조례 및 학교 자체사업
- 교육과학기술부의 교육복지 우선지원사업(2003년~)
- 교육복지 투자 우선지역 지원사업 내용: 학습, 문화·체험, 심리·정서적 지원, 교사와 학부모 지원, 복지 프로그램 활성화, 영유아 보육·교육 활성화
- 2011년 2월 사업 명칭을 '교육복지 우선지원사업'으로 변경. 교육복지사를 1,500명 정도 채용하여 배치
- 사회복지활용연구학교(2004~2008년)

- We-Start사업 내 학교사회복지사업(2005년)
- 드림스타트 학교사회복지사업
- Wee 클래스 운영(서울특별시 청담고등학교, 2017)
- 도담교실(학교 내 대안교실)
- 지역사회 NGO 학교사회복지사업(청예단, 2017)

〈표 10-1〉 청예단의 학교복지 프로그램(2017)

프로그램명	목적	내용	대상
찾아가는 학교폭력 예방교육 운영	• 내·외부 강사교육을 통한 역량강화 및 전문강사단 육성 • 다양한 교육 주제의 예방교육 기획 및 개발을 통한 브랜드화 달성	• 찾아가는 학교폭력 예방교육(ACE 프로그램): 분야별(체험, 문화예술, 교육) 교육 프로그램으로 청소년이 재미있고 흥미롭게 학교폭력 예방에 대한 교육을 받을 수 있도록 진행	서울과 경기 초·중·고등학생, 교사, 학부모, 관련 전문가 등
대현장학사업	• 다양한 형태의 폭력피해에 관련된 청소년 중 사회적 배려가 필요한 청소년에게 장학금 지급을 통해 학업지원 및 생활안정 지원	• 서울, 인천, 경기지역 학교 및 구청, 지역아동센터 홍보를 통한 참여자 모집, 선발위원회 심사를 통한 선발(지속적인 개인 사례관리 진행)	학교폭력 관련 결손, 빈곤가정 청소년 20명 내외
안전한 우리 학교 만들기 B. S. Zone 프로젝트	• 단위학교를 대상으로 하는 전문가의 학교폭력 컨설팅을 통한 전문 솔루션을 종합적으로 제공	• 각 분야 전문가 구성하여 단위학교 학교폭력 초기 컨설팅 현장평가 진행	서울권 초등학교 고학년(4~6학년)
아주 사소한 고백	• 자신의 고민을 타인에게 말하는 행위를 통해 용기를 내어 고백하여 고통에서 벗어날 수 있는 사회적 분위기 확산	• '내가 ㅇㅇ에게 듣고(하고) 싶은 말은 ㅇㅇ이다.'라는 내용의 엽서를 작성하면서 서로 소통하는 기회 마련	전국 모든 청소년
푸른가족 캠페인	• 가족단위의 캠페인 활동을 통해 학교폭력 예방인식을 제고하고 학교폭력 예방을 위한 구체적 실천 방안 제시, 학교폭력 예방 문화 확산	• 학교폭력 예방 실천서약 등을 활용하여 가족이 함께 하는 다양한 학교폭력 예방 캠페인 전개	전국 초·중·고등 학교 학생, 교사, 학부모

프로그램명	목적	내용	대상
사이좋은 디지털 세상	• 디지털 기기가 보편화된 현대 청소년이 꼭 함양해야 할 바른 시민의식과 예절, 가치와 정보를 안내하는 디지털시민 교육	• 디지털 시민교육 전문 강사가 직접 찾아가 초등학생을 대상으로 참여형 소그룹 교육 및 체험활동 프로그램을 기반으로 하는 사이버폭력 예방 및 디지털 리터러시 교육 진행	전국 초등학교 대상
학교폭력 현상사업	• 학교폭력 화해, 분쟁조정, 갈등 코칭, 컨설팅 및 관리를 통해 학교폭력 사례를 효율적이고 체계적으로 관리	• 학생들 혹은 학부모 관계에서 학교폭력으로 인해 심리적 갈등이 발생되었을 경우 화해조정 프로그램을 통해 심리적 회복 및 치유 관계 개선	전국 시·도 학교폭력 화해, 분쟁, 갈등조정센터 전국지역수행기관
위기청소년 통합지원 사업	• 전국 위기청소년 및 가족 위기상황 심층 파악을 통한 위기상담 사례발굴 및 학업중단 청소년 정서, 심리 지원을 통한 회복 유도	• 긴급 상담전화 지원, 온라인 상담 지원, 전국 현장출동상담 지원, 위기진단(사례회의) • 개인, 집단상담 지원, 찾아가는 상담 지원	전국 위기청소년 및 가족

서울특별시 교육청

서울특별시 교육청은 2014년부터 '모두가 행복한 혁신미래교육'을 교육비전으로 내걸고, '질문이 있는 교실', '우정이 있는 학교', '삶을 가꾸는 교육'을 교육지표로 삼아 다양한 교육정책을 펼쳤다. 이러한 비전과 지표는 교육혁신에 대한 서울특별시 교육청의 미래지향적 의지를 담았다. 서울특별시 교육청은 그동안 창의교육, 책임교육, 참여교육, 안심교육, 어울림교육 행정의 5가지 교육정책 방향을 중심으로 '서울혁신미래교육'을 추진해왔다. 이제 이를 계승하는 동시에 서울미래교육 프로젝트를 위해 「서울미래교육 상상 프로젝트」를 기획하여 제4차 산업혁명 시대의 사회변화에 능동적으로 대응할 서울학생의 미래 역량을 키우기 위하여 교육공동체가 함께 상상하고 토론하며 만들어 가는 정책을 계획하였다. 학생들이 상상력을 맘껏 발휘하여 토론하는 프로젝트이다.

학교와 마을을 연계하는 구상으로 다층적 민관학 거버넌스 구축을 위해 협력하고, 지역별 교육협동조합을 구축하며 마을교육과정을 개발하여 지역마다의 특수성과 다양성, 역사성이 반영된 교육과정을 만들고 일상적으로 마을교육이 이루어질 수 있도록 한다.

5) 학교사회복지사

(1) 학교사회복지사의 역할

- 학생에게 직접적 교육의 준비 및 사회복지서비스를 촉진시켜서 제공해야 한다.
- 선별된 학생집단의 긴급한 요구에 초점을 맞추어 학생의 옹호자로서 활동해야 한다.
- 계획적인 사회복지서비스 제공을 위해 학교행정가, 지역사회 기관과 관계를 맺고 협력적 안을 도모하는 데 도움을 주고, 직접적으로 학생복지에 영향을 미치는 학교정책 형성에 도움을 주어야 한다.
- 학생들이 자유로이 학습동기를 가질 수 있도록 풍토 조성, 기술에 대해 교사와 함께 협의를 해야 한다.
- 학부모와 지역사회 집단이 학교와 학생에게 발전적인 힘을 작용하도록 그들을 조직해야 한다.
- 학교사회복지사는 계획된 변화가 일어나도록 원조하며 사회구조의 형태를 변화시키는 아동복지, 교정복지, 지역사회 정신건강, 빈곤층을 위한 법적 서비스 등의 생산적 관계를 발전시키고 유지해야 한다.
- 학생서비스 담당교직원과 학생들의 편에서 조정하는 진로상담사, 심리사, 보건교사 등의 역할을 제공해야 한다.

(2) 학교사회복지사의 전문적 중재역할

Costin(1986)은 학교체계 안에서 학교사회복지사의 전문적인 중재역할을 8가지로 요약한다. 여기에 전재일 외(2016)는 하나를 추가하여 9가지로 정리한다. 이는 문제해결의 목적과 목표를 달성할 수 있는 중재방법을 결정하는 지침이 된다.

- 가능케 하는 자(enabler): 분리한 학생의 환경을 개선하고 조력하여 학생 스스로 변화가 가능하게 한다.
- 자문가(consultant): 문제해결자로서 아동, 가족, 학급은 서비스나 프로그램에 관하여 교사, 교장, 다른 관련 인사, 지역사회 인사들이 사회복지사에게 자문을 구한다.

- 공동협력자(collaborator): 문제해결을 위한 정보교환, 장애학생 같이 다학제간 공동 협력을 하는 것과 같은 역할이다.
- 교사(teacher): 학교사회복지사가 클라이언트에게 정보를 제공하는 것은 교사의 역할로 지식을 나누고, 학생을 깊이 이해하는 태도이다.
- 조정자(mediator): 상대의 말을 경청하도록 중재 방향 제시, 필요한 만큼의 도움을 주는 것이다.
- 옹호자(advocator): 장애인, 혼전임신 학생, 자원이 부족한 부모, 소수민족 학생, 도시 철거민과 같은 학생들의 이익을 위해 논쟁, 홍정, 타협, 환경조성 등을 클라이언트를 대신하여 싸워 준다.
- 관리자(manager): 조직의 모든 협동적 활동이 합리적·효율적으로 추진되고 수행될 수 있도록 지도를 촉진하는 기능, 과정의 역할을 한다.
- 중개자(broker): 클라이언트와 자원 연결, 수요와 공급이 일어나도록 주선이나 중개해 준다.
- 치료자(therapist): 전통적인 임상복지의 치료자 역할로서 학교사회복지사는 정신분석학을 비롯하여 여러 가지 인간행동을 수정하는 치료이론과 기술을 습득하여 클라이언트의 문제행동을 치료하였다. 클라이언트의 개별상담, 집단상담, 가족치료 등 전문적인 치료를 제공하기도 한다.

이 외에도 학생을 위한 학교사회복지사의 역할, 부모를 위한 학교사회복지사의 역할, 학교 관련 인사를 위한 학교사회복지사의 역할, 지역사회에 있어서 학교사회복지사의 역할 등이 있다.

6) 학교사회복지의 과제와 정책

(1) 학교사회복지의 과제

전재일 외(2016)는 학교사회복지의 과제를 다음과 같이 요약하고 있다.

- 학교사회복지사의 교육훈련
- 학교사회복지사의 점진적 배치 확대
- 학교사회복지사의 역할 모형 개발
- 학교사회복지사의 사회복지에 대한 홍보
- 학교사회복지사의 사회복지법의 입법화

(2) 학교사회복지의 정책

① 아동권리교육의 제도화

정부는 2011~2016년에 학생인권 관련한 중앙부처와 시·도 교육청 관계자로 '학생인권교육협의회'를 구성하고 정기적인 모임을 가졌다. 2017년에는 「인권교육지원법」 제정을 통하여 아동권리교육 제도화를 위한 환경을 조성하고자 노력할 계획이다.

② 아동의 의견존중과 참여권 보장

학교 내에서 아동의 참여 신장에 대한 노력은 교육부 주도의 대표적인 아동의 참여권 신장을 위한 정책이라고 할 수 있다. 교육부는 학생회 등 자치활동을 활성화하고 교칙 제정·개정 및 운영 등에 대한 의사결정 과정에 참여할 수 있도록 학교 운영위원회에 참여를 보장하고 있다.

③ 아동 관련 종사자 대상 인권교육 활성화

학교사회복지사는 학교 안에서 권리주체자인 학생의 권리를 위해 최선을 다해야 한다. 학생이 당면한 다양한 상황에 학생 스스로 목소리를 낼 수 있도록 학생참여권의 중요성을 인정하고, 부모와 교사와 함께 창의적이고 적극적인 참여활동을 권장한다. 학생 스스로 문제를 해결하도록 학생의 참여를 인정하는 조력자로서의 역할을 해야 한다.

3. 다문화가족 서비스의 실제

1) 다문화가족의 개념

'다문화'는 multi-cultural, inter-cultural, cross-cultural로 다양하게 표현된다. 아직은 개념정의가 명확하지 않다. 좁은 의미에서는 이주문제에 대한 해법을 찾으려는 시·도의 개념이라고도 할 수 있다. 일반적으로 다문화란 성별, 종교, 직업, 계층, 인종 등에 따라 각 사회집단의 고유한 문화적 특성이 다양하게 존재하고 있음을 의미한다. '다문화가정'은 외국인 이주노동이나 국제결혼을 통해 가정을 이루고 현재 국내에 거주하고 있으며, 다양한 문화를 가진 가정을 의미한다. 과거에는 단순히 국제결혼을 통해 이루어졌다는 의미에서 '국제결혼가정'이라고 불리기도 했다. 지금은 '다문화가정'이라고 사회적 합의가 이루어진 상태다(이성한 외, 2016).

그동안 정부는 다문화가족이 증가함에 따라 여러 정책적 노력을 기울였다. 2006년 '여성결혼이민자 가족의 사회통합지원 대책'을 발표한 것이 그 시작이라 할 수 있는데, 해당 대책의 원할한 추진을 위해 2008년에 「다문화가족지원법」을 제정하여 다문화가족 지원을 위한 법적 근거를 마련하였다. 같은 법 제3조의 2에 따라 '다문화가족지원정책 기본계획(2010~2012)' 수립되었으며, 2016년 현재 '제2차 다문화가족지원정책 기본계획(2013~2017)'이 시행 중이다. 흥미로운 점은 「다문화가족지원법」이 처음 제정되었을 때 제1조(목적)에서 '다문화가족 구성원이 안정적인 가족생활을 영위할 수 있도록 함'이라 밝히고 있으나, 개정 이후에는 '사회 구성원으로서의 역할과 책임을 다할 수 있도록 함'이라는 내용이 추가된 점이다(이희숙 외, 2016).

2) 다문화가족 아동의 권리

자유권, 평등권, 사회권을 중심으로 다문화가정의 아동권리를 알아본다.

〈표 10-2〉 다문화 아동의 권리영역

권리의 종류	자유권	평등권	사회권
보편적 권리	• 신체적 자유 • 표현의 자유 • 정보접근의 권리	• 차별받지 않을 권리	• 국적취득의 권리 • 휴식,여가 및 문화생활에 참여할 권리
특별한 권리	• 양육받을 권리 • 가족재결합의 권리(합법체류자인 경우) • 유해환경으로부터 보호받을 권리	• 차별이나 처벌로부터 보호받을 권리	• 교육받을 권리 • 노동착취로부터 보호받을 권리

출처: 설동훈·박경태·이란주(2004). 외국인 관련 국가인권정책기본계획수립을 위한 연구. p. 55.

(1) 아동의 양육권 보장

자녀를 출생신고 기간인 한 달 이내에 본국으로 보내면 외국인 등록절차와 범칙금을 부과받지 않은 채 출국이 허용된다. 이러한 법률적 절차와 범칙금을 고려하여 상당수의 외국인 노동자 부모는 그들의 자녀를 신생아 때 본국으로 보내 가족이나 친척에게 양육을 위탁한다. 이러한 상황은 아동의 양육권에 대한 침해라는 점에서 그것을 시정할 수 있도록 제도를 고쳐야 한다.

(2) 교육받을 권리의 보장

외국인 노동자 자녀는 부모의 불법체류 여부와 상관없이 교육받을 권리가 있다. 국내에서 생활하는 모든 아동은 그들의 국적과 체류 자격과는 관계없이 '아동권리협약'이 보장하고 있는 교육받을 기회를 부여받아야 한다. 외국인 노동자 아동이 제도권 학교에 들어가기만 하면 학습권이 보장되는 것도 아니다. 학교나 사회에 외국인 노동자 아동을 위한 기본적 프로그램이 마련되지 않아 학교생활에 적응하기가 매우 어렵기 때문이다. 그러므로 제도적으로 학교만 개방할 것이 아니라 아동권리협약에 근거해 국가가 외국인 노동자 아동에게 한국어 교육기회를 제공하고 후견교사를 붙여 주는 등의 노력을 해야 한다(김혜금, 2015).

(3) 국제이해교육의 강화

다양한 국제이해교육 과정을 개발하여 아동의 출신국에 대한 이해와 상호 존중 교육이 이루어져야 한다. 이를 위해 교육부나 각 시·도단위 교육청에서 출신국 교재와 교수법 등을 개발하여 다문화 아동이 한국 학교에서 한국어와 어머니(혹은 아버지) 나라 언어 때문에 어려움을 당하지 않도록 해야 한다. 다문화, 다인종, 다민족과 관련된 교육 방안이 교육행정과 현장에서 보다 심층적으로 연구되어, 이들을 세계시민으로 키워야 한다.

(4) 아동의 건강권 보장

차별에서 보호받을 권리로 제도권 내에 속하지 못하는 아동이 의료보장제도 안에서 건강권을 보장받을 수 있는 정부의 지원이 필요하다. 미등록 외국인 가정의 아동은 의료보장제도 안에서 보호받을 수 있는 건강권의 보장이 절실히 요구된다(김은정, 2017).

3) 다문화가족 아동의 문제

(1) 가정생활의 문제

다문화가정은 가정 안에서 가족 간에 원만한 의사소통이 이루어지지 못해 여러 가지 문제가 발행한다. 외국인 어머니가 가정통신문, 과제, 알림장 등을 충분히 이해하지 못하거나 부부간의 일상생활에서 자녀양육에 대한 의사소통이 충분하지 못하는 경우도 많다. 부모가 서로 다른 언어를 사용함으로써 어린 영유아가 2가지의 언어에 혼란과 어려움을 경험하여 언어발달에 지체현상이 자주 발견되기도 한다(임경혜, 2004). 언어발달이 과업인 유아 시기를 놓치게 되면 언어적 혼란으로 학교에 입학한 후 학습에 영향을 미칠 수 있다.

(2) 학교생활의 문제

만 9세부터 24세의 다문화가정의 학령기 자녀가 2016년에 10만 명에 이른다고 하였다. 특히 국내에서 출생한 다문화 학생이 증가하고 있기 때문에 초등학교의 다문화 학생 수가 많다(교육부, 2016). 초등학생 중에서 다문화 학생의 비율이 높아지고 있으며 피라미드 형태로 저학년이 급격히 증가함을 알 수 있다. 우리나라 전체의 학령기 인구가 줄어드는 것에 대비하여 앞으로도 다문화 학생 수가 더 늘어날 가능성이 높다(이희숙 외, 2016).

다문화가족의 아동이 집단따돌림을 당하는 원인을 연구한 결과로 엄마가 외국인이므로(34.1%), 의사소통이 잘되지 않아서(20.7%), 특별한 이유 없이(15.9%), 태도와 행동이 달라서(13.4%), 그 외에 외모가 달라서(4.9%) 등으로 나타나고 있다(설동훈, 2005).

다문화가족의 아동이 학교생활에 영향을 미치는 요인으로 체류연한이 길수록, 한국어 수준이 높을수록, 가정의 지원 정도가 많을수록 학교생활에 적응을 잘한다고 한다(이한우·정정란, 2015). 이 외에도 다문화가정 아동의 또래관계에 아동 개인의 특성 외에도, 부모의 외모적 특성, 부족한 학업에의 관계 등이 영향을 주고 있다.

중학생·고등학생 다문화 수용 지수는 67.63점으로 다소 수용적으로 나타났지만, 여전히 낮은 수치이다(여성가족부, 2016a). 긍정적으로 다문화를 수용하기 위한 방법으로 교육을 인지적으로 하는 것에 더하여 역할연기 등을 통하여 다문화가족 아동의 생활을 경험할 수 있는 정서체험이 필요하고, 멘토-멘티 프로그램으로 상호작용하면서 문화적 민감성을 키울 수 있는 교육을 해야 하고, 일방적으로 한국어를 가르치는 도움보다는 언어교환으로 상호작용할 수 있는 활동 중심의 교육내용이 있어야 한다.

(3) 심리사회적 적응의 문제

다문화가족의 아동은 눈에 띄는 외모로 타인에게 부정적인 피드백을 받는 경우가 많고, 정체감이 형성되기 이전부터 다양한 문화적 환경에 노출되어 자아정체감의 혼란을 겪게 된다(장인실·김명희, 2016).

(4) 기타 다문화가정의 아동에게 발생하는 문제

① 부모-자녀관계

다문화가족 아동은 부모가 고생하고 있다는 점을 인정하고 있기 때문에 큰 마찰을 피하려고 한다. 부모는 자녀가 잠든 후에 퇴근하므로 자녀의 일상생활에 관여하기 힘들다. 또한, 자녀는 학교에서 겪는 문제, 친구 사이에서 일어나는 문제를 부모에게 설명하지 않는 경우가 많다. 자녀들은 부모가 일만 하느라 한국어나 한국 생활에 대해서 자신보다 모른다고 생각하기 때문이다. 학생은 부모가 학교에 찾아오지 못하는 것에 대한 불만도 있다.

② 친구관계

한국어의 어려움으로 친구를 사귀는 데 상당한 어려움을 겪는다. 입국 초기에는 같은 나라 출신 친구들과 어울리거나 혼자 혹은 부모님과 지내는 경우가 많으나 한국어에 익숙하면 주변의 한국인 친구들과 스스럼없이 지낸다. 형제나 자매가 있으면 한국인 친구를 사귀는 데 비교적 많은 시간이 걸린다. 대부분 여가시간을 형제·자매와 보내게 되고 부모 역시 그것을 원하기 때문이다.

③ 이웃관계

같은 나라 출신 이웃에 대해 잘 이해하고 있거나 친한 편이다. 부모님은 일자리 정보나 고국 소식을 나누고 서로 어려움을 돕기 위해 같은 나라 출신 친구들이나 친척들과 친분 관계를 유지하려고 노력하고 있다. 외국인 아동의 주변에 있는 한국인 중 대다수는 아동에 대하여 호의를 가지고 대하는 편이다. 아동은 거주지 근처의 가게주인, 교회 등의 한국인과 친분관계를 맺고 있다.

④ 의료와 건강

아동은 불법체류 상황인 부모처럼 건강보험의 혜택을 받지 못하는 경우가 많다. 감기와 같은 질병은 본국에서 가져온 약을 먹거나 약국에서 약을 사 먹거나 외국인 무료진료소를 이용한다. 자녀의 예방접종을 놓치는 경우도 있다. 국제결혼 가족의 경우는 의료공제조합에 가입하여 협력병원을 이용하므로 병원에 가는 것이 어렵지 않다.

⑤ 일상생활에서의 차별

학교친구, 선생님, 버스, 택시기사, 외국인 노동자 지원단체 상담원 등이 차별하는 사람으로 나타났다. 초등학교 친구, 중·고등학교에서도 친구나 선생님에게서 놀림과 따돌림을 받아 우울한 학교생활을 하는 아동도 있다.

⑥ 진학희망

외국인 청소년은 4년제 대학교, 대학원 박사과정, 외국인 아동은 중학교 이하 학교를 다니고 싶지 않다는 비율이 높고, 자녀교육에 열정적인 외국인 노동자는 자신의 생활을 위해서는 최저수준의 비용을 지불하면서도 자녀의 학원수업을 위해 많은 돈을 사용하고 있는 것으로 조사되었다. 2000년 이전, 외국인 노동자 자녀는 한국 학교에 다닐 수 없었다. 외국인 노동자 자녀의 교육권은 외국인 노동자 지원단체 활동가들이 '학교에 다닐 나이의 아동이 부모가 일터에 나가 있는 동안 집에 갇혀 지내는 사례'를 언론에 공개함으로써 공론화되었다(한금섭, 2003).

교육인적자원부는 각급 학교에 공문을 보내 2001년 3월부터 외국인 아동의 출입국사실증명 또는 외국인 등록증 중 하나만으로 전학·입학할 수 있도록 하였고, 2003년 1월 19일에는 그것을 제도적으로 보장하기 위해 「초·중등교육법 시행령」 개정까지 하였다. 유엔아동권리위원회로부터 '모든 외국인 어린이한테도 한국 어린이와 동등한 교육권을 보장하라.'는 권고를 받기도 했다(유엔아동권리위원회, 2003: 69-79). 취학연령대인 불법체류자 아동 중 약 80%는 제도적으로 취학이 가능하지만 그 혜택을 받지 못하고 있다. 그 이유는 한국말을 못하거나 불법체류했기 때문이라고 하였다.

그러나 학교생활 적응을 위해 일부 학교에서는 한국어 능력이 부족한 학생을 장애아 특수반에서 집중적으로 가르치기도 한다. 인지적인 문제가 아닌 실제 한국어 구사 능력 때문에 학습을 못 따라가는 것뿐인데 열등감에 시달린다. 오직 한국어 구사 능력이 원인임에도 학력 평가가 낮게 나오는 것에 민감하게 반응하기도 한다.

4) 다문화가족아동복지 서비스 실제

(1) 현행법에 나타난 서비스

「다문화가족지원법」 일부 개정 법률안(2017. 4. 12.)의 2015년 전국 다문화가족 실태조사에 따르면, 다문화가족자녀가 학교를 그만둔 사유는 학교생활 및 문화 차이와 학교공부의 어려움 등이, 학교에 재학 중인 다문화가족자녀가 학교생활에 적응하지 못하는 사유로는 교우관계와 학교공부에 대한 흥미 부족 등이 각각 높은 비율을 차지하는 것으로 나타났다. 다문화가족 아동·청소년이 학교생활에 잘 적응하고 나아가 우리 사회의 건강한 구성원으로 성장하기 위해서는 교우관계에 있는 일반 아동·청소년뿐만 아니라 학생들을 직접 가르치는 교원의 다문화가족에 대한 이해가 매우 중요함에도 불구하고 현행법에서는 이에 대한 규정이 없는 상황이다.

이에 교육부장관과 특별시·광역시·특별자치시·도·특별자치도의 교육감이 「유아교육법」 제2조 및 「초·중등교육법」 제2조에 따른 학교의 교원에 대하여 대통령령으로 정하는 바에 따라 다문화이해교육 관련 교육 및 연수를 정기적으로 실시하도록 함으로써 일반학생의 다문화가족에 대한 이해를 제고하고 다문화가족 아동·청소년이 보다 쉽게 학교생활에 적응할 수 있도록 하고 있다.

(2) 현행부처별 다문화가족 아동지원서비스 실제

〈표 10-3〉 부처별 다문화가족 아동지원서비스

대상	사업명	내용	소관부처
미취학 및 저학년	다문화 유치원	• 다문화 유아의 언어교육 강화를 위한 다문화 유치원 운영 2015년 30개원 시범운영	교육부
미취학 및 저학년	언어발달서비스	• 만 12세 이하자녀 대상 언어발달 정도 진단 및 언어교육 실시(언어발달지도사 2015년 216개소)	여성가족부
미취학 및 저학년	방문교육 (자녀생활서비스)	• 학업성취가 낮고 정서, 사회성 발달에서 어려움을 겪는 자녀에게 독서, 숙제지도 등 생활지원(2015년 216개소)	여성가족부

대상	사업명	내용	소관부처
미취학 및 저학년	이중 언어 가정환경 조성	• 다양한 언어와 문화적 잠재력을 키우기 위해 이중 언어로 부모와 소통할 수 있는 환경 조성(2015년 217개소)	여성가족부
학령기 자녀	대학생 멘토링	• 다문화, 탈북 학생 대상 기초학력 증진 강화, 학교·공공기관 등 방문(2015년 5,288명 지원)	교육부
	대안학교	• 다문화 학생 대상 대안학교 운영(2015년 4개교) • 고교: 서울다솜학교, 폴리텍다솜학교 • 초등: 지구촌 학교 • 초·중·고 통합: 한누리학교	교육부, 고용부
	글로벌브릿지	• 다양한 분야(수학, 과학, 언어, 글로벌리더십, 예능)에 잠재력을 지닌 자녀를 인재로 육성(2015년 17개교)	교육부
중도입국 자녀	다문화 예비학교	• 한국어, 한국 문화를 집중 교육받을 수 있는 예비학교 운영(2015년 17개소)	여성가족부
	레인보우스쿨	• 초기 적응 지원 프로그램으로 한국어교육, 특기·적성교육 등(2015년 17개소)	여성가족부
	무지개JOP아라	• 진로캠프, 인턴십 및 멘토링, 진로탐색 과정 운영 등(2015년 17개소)	여성가족부
	조기 적응 프로그램	• 중도입국자녀에게 외국인 등록 시 입국초기 사회적응 및 진로정보 제공(2015년 23개관)	법무부
일반가정 자녀	다문화 감수성 증진 프로그램	• 일반청소년의 다문화이해 및 수용성 제고를 위한 다문화 감수성 증진 프로그램 운영(2015년 23개교)	여성가족부
	다문화중점학교	• 다문화이해교육과 맞춤형 교육을 통해 다문화 수용성 제고(2015년 150개교)	교육부

출처: 여성가족부(2016b). 제12차 다문화가족정책위원회 회의자료.

5) 다문화가족의 지원을 위한서비스 정책

(1) 아동권리에 기초한 서비스

다문화가족 아동 대상의 초등학교 입학 전 지원 프로그램, 학습도우미 지원체제 구축을 통한 학습도우미 지원 사업을 강화하고, 대학생이나 캠프와 같은 참여 행사 정보를 제공하거나 참여 기회를 만들어서 가정에서 제공하지 못하는 부분을 지원해 주는 것이 필요하다. 자녀들이 어머니(혹은 아버지) 나라 언어교육을 통해 언어뿐만 아니라 어머니(혹은 아버지) 나라의 문화를 이해할 수 있으므로 어머니(혹은 아버지) 나라 언어를 배울 수 있는 기회도 함께 제공하고, 아동의 정서발달, 다문화가족 영유아 대상의 언어 프로그램을 지원하는 프로그램 운영이 필요하다.

(2) 부모 역량강화 서비스

부모교육서비스는 생애주기별로 '임신·신생아기, 유아기, 아동기' 단 3회만 지원되고 있는데, 이러한 자녀발달 단계를 좀 더 세분화하여 서비스를 제공할 필요가 있다. 생애주기를 3단계에서 '임신·신생아기, 영아기, 걸음마기, 유아기, 학령전기, 학령후기' 6단계로 세분화하여 부모교육서비스를 제공한다. 가족통합교육으로 아버지교육, 부모역할교육, 자녀건강지도, 자녀생활지도 등으로 정기 프로그램으로 운영하여 효과성을 높인다.

(3) 다문화지원센터 방문서비스

자녀발달 지원사업으로도 방문사업 희망 비율이 가장 높았다. 방문지도사가 이주 여성과 친밀감을 형성하여 교육을 진행하기에는 교육기간이 짧아서 교육의 연속성, 연계성 측면에서 방문교육 서비스 지원기간을 5개월 단위에서 1년 단위로 연장하여 지원한다. 출신국별 특징이나 대상자 수준에 따라 차별화되어 개발된 방문교육용 교재와 매뉴얼 개선이 필요하다. 일정 기간 사후관리가 이루어지도록 시스템 개선도 필요하다.

(4) 현행부처별 다문화가족 서비스

〈표 10-4〉 부처별 다문화가족 서비스

부처	정책의 내용
여성가족부	• 다문화가족지원정책 총괄 • 한국 생활 정보 제공 및 상담 • 한국인 배우자 교육 • 한국어 교육 및 임신·출산 지원 • 종합정보제공 및 통·번역서비스 • 위기개입, 가족통합 교육 • 아동양육 지원 • 취업 역량강화 • 취업 연계 • 다문화사회 통합 선도자 육성 • 다문화가족지원센터 운영 지원
교육과학기술부	• EBS 한국어 교육방송 프로그램 제작 • 지역 인적 자원 개발사업 • 지방자치단체 지원 우수사례 발굴 • 다문화 가정 방과후 프로그램 • 홈페이지 구축, 교육자료 제공 • 다문화 가정 자녀 상담교사 지정 • 유아를 위한 다문화 이해 자료 개발·보급 • 교원연수 • 한국어, 한국 문화 교육과정 개설 • 현행 교과서 민족주의 요소 발굴·삭제 검토 • 다문화, 다인종 교육 요소가 반영된 교육과정 개발 • 대학생 멘토링 • 불법체류자녀 교육권 보장 • 교육부·시·도 교육청·각급 학교·지방자치단체·민간단체 등 협력체제 구축
법무부	• 외국인 출·입국 심사 및 입국 허가 • 외국인 및 재외동포 체류 지원 • 외국인 산업연수 지원 • 외국인 사회통합 정책과 국적취득 요건 연계 시행 • 외국인 근로자 인권보호 • 외국인 종합안내센터 및 하이코리아(hikorea.go.kr) 운영 • 사회통합 프로그램 실시 및 이수제 시행계획 • 이민자 네트워크 구축 사업

부처	정책의 내용
문화체육관광부	• 문화교육 지원 프로그램 개발, 실시 • 농촌지역 가정방문 한국어 교육실시 • 한국어 교재 개발, 요리·육아 관련 생활 정보 제공 • 외국인 노동자를 위한 가이드북 제작 • 외국인 노동자를 위한 문화체육활동시설 지원 • 문화센터 운영 • 외국인 노동자 대상 문화 프로그램 지원 • 한국 사회 적응을 위한 문화체험 프로그램 운영 • 아시아 열린 문화축제 사업
행정안전부	• 지방자치단체 담당공무원 전문성 함양 • 지방자치단체 외국인 업무 담당공무원 연찬회 개최 • 외국인 주민 현황 조사 • 결혼여성이민자 친정부모 초청 격려 및 생활안정 지원 • 결혼여성이민자 지도자 양성 교육 • 지방자치단체 홈페이지 다국어 지원 • 주민자치센터를 이용한 한국어 교육 운영 강화 • 외국인 주민 집중거주지역 종합지원체계 구축
고용노동부	• 외국인 상담 및 취업 알선 사업 • 외국인 근로자 고용관리 및 권익 보호 • 고용허가제 운영, 불법고용 대책 지원 • 고용안전센터 운영 • 외국 인력 도입 및 송출 국가 선정 • 외국인 차별 금지 및 제한적 취업허용 정책 • 여성결혼이민자에 대한 취업지원 프로그램 • 외국인 근로자 지원센터 운영
농림수산식품부	• 양육지도사 및 한국어 교사 파견 • 교육 도우미를 통한 방문과 소그룹 형식의 교육 및 상담 실시 • 가족통합지원사업 • 출산 농가 도우미, 농업인 영유아 양육비 지원 • 산하 기관을 통한 영농교육, 생활예절 및 문화교육, 요리 강습, 결연사업 추진

출처: 장명선·장은애(2010). 다문화가족지원 서비스 전달체계의 효율화 방안연구. 서울특별시 여성가족재단.

4. 북한이탈주민 가족서비스 실제

1) 북한이탈주민의 개념

북한이탈주민은 법적 개념으로 북한에 주소, 직계가족, 배우자, 직장 등을 두고 있는 자로서 북한을 벗어난 후 외국국적을 취득하지 아니한 자이며, 유사 개념으로 이주민은 일정 기간 동안 국경을 넘어온 자이고, 난민은 국적국 밖에서 국적국의 보호를 받지 못하거나 받기를 원치 않는 자를 일컫는다. 새터민은 '새터전에서 삶의 희망을 갖고 사는 사람'이란 뜻으로 2005년 1월부터 탈북자라는 용어 대신에 불리기 시작했다. 한국에서 여러 해 살아 이미 정착한 사람도 계속 '새터민'이라고 불리는 것이 오히려 이질감과 소외감을 야기한다는 지적이 있어 '북한이탈주민'이란 용어를 사용하게 되었다. 「북한이탈주민의 보호 및 정착지원에 관한 법률」 제2조에 따르면 '북한이탈주민이라 함은 군사분계선 이북지역에 주소, 직계가족, 배우자, 직장 등을 두고 있는 사람으로서 북한을 벗어난 후 외국의 국적을 취득하지 않은 사람'을 말한다.

2) 북한이탈 아동의 권리

남한사회에서 북한이탈 아동의 입지는 소외계층의 범주를 벗어나기 어려운 현실이다. 이런 현실에서 사회, 자연적배경이 취약한 북한이탈 아동의 권리는 더 크게 부각된다. 북한이탈 아동이 한국에 들어오기까지의 신분이나 상황은 난민과 유사하다. 탈북과정의 상황은 난민과 관련된 유엔아동권리협약 제22조 제1항과 제2항에 근거해 아동의 권리를 주장할 수 있다. 당사국인 한국은 난민으로 취급되는 아동이 국제인권 또는 인도주의 관련 문서에 규정된 적용 가능한 권리를 향유함에 있어서 적절한 보호와 인도적 지원을 받을 수 있도록 하기 위하여 적절한 조치를 취하여야 한다.

(1) 생존권

북한이탈 아동의 생명권과 생존 및 발달에 관한 권리는 탈북 이전의 생활경험과 밀접한 관련이 있다. 북한의 기근으로 인한 영양실조 및 아사, 가족과의 이별, 가족해체, 제3국에서의 유랑생활은 신체적·심리적 측면에서 북한이탈 아동에게 심각한 영향을 미치기 때문이다. 이러한 영향은 북한이탈 아동이 남한사회에 적응할 때도 지속적인 영향을 미친다. 남한생활을 하게 되면서 급성 영양결핍에 의한 신장 대비 체중의 감소는 영양상태가 호전되면서 즉각적으로 회복되는 경향이 있으나, 만성 영양부족으로 인한 신장 차이를 극복하는 데 많은 시간이 필요하다. 식량위기와 관련된 북한 식량지원 문제와 더불어 제3국에 난민으로 머물고 있는 북한이탈 아동에 대한 생존권 보호와 건강에 관련된 문제를 인식해야 하며, 위기상황에 놓인 북한이탈 아동은 북한과 제3국에서 겪는 불안과 심리적 공포는 아동에게 심리·정서적인 영향을 미칠 수 있다. 이들 아동의 어려움을 상담하고 치료할 수 있는 기회가 제공되어야 하고 가족지원도 이루어져야 한다(이재연 외, 2007).

(2) 복지권

북한이탈주민의 가족지원은 복지권과도 밀접하게 관련되어 있다. 북한이탈 시 가족 간의 생이별과 가족의 죽음 등으로 발생한 가족해체 현상은 북한이탈 아동의 복지권을 심하게 저해한다. 대부분의 가족구성의 특징은 전체 탈북자 가족 중에서 40%를 넘는 비율이 편모 혹은 편부 가족이며 여기에 기타 형태의 가족까지 합치면 50% 이상의 탈북 가족은 부부 혹은 부모와 자녀로 구성된 가족 형태를 갖추지 못하고 있다(이기영, 2000). 대부분의 아동이 탈북과정에서 가족해체 및 이별을 경험한 것으로 볼 때, 이들에게 취약한 가족기능을 보완하고 아동이 제대로 양육을 받을 수 있도록 해야 한다. 아동권리협약 제18조에 명시되어 있는 것과 같이 복지권은 '국가가 부모와 법적 보호인이 아동을 양육하는 데 필요한 지원을 적절하게 제공할 의무'라고 할 수 있다.

최근 한부모가정, 특히 모자 형태로 이루어진 최근의 탈북 형태에서 어머니의 나이가 낮아지는 특성이 있다. 이는 젊은 여성의 단독 탈북이 증가하면서 생기는 현상으로 탈북과정에서 남자를 만나 아이를 낳거나 한족과 원하지 않는 결혼을 해서 생긴 아이를 데리고 남한으로 온 경우 등이 있다. 낮아진 부모의 연령이나 쉽게 결정된 재혼, 동거생활에서 부모의 양육책임감은 약해지면서 부모역할에 대한 부담은 커진다(이부미, 2005).

3) 북한이탈주민의 적응문제

(1) 북한이탈주민의 심리사회적 문제

북한이탈주민을 비롯한 난민과 이주민은 다차원의 심리사회적 위기를 경험한다. 우선, 심리내적 차원에서 슬픔, 소외감, 외로움, 정신적 외상, 자존심 손상, 죄책감 등이 나타난다. 다음으로, 가족 차원에서 부부갈등의 가장 흔한 문제로 북한사회에서 아버지가 갖고 있던 절대적 권위가 남한사회에서는 약화된 데에서 오는 갈등으로 인한 가정폭력이 나타나며, 세대 간에는 적응 속도의 차이로 인한 세대갈등이 나타날 수 있다. 또한, 문화접촉의 과정에서 문화적응 스트레스도 경험할 수 있다.

(2) 북한이탈 아동의 심리사회적 문제

북한이탈 아동은 2차 성징에 의한 신체적 변화의 경험이나 정체감 혼란에 의한 심리사회적 어려움 등 청소년기에 일반적으로 보이는 특징 이외에 북한에서의 생활과 탈북과정에서의 생사의 경험으로 남한의 청소년과 다른 신체적, 심리적, 행동적 특성을 가지고 있다. 하나원교육생의 상당수가 탈북, 입국과정에서 심리·정서적 상흔과 건강상의 문제로 인해 외상 후 스트레스 증후군을 앓는 것으로 보고했다(여성가족부, 2011).

(3) 북한이탈 청소년의 적응문제

① 정체성 혼란

북한이탈 청소년은 남한청소년의 문화에 섞이려는 욕구가 강렬하면서도 북한과 비교되는 남한청소년 문화의 단점에 대한 부정적 인식을 가지고 있다. 또한, 특례적 교육혜택을 받음으로써 낙인찍히는 것에 대한 두려움과 그 혜택으로 대학진학의 가능성을 높일 수 있는 현실 사이에서 갈등하고 있다.

② 북한이탈주민에 대한 이미지

일상에서 '탈북자', '식량난민', '실업자', '무자격자', '영세민' 취급을 받다가, 종교·시민·민간지원단체로부터는 남한주민의 '동포'와 '형제'가 되었다가, '감시 대상'이 되기도 한다. 종교기관에서 간증하면서 '승리한 신앙인'으로 찬사를 받다가도 학교에 가면 '학업지진아'이고 남한친구와 사귀면 어느새 '불량청소년'으로 인식되는 자신을 발견하게 된다. 북한이탈주민이라는 가치와 정체성의 혼란이 자신의 심리 내부에서 출발하고, 남한주민의 다중적 인식이라는 외부적인 영향에 의해 시작되는 이들의 정착과정, 특히 사회적응에 어려움을 경험하는 초기 정착과정에 큰 영향을 끼치게 된다(최명민 외, 2016).

(4) 2002년 이후 북한체제의 교육체계의 차이로 인한 학력 차이

북한은 의무교육이 6세에서부터 16세까지로 유치원 1년, 소학교 4년, 중학교 6년으로 구성되었다. 17세부터는 고등교육에 해당하는 시기임을 알 수 있다. 남한에서의 초등학교 6년, 중학교 3년, 고등학교 3년 총 12년임을 고려할 때, 북한에서의 교육 연수가 10년으로 남한의 교육 기간보다 2년 정도가 짧다. 북한의 보통교육은 가장 기본적인 기초지식을 학습하는 교육으로 취학 전, 초등, 중등 3단계의 교육으로 구성되어 있다.

북한의 교육은 무상교육임을 강조하고 있으나, 학교운영 비용을 학생에게 전가하며, 경제난 이후 비용 부담은 더욱 가중되었고, 경제적으로 어려운 가정의 학생들을 학교에서 더욱 소외되었다. 이 때문에 학생 결석률이 증가하고 취학률 감소로 학생들의 학습수준이 낮아졌다. 북한이탈 청소년 실태조사(남북하나재단, 2014: 40)에 따르면, 북한에서 생활할 당시 교육을 받은 경험이 있는가에 대한 설문에 학교 재학 경험이 없다고 한 청소년이 43.7%에 이른다(통일부 통일교육원, 2012).

이외에도 북한이탈주민의 증가 추세 속에 이들의 학업 적응면의 어려움은 학력 격차로 학업을 따라가지 못하는 문제, 늦은 취학에 따른 동급생과의 연령 차이로 인한 동급생과의 갈등 및 열등감 문제, 상급과정 진학 시 진로지도의 문제를 보인다. 세대 간 차이 및 문화적응 속도의 차이로 인한 세대 간 갈등의 문제가 나타나는 경향을 보인다. 경제적 적응면에서는 특히 무연고 청소년의 경우 정착금의 효율적인 관리 실패에 따른 문제를 보일 수 있으며 사회적 관계망 면에서는 남한청소년과 가치관의 차이, 언어적 이질성, 탈북자에 대한 편견 등으로 인한 따돌림을 당하는 문제가 나타날 가능성이 크다(문성호, 2005).

4) 북한이탈주민 정착지원정책 현황

1997년 7월 1일「북한이탈주민의 보호 및 정착지원에 관한 법률」이 제정되었다. 이 법에는 북한이탈 청소년 적응교육 및 관련 민간단체 지원 근거가 명시되어 있고, 정착금, 주거지원, 교육비 지원 등의 근거가 명시되어 있다.「초·중등교육법 시행령」에는 북한이탈 청소년의 북한학력인정 방안 명시되어 있고, 북한이탈주민 학력 심의위원회 운영을 위한 근거가 명시되어 있다.「북한이탈주민의 보호 및 정착지원에 관한 법률」 제정 이후 정책 경과는 다음과 같다.

- 1997~1999년: 기존의 '귀순' 개념을 '북한이탈'로 대체하여 자립·자활능력 배양에 중점
- 1999~2004년: 교육지원 연령 범위 확대 등 북한의 생활안정 및 정착지원 강화
- 2004~2006년: 정착금의 인센티브제, 임대주택 제공 확대, 정착도우미제도 도입
- 2006~2008년: 이혼 특례 조항 신청, 자격인증제도 개선, 취업보호기간 확대
- 2009년 이후: 해외 장기체류자 보호 범위 확대, 지역적응 교육, 청소년 학교 등 지원 근거 마련
- 2010년 이후: 북한이탈주민 지원재단, 예비학교 설립, 취업지원 강화 방안 마련
- 2013~2014년: 재산 형성 지원, 취업, 교육 등 실태조사 근거 마련

5) 북한이탈주민 정착지원 단계

탈북민의 보호신청에서부터 거주지 보호까지 통일부를 중심으로 중앙정부와 지방자

치단체, 민간의 정착지원 체계를 정비하여 북한이탈주민의 자립생활을 지원한다.

(1) 보호요청 및 국내 이송

보호요청 시 관계부처에 상황 보고 및 전파되어 해외 공관 또는 주재국 임시보호시설에 수용되고 신원 확인 후 주재국과 입국교섭 및 국내 입국지원이 된다. 탈북민의 입국은 한국 정부와 '유엔난민고등판무관(UNHCR)', 관계국가의 지원을 받으며 입국하는 공식적인 방법과 여권 위조와 밀항 등 비공식적인 방법이 있다. 북한주민의 해상과 군사분계선을 직접 넘어오는 방법은 한국 정부의 직접적인 지원을 받지 않은 상태에서 입국하는 것이기 때문에 비공식적인 방법에 포함된다. 제3국(중국, 러시아 등)에 잠시 체류한 다음 입국하는 경우가 많은데 제3국 중 주요 국가인 중국의 집중적인 단속과 탈북자 송환에 대한 처벌이 중지되지 않는다면 지속될 것으로 보인다(통일부, 2016).

(2) 합동신문

입국 후 국정원 등은 관계기관 합동신문조사 종료 후 사회적응 교육시설인 하나원(북한이탈주민정착지원사무소)으로 신병이 이관된다.

(3) 보호 결정

북한이탈주민 대책협의회 심의를 거쳐 보호 여부를 결정한다. 입국 후 탈북민은 국정원, 경찰청 등 관계기관에서 보통 7일에서 1개월 정도 신분과 탈북 동기 등과 관련하여 신문조사가 이루어진다. 초기 입국 단계에서는 보호대상자의 보호신청(재외공관 등) → 통보(통일부) → 임시보호조치 및 사실관계 조사(통일부, 국정원) → 보호결정 (통일부, 국정원)의 순서로 진행되며 조사가 끝난 후 하나원(정착지원시설)으로 이동하게 된다.

(4) 초기적응교육

사회적응 교육과정은 크게 정규교육과정(392시간)과 자율참여형 보충과정(431시간)으로 나눈다.

- 정서안정 및 건강증진(50시간): 심리검사와 상담, 건강검진 등 프로그램을 운영한다
- 우리 사회의 이해 증진(150시간): 정체성 확립을 위한 민주주의, 시장경제 이해, 한국사 등을 교육하고 생활현장 체험, 역사 문화 탐방 등 실생활 위주의 현장 학습을 진행한다
- 진로지도 및 직업훈련(144시간): 적성검사, 직종 설명회, 직업훈련기관 방문, 직종별 직업훈련 등 기초 직업능력을 제고한다
- 초기 정착지원(48시간): 정착금 지급, 거주지 배정, 가족관계등록 창설 등 안내를 도와준다.

(5) 거주지 보호

거주지 보호는 5년이며 취업지원으로 직업훈련, 취업 장려금, 고용지원금 등이 지원된다. 교육지원은 특례 신입, 편입 및 등록금이 지원된다. 기초생활보장제도의 특례적용으로 사회보장을 지원하며, 보호담당관제로 지방자치단체에서는 거주지, 고용센터에서는 취업, 경찰에서는 신변보호를 지원한다. 민관협력체제 안에서는 북한이탈주민지원지역협의회를 운영한다. 북한이탈주민 지원재단을 통한 종합서비스를 제공한다.

(6) 민간참여

지역적응센터를 지정하고 운영하며, 남한자원봉사자로 구성된 정착도우미를 운영한다. 지역적응센터 내 북한이탈주민 전문상담사를 배치한다.

「북한이탈주민의 보호 및 정착지원에 관한 법률」(제15조 제21항)에 따른 지역적응센터의 지정에 의하여 운영되는 (지역별) 하나센터에서는 지역적응 프로그램 사업과 지역주민 교류 사업, 정착도우미 사업 등을 펼치고 있다. 당장 옆에 있는 사람과 관계하고 배려하는 태도가 중요하다.

그리하여 정부에서는 통일부, 교육부, 여성가족부를 통해 지원하고 있다. 북한이탈 학생뿐만 아니라 학교 밖 북한이탈 청소년과 후기 북한이탈 청소년에 대한 지원 연계가 필요하다. 또한, 북한이탈 아동이 처한 상황에 따라 개별화하여 지원을 제공해야 한다.

사각지대 발생을 방지하고 다양한 방식과 사업을 전달하기 위해 현재 각 기관의 역할을 조정하고, 역할분담을 보다 세분화해야 한다. 중국에 있는 탈북고아들이 다른 나라에 입양되기 전에 한국으로 입양하여 같은 동포로 인정해야 한다.

5. 조손가족서비스 실제

1) 조손가족의 개념

조손가족은 조부모가 부모를 대신해서 손자녀를 양육하는 가정의 가족형태로서 법으로는 조부모와 부모로부터 부양을 받지 못하는 만 18세 미만(취학 시 만 22세 미만)의 손자녀만으로 이루어진 가족으로 규정하고 있다(법제처). 정책의 목적으로 규정된 법적 개념과는 별개로 학자들은 조손가족에 대한 개념을 다음과 같이 다양하게 정의한다. 부모가 부재하거나 부모가 가구 내 존재하더라도 부모 기능을 수행하지 못하는 경우 조부모가 18세 이하의 손자녀와 함께 한 가정에서 생활하면서 부모를 대신하여 손자녀의 양육자로서 일차적인 책임을 지고 있는 가족으로 정의한다.

2) 조손가족의 형성 원인

부모가 사망하여 조손가족이 형성되는 경우도 있으나 이보다는 부모가 생존해 있음에도 사회적, 경제적 압박에 의해 가족기능이 와해됨으로써 조부모가 손자녀를 양육하는 경우가 더 흔하다. 우리 사회에서 이혼, 재혼한 부모가 자녀양육을 노년의 부모에게 전적으로 맡기거나 경제적으로 어려운 가정이 생계를 위한 경제활동을 위해 자녀양육을 부모에게 맡기는 경우가 흔하다. 여성가족부가 2010년에 실시한 조손가족실태조사에 따르면, 손자녀가 조부모에게 양육되는 주된 이유는 부모의 이혼(53.2%)과 부모의 질병 및 사망(11.4%)이며, 부모의 실직 파산(7.6%) 또는 부모의 취업(6.7%)과 같은 경제적 이유도 14.3%를 차지한다.

3) 조손가족의 현황

통계청은 1995년에 비로소 조손가구를 2세대 가구에서 분리하여 조사하였고, 이로써 조손가족에 대한 실체와 변화 추이를 파악할 수 있게 되었다. 1995년에 5,194가구였던 조손가구가 2015년에는 11만 3,111가구로 가족해체 현상으로 조손가구가 증가한 것으로 나타났다. 조손가구의 조부모 연령은 72.6세로 주양육자로서 손자녀를 전담하여 돌보기에는 연로한 나이에 해당된다. 더욱이 조부모 4명 중 3명은 6개월 이상의 만성 질환이나 잦은 질병에 시달리고 있어 손자녀에 대한 양육부담뿐 아니라 일상생활에서도 어려움을 겪고 있는 것으로 나타났다. 조부모의 학력은 82.3%가 초등학교 이하였으며, 월평균 가구소득은 59.7만 원에 불과하여 전체 조손가정의 2/3가 최저생계비 이하의 생활을 하고 있다. 조부모가 양육하는 손자녀 수는 가구당 평균 1.4명이며, 대부분 조부 혹은 조모 홀로 양육하는 경우(82.9%)이다. 또한, 친부 혹은 친모가 향후 자녀양육을 할 수 있거나 하려는 의향이 있는 경우는 7%에 불과하여 이후에도 친부모가 자녀를 양육할 가능성이 매우 낮은 것으로 나타났다.

4) 조손가족의 특성

(1) 조손가족의 긍정적인 경험

① 조부모의 긍정적인 경험

조부모는 체력이 저하되고 신체기능이 어려워도 손자녀를 양육하면서 긍정적인 심리정서적 변화를 경험한다(Jendrek, 1994). 조부모는 손자녀 양육을 통해 친밀감이나 사랑, 가족 간의 유대감, 즐거움, 삶의 충만함을 느끼는 한편, 노년의 외로움을 덜 느낀다. 손자녀를 양육하면서 조부모는 새로운 삶의 의미와 목적을 발견한다. 손자녀로 인해 열심히 살아야 한다는 목표가 생기고 건강하게 오래 살아야겠다고 생각하기도 한다.

조부모는 부모역할 기회를 가질 수 있다는 데에서 만족감을 느낀다. 손자녀 양육은 나이가 들면서 경험하는 조부모의 상실감을 보충해 준다. 조부모는 신체적, 사회적 기능의 약화에도 불구하고 그동안 쌓아온 인생경험과 역량을 발휘하는 생산적, 기능적인 존재로 자신을 인식하게 된다. 조부모는 손자녀가 자랑스럽다는 자부심을 느끼고 손자녀에게 정서적으로 의지하기도 한다.

② 손자녀의 긍정적인 경험

손자녀는 조부모를 돌봄으로서 긍정적인 경험을 한다. 손자녀는 가족원으로 조부모에게 강한 정서적 애착을 보인다(김미영·윤혜미, 2015). 손자녀는 조부모와 함께 사는 삶을 통해 안정감을 느끼고 대인관계가 개선되며 사회적응력이 향상된다(Komhaber & WoodWard, 1981). 조부모의 양육을 통해 손자녀가 부적절한 부모로부터 받은 유해한 영향이 완화될 수 있다.

(2) 조손가족의 어려움과 욕구

① 경제적 어려움

조손가족의 조부모는 노령화로 인해 이미 노동력을 상실했거나 대부분 손자녀가 성장하여 경제활동에 참여하기 전에 노동력을 상실하게 된다. 따라서 조부모가 주 수입원이 있는 경우도 있으나 시간이 지남에 따라 조손가족은 정부나 공공기관의 지원에 의존하게 된다.

② 조부모의 건강 및 양육부담과 스트레스

조손가족의 조부모의 신체적·정서적 건강의 취약함은 국내외 연구자들에 의해 보고되고 있다. 조손가족 조부모가 주로 호소한 건강문제는 고혈압, 심장질환, 당뇨, 관절염 등 지속적 관리가 필요한 만성 질환이다. 여성가족부 보고서(2010)에도 조손가족 조부모의 73.9%가 6개월 이상 만성 질환 및 질병에 시달리고 있는 것으로 나타났다. 하지만 손자녀 양육으로 자신의 건강을 돌볼 여유가 없을 뿐 아니라 이는 과도한 노동으로 이어지기도 하며, 많은 조부모는 그로 인해 건강이 더욱 악화되거나 정신적 스트레스를 받는다. 저소득층 조부모의 정서적 고통과 우울은 우려할 만한 수준이며, 경제적 곤란이 심할수록, 집안일 부담이 클수록, 사회적 제약이 심할수록, 우울 정도가 심각하다고 한다(최혜경, 2006). 따라서 누적된 스트레스원이 많거나 스트레스에 취약한 조부모에게 사회지지를 제공하는 지속적 관리가 필요하다.

③ 아동의 심리, 사회, 학교적응의 문제

가족해체를 경험한 아동은 그렇지 않은 아동에 비해 우울, 불안, 사회적 철회 등의 심리적·정서적 문제를 보이는 경우가 많고 부모에 대한 배신감, 미움, 원망이 있는 경우도 흔하다. 인지적·사회적 능력과 자아존중감이 낮거나 비행과 이탈, 반사회적 행동문제 혹은 높은 공격성, 학교생활 부적응을 나타내기도 한다. 부모의 죽음, 이혼, 가출, 질병, 약물문제, 학대, 경제적 파산, 빈곤 등과 같은 부정적인 가족사를 경험하고, 이와 관련된 해결되지 않은 다양한 문제를 가지고 있을 수 있다.

따돌림 당하거나 차별을 받고, 부모가 학교행사에 참여하지 않음으로 인해 학교에서 곤란을 겪기도 한다. 학습능력, 학습욕구가 부족한 경우 교육과정이 올라갈수록 양친부모가족 아동과 학업성취에서 격차가 커져 고등교육의 기회가 제한되면서 목표를 상실하기도 한다. 일부 조손가족 아동은 성인아이(adult child)의 성향을 보이며 아동이 오히려 조부모를 돌보거나 가사를 맡는 등 발달 단계에 맞지 않는 모습을 보이기도 한다.

④ 사회적 소외 및 지원 부족

정부로부터 지원받는 공공부조, 공공 혹은 민간기관이나 단체에서 제공받는 복지서비스 등 주로 공적 지지에 의존하는 한편 가족이나 친척, 친구, 이웃 등 비공식적 지지망은 상대적으로 취약하다.

⑤ 법적 권한 부족

조부모는 자녀가 사망했거나 생존해 있거나 손자녀를 전담양육하는 부모역할을 대신하는 일차적 양육자이므로 부모로서의 책임과 권한을 가져야 한다. 조부모는 손자녀의 신체적 보호뿐만 아니라 의료적 보호, 교육, 훈육과 관련한 의사결정을 할 수 있는 법적 보호권한이 반드시 필요하다(Jedrek, 1994). 하지만 우리 사회는 조손가족에 대한 이해와 관심이 여전히 부족하여 조손가족 조부모와 그 손자녀에 대한 법적, 사회적 권한에 대해 아직 충분한 관심을 두지 못하는 실정이다.

5) 조손가족에 대한 서비스 및 정책

(1) 조손가족정책의 문제점

① 기초생활보장제도

조손가정의 조부모는 경제능력을 이미 상실했거나 상실해 가고 있다. 그러므로 경제적 자립과 자활을 취지로 지원하는 국민기초생활보장제도만으로는 조손가족의 생활안정을 도모하기에 많은 한계가 있다.

② 한부모가족지원제도

한부모가족지원제도 역시 한부모가족의 자립에 초점을 두고 있다. 대부분 노령의 조부모와 손자녀로 이루어진 조손가정은 단기간에 경제적 자립이나 자활을 이룰 수 없기 때문에 자립보다는 보호가 필요하며, 조손가족에게 특화된 복지를 제공해야 한다. 더욱이 조손가족 아동 가운데 미약하나마 경제적 지원을 받는 아동은 한부모가족지원 가족지원 대상에서 배제될 가능성이 있다.

③ 가정위탁제도

가정위탁제도에는 대리양육, 가정위탁, 친인척가정위탁, 일반가정위탁 등의 유형이 있다. 조부모에 의한 손자녀 양육은 가정위탁에 해당된다. 보건복지부는 대리양육가정에 매월 일정 금액의 양육보조금을 지원하고 있지만 지원금액이 현실적으로 매우 낮은 수준이다. 따라서 실질적인 지원이 될 수 있도록 개선할 필요가 있다.

④ 기타 정책 및 제도

국민건강보험제도에 따른 의료지원서비스, 「국민연금법」상의 기초연금제도, 「노인

복지법」에 근거한 정책 등이 조손가정에 대한 서비스에 해당된다. 조손가정이 국민기초생활보장제도에 수급된 자격을 가지면 의료비 전액을 국가가 부담하고 의료보장제도의 적용을 받는다. 따라서 국민기초생활보장제도의 수급권자인 조손가정의 손자녀는 의료보험료를 면제받을 수 있다. 65세 이상 조부모는 보험료 일정액을 경감받을 수 있다. 하지만 일정한 소득이 있는 조손가족은 보험료를 납부해야 하는 부담이 있고 치료비의 일정 부분은 본인이 부담해야 한다. 이 밖에 취약계층을 위한 아동돌보미의 지원사업, 드림스타트, 방과후 돌봄서비스, 디딤씨앗통장 지원사업 등도 조손가정의 아동에게 지원된다.

(2) 조손가족지원 프로그램 서비스

건강가정지원센터에서 시행하는 조손가정 통합지원서비스의 구체적인 내용은 다음과 같다(건강가정지원센터).

- 학습·정서 지원: 배움지도사를 가정으로 파견하여 손자녀의 학습동기와 목표점검, 기초학습과 자기주도학습 등 학습지원과 멘토-멘티서비스를 통해 정서지원을 한다.
- 생활가사 지원: 조부모의 건강문제로 일상생활이 어려운 가구를 대상으로 키움보듬이를 가정으로 파견하여 조부모의 외출 및 병원진료 등의 활동보조, 손자녀의 긴급일시돌봄을 제공한다.
- 교육 프로그램 및 자조모임 운영: 아동의 자존감 향상, 사회성 향상 및 조부모의 손자녀 양육부담을 경감하기 위한 교육 프로그램 및 자조모임을 운영한다.
- 문화 프로그램 지원: 공연관람, 가족캠프 등의 문화체험을 통해 문화적 소외감과 조부모 양육 스트레스를 경감하고 가족 간 유대감 강화를 위해 지원한다.
- 주거환경 개선 지원: 도배 및 장판 교체 등을 위한 비용을 지원한다.
- 유관기관 연계: 심리상담기관, 의료기관, 보건소, 장학재단 등의 유관기관과의 연계하여 지원한다.

6) 조손가족에 대한 정책

(1) 정책적 제언

조손가정지원 프로그램과 서비스를 보다 활발히 시행하기 위한 재정지원을 강화해야 하고, 다양한 프로그램과 서비스를 개발하고, 체계적인 평가를 통해 효과성과 효율성이 확인된 프로그램과 서비스를 확대 보급하기 위한 방안의 모색이 이루어져야 한다. 조손가정의 소득안정 욕구를 충족시키고, 생활비 지원, 손자녀 양육비 지원 등에 대해 현실화된 법·제도적 보완이 필요하다(강기정, 2008).

(2) 실천적 대안

- 강점 기반 사례관리: 가족의 문제나 욕구뿐 아니라 가족의 강점도 파악한다.
- 조기개입: 조손가족이 형성되는 초기에 조부모, 손자녀 모두 새로운 가족구조와 환경변화에 적응하도록 지원하는 조기개입이 필요하다.
- 조부모 양육부담의 경감: 조부모 양육 스트레스에 개입하기 위한 프로그램, 손자녀 양육과정에서 나타나는 세대 차이 극복 및 세대 간 이해를 도모할 수 있는 프로그램, 부모교육 프로그램을 통해 조부모가 적절한 양육기술을 습득하고 가족 내 규칙과 한계로 정할 수 있도록 지원해야 한다. 이 밖에 가사도우미 서비스, 조부모 여가 프로그램, 손자녀의 일시보호서비스 등의 제공이 필요하다.
- 조부모 심리상담 및 건강지원: 손자녀 양육 어려움에 대한 상담이 필요하고, 조부모 자신의 우울, 손자녀의 행동문제, 조부모 – 손자녀의 관계 갈등, 문제를 가진 고위험 조부모집단에 대한 예방적 차원의 개입 프로그램이 필요하고 조손가족의 삶의 질에 매우 큰 영향을 미치므로 조부모와 손자녀의 정서적 유대를 강화하고 관계를 향상시키기 위한 접근이 필요하다.
- 아동 역량강화: 아동 적응을 지원하기 위해 부모와의 접촉빈도를 늘리고, 부모가 관심을 가지고 사랑하고 있다는 확신을 심어 주고, 부모와의 관계 유지의 강화를 위한 개입을 해야 한다. 아동의 역량강화를 위해 자기효능감, 자존감, 내적 통제, 계획성, 자기 강화, 문제해결능력, 탄력성 등을 증진하기 위한 개입이 필요하며, 학습관

리, 시간관리, 학교생활에 대한 지원이 필요하다.

- 사회적 지지 및 연결망 구축: 아동의 친부모와의 교류는 아동의 심리적 안정감에 기여할 뿐 아니라 조부모의 생활만족도에도 영향을 미친다. 조부모가 손자녀의 문제를 상의할 수 있으며 경제적, 정서적 도움을 받을 수 있다는 점에서 조부모의 부담을 경감한다(김미혜 · 김혜선, 2004).

사회복지사는 조손가족의 사례관리자, 실천과정에서 현실적으로 겪게 되는 어려움과 이를 극복하기 위한 방안, 조손가족을 위한 지원체계, 법령, 제도, 정책, 프로그램 서비스 등을 구축하기 위한 방안 등을 논의해야 한다.

1 주제

한부모가정, 학교사회복지, 다문화가족, 북한이탈주민 가족, 조손가족 서비스의 실제

2 주요 개념

- 한부모가정의 개념
- 학교사회복지의 개념
- 다문화가족의 개념
- 북한이탈가정의 개념
- 조손가정의 개념

3 학습내용

- '보이후드'(리차드 링클리에이터) 영화를 보고 한부모(모자)의 가정이 사회에서 바람직한 가정을 이루기 위해 다양한 위기에 대해 이야기 나누기
- '디센던트'(알렉산더 페인) 영화를 보고 한부모(부자)의 가정이 바람직한 가정을 이루기 위해 다양한 위기를 이겨내는 과정에 대해 이야기 나누기
- '인비저블 사인'(마릴린 아그렐로) 영화를 보고 교사의 자질, 역할을 토의하기

4 교실활동

- '풍문으로 들었소'(청소년 한부모) 드라마를 보고 청소년 미혼모의 교육권 보장에 관한 크로스 인터뷰를 하기
- '토일렛'(오기가미 나오코) 영화 속 다문화가족의 소통에 대하여 토의하기
- 『봉주르, 뚜르』(한윤섭)를 읽고 북한에서 온 아이에 대한 편견을 토의하기
- '나무 없는 산'(김소영)을 보고 자매가 할머니, 고모에게 위탁되면서 겪는 어려움을 토의하기
- '우리들'(윤가은) 영화를 보고 학교에서 친구와의 관계를 토의하기

5 퀴즈

- 한부모가족, 청소년 미혼모의 개념을 논의하세요.
- 학교사회복지란 무엇일까요?
- 다문화와 북한이탈주민의 아동권리와 복지서비스는 무엇인가요?
- 조손가족 아동의 복지가 왜 필요할까요?

11 보충적 서비스의 실제

CHAPTER

학습 개관

보육서비스는 가정에서 어머니의 취업, 학업, 질병 등으로 취약해진 부모의 역할을 보충하고 지지하여 주는 서비스로서, 저소득층 및 맞벌이 가정의 아동을 위한 서비스로 출발하였다. 현재는 보육서비스를 원하는 모든 가정과 아동에게 서비스를 제공하고 있다. 본 장에서는 보육서비스의 개념과 보육서비스의 유형, 보육서비스의 역사와 정책 및 과제를 살펴본다. 장애아동복지서비스 개념, 장애아동유형, 원인, 장애아동복지를 위한 정책 및 과제를 살펴본다. 방과후 아동복지서비스 개념, 유형, 서비스정책과 과제를 살펴본다.

학습 목표

- 보육서비스의 개념과 유형을 이해한다.
- 장애아동복지서비스의 실제를 이해한다.
- 방과후 아동복지서비스를 이해한다.
- 보육사업, 장애아동, 방과후 아동복지서비스의 정책 및 과제를 이해한다.

주요 자료

영화

아름다운 세상을 위하여
Pay it forward
(2000, 미미 레더)

아무도 모른다
Nobody knows
(2004, 고레에타 히로카즈)

인비저블 사인
An invisible sign
(2010, 마릴린 아그렐로)

자전거 탄 소년 Le gamin au velo, The kid with a bike
(2011, 장-피에르 & 뤽 다르덴)

도서

- 구멍에 빠진 아이(2009, 조르디 시에라 이 화브라 글, 리키 블랑코 그림, 다림)
- 내게는 소리를 듣지 못하는 여동생이 있습니다(2011, 진 화이트하우스 피터슨 글, 데보라 코간 레이 그림, 웅진주니어)
- 내 친구는 시각장애인(2005, 프란츠 요제프 후아이니크 글, 주니어김영사)
- 모두가 행복한 권리 인권 : 어린이를 위한 세계장애인권리협약(2015, 바바라 피크자·도라 씨스니 글, 티보르 카르파티 그림, 봄볕)
- 세상을 아프게 하는 말, 이렇게 바꿔요!(2015, 오승현 글, 소복이 그림, 토토북)
- 왜 나만 달라?(2017, 롭 비덜프 글그림, 신지호 역, 한림출판사)

사이트

- 서울시립노원청소년수련관 : www.youthcenter.or.kr
- 여성가족부 : www.mogef.go.kr
- 원주 아동센터 프로그램 : www.wjcc.or.kr
- 장애인등록절차 : www.bokjiro.go.kr

1. 보육서비스의 실제

1) 보육서비스의 개념

「영유아보육법」에서 보호자가 근로 또는 질병, 기타 가정 사정으로 인하여 보호하기 어려운 영유아를 심신의 보호와 건전한 교육을 통하여 건강한 사회 구성원으로 육성함과 아울러 보호자의 경제적·사회적 활동을 원활하게 하여 가정복지 증진에 기여함을 목적으로 한다.

현재의 보육서비스는 부모와 가정의 필요뿐만 아니라 아동의 성장 및 발달과 교육을 위한 목적에 따라 선택되는 경우도 많다. 따라서 보육사업은 부모와 가정의 복지 증진과 아동의 발달과 복지를 위해 보육전문가가 아동의 권리에 기초한 발달과 욕구에 적합한 보호와 교육서비스를 제공하는 것이라 할 수 있다.

2) 보육서비스의 유형

(1) 운영주체에 따른 유형

① 국공립어린이집

국가 또는 지방자치단체가 설치하고 운영하는 어린이집으로 지역주민 자녀를 보육아동 정원의 50% 이상 보육하는 시설이며 상시 영유아 11인 이상을 보육해야 한다. 국가나 지방자치단체의 장이 인가 절차 없이 직접 설치한다.

② 사회복지법인 어린이집, 법인·단체 등 어린이집

사회복지법인 어린이집은 「사회복지법」에 따른 사회복지법인이 설치, 운영하는 어린이집이다.

③ 민간어린이집

민간어린이집은 관할시장·군수 또는 구청장에게 사전에 인가를 신청하여야 하며, 지역 보육수요와 어린이집의 공급 현황 등을 감안하여 지역별로 균형 있게 배치되도록 한다. 상시 영유아 21인 이상을 보육하여야 한다.

④ 직장어린이집

사업주가 사업장의 근로자를 위하여 공동으로 사업장 또는 그에 준하는 인근지역과 사원주택 등 사업장 근로자 밀집 거주지역에 설치·운영하는 어린이집으로 국가 또는 지방자치단체의 장이 소속공무원을 위하여 설치하고 운영하는 시설이다.

「영유아보육법 시행령」 제20조 제1항에 의하여 '상시 여성근로자 300명 이상 또는 상시근로자 500명 이상을 고용하고 있는 사업장'은 직장어린이집을 설치하여야 한다. 상시 영유아 5인 이상을 보육하여야 하며, 보육아동 정원의 1/3 이상이 사업장근로자의 자녀이어야 한다. 직장어린이집을 설치하고자 하는 자는 관할시장·군수 또는 구청장에게 사전에 인가를 신청하여야 한다.

⑤ 가정어린이집

개인이 가정 또는 그에 준하는 곳에 설치·운영하는 어린이집으로 상시 영유아 5인 이상 20인 이하를 보육하여야 하며 명칭은 '어린이집'으로 한다. 설치에는 관할 시장·군수 또는 구청장에게 사전에 인가를 신청해야 한다.

⑥ 부모협동어린이집

영유아를 둔 보호자 11인 이상이 상호 출자하여 공동으로 어린이집을 설치·운영하는 어린이집으로 상시 영유아 11인 이상 보육하여야 하며, 관할 시장·군수 또는 구청장에게 사전에 인가를 신청해야 한다. 조합원은 아동보육의 필요성이 없게 되거나 기타 조합계약으로 정하는 시기에 탈퇴할 수 있으며, 출자금은 탈퇴 당시 조합의 재산상태 및 지분에 따른다. 부모들이 마음 놓고 아동을 맡길 수 있고, '아동이 제대로 생활하고 교육받을 수 있는 어린이집은 어떻게 하면 가능할까?' 하는 고민으로부터 출발한 것이 공동육아어린이집이다.

(2) 보육장소에 따른 유형

① 가정보육

- 자기 집 보육: 영유아가 자기 집에서 보육을 받는 것으로 영유아의 가족, 이웃, 기관에서 교육받은 베이비시터나 방문보육자에 의해 영유아를 보육하는 것이다. 영유아의 형제가 있을 경우 함께 보육받을 수 있기 때문에 어린 영아의 경우 편안함과 친숙한 가정환경으로 정서적인 안정감을 느낄 수 있다.
- 가정어린이집: 영유아가 자기 집이 아닌 다른 사람의 집에서 보육받는 형태로 친척집이나 이웃집에서 보육을 받는 경우는 기존에 '놀이방'이라고 불리다가 「영유아보육법」의 개정에 따라 '어린이집'으로 불리는 가정어린이집이다.

② 시설보육

보육을 원하는 영유아가 건물에서 집단으로 보육하는 것으로 국공립어린이집, 사회복지법인어린이집, 법인·단체 등 어린이집, 민간어린이집, 직장어린이집, 부모협동어린이집 등이 이에 속한다.

(3) 보육시간에 따른 유형

① 반일제 보육

오전 9시부터 오후 1시 혹은 2시까지 보육받는 형태로 6시간 이내의 보육을 하며, 이 시간 동안 체계적인 보육 프로그램을 제공한다. 부모의 취업과는 관계없이 자녀를 어린이집에 보내 사회성, 교육적 경험을 주고자 하는 경우에 이용하는 보육형태이다.

② 종일제 보육

오전 7시 30분부터 오후 7시 30분까지 하루에 12시간 이내의 보육이 이루어지는 형태로 부모의 출·퇴근시간을 고려하여 운영된다. 보육시간을 맞추기 어려운 부모를 위해서 원에 따라 당직교사가 부모의 출·퇴근 시간에 맞춰 개인적으로 시간을 융통성 있게 조절할 수도 있다.

③ 시간제 보육

부모가 사정상 자녀양육을 하지 못할 경우에 원하는 시간만큼 자녀를 맡길 수 있는 보육형태이다.

④ 방과후 보육

방과후 보육은 유치원, 초등학교를 비롯한 유아기 및 아동기의 공식적인 교육기관에서 정규적인 일과 외의 시간에 성인의 보호 아래 보살핌과 지도를 받을 수 있는 모든 서비스다. 방과후 보육은 초등학교, 복지관, 어린이집, 공부방, 공동육아 등의 형태로 이뤄질 수 있는데 방과후 보육은 통합해서 실시할 수도 있다.

⑤ 야간 및 24시간 보육

야간 및 24시간 보육은 밤 늦게까지 일하는 부모를 위해 영유아를 야간에 돌봐 주거나 숙박을 통해 보육하는 형태이다.

⑥ 계절보육

농번기와 같이 지역 여건에 맞추어 보육이 필요한 경우 일시적 보육을 실시하는 것이다.

(4) 보육대상에 따른 유형

① 영아전담보육

0세에서 3세 이전 영유아를 대상으로 운영되는 보육의 서비스이다.

② 장애아보육

중증장애아를 주 대상으로 하며 장애아전담어린이집에는 전문적인 특수교육을 받은 교사, 언어치료사, 물리치료사 등의 전문치료사가 있고 장애아에게 필요한 서비스를 전문적으로 제공해 준다. 장애아전담어린이집에서는 장애아 부모에 대한 부모교육과 더불어 장애아의 가족을 돕기 위한 가족지원서비스가 실시되는 서비스 유형이다.

③ 통합보육

일반영유아와 장애를 가진 영유아와 함께 보육하는 형태로 장애아와 일반영유아가 같은 공간에서 자연스럽게 상호작용하며 생활하고 학습함으로서 분리교육의 단점을 극복하고자 하는 의도에서 시행하는 서비스이다.

④ 가정폭력, 부모의 학대 및 위기 아동 일시적 보육

가정폭력 및 부모의 학대로 격리가 필요한 요보호아동을 대상으로 위기개입을 통한 아동보호와 아동학대에 따른 심리치료, 일상생활지도, 정서적 안정, 피해아동의 가족치료 등을 통해 가정에 복귀할 수 있도록 돕는 데 목적이 있는 서비스다.

3) 우리나라 보육의 역사 및 정책

(1) 직장여성 지원을 위한 탁아사업(1921~1991년)

1921년 일제강점기에 태화기독교 여성관 내 빈민아동구호를 목적으로 하는 저소득층 자녀를 위한 탁아사업이 시작되었으며, 1961년 「아동복리법」 제정으로 보건복지부에서 관리하게 되었다. 이 시기의 보육정책은 아동복지의 개념에서 출발한 것인 만큼 구호적·선별적 특성을 가지고 있었고, 점차 여성의 사회·경제활동의 증가에 따라 수요자 필요에 따라 정책이 추진되기 시작하였다. 1982년 「아동복지법」 이후 「유아교육진흥법」 제정으로 어린이집, 새마을유아원 및 농번기 탁아소를 새마을유아원으로 흡수·통합하여 운영되었으며 직장 여성의 유아를 보육하는 것을 대신하는 탁아에 중점을 두었다. 1991년 「영유아보육법」에 따른 보육이 전개되기 이전까지 주로 탁아 중심의 보육활동이 주를 이루었다.

(2) 영유아보육법에 따른 보육으로 발전기(1991~2004년)

1991년 보육시설의 확대, 아동의 건전한 보호, 교육 및 보육과의 경제적, 사회적 활동 지원을 목적으로 주관부처를 보건복지부로 일원화하고 아동의 탁아를 중심으로 한 활동에서 복지와 교육을 통합하는 활동을 강조하게 된다.

어린이집 확충 3개년 계획으로 1995~1997년 보건복지부에서 어린이집 양적 확충정책을 발표하고, 국민연금으로 어린이집을 설치하였고, 융자를 통하여 민간어린이집의 확충을 유도하였다.

그 후 2004년 보육업무를 여성가족부로 이관하고 참여정부의 육아지원정책에 의거하여 고령화 및 미래사회위원회에서 '보육 및 유아교육지원의 공공성 확대'에 대한 제1차 육아지원정책을 발표했다. 이때 소득에 따른 육아부담 50% 경감, 1년간의 육아휴직 포함, 평가인증제 도입, 보육교사 국가자격제도 도입 등을 시행하게 된다.

(3) 영유아중심의 보육정책 추진기(2005~2012년)

2005년 제2차 육아지원정책은 고령화 및 미래사회위원회에 의거하여 '출산율 제고 및 여성 경제활동 참가'에 대한 대책을 발표하고 표준보육료, 교육비 산정, 영아 기본보조금제도를 시범도입한다. 공보육 강화를 위한 제1차 중·장기 보육계획 '새싹플랜'을 2006년 5월 발표한다. 부모육아부담 경감, 다양한 보육서비스 제공, 아동중심의 보육환경 조성, 보육서비스 관리체계 강화하여 국공립어린이집을 2010년까지 2배로 확대하고 이용 아동 수를 30% 확충하며, 기본보조금을 확대 지원하고, 차등보육료를 평균소득 130% 이하까지 확대하였다.

2006년 8월에 저출산·고령사회위원회에서 '새로마지플랜2010'을 발표하여 전체 어린이집 중 국공립을 30% 확충, 영아기본보조금 도입, 차등보육료를 확대·도입하고, 5세아 무상보육을 확대했다. 2009년에서 2012년까지 '아이사랑플랜'을 보건복지부에서 제1차 저출산·고령사회 기본계획의 일환으로 새싹플랜을 수정·보완한 '아이사랑플랜'을 수립하여 보육에 대한 국가책임 강화, 수요자 중심의 보육으로 개편, 어린이집 이용자에 대한 보육료 지원 확대, 시설 미이용 가구에 대한 양육수당 도입, 평가인증 활성화, 보육전자바우처 도입, 보육서비스 품질 제고, 5세 누리과정 도입, 공공형 어린이집 사업 도입, 보육료 및 양육수당 전 계층 지원계획 수립을 하였다.

(4) 제2차 저출산·고령사회 기본계획(2011~2017년)

부모의 보육·양육부담 경감을 위해 보육료 지원, 양육수당 지급, 수요자 맞춤형 보육·양육지원, 보육의 공공성 확대와 품질관리 강화, 양질의 안심보육 여건 조성, 신뢰가 있고 투명한 보육생태계 구축, 보육서비스 재정 및 전달체계 개선 등 포함한다.

(5) 제2차 중·장기 보육 기본계획(2013~2017년)

'아이는 행복하고 부모는 안심할 수 있는 세상'을 비전으로 하며, 실천 전략은 아이의 건강한 성장과 발달에 최우선, 보육에 대한 국가책임 실현, 참여와 신뢰의 보육생태계 조성을 계획하고 있다.

(6) 유보통합추진계획(2014~2016년)

양질의 일관성 있는 서비스를 제공하기 위해서 유아교육과 보육체계를 일원화하고자 국무총리실 산하에 범부처 간의 유보통합추진위원회와 추진단이 2013년에 구성되어 2016년까지 3개년 계획을 추진 중이다.

이와 같이 보육의 역사와 함께 다양한 보육강화를 위한 정책적 노력을 기울여 왔다. 2017년 올해는 유아교육발전 5개년 계획의 재수립을 앞두고 강화된 유아교육·보육정책의 추진에 대한 요구와 기대가 높아지고 있다(김재춘, 2017).

4) 보육서비스의 정책과제

유치원교사 중 학사학위 소지자의 비율이 2014년 기준 51.4%이며, 유치원교사의 보육교사 양성과정 및 현직교육을 꾸준히 강화하고 있음에도 불구하고 유보통합정책의 일환으로 유치원교사와 보육교사의 자격 및 양성과정 통합 방안을 마련하여 검토를 하고 있다(육아정책연구소, 2016). 지속적으로 지적되고 있는 높은 교사 대 영아의 비율(1:3)과 유치원의 교사 대 유아의 (1:24명 이상) 비율이 조정되어야 하며, 보육교사의 낮은 자격기준과 보수 수준, 공립과 사립 간의 교류와 네트워킹을 개선할 필요가 있다. 특히 유보통합을 위한 재정 확보 및 소관부처의 단일화 등이 급선무이며, 통합 추진을 위한 강력한 정치적 의지도 필요하다. 양질의 보육서비스를 위해 프로그램은 보호, 건강, 영양, 학습 등이 아동권리와 복지에 기반을 두어 총체적, 통합적으로 구성해야 한다.

국가는 미래의 인적 자원인 영유아의 건강한 성장·발달과 영유아가구의 행복한 육아를 위해 적극적으로 개입하고 지원할 의무와 책임이 있다. 다음 단계의 새로운 계획과 정책의 방향을 수립하는 시점에서 유아교육·보육의 공공성 현황을 인프라 관점에서 살펴보고, 구체적으로 출발점 교육 평등을 위한 누리과정의 성과와 내실화에 대한 구제적 전략과 방안, 새로운 정책 실제와 방향을 모색할 필요가 있다.

2. 장애아동복지 서비스의 실제

1) 장애아동복지서비스의 이해

(1) 장애아동의 개념

'장애란 무엇인가?'에 대한 답은 유엔의 '장애인의 권리선언'(1975)에서는 장애인을 다음과 같이 정의하는 데서 찾을 수 있다. '장애인'는 선천적이든 후천적이든 관계없이 신체적·정신적 능력의 불안전으로 인하여 일상의 개인 또는 사회생활에서 필요한 것을 확보하는데 자기 자신으로서는 완전하게 또는 부분적으로 할 수 없는 사람을 의미한다. 우리나라의 「장애인복지법」(제2조)에서는 장애인을 '신체적·정신적 장애로 오랫동안 일상생활이나 사회생활에서 상당한 제약을 받는 자'로 규정하고 있다(이은화 외, 2016).

보건복지부에서는 18세 미만의 등록한 장애인을 장애아동복지 대상자로 규정한다. 장애아동을 이해하기 위해서는 장애에 대한 개념정의를 알아야 한다. 장애아동은 장애인 등록절차(www.bokjiro.go.kr) 심사를 거친 후 선정된다.

「장애인 등에 대한 특수교육법」에서는 장애아동 대신 '특수교육대상자'라는 용어를 사용하면서 특수교육을 필요로 하는 아동을 말한다. 특수교육대상자 선정절차(bsesc.

pen.go.kr)를 통해서 선정된다. 장애에 대한 「장애인복지법 시행령」에서 명시한 정의를 살펴본다.

〈표 11-1〉 장애인복지법에 따른 장애 유형 분류

대분류	중분류	소분류	세분류	확대 예상 장애범주
신체적 장애	외부 신체 기능의 장애	지체장애	절단장애, 관절장애, 지체기능장애, 변형 등의 장애	
		뇌병변장애	중추 신경의 손상으로 인한 복합적인 장애	
		시각장애	시력장애, 시야결손장애	
		청각장애	청력장애, 평형기능장애	
		언어장애	언어장애, 음성장애, 구어장애	
		안면변형장애	안면부의 변형으로 추상, 함몰, 비후 등 변형으로 인한 장애	
	내부 기관의 장애	신장장애	투석치료 중이거나 신장을 이식받은 경우	소화기장애, 비뇨기장애, 만성통증, 기타 암
		심장장애	일상생활이 현저히 제한되는 심장기능 이상	
		간장애	일상생활이 현저히 제한되는 만성·중증의 간 기능 이상	
		호흡기장애	일상생활이 현저히 제한되는 만성·중증의 호흡기 기능 이상	
		장루·요루 장애	일상생활이 현저히 제한되는 장루·요루	
		간질장애	일상생활이 현저히 제한되는 만성·중증의 간질	
정신적 장애	지적장애		지능지수가 70 이하인 경우	
	정신장애		조현병, 분열형 정동장애, 양극성 정동장애, 반복성 우울장애	만성 알코올·약물중독, 기질성 뇌증후군, 치매
	자폐성 장애		소아자폐 등 자폐성 장애	기타 정신자폐성 장애

※ 발달장애는 자폐성 장애 정신지체는 지적장애로 명칭 변경(2007. 4.)

1980년 세계보건기구는 국제질병기준을 근간으로 하여 장애를 기능장애, 능력장애, 사회적 불리의 개념으로 정의한다. 그 후 1997년 장애의 개념, 범주 ICIDH-2를 새롭게 발표하고 신체구조와 기능에 따른 사회적 활동의 제약이라는 측면을 다루었다. 여기서 장애인의 정의는 손상, 활동, 참여요인으로 구분한다. 2001년 ICF(International Classification of Function of Disablity and Health)로서 장애개념의 단순모델에서 복합모델로의 새로운 변화가 나타나기 시작했다. 여기에는 WHO의 국제장애분류(ICIDH: International Classification of Impairments, and Handicaps)에 명시된 장애아동의 정의를 통해 개념을 살펴본다(강영실, 2015).

① 기능장애(impairment)

심리적, 생리적 또는 해부학적 구조나 기능의 상실 또는 비정상을 뜻한다. 일시적 또는 영구적인 손실이나 비정상이 특징이며 사지, 기관, 피부 또는 정신적 기능체계를 포함한 신체의 다른 구조의 비정상, 결손 또는 손실의 발생이나 존재를 포함한다. 지적장애, 언어장애, 청각장애, 시각장애, 내과적 장애, 골격계 장애, 신체기형, 정신적 장애 등이 포함된다.

② 능력장애(disability)

기능장애로부터 야기된 것으로서 인간에게 정상적인 것으로 간주되는 범위 내에서 또는 그러한 방식으로써 활동을 수행하는 능력의 제약이나 결여를 의미한다. 신변처리 능력, 운동활동 능력이 떨어지는 것을 말한다. 태도장애, 의사소통 장애, 개인일상생활 동작장애, 운동장애, 가사활동 장애, 상황적 장애 등이 포함된다.

③ 사회적 불리(handicap)

사회적 차원의 장애 개념으로 기능장애나 능력장애로 인해 정상적인 역할수행을 제약하거나 방해하는 개인에 대한 불이익을 의미한다. 이는 기능장애나 능력장애가 사회화된 것으로 개인의 손상이나 기능 제약으로 인해 사회생활에 지장을 주는 것을 말한다. 신체적 자립 분리, 이동성 불리, 직업상 불리, 사회통합 불리 등이 있다.

과거에는 핸디캡(handicap)이란 용어를 손상 혹은 장애로 인해 한 개인에게 주어졌던

사회적 불리를 지칭하기 위해 사용하는 것이 평범하였음에도 불구하고, 하나의 개념으로서 핸디캡은 오늘날 학문적 혹은 운동과 맥락에서는 거의 사용되지 않는다. 그 이유는 대개 핸디캡이 장애아동을 어떤 면에서 열등하거나 결함이 있는 것으로 지칭하기 위해 사용될 때 그것이 부정적 함축성을 지녔기 때문이다(Hooper & Umansky, 2011).

(2) 장애아동의 원인

① 선천적 및 유전적 요인(constitutional & genetic factors)

기질, 성별, 유전자 이상, 연색체 이상, 태아기 발달 이상 등이 아동기 장애에 영향을 미칠 수 있다.

② 기질성 요인(biological factors)

생물학적 요인으로 뇌 기능상의 장애, 신경계통의 이상, 신경전달물질의 이상이 장애에 영향을 미칠 수 있다.

③ 모성양육과 가족요인(mothering & familial factors)

부모의 양육태도, 초기 양육자의 양육태도, 가족의 관계 및 형제 순위 등이 아동기 장애에 영향을 미치게 된다.

④ 사회, 문화적 요인(social & cultural factors)

사회적, 문화적으로 아동에 대한 성별에 따른 기대행동이 아동기 장애에 대한 범위와 정의에 영향을 미칠 수 있고, 아동이 사회와 상호작용하는 것도 장애에 영향을 미치게 된다.

(3) 장애아동의 욕구와 권리

장애아동은 국가의 보호 및 적절한 지원을 받아야 하고(대한민국헌법 제34조 제5항, 아동복지법 제4조 제3항, 발달장애인 권리보장 및 지원에 관한 법률 제1조), 장애를 이유로 어떠한 차별을 받지 않으며(장애인 차별금지 및 권리구제 등에 관한 법률 제1조와 제4조, 아동복지법 제2조 제1항, 장애인복지법 제8조), 행복하고 건강하게 자라날 기본적인 권리를 지닌 존재임을 확인할 수 있다. 대표적으로 「장애아동복지지원법」의 제1조(목적)에는 국가와 지방자치단체가 장애아동의 특별한 복지적 욕구에 적합한 지원을 통합적으로 제공함으로써 장애아동이 안정된 가정생활 속에서 건강하게 성장하고 사회에 활발하게 참여할 수 있도록 하며 장애아동 가족의 부담을 줄이는 데 이바지하도록 되어 있다. 제4조(장애아동의 권리)에는 장애아동은 학대, 유기, 폭력 등으로부터 보호받아야 하며 안정된 가정환경에서 부모에 의해 양육되고, 적절한 교육과 의료적·복지적 지원을 제공받고, 휴식과 여가, 놀이, 문화예술활동에 참여할 수 있는 기회를 제공받아야 하는 등 장애아동의 권리를 폭넓게 명시하였다. 장애아동과 관련된 모든 조치에 있어서 장애아동의 이익을 가장 우선적으로 고려해야 한다는 점이 '유엔장애인권리협약' 제7조와 「장애아동복지지원법」 제3조(기본이념)에서 언급된다(권미경 외, 2015).

(4) DSM-5의 정서·행동 관련 장애

아동의 장애는 크게는 외현화된 문제와 내면화된 문제로 분류한다. 외현화된 문제는 공격성, 충동성, 비행과 같이 아동이 자신의 감정이나 행동을 적절히 억제하지 못해 문제를 밖으로 표현하는 것이고, 내재화 문제는 위축, 신체증상, 우울, 불안과 같이 주로 통제가 지나치거나 정서적인 문제로 아동이 스스로 고통받는 것을 말한다(Achenbach & Edelbrock, 1983). 이와 더불어 임상 현장에서는 아동의 정신장애를 『정신질환의 진단 및 통계편람 제5판(DSM-5)』을 근거로 하여 범주화해서 구분하고 있다.

〈표 11-2〉 정신진환의 진단 및 통계편람 제5판(DSM-5)의 장애 범주

범주	하위장애
① 신경발달장애	지적장애, 사회 의사소통 장애, 자폐 스펙트럼 장애, 주의력결핍 과잉행동장애, 특정학습장애, 운동장애, 기타 신경발달장애
② 조현병 스펙트럼 및 기타 정신병적 장애	정신분열형 성격장애, 망상장애, 단기 정신증적 장애, 정신분열형 장애, 조현병, 분혈정동 장애, 물질/약물유발 정신증적 장애, 긴장형 장애
③ 우울장애	파괴적 기분조절장애, 주요 우울장애, 지속적 우울장애, 월경 전 불쾌장애

범주	하위장애
④ 불안장애	분리불안장애, 선택적 함구증, 특정공포증, 사회불안장애(사회공포증), 공황장애, 광장공포증, 범불안장애
⑤ 강박 및 관련 장애	강박장애, 신체변형장애, 저장강박장애, 발모광(머리카락 뽑기 장애), 찰과증(피부 뜯기 장애)
⑥ 외상 및 스트레스 요인 관련 장애	반응성 애착장애, 탈억제적 사회관여 장애, 외상 후 스트레스장애, 급성 스트레스장애, 적응장애
⑦ 급식 및 섭식장애	이식증, 반추장애, 회피적/제한적 음식섭취장애, 신경성 거식증, 신경성 폭식증, 폭식장애
⑧ 배설장애	유뇨증, 유분증, 달리 세분되는 배설장애, 달리 세분되지 않는 배설장애
⑨ 파괴적, 충동-조절 및 품행장애	반항성 장애, 간헐적 폭발성 장애, 품행장애, 반사회적 성격장애, 병적 방화, 병적 도박

출처: American Psychiatric Association(2013).

2) 장애아동복지 실제

(1) 장애아동 돌봄 지원제도

- 돌봄서비스: 돌봄서비스는 장애아동 가정에 돌보미 파견을 통해 장애아동 보호 및 휴식 지원을 제공하는 것으로 아동의 가정 혹은 돌보미 가정에서 제공된다.
- 휴식 지원 프로그램: 휴식 지원 프로그램은 장애아동 가족에게 문화 및 교육 프로그램, 상담서비스, 자조모임 등을 지원한다(최복천, 2016. 8).

(2) 장애아동 치료 지원

① 장애아동 치료 지원 절차

- 수요조사
- 진단평가
- 학부모 의견 수렴
- 치료 지원 계획 수립
- 개별화 교육계획에 포함

② 가족지원

- 학교별·교육지원청별로 계획 수립 후 제공
- 가족상담, 양육상담, 보호자 교육, 가족지원 프로그램 운영 등 각종 설비 제공
- 특수교육지원센터에 각종 교구, 학습보조기기, 보조공학기기 등을 구비하여 각급 학교에서 대여할 수 있도록 함

③ 통학지원: 통학차량 지원, 통학비 지원, 통학 보조인력 등을 지원

④ 장애 유형에 따른 서비스: 치료 지원에 포함되지 않으나 특정한 장애 유형의 특수교육대상자에게 필요한 서비스 제공

⑤ 보조인력 제공

- 교수학습활동, 신변처리, 급식, 교내·외 활동, 등·하교 등 보조역할을 담당하는 보조인력 제공
- 자격은 고등학교 졸업 이상인 사람으로 신규 채용 시 30시간 이상 직무연수 실시 후 제공됨

⑥ 대상: 특수교육대상자 중 중도·중복장애를 중심으로 지원

3) 장애아동복지서비스의 정책

(1) 소득보장정책

장애아동이 최소한의 생활을 유지할 수 있도록 경제적 지원을 하는 정책으로 장애수당과 장애아동수당이 있다(이성한 외, 2016).

① 장애수당

기초생활보장 대상 장애인에게 장애로 인한 추가 비용을 보충하는 수당을 지급하며, 만 18세 이상의 등록장애인 중 3~6급의 장애등급을 가진 자로 국민기초생활보장 수급자 및 차상위계층이 지원대상이다. 기초수급은 3만 원, 시설기초는 2만 원, 차상위계층은 3만 원이 지급된다.

② 장애아동수당

장애아동의 부양으로 인한 추가적인 비용을 보전하여 저소득 장애아동 가정의 생활 안전을 도모하는 장애아동 가정을 지원하는 대표적인 소득보장제도로 「국민기초생활보장법」에 따른 수급자 및 차상위계층의 18세 미만 등록 재가 장애아동이 지원대상이다. 중증장애인의 경우 국민기초생활수급자는 월 20만 원, 차상위계층은 월 15만 원, 보장시설은 월 7만 원이 지급되고, 경증장애인의 경우 국민기초생활보장 수급자는 월 10만 원, 차상위계층은 월 10만 원, 보장시설은 월 2만 원이 지급된다.

(2) 의료재활서비스

임산부의 출산에서 장애아동 발생을 사전에 예방하는 것, 출산 후 모자보건 예방 서비스, 질병 또는 산업재해나 사고를 예방하기 위한 대책, 조기치료를 포함한 국가의 의료·재활비용 보조 등을 포함한다(김순옥 외, 2014). 정부는 1996년 국립재활원을 신설하고, 1998년에는 산하에 국립재활병원과 2002년에는 지역사회재활센터 및 주간재활센터를 설치하여 장애인이 저렴한 비용으로 의료재활서비스를 받을 수 있도록 하고 있다. 생활이 어려운 저소득 장애인에게 의료비를 지원하여 생활안정 및 의료보장을 도모하는 것으로 「의료급여법」에 따른 의료급여 2종 수급권자인 등록 장애인이 지원대상이다. 차상위 본인부담 경감 대상자의 의료기관 이용 시 발생하는 본인부담금에 대한 일부 또는 전액을 지원한다(이성한 외, 2016).

(3) 국립특수학교 및 특수학급 지원

'특수교육보조원 및 종일반 운영지원'은 장애학생의 교수-학습 지원을 위한 특수교육보조원 배치, 종일반 운영 등을 통한 장애학생의 학습권을 보장한다. '특수교육대상자 치료 지원 및 방과후 학교 경비지원'은 치료지원 및 방과후 학교 경비지원을 통한 장애학생의 학습권을 보장한다. 지원대상으로는 국립특수학교나 학급에 재학 중인 장애학생으로 선정기준은 첫째, 특수교육보조원 대상은 특수교육대상 학생 중 중증장애학생이 우선지원한다. 둘째, 방과후 교육비, 치료지원비 등이 지원된다. 셋째, 종일반은 특수교육대상 학생 중 희망자 전원이다. 서비스의 내용으로는 특수교육대상 학생의 교내 교수-학습 활동 및 이동의 보조, 방과후 교육, 치료 지원 등을 지원한다.

(4) 장애인자녀 교육비 지원

저소득 장애인가구의 자녀에 대한 교육비를 지원한다. 비장애인에 비하여 장애인은 소득활동에 제한을 받으면서 의료비, 교통비, 보장구 구입비 등 교육 간접비용이 상대적으로 높은 저소득 장애인가구의 자녀에 대한 교육비를 지원한다. 지원대상은 1~3급 장애인 초·중·고등학생과, 1~3급 장애인의 초·중·고등학생 자녀이다. 선정기준으로는 첫째, 소득인정액 산정을 위한 가구의 범위, 소득 및 재산의 범위, 조사방법 등은 2013년 국민기초생활보장사업 안내의 선정기준으로 정한다. 둘째, 단 부양의무자 기준 적용제외(장애인이 속한 개별 가구의 소득인정액만으로 장애인 자녀교육비 수급 여부를 판단)한다. 셋째, 「국민기초생활 보장법」에 의해 개별가구의 범위를 결정하므로 '가정해체 방지 등을 위한 별도기구 인정특례' 등도 적용한다.

(5) 장애아 가족양육 지원

상시적인 돌봄이 요구되는 장애아가정 돌봄의 부담 경감 및 이를 통한 가족안정성 강화, 지역사회 내 자원봉사자 등을 돌보미로 활용함으로써 이웃과 함께하는 가족 돌봄 문화의 정착 및 장애아동에 대한 사회적 인식을 전환한다. 지원대상으로는 만 18세 미만의 장애아동과, 소득기준은 전국 가구평균소득의 100% 이하이며, 장애 1~3급의 장애아동이다. 선정기준으로는 첫째, 만 18세 미만의 장애아동이다. 둘째, 대상자로 선정된 후 사업기간 중 만 18세가 되면 해당 사업기간 종료일까지 자격이 유지된다. 셋째, 소득기준으로는 전국 가구평균소득의 100% 이하이다. 넷째, 장애등급 1~3급의 장애아동이 선정된다. 제외대상은 다른 법령(또는 국가예산)에 따라 장애가족 양육지원사업과 유사한 재가서비스를 받고 있는 자이다.

(6) 장애인 활동보조 지원서비스

지역사회의 자원봉사자가 장애아 돌보미 서비스를 제공하여 장애아 양육을 지역사회와 함께하면서 이웃과 함께하는 가족 돌봄 문화를 정착하고, 장애아가족의 생활 여건 개선에 도움을 주는 지원이다. 가구평균소득이 전국 가구평균소득 대비 일정 비율 이하인 1~3급 장애아동을 선정하여 1가정당 연 기준시간 480시간 지원하며, 돌봄 서비스, 가족휴식 지원 프로그램을 지원한다.

(7) 장애 진단비 및 검사비 지원

지원대상자는 진단비 대상자와 검사비 대상자로 나누어 지원한다. 선정기준은 진단비 지원대상은 기초생활수급 대상자로서 신규등록 장애인과, 기초생활수급 대상자로서 재판정 시기가 도래한 장애인이다. 검사비 지원대상은 첫째 장애인연금신청, 활동보조 및 중증장애 아동수당 신청 및 의무재판정으로 재진단을 받아야 하는 기존 등록장애인 중 기초생활수급자 및 차상위계층이 대상자이다. 둘째, 「장애인복지법 시행규칙」 제7조(장애상태 확인) 제2항에 따라 시장·군수·구청장이 직권으로 장애상태를 확인하고자 하는 자이다. 셋째, 장애등급 심사 결과가 장애등급 결정에 해당하지 않더라도 지원 가능한 대상이다. 급여내용의 진단비는 지적장애와 자폐성 장애는 4만 원을 지원하고, 기타장애는 1만 5천 원을 지원한다. 검사비는 기초생활수급자로 총 진단비 및 검사비가 5만 원 이상 소요 시 초과분에 대해 10만 원까지 지원한다. 차상위계층은 총 진단비 및 검사비가 10만 원 이상 소요 시 초과분에 대해 10만 원까지 지원하고 특수학급도 지원한다(이성한 외, 2016).

(8) 장애아동예방사업의 강화

장애아동복지사업의 최우선 과제는 장애아동의 발생을 예방하는 것이다. 따라서 유전상담, 유전검사, 모든 임산부와 영·유아의 정기검진 의무화, 예방접종, 장애아동 예방을 위한 교육과 홍보 등의 예방서비스에 대한 국가의 역할을 강화하여야 한다.

(9) 장애아동 조기통합교육 및 보육

통합교육 및 보육은 장애아동이 비장애아동과 동일한 장소에서 함께 교육받음으로써 장애아동의 지체된 기능의 발달을 촉진시키고 잠재능력을 최대한 개발하여 비장애아동과 자연스럽게 상호작용, 학습, 생활하도록 하는 것이다.

(10) 지역사회 장애아동 지원

급속히 변화되는 사회문화적 환경과 가족의 구조적·기능적 변화로 과거에는 소수의 아동에게 발생되었던 정신건강 문제가 근래에는 아동에게 발생되었던 정신건강 문제가 근래에는 아동에게 보편적 문제양상으로 나타나고 있다.

보건복지부 발달재활서비스 사업(바우처사업) 조사: 장애아동 중심으로

- 성장기의 정신적·감각적 장애아동의 인지, 의사소통, 적응행동, 감각·운동 등의 기능 향상과 행동발달을 위한 적절한 재활서비스 지원 및 정보 제공
- 높은 발달재활서비스 비용으로 인한 장애아동 양육 가족의 경제적 부담을 경감
- 보건복지부 발달재활서비스를 통하여 장애아동에게 언어·청능, 미술·음악·행동·놀이·심리운동·재활심리, 감각·운동 등 발달재활서비스를 제공하여 장애아동의 치료, 교육비 지원
- 인근에 제공기관이 없는 경우, 도서 지역 및 벽지에 거주하는 장애아동의 경우, 이동 불편 및 보호자가 없어 기관 방문이 어려운 장애아동의 경우 재가방문서비스 지원. 단, 시설방문의 경우 서비스 대상이 1일 2인 이하일 경우만 재가방문형 단가 적용(교사 1인 기준)
- 장애 조기발견 및 발달진단 서비스, 중재를 위한 부모상담 서비스 지원

출처: 보건복지부(2017).

4) 장애아동복지를 위한 정책과제

정부는 제4차 장애인정책종합계획(2013~2017)을 심의·확정했다. 장애인 복지에 5년간 10조 원 이상 투자하고, 장애인활동지원 신청자격을 중증장애인 전체로 확대하고, 장애인 활동지원 신청자격이 1급 장애인에서 중증장애인 전체로 확대되고 중증여성장

애인과 발달장애인에 대한 활동지원 서비스가 우선 확대된다. 또 장애인연금이 매년 월 2만 원씩 인상되고 2017년까지 장애로 인한 추가 생활비용의 80% 수준까지 인상된다.

스마트폰, 가전제품(터치스크린 냉장고) 등에 대한 시각장애인의 접근성 제고를 위한 대책도 마련되고 장애인이 보험 가입 시 차별받지 않도록 법령·제도도 개선된다. 발달장애아동 실종 예방을 위한 GPS 위치추적 등 대책도 마련된다. 정부는 제12차 장애인정책조정위원회를 개최하고 이 같은 내용을 향후 2017년까지 확정 발표했다. 제4차 계획은 '장애인과 비장애인이 더불어 행복한 사회'를 비전으로 복지·건강, 교육·문화, 경제활동, 사회참여·권익증진의 4대 분야, 19개 중점과제, 71개 세부과제 등으로 구성됐다. 제4차 장애인정책 종합계획안의 예산은 아직 확정되지 않았지만 3차 계획안의 7조 3500억 원대 예산보다 50%가량 늘어날 것으로 보건복지부는 추산했다(보건복지부, 2017).

3. 방과후 아동복지서비스의 실제

1) 방과후 아동복지서비스의 개념

방과후 아동지도사업은 방과후, 학교 등교 시작 전, 휴일과 방학 같은 시간에 초등학생과 중학생, 고등학생을 대상으로 보호와 교육하는 사업이다. 방과후 아동지도사업은 방과후 아동보육과 공부, 방과후 교실 에듀케어 등의 용어와 함께 혼용되고 있다. 우리나라 「영유아보육법」 제27조에는 6세 미만의 취학 전 영유아가 주요 대상이나 필요한 경우 만 12세까지 연장하여 보육할 수 있도록 한다.

'방과후'란 용어를 보면, 학교수업이 끝난 후의 시간을 의미하는데, 방과후 아동지도사업은 휴일과 방학 중에도 필요하다. 학교에서 보호할 수 없는 시간 동안 아동의 안전과 교육에 대한 책임이 부모에게 있지만, 부모가 여러 사정에 의해 책임을 다할 수 없을 경우 혹은 학교와 부모가 모두 아동을 보호할 수 없을 경우에 운영되는 아동보호사업이라 할 수 있다. 이때 탈학교 아동은 학교가 운영되는 시간에도 보호가 필요하다.

'아동'은 초등학교 아동뿐 아니라 중학교, 고등학교 학생들도 지도대상이 되므로 방과후의 보호와 지도가 필요하다. 청소년을 대상으로 하는 방과후 공부방의 다양한 기능을 확대할 필요가 있다.

'지도'는 보호와 교육을 포함하며 복지적 측면에서의 보호와 교육적 측면에서의 지도를 의미하기도 한다.

방과후 아동지도는 아동권리의 실현을 위하여 아동복지적 의의를 가지고 아동을 안전하게 보호하고 지도해야 한다. 교육적 측면에서는 아동의 전인적 발달을 위한 교육에 초점을 두어야 하고, 가족복지적인 측면에서는 어려움이 있는 부모의 지원을 통하여 가족의 해체를 예방해야 한다. 여성의 일자리 창출에도 기여할 수 있다.

결과적으로, 방과후 아동지도는 사회문제를 예방하고 사회계층 간의 격차를 해소하여 사회정책적으로 이바지할 수 있으며, 지역사회와의 연계를 통하여 지역경제의 활성화를 돕는 지역복지의 한 영역에도 도움을 줄 수 있다.

2) 방과후 아동복지서비스의 유형

(1) 어린이집

어린이집에서의 방과후 교실은 우리나라 「영유아보육법」 제27조에는 6세 미만의 취학 전 영유아가 주요 대상이나 필요한 경우 만 12세까지 연장하여 보육할 수 있도록 하였다. 어린이집의 방과후 교실은 기존의 영유아 어린이집에 방과후 교실을 마련하여 운영하는 경우도 있고 방과후 교실만을 전담으로 설치하여 운영되기도 한다.

(2) 유치원 돌봄 교실

유치원의 방과후 과정 운영시간에는 자유놀이, 휴식의 중요성을 강조하며, 3~5세 유아를 대상으로 한다. 기본교육과정 외에 심화·확장활동, 특별활동 등의 과정으로 일일 4~5시간 운영된다.

(3) 초등 돌봄 교실

2014년에는 초등학교 1~2학년을 대상으로 부모 소득 여부와 관계없이 희망자는 무료로 돌봐주며, 2015년에는 3~4학년, 2016년은 5~6학년까지 확대되어 실시하고 있다. 학교의 정규수업이 끝난 시간부터 오후 7시 30분 정도까지 숙제지도와 다양한 활동이 제공되어 방과후에 보호가 필요한 아동에게 교육과 보호를 제공하는 서비스이다.

(4) 사회복지관

사회복지관의 방과후 아동지도는 지역사회의 욕구에 의해 자기보호아동이나 기초생활수급 가정의 아동을 주 대상으로 하고 있다. 교사는 아동·청소년 상담의 사회복지사나 보육교사 자격증 소지의 사회복지사가 담당하고 사회복지과 학생인 자원봉사자의 도움을 받아 프로그램을 진행한다.

(5) 지역아동센터

지역아동센터는 방과후 돌봄이 필요한 아동에게 종합적인 복지서비스를 제공하는 기관이다. 지역아동센터는 「아동복지법」에 명시된 '보호·교육, 건전한 놀이와 오락의 제공, 보호자와 지역사회의 연계 등 아동의 건전육성을 위하여 종합적인 아동복지서비스를 제공하는 시설'로 규정하고 있다. 지역사회 아동에게 안전한 보호와 급식을 제공하고, 일상생활지도와 학습능력을 제고하는 교육을 실시하며, 체험활동, 공연 등의 문화지원과 상담과 가족을 지원하는 정서지원과 지역사회연계 등 종합적으로 복지서비스를 제공하여 아동이 건강하게 성장할 수 있도록 돕고 있다. 2016년도 예산은 1,414억 원으로 설치개소 수의 증가와 함께 예산도 46% 증가하였다. 이용아동은 10만 명 내외로 취약계층 아동 및 지역사회에서 보호와 지원이 필요하다고 인정된 아동이다(보건복지부, 2017).

아동의 건전육성은 18세 미만의 아동을 지역아동센터에서 보호자나 지역사회와의 협력관계를 통해 지역과 아동과 센터가 서로 협력하는 지역복지와 아동복지의 연계사업이라 할 수 있다.

〈표 11-3〉 지역아동센터 프로그램 예시

사업	내용	
신세계 이마트 희망 장난감 도서관	• 장난감 대여 관리 • 장난감 대여·반납 차량 지원 • 장난감 도서관 활동실	• 소원을 말해 봐 • 문화·여가 프로그램
도전선생님	• 재능놀이터 • 오픈 컨퍼런스	• 가족 월별 활동 프로그램 • 아빠랑 캠핑 가요
NAVER 카페관리	• 카페 관리	
문화센터	• 체형교정 발레	• 직원 복지
Donation & coffee	• 커피 나눔	• 장학사업
지역사회사업	• 두담페스티벌: 지역사회 내 여가·문화욕구 충족, 가족지역축제	

출처: 원주아동센터 홈페이지.

(6) 방과후 학교

초등학교의 방과후 학교는 방과후 특기·적성 교육활동의 특기·적성 교육으로 논술, 컴퓨터, 영어, 과학, 미술, 바이올린, 첼로, 피아노, 플룻 등의 특기활동을 원하는 아동에게 저렴한 비용으로 방과후의 일부 시간의 정해진 요일의 1~2시간을 학교에서 지내도록 하는 것이다. 이 유형의 장점은 학교 내 다양한 공간활용과 각종 교육시설과 기자재 및 넓은 운동장 활용이 용이하고, 다른 기관으로 이동할 때 제기되는 위험요인이 적다는 점이다. 최근에는 사교육을 보완해 주는 방과후의 여러 특기·적성의 과목이 아동에게 안전한 방과후의 돌봄 교실과 연계하여 가정이나 직장에서 돌보기에 어려움이 있는 가정의 아동에게 효과적이므로 부모들이 가장 선호하고 있는 유형이다.

(7) 청소년 방과후 아카데미

청소년 방과후 아카데미는 2005년 46개소를 시작으로 2016년에는 전국에 250개소가 운영되고 있으며, 초등학교 4학년부터 중학교 3학년까지의 청소년을 대상으로 청소년들의 건강한 발달과 후 생활과 삶의 질 향상을 위해 전문체험 및 학습 프로그램, 청소년 생활관리 등 종합서비스를 지원하는 사업이다. '방과후 나홀로 청소년'을 위한 안전하고 안정적인 공간의 제공 기능, 건전한 놀이문화 지도 및 체험을 배우고 실천하는 기능, 보호자, 청소년, 지역사회가 원활하게 소통할 수 있도록 돕는 기능, 학교교육만으로 부족한 인성 및 창의성 개발을 지원하는 기능을 가지고 있다. 운영방향으로 청소년의 건전한 성장을 위한 다양한 체험활동 진행하고, 청소년들의 특기와 적성을 개발하기 위한 전문 선택과정을 실시한다. 청소년지도자들과 함께 공유하고 배우는 열린 교육의 장으로, 급식, 생활지도, 건강검진 등으로 밝고 건강한 청소년활동을 위한 각종 서비스를 제공하고, 누구나 인정받고 모두가 관심을 받는 따뜻한 사랑의 교실을 제공하며, 청소년, 부모, 학교, 지역사회를 연결하는 지역사회 청소년 안전망 구축을 도모한다.

〈표 11-4〉 청소년 방과후 아카데미 사업 예시(사업명: 방과후 아카데미 해피스쿨 / 해피투게더)

프로그램명	목표	내용	대상
자기주도 학습과정	• 참가 청소년의 자립심 강화 • 학교생활 적응 지원 • 청소년의 자발적이고 자기 주도적 학습 습관 형성 • 긍정적인 독서 습관 형성	• 북카페를 이용하여 독서지도: 독서록 작성 지도 • 월별 추천도서 읽기 • 학교 과제물 지도 • 방학 과제물 지도 • 개인별 수준차를 고려한 문제집 선정, 과목별 풀이 지도	노원구 관내 취약계층 (수급권, 한부모 등) 초 5학년~ 중 2학년까지의 청소년
교과학습 지원과정	• 사교육비 절감, 취약계층 청소년들의 심화교육 지원 • 학교생활 적응 지원 • 학습능력에 대한 자신감 향상 • 정규교육으로 부족한 인성 및 창의성 개발 지원 기능	• 전문강사를 통한 수학, 영어 등 주요 과목 수업 • 학년에 맞는 교과목 개념과 원리 이해 • 학년 교과 학습에 필요한 영어 기본기 익히기	노원구 관내 취약계층 (수급권, 한부모 등) 초 5학년~ 중 2학년까지의 청소년
주중 전문체험 활동 과정	• 정신, 신체, 지식의 균형 잡힌 경험 제공 • 교과 학습 이외의 외부 체험활동을 통한 스트레스 해소 • 개인별 진로탐색 기회 부여 • 지역 연계 프로그램을 통한 지역 내 소속감 제공	• 전문강사를 통한 종이접기, 댄스, 표현미술, 논술 등 수업 • 청소년 축제 참여 및 지역사회 자원봉사 공연 • 특기 및 취미 개발 • 스포츠 예절교육을 통한 집중 향상 • 특기 및 취미 개발 • 오감을 이용한 재료를 미술로 표현함으로 창의력 향상 • 자기 생각이나 주장을 논리적으로 표현하며 사고력 증진	노원구 관내 취약계층 (수급권, 한부모 등) 초 5학년~ 중 2학년까지의 청소년

프로그램명	목표	내용	대상
주말 전문체험 활동 과정	• 정신, 신체, 지식의 균형 잡힌 경험 제공 • 교과 학습 이외의 외부 체험활동을 통한 스트레스 해소 • 개인별 진로탐색 기회 부여 • 지역사회 참여 프로그램을 통한 지역 내 소속감 제공	• 지역기관 연계 프로그램 참여 • 다양한 야외체험 및 문화체험 활동 및 진로탐색 프로그램 실시 • 동아리별 봉사활동 • 다채로운 문화생활 및 청소년 욕구 프로그램 실시	노원구 관내 취약계층 (수급권, 한부모 등) 초 5학년~ 중 2학년까지의 청소년
자기개발 활동	• 자기주도학습과 연계한 진로탐색 및 계획 구체화 • 주제별 그룹활동을 통한 의견교류 및 소속감 부여 • 학습보조 활동을 통한 지적 능력 향상	• 포트폴리오 활동 • 동아리 활동(네일아트, 생활소품 만들기, 보드게임 제작, 요리 등) • 1:1 또는 그룹별 멘토링 프로그램	노원구 관내 취약계층 (수급권, 한부모 등) 초 5학년~ 중 2학년까지의 청소년
생활지원	• 청소년 시기의 균형 잡힌 신체발달 지원 • 개인별 심리 파악을 통한 생활안정 • 귀가 시까지 철저한 종합적 방과후 서비스 지원(생활, 교육, 체험, 안전) • 나홀로 청소년의 범죄, 비행노출 예방 • 안전하고 안정적인 공간 기능	• 청소년 성장에 알맞은 균형 잡힌 저녁식사 제공 • 지역 내 보건소와 연계한 건강검진 및 건강 프로그램 실시 • SNS를 통한 간이상담 및 수련관 내 상담실을 통한 전문상담 연계	노원구 관내 취약계층 (수급권, 한부모 등) 초 5학년~ 중 2학년까지의 청소년
특별지원	• 캠프활동을 통한 자연체험, 신체발달, 사회성 증진 • 참가 청소년의 사회성 발달 및 교류활동 • 청소년 방과후 아카데미 홍보	• 학교 여름 또는 겨울방학 기간을 활용하여 2박 3일 캠프 실시 • 지역 연계를 통한 다양한 프로그램 지원 • 방과후 아카데미 사업 소개 및 학부모 상담 • 부모교육 특강 실시 • 가정통신문을 통한 방과후 아카데미 활동지 발송(월 1회)	노원구 관내 취약계층 (수급권, 한부모 등) 초 5학년~ 중 2학년까지의 청소년

출처: 서울시립노원청소년수련관.

3) 방과후 아동복지서비스의 정책과 과제

지역아동센터를 위해 유휴시설에 대한 영구임대나 사회복지관 혹은 경로당처럼 일정 규모의 지역사회 법정시설로 강제화하는 방안이 제시되어야 한다. 빈곤아동이 이용하는 지역아동센터는 저임금, 장시간 노동 등 근무 여건이 열악하여 전문성을 갖춘 인력을 유인하지도, 장기간 근무를 유지하기도 어려운 실정이다(오정수·정익중, 2013).

초등학교 돌봄 교실의 확대는 아동인구의 감소로 초등학교 유휴교실 등을 활용하여 학교 교직원 협력과 지역사회 연계 및 홍보자료 제작, 프로그램 및 간식 운영, 출석확인 및 귀가지도, 학부모 상담 및 학생시간표 작성, 봉사자 인력 확보와 관리 등을 구체화하여 방과후 아동복지서비스의 돌봄 서비스를 위한 교사역할의 강화 및 전문성을 강조해야 한다.

지역아동센터가 일반아동이 참여할 수 있는 포괄적인 복지사업으로 확대하여야 한다. 방과후 아카데미나, 지역아동센터 프로그램의 질이 좋아서 일반아동의 이용이 많아지면 저소득아동만이 참여한다는 낙인에서 벗어날 수 있으며 낙인문제 때문에 차상위계층의 아동에게 미처 손길이 미치지 못하는 일도 감소할 수 있을 것이다. 따라서 아동을 위한 보편적 서비스를 실천할 수 있는 장을 마련할 수 있다.

성북구 20개 전 동 아동청소년 복지플래너배치(2017년 아동친화도시 성북의 도약)

"방과후의 아동은 지방정부가 책임지겠습니다."

이는 아동친화도시를 2013년에 시작하여 마을방과후학교 지원체계를 구축하여 지방정부 책임형 마을방과후학교를 설치하고, 방과후 활동 증진을 위한 아동청소년 문화수당을 지급하여 전인적 성장이 필요함을 절실히 느끼고 방과후의 교육에 종합지원한다(민지선, 2016).

통계청의 2015년도 학생 1인당 사교육 참여율 69%를 성북구 아동친화도시 변화를 위해 방과후학교 시범 운영으로 마을방과후 활동 거점을 구축하고 지역문화를 기반으로 하는 마을방과후 프로그램을 제공한다. 지역교육자원 네트워크를 구축하고 지역사회 속에서 건강하게 자랄 수 있는 환경을 조성하고 방과후 활동지원 효율을 극대화한다. 아동문화수당 지원 및 연계사업으로 학교 안팎의 방과후 활동지원을 위한 아동문화수당을 지급하여 아동·청소년의 지역 관심도를 제고한다(민지선, 2016).

2015년 7월 1일, 우리나라 복지제도의 근간인 국민기초생활보장제도가 맞춤형 급여로 개편돼 시행되었다. 2000년 10월 이후 15년 만의 일이다. 그동안 'All or nothing(전부 아니면 전무)'으로 대변되는 통합급여 방식에서는 최저생계비 기준만 충족하면 생계·의료·주거·교육급여 등 모든 도움을 받게 되지만, 소득인정액이 1원이라도 기준을 초과하면 일시에 모든 급여가 중단되는 불합리한 면이 있었다. 그러나 2015년 7월부터는 달라졌다. 정부가 '개인 각자의 필요에 맞춘 급여 지원'과 '일을 통한 빈곤 탈출 지원'이라는 사회복지의 두 축을 묶어 '맞춤형 급여체계 개편 및 근로 인센티브 강화'라는 국정지표를 설정하고 일하는 수급자가 유리하도록 기초생활보장제도의 틀을 바꾸었다(김원득, 2016. 11.).

1 주제

보육서비스의 실제, 장애아동 복지서비스의 실제, 방과후 아동복지서비스의 실제

2 주요 개념

- 보육서비스의 개념
- 장애아동 복지서비스의 개념
- 방과후 아동복지서비스의 개념

3 학습내용

- '아무도 모른다'(고레에타 히로카즈) 영화를 본 후 보육서비스로 이 가정의 기능을 보충했다면 막냇동생의 불행을 예방할 수 있었는지 토의하기
- '아무도 모른다' 영화를 본 후 방과후 아동복지서비스로 이 가정의 기능을 보충하였다면 아동의 권리가 침해되지 않을 것에 대해 토의하기
- 『내게는 소리를 듣지 못하는 여동생이 있습니다』(진 화이트하우스 피터슨)
- 『모두가 행복한 권리 인권: 어린이를 위한 세계장애인권리협약』(바바라 피크자, 도라 씨스니)
- 『내 친구는 시각장애인』(프란츠 요제프 후아이니크)
- 『세상을 아프게 하는 말, 이렇게 바꿔요!』(오승현)을 읽고, 제대로 알고 쓰는 말을 위해 노력하는 방과후 복지서비스 종사자들에 대하여 크로스 인터뷰하기

4 교실활동

- 『왜 나만 달라?』(롭 비덜프)를 읽고, 보육서비스 현장의 다름과 개성을 존중하는 서비스를 토의하기

5 퀴즈

- 보육서비스의 정책에는 어떠한 변화가 있었나요?
- 장애아동 복지서비스의 유형에는 어떠한 것들이 있나요?
- 방과후 아동복지서비스의 실제에는 어떤 유형이 있나요?
- 보충적 서비스의 정책 및 과제에서 가장 중요한 것은 무엇이라고 생각하나요?

12 CHAPTER 대리적 서비스의 실제

학습 개관

본 장에서는 가정위탁보호사업의 개념과 목적, 원인 및 유형 등 위탁보호사업에 대란 전반적인 내용을 살펴보고 질적으로 우수한 가정위탁사업을 위해 앞으로 추진해야 할 정책에 대해 알아본다. 입양의 개념과 목적, 입양의 종류 등을 살펴본 후, 아동의 행복추구권 실현방법의 하나인 효율적인 입양을 찾아보고자 한다. 시설보호사업은 요보호상태에 놓인 아동의 기본적 생존권을 사회적 책임에 의해 보장하는 최후의 대책으로 그 기능과 원리, 시설보호의 유형, 시설보호아동의 특성 등 시설보호사업의 전반을 알아보고 더 나은 시설보호서비스를 위해 제안할 수 있는 정책에는 어떤 것이 있는지 살펴본다.

학습 목표

- 위탁보호의 개념과 목적을 안다.
- 입양의 목적, 방법에 대해 안다.
- 시설보호 서비스의 종류를 알고 설명할 줄 안다.
- 위탁, 입양, 시설보호서비스를 위한 정책을 알아본다.

주요 자료

영화

블라인드 사이드
The blind side
(2009, 존 리 행콕)

비밀과 거짓말
Secrets & lies
(1996, 마이크 리)

여행자
A brand new life
(2009, 우니 르콩트)

파이트 클럽
Fight club
(1999, 데이빗 핀처)

필로미나의 기적
Philomena
(2013, 스티븐 프리어스)

사이트

- 보건복지부 홈페이지 – 영유아 – 입양, 위탁 영역 보기
- 보건복지부 홈페이지 – 한눈에 보는 보건복지 – 아동·청소년 영역 보기
- 보건복지부 홈페이지 – 우리 동네 복지시설 – 복지시설 찾아보기
- 인천시 교육청 홈페이지 – 학교교육 생활과 – 안전 교육팀 – 가정형 wee센터

1. 위탁서비스의 실제

1) 가정위탁의 개념

가정위탁이란 가정이 없거나 특별한 사정이 있어서 친가정의 보호를 받을 수 없는 아동을 일정 기간 동안 친가정을 대신하는 일반가정에서 위탁 양육하다가 친가정이 가족기능을 회복하였을 때, 아동이 친가정으로 돌아갈 수 있도록 지원하는 아동복지사업이다.

정부는 유엔아동권리협약 정신에 기초해서 지난 2003년부터 전국 16개 광역시·도에 가정위탁지원센터를 설치, 학대받는 아동이나 버려진 아이들을 보호하는 가정위탁사업을 시작하였다. 2005년 「아동복지법」(제2조 7호) 전문 개정을 통하여 '가정위탁이라 함은 보호를 필요로 하는 아동을 보호하기에 적합한 가정에 일정 기간 위탁하는 것을 말한다.'라고 법률적 근거를 마련하였으며, 정부주도의 적극적인 가정위탁 활동을 실시하게 되었다.

2) 가정위탁의 원인과 목적

(1) 가정위탁의 원인

사회적 보호가 필요한 아동이 발생하는 원인은 부모의 빈곤, 실직, 학대, 미혼모, 기아 등 부모의 원인과 비행, 가출 등에 의해 발생하는 아동의 원인으로 나눌 수 있다.

(2) 가정위탁의 목적

가정위탁은 아동복지기관에서 제공하는 전문적인 서비스로서, 아동에게 대리가정을 제공하고 시설입소를 예방하며, 미숙한 부모로부터 아동을 일정 기간 분리시키고, 위탁가정에도 성장기회를 제공하는 것을 목적으로 한다.

① 아동보호의 극대화

가정위탁으로 아동의 권리를 보호하고 아동이 사랑과 욕구를 충족할 수 있는 적합한 환경에서 성장하도록 유도한다.

② 아동과 친부모의 재결합을 통한 가정해체 방지

아동이 보호받는 동안 아동과 친가정 사이의 연결고리를 유지해 줌으로써 안전한 접촉을 유지하고 위기에 처한 애착관계를 강화하기 위한 위탁보호아동과 친부모의 방문지원을 통해 위탁보호아동이 조속한 시일에 친부모와 재결합할 수 있도록 한다.

③ 영구적 배치

아동이 일정 기간의 가정위탁보호를 받고도 친부모와 함께 살 수 없을 때 위탁아동이 조속한 시일에 위탁부모나 다른 가정에 입양되도록 하고, 독립된 삶을 살기 위한 준비를 도와준다.

3) 가정위탁의 유형

가정위탁의 유형은 위탁가정의 형태에 따라 일반가정위탁과 친인척가정위탁(대리양육과 친인척위탁)으로 나눠진다. 일반가정위탁의 경우 아동과 위탁 부모 간의 관계와 상호 부합 정도가 위탁가정의 선정 및 성공적인 가정위탁을 위해 중요하다. 친인척위탁은 큰아버지, 이모 등 부양 의무자가 아닌 친인척이 아동을 양육하는 경우로서 친인척의 경제적인 능력에 관계없이 위탁아동 친부모의 경제적인 형편에 따라 위탁아동으로 선정하여 양육할 수 있다. 친인척가정위탁 중 대리양육은 부모가 아닌 부양 의무자에 의한 양육을 의미한다. 생활능력이 없는 조부모가 아동을 양육하는 경우 아동의 보호를 위하여 대리양육가정으로 선정하고, 양육비를 지원할 수 있다. 그리고 대리양육 서비스는 양육비를 대리양육자가 부담하는 무료 대리양육과 양육비의 전부 또는 일부를 위탁자가 부담하는 유료 대리양육으로 구분된다.

4) 가정위탁의 역사

최초의 가정위탁보호는 고대 유대법에 의해 부모 슬하에서 자랄 수 없는 아동을 친척 집에서 살게 하면서 출발했다고 할 수 있다. 근대적 의미에서의 가정위탁은 영국 엘리자베스 구빈법에 따른 것이었다. 이때는 주로 요보호아동의 도제살이(apprenticeship)로서 위탁보호의 한 형태인 고용위탁(work home)이며, 커티스위원회(The Curtis Committee) 보고서(1948)에 따라 정부차원에서 현대적인 형태의 가정위탁사업을 정착시켜 영국은 오늘날 요보호아동의 90% 이상이 위탁가정에서 생활하도록 하고 있다.

(1) 미국의 가정위탁보호의 역사

미국의 위탁보호사업은 Charles Birtwell(보스턴 아동구호협회 책임자)에 의해 시작되었으며 현재 각 단체는 주별 관련법에 의해 지원받고 있다. 정부는 위탁가정에 대한 교육과정과 교육내용에 대한 표준지침 제시하는 등 가정위탁 기준을 마련하여 위탁부모의 자격을 철저히 관리하고 감독하고 있으며 AIDS 환자 가정의 아동도 위탁가정에 배치하는 등 대상 아동의 원인에 따라 그 형태도 다양화되고 있다.

(2) 영국의 가정위탁제도의 역사

1872년 유아생명보호법(The infant life protection Act)과 1948년 아동법 제정을 근거로 보호가 필요한 아동에 대한 책임은 정부가 맡아야 하며, 아동이 부득불 가정을 떠나야 할 경우에는 대리가정에서 보호하는 것이 마땅함과 동시에 단기간에 가정으로 복귀를 시키는 것이 중요하다고 규정(아동법: 아동보호와 양육에 관한 법, 1989)하였다. 영국은 지방정부의 보건당국에서 관할 하에 위탁보호계획을 수립하고 보호서비스 제공하며, 가정위탁기준(nation foster care standard)에 따라 가정위탁보호를 실시하고 아동이 위탁되면 양육권 및 법적 부모 친권을 지방정부가 보유하고 법적 책임을 진다.

(3) 대만의 가정위탁보호의 역사

1970년대 들어 일시적 단기적인 보호를 필요로 하는 아동의 수가 증가됨에 따라 중화 아동복리기금(Chinese Children's Fund)은 친인척을 중심으로 한 가정위탁사업을 시작하였다. 대만 정부는 1984년 '아동위탁보호실시령' 제정과 함께 가정위탁에 대한 법령을 만든 후, 대만 최대의 민간 아동복지기관인 중화아동복리기금(CCF)에 사업을 위탁하여 정부 차원에서 사업을 활발하게 전개하고 있다

(4) 우리나라 가정위탁제도의 역사

1960년대 초 아동을 입양가기 전까지 일시적으로 위탁보호를 이용하였고, 1985년 가정위탁보호 시범사업이 실시되었으나 재정적 지원, 행정적 지원의 미비로 실패하였다. 이로 인해 시설보호중심의 보호가 필요한 아동의 보호방법, 대리가정 보호서비스의 미비, 소년소녀가정제도의 불합리성을 이유로 유엔아동권리위원회로부터 제도적 개선 조치를 권고받았다. 우리나라는 2000년 1월 「아동복지법」을 개정하면서 가정위탁제도에 대한 제도 개선을 구체화하고 2003년에는 전국에 가정위탁지원센터를 설치하여 민간기관에 위탁·운영하고 있다.

5) 가정위탁보호사업의 체계

가정위탁센터는 가정위탁사업의 홍보, 위탁보호 가정의 발굴, 위탁보호 신청 가정의 조사, 위탁대상 아동의 조사, 가정위탁 부모의 교육, 가정위탁을 하는 가정의 사후관리 등의 업무를 수행하다. 도지사는 시장·군수·구청장의 책임하에 지역 실정에 따라 운영기관을 지정하고 전담인력을 채용하여 가정위탁사업을 추진할 수 있도록 지도 및 감독한다.

(1) 운영기관

가정위탁지원센터는 각 시·도의 가정위탁 업무를 위임받아 업무를 수행하며, 2016년

중앙위탁지원센터를 포함하여 현재 18개소가 설치되어 있다.

(2) 가정위탁보호사업의 추진절차

가정위탁보호절차는 위탁가정의 경우 '가족 간의 동의 → 위탁부모 신청(가정위탁지원센터·행정시) → 위탁부모 교육 및 상담 → 가정방문 → 관계형성 및 친해지기 프로그램 → 가정위탁 → 사례관리 → 아동의 친가정 귀가' 순으로 진행된다.

(3) 위탁가정을 위한 주요 지원 서비스

위탁가정에 대한 지원사업은 지방으로 이양되어 각 지방자치단체의 수준에 따라 제공된다. 생계비 보조, 상해보험료, 맞춤형 급여 복지대상 자격 취득, 심리치료비, 자립지원 정착금(단, 아동복지시설 퇴소 아동), 장학금 등이 제공되거나 아예 항목 자체가 없는 곳도 있다.

(4) 우리나라의 가정위탁사업의 한계

사회문화적 환경 관점에서 주로 해외입양사업 중심이었고, 친가정 복귀를 할 수 없는 아동만을 대상으로 한 요보호아동의 발생 예방 관점이었다. 법적 근거 관점에서도 실질적인 시행과 관리에 필요한 세부 규정이 불분명하다. 또한, 제도적 장치 관점에서 보면, 입양기관 중심으로 순수 민간 차원에서 사업이 진행되었다는 문제가 있다.

6) 올바른 가정위탁사업을 위한 정책 개선 방향

가정위탁보호사업은 탈시설운동(deinstitutionalization movement)에 대한 강력한 대안으로 대두되었다. '아동을 어디에 수용할 것인가?' 하는 사회적 태도에서 '아동에게 필요한 것이 무엇인가?' 하는 관점의 변화이며 아동의 권리를 중요한 가치로 여기게 되었다는 점에서 그 의의를 찾을 수 있다.

- 경제적, 사회적 구조변화로 인해서 다양한 형태의 위탁가정이 필요할 수 있다는 교육과 이웃 돌봄에 대한 관심과 윤리·도덕적 의식을 높임과 동시에 위탁에 대한 긍정적인 인식을 갖도록 대국민 홍보 교육을 실시해야 한다.
- 가정위탁이 의뢰된 아동을 「국민기초생활 보장법」에 따른 수급자로 책정하되, 아동의 부모가 경제적으로 능력이 있는 경우 정부는 부모로부터 일련의 양육 경비를 징수할 수 있다고 제정하여 가정위탁된 아동에 대한 수급권과 부모의 책임을 분리시켜야 한다.
- 가정위탁지원센터는 아동과 위탁부모에 대한 상담 및 지원을 통해 아동의 시설 적응과 친부모의 재양육을 도와준다. 현재 가정위탁지원센터는 시·도별로 1개씩 17개소가 있어 아동에 대한 사례관리는 거의 이루어지지 않고 있는 상황이므로 사회복지사와 위탁아동의 비율을 낮추어서 서비스의 질을 높이도록 해야 한다.
- 가정위탁된 아동이 부모로부터 오랫동안 방치되는 것을 예방하기 위해 위탁아동과 보호자 권리 및 책임과 후견인에 대한 규정을 강화하고, 위탁가정 신청자의 범죄 및 가정폭력 관련 정보의 데이터베이스 구축과 점검을 통해 아동권리를 보장하는 측면으로 수정해야 한다.
- 아동을 위탁한 가정이 다른 시·도로 이주하거나 친부모가 다른 지역으로 이주하는 경우 그 지역의 가정위탁지원센터로 사례를 의뢰하거나 상담받도록 하는 등 유기적으로 협조할 수 있도록 하며, 가정위탁보호사업에 대한 실질적인 사례관리와 지역사회의 모니터링을 할 있는 경험 많은 전문인력 양성 및 확보, 위탁아동 및 위탁가정에 대한 데이터베이스 구축하여 가정위탁보호사업이 수요자의 요구에 부응하는 맞춤식 서비스가 제공될 수 있게 한다.
- 현재 시행되는 '가정위탁보호'는 보호가 필요한 아동에 대한 관심이 제고되지 않고 실질적인 혜택 역시 미비한 실정이다. 가정위탁사업에 관한 개별법을 별도로 제정하여 구체적인 내용을 규정하고 실효성이 있는 전문 위탁가정제도를 도입해야 한다.
- 위탁가정에 대한 획일적인 보조금 지원은 비효율적이며, 개별 아동의 각 상황에 맞는 심리·정서 치유 프로그램이나 자립 지원책이 마련될 수 있도록 사회안전망 구축 차원에서의 양육보조금 현실화 및 지역사회 참여를 독려해야 한다.

2. 입양서비스의 실제

1) 입양의 개념

입양은 부부와 그 친생자 사이의 법률관계를 설정할 목적으로 양자가 되려는 자와 양부모가 되려는 자 사이에 체결하는 신분법상의 계약으로 요보호아동이 안정적인 가정환경에서 건전하게 성장할 수 있도록 지원함으로써 아동의 복지를 증진시키는 법적 제도로, 부부와 그 친생자 사이의 법률관계를 법적·사회적 과정을 거친다.

2) 입양의 원인과 목적

경제 위기에 따른 대량 실업, 가치관의 변화에 따른 가족해체와 미혼모의 증가, 아동학대와 같은 사유로 요보호아동이 증가하고 있다. 현재 입양에 관한 모든 절차는 2000년 1월 12일 일부 개정된 「입양촉진 및 절차에 관한 특례법」(법률 제6151호)을 근거로 하며 「아동복지법」 제3조 제2항과 「영유아보육법」 제3조 제2항, 「청소년기본법」 제1장 총칙에 따라 이루어진다.

(1) 입양의 원인

입양의 원인은 부모가 아동을 더는 책임질 수 없는 상황, 아동학대, 난임과 불임의 증가도 있으나 입양에 대한 사회적 인식의 변화가 큰 역할을 했다고 볼 수 있다. 우리나라의 경우 가장 많이 입양시키는 대상자는 대부분 십 대를 전후한 미혼청소년부모, 친권포기자, 특정 질환이나 중독자 등이다.

(2) 입양의 목적

친부모가 없거나 자녀를 양육·보호할 능력이 없어 친가정에서 성장할 수 없을 때 양자 부모를 연결하여 아동복지와 가족복지를 증진시키기 위함이다.

3) 입양의 종류

(1) 법에 따른 입양

「입양특례법」에 따른 입양과 「민법」에 따른 입양 모두 친생부모의 동의와 가정법원의 허가를 받아야 한다는 공통점이 있다. 「입양특례법」에 따른 입양은 대부분 입양기관을 통해서 요보호아동을 입양하며, 법원 허가 후 친양자로 호적에 입적하면 입양 전의 친족관계는 모두 종료된다. 「민법」에 따른 입양은 양자로 입양도 되고, 친양자로도 입양이 된다.

(2) 공개 여부에 따른 입양

비밀입양은 입양 사실을 입양아동은 물론 주변 사람들에게도 비밀로 하며 아동을 출산한 것처럼 입양하여 비밀을 계속 유지하는 방법으로, 과거에 한국 사회에서는 대부분 비밀입양을 하였다.

공개입양은 입양 사실을 입양아동은 물론이고 주변의 사람들에게 공개하지만 친생부모와는 접촉하지 않는 방법이다. 최근 우리나라도 공개입양을 많이 하고, 2012년 「입양특례법」이 시행되면서부터 공개입양을 할 수밖에 없다.

개방입양은 공개입양처럼 입양 사실을 공개하고 친생부모와도 편지, 사진 교환, 만남 등을 통해 관계를 유지하고 교류하는 방법으로 한국에서는 흔하지 않는 방법이기는 하지만 개방입양의 형태도 이루어지고 있다.

(3) 입양의 방법에 따른 입양

입양의 방법으로 일반양자, 친양자가 있다. 일반양자는 친생부모의 친자녀로서의 지위와 양부모의 양자로서의 지위를 모두 갖게 된다. 친생부모와의 관계는 친권 이외에는 유지되므로 입양이 된 이후에도 친생부모의 성과 본을 그대로 유지할 수 있다. 한편 친양자로 입양되면 양부모의 완전한 친자녀와 같이 되는 양자를 말하며, 친양자는 재판을 통해 성립하며, 재판이 확정되면 양부모의 혼인 중에 태어난 자녀가 되므로 양자는 양친의 성과 본을 따르게 되며, 친생부모와의 관계는 종료된다.

(4) 입양기관 유형에 따른 입양

「입양특례법」에 따른 기관입양은 전체 입양의 20% 안팎이며, 입양하기 위해서 준비할 서류가 많고 절차도 복잡하지만 「입양특례법」에 따라 입양수당, 양친교육, 의료비 지원 등 사후관리를 받는다. 반면, 민간입양은 개인과 개인의 합의로 입양하는 것으로 입양의 80%를 차지하며 법무부 소관이다.

4) 입양의 구성요인

(1) 입양 대상

18세 미만의 아동으로 부모, 직계존속이나 후견인이 입양을 해도 된다는 동의가 있어야 하며, 15세 이상 아동의 경우에는 본인의 동의가 있어야 한다. 보호자로부터 이탈된 아동으로 특별시장·광역시장·도지사 및 특별자치도지사, 시장·군수·구청장이 부양의무자를 확인할 수 없어 「국민기초생활 보장법」에 따른 보호시설에 보호의뢰한 경우, 부모 또는 후견인이 입양에 동의하여 보장시설 또는 입양기관에 보호 의뢰한 경우, 법원에 의하여 친권상실의 선고를 받은 사람의 자녀로서 시·도지사 또는 시장·군수·구청장이 보장시설에 보호의뢰한 경우, 그 밖에 부양 의무자를 알 수 없는 경우로서 시·도지사 또는 시장·군수·구청장이 보장시설에 보호의뢰한 경우 입양의 대상이 된다.

(2) 양부모

양자를 부양하기에 충분한 재산이 있고, 양자에 대하여 종교의 자유를 인정하며, 사회의 구성원으로서 그에 상응하는 양육과 교육을 제공할 수 있어야 한다. 그리고 아동학대, 가정폭력, 성폭력, 마약 등의 범죄나 알코올·약물중독의 경력이 없어야 하고, 25세 이상으로 양자될 자와의 연령 차이가 60세 미만인 자로 양친이 될 자가 외국인일 경우에는 25세 이상 45세 미만인 자이어야 한다. 마지막으로 보건복지부령으로 정하는 소정의 교육을 마쳐야 한다.

(3) 친부모

입양을 의뢰할 당시 친부모의 혼인상태는 합법적인 혼인관계에 있지만 가정의 빈곤, 불화, 한쪽 부모의 사망, 이혼 등의 이유로 가정의 해체된 경우나 합법적인 혼인관계가 아닌 친부모(예를 들어, 미혼모)가 아동을 양육할 의사가 없거나 양육할 능력이 없는 경우에 가능하다.

(4) 입양기관

홀트아동복지회, 대한사회복지회, 동방사회복지회 등이 있다.

5) 입양 절차

과거와 달리 해외입양이 감소하고 있으며 유자녀 가정의 입양과 공개입양, 독신자의 입양이 증가하고 있다. 그러나 우리나라는 여전히 정식 입양방법보다 친생자의 출생자로 변형한 입양을 선호하고, 신생아·정상아·여아·입양부모 중심의 비밀입양 위주이며, 장애아동은 여전히 기피대상이다.

(1) 입양신청접수

① 국내입양 절차

아동을 입양하고자 하는 부모는 입양기관을 직접 방문하거나 전화로 접수할 수 있으며 입양 동기, 경제 여건, 부모의 연령, 불임 여부, 가족사항, 원하는 아동의 특성은 어떠한지 부부 개별면담과 공동면접을 실시하고 가정 조사를 한다. 그 후 입양부모의 희망을 고려하여 아동을 선정하고 그 아동의 친부모의 동의를 받아 친권의 법적 종료를 마치면 입양이 성립된다.

② 국외입양 절차

국내에서의 국외입양 절차는 국내입양 절차와 동일하나 아동의 본적지 또는 주소지 관할 가정 법원에서 입양인가를 받아야 하고 국외에서의 국외입양 절차를 처리할 경우, 입양절차와 국내의 것과 동일하나 국외 출국 전에 보건복지부장관으로부터 해외이주

허가를 받아야 한다. 단, 미아와 친권자가 확인되지 않은 채 보호시설 및 입양기관에 입소한 지 6개월 이내의 아동은 해외 이주허가가 제외된다.

(2) 입양 관련 혜택

우리나라 최초 입양 관련 법률은 1961년에 제정된 「고아 입양특례법」으로 외국인의 국내 아동 양자 입양에 관한 조치를 규정한 것이었다. 이후 1976년 12월 31일 국내외 입양을 촉진하기 위한 「입양특례법」이 제정되었으나, 입양과 관련한 국가의 역할은 관리·감독에 한정되었다. 1995년 1월 5일 「입양특례법」이 「입양촉진 및 절차에 관한 특례법」으로 전면 개정되면서, 국가와 지방자치단체가 필요한 조치 및 지원을 하도록 규정하였다. 국내입양우선추진제(2007년 시행) 실시로 입양의뢰가 접수되면 5개월간은 국내입양을 우선추진하고 그 이후에 국외입양을 추진하도록 허용하였다. 입양사업에 대한 복지서비스를 지방자치단체로 이양하여 지방자치단체의 상황에 따라 제공 서비스의 수준은 다르다.

6) 입양 정책 제안

- 미혼부법 또는 사랑이법(가족관계 등록에 관한 법률, 2015. 11. 19.)에 따라 미혼부도 출생신고가 가능하므로 이에 대한 전 국민적 홍보가 필요할 뿐만 아니라 미혼부모 스스로 책임을 질 수 있도록 도와주는 사회적 시스템과 함께 모든 국민은 입양아동의 건전한 양육에 협력(입양촉진 및 절차에 관한 특별법, 제3조: 책임)해야 한다.
- 입양을 보내는 친부모와 맞이하는 부모, 아동의 양가감정을 잘 보듬어 적응을 잘할 수 있도록 심리상담 및 치료 서비스에 대한 현실적인 사회복지서비스 제공을 강화해야 한다.
- 친양자제도에 대한 변경 추진: 배우자의 친생자 입양 시 1년 혼인계속기간, 입양과 파양에 따른 잦은 성의 변경은 자녀의 정체성에 큰 혼란을 가져올 수 있으므로 재혼가정의 친양자 입양 요건을 완화하고, 미성년자의 파양 요건을 강화해 친양자의 보호와 양육에 공백이 발생하지 않도록 법을 개정함으로써 아동의 행복추구권을

보장해야 한다.

- 입양 허가와 관련해 법원의 인식 개선이 필요: 아동의 복리 우선 원칙으로 입양 허가까지 보통 3~4개월 소요되어 아이와 양부모의 신뢰형성 기간을 놓칠 수 있다는 것을 법원이 고려하여 좀 더 현실적인 대책이 강구되어야 할 것이다. 스웨덴과 일본의 경우 가입양한 후, 일정 기간 시험 동거하게 하고 이 기간 동안 아이의 적응상태를 살핀 후 논의를 통해 법원의 입양판결에 근거하여 입양이 확정된다. 이처럼 실제 가정생활에서의 적응을 먼저 점검하는 것도 효율적이라고 본다.
- 입양기관 인가기준 강화와 입양전문기관의 전문성 강화: 입양은 반드시 인가된 입양 알선기관을 통해서만 입양할 수 있도록 해야 하며, 민간입양인 경우 입양부모는 반드시 입양 전 부모교육 8시간을 이수해야 하며, 법원의 사후관리 의무화와 지방자치단체에 명단 통보를 통해 입양아동의 안전과 건강을 위한 기본권리를 보장해야 한다. 한편, 2005년 시행령과 시행규칙 개정으로 국내입양 상담전문가 양성을 위한 교육이 지원되고 있다. 전문가의 양적 증가뿐만 아니라 정기적인 보수교육을 통해 양부모, 친부모가 최선의 선택과 결정을 할 수 있는 상담을 제공해야 한다.

3. 시설보호서비스의 실제

1) 시설보호사업의 개념

시설보호사업은 입양사업, 가정위탁사업과 함께 부모가 아동을 양육·보호할 능력을 상실하였거나 그 역할을 회피할 때 「아동복지법」에 의해 보호를 받아야 하는 해당 아동을 혈연관계에 있지 않은 성인이 있는 공동생활시설에서 일시적 또는 만 18세가 되기 전까지 장기적으로 24시간 보호와 양육을 받게 하는 대리보호사업의 하나로, 사회적 차원에서 제공 및 실시되며 복지 의식의 수준이 선진국 여부를 판단하는 기준이 될 정도로 아주 중요한 제도이다.

2) 시설보호사업의 원리

시설보호사업은 단순하게 보호하는 수준의 시설보호를 넘어 아동이 시설보호를 통하여 기본적인 생리적 욕구를 충족받아 사회화를 이루고 자활할 수 있는 직능훈련 및 교육을 통해 건전한 인격이 발달되고 성장할 수 있도록 하는 것에 목적을 두고 있으며, 인권존중과 보장의 원리, 정서 안정성의 원리, 친자관계 존중·조정의 원리에 의해 운영되고 있다.

3) 시설보호사업의 기능과 분류

(1) 시설보호의 기능

시설보호는 단순히 의식주 해결 등의 수용 보호 기능과 함께 아동에게 필요한 여러 유형의 프로그램과 서비스를 제공하는 종합시스템 기능을 하며, 일반가정의 아동과 동일하게 인간 생명의 절대적 존중 원리, 인간성 회복·형성의 원리, 시설보호사업의 기본 원리인 친자관계 조정·존중의 원리, 아동의 수준에 맞는 여러 영역의 생활환경과 서비스를 제공하는 건전한 생활환경 조성과 개별화의 서비스 원리, 가정의 기능을 대신하는 적극적 사회참여의 원리로 기능을 설명한다.

(2) 아동복지시설의 분류

① 보호아동의 연령 기준

영아시설은 보호자가 없는 아동 또는 이에 준하는 3세 미만의 아동을 입소시켜 보호·양육하는 시설로, 주로 '보육원'으로 명명한다. 육아시설은 보호자가 없거나 이에 준하는 3세 이상 18세 미만의 아동을 입소시켜 보호·양육하는 시설로 '원/시설/센터' 등으로 이름만 들어서는 아동복지시설임을 알 수 없다. 마지막으로, 아동일시보호시설은 아동, 부랑아동, 기타 요보호아동을 일시 입소시켜 보호하고 아동의 내력, 성적 및 희망 등을 조사, 감별하여 아동에 대한 장래의 양호 대책, 기타 보호조치를 하는 시설로 청소년시설 쉼터를 꼽을 수 있다. 청소년시설 쉼터는 여성가족부 소속으로 서울특별시 청소년

이동쉼터는 '여우별', '우리별', '작은별', '더작은별'이 있다. 중·장기 쉼터로는 인천의 '성산사랑의집'이 있다.

② 주거 형태 기준

아동양육시설을 주거의 형태에 따라 집단기숙사형(dormitory system), 유사 소숙형, 소숙사형(cottage system)으로 분류할 수 있다. 단기 숙사형과 소숙사형은 외국의 경우에도 존재하는 형태이지만 유사 소숙사형은 우리나라에서 좀 더 독특하게 확산된 것으로 보인다.

- 집단 기숙사형은 과거 아동양육시설의 전형적 주거 형태로 한 방에 일정한 수의 아동이 기거하며 세면, 식사 및 여가 등 기타 생활은 공동 장소를 활용하는 유형이다. '고아원, 보육원, 가정'으로 불리던 시설로 '드림힐'(서울특별시) 같은 명칭으로 바꿔 더 친근한 이름으로 명명한다.
- 소숙사형은 일반 가정집의 구조와 유사한 형태로 거실과 침실, 별도의 식당과 화장실 등으로 구성되며 한 공간에서 거의 모든 생활이 이뤄진다. SOS(save our souls)마을, 그룹홈의 형태로 밀알, 하누리 등의 부드러운 명칭을 사용한다.
- 유사 소숙사형은 소숙사와 유사하게 일반 가정집과 같은 구조로 보육사의 취사에 대한 부담을 줄이고 운영비의 압박 등을 피하고 있다. 인천광역시 교육청 가정형Wee센터의 경우에는 초등학생 입소시설은 '사랑나무Wee센터', 중·고등 남학생용 입소시설은 'H2O', 중·고등 여학생용 입소시설은 '인천행복한가정Wee센터'라고 명명하고 센터별로 각각 빌라 전체를 구입하여 마치 일반 가정처럼 각 채에 3~5명을 입주시키고 자율적으로 생활할 수 있도록 구성하였다.

③ 규모 기준

현재 우리나라의 아동양육시설은 30명 이상의 시설을 표준으로 하고 200명까지 아동보호가 가능하도록 법으로 규정하며, 우리나라의 사회복지시설의 설치는 신고제이다.

4) 시설보호서비스의 필요성

시설보호사업은 다음과 같은 상황에 놓여 있는 아동·청소년에게 필요한 서비스이다.

첫째, 상해로 인해 더 이상 가정에 머무를 수 없게 되었을 때

둘째, 가족의 역기능, 긴장 또는 이혼 때문에 비롯된 아동의 문제가 가정에 남아 있을 수 없을 정도로 심각하거나 위탁가정에서도 건전한 정서적 관계를 맺을 능력이 없을 때

셋째, 이전 위탁가정에서 크게 실망하였거나 깊은 마음의 상처를 입어 아직 새로운 가정에 적응하기 어려울 때

넷째, 위탁가정이 수용하기 곤란한 건강 또는 행동상의 문제를 가져 전문적 관찰 및 지도와 통제된 환경하에서 의료 또는 정신과적 치료가 필요할 때

이 외에도 형제가 너무 많아 몇몇 위탁가정으로 분리되어야 하지만 서로 헤어지길 원치 않는 형제집단의 경우, 원가족으로부터 독립하고자 하며 위탁가정으로부터도 독립하려는 경향을 보이는 아동·청소년의 경우, 가족 내의 문제로 인하여 단기간의 보호가 필요하나 그 기간 동안 집단생활을 경험하는 것이 보다 유익할 것으로 판단되는 청소년인 경우에 입소하여 시설보호를 받아야 한다.

5) 시설보호서비스의 구성 요소

(1) 시설입소아동

시설아동은 집단 내에서 보호를 받음으로써 일반아동보다 시설아동의 심리사회적 욕구를 충족시킬 만한 인적·물적 자원과 경험이 매우 부족하며, 신체발달 측면에서 아동 대부분이 한국 소아의 발육 표준치보다 뒤떨어지며, 영양소 섭취량도 권장량에 미치지 못하는 것으로 조사되었고 이는 인지발달에 영향을 미치는 것으로 나타났으며, 인지발달지체, 학습 장애, 창의성 부족, 집중력 부족 등이 있을 수 있다고 한다. 이와 더불어 시설아동은 성인의 관심과 인정을 더 많이 추구하는 성인 지향적이며, 친구를 사귈 때는 자신에게 친절한 사람과 친해지려고 하고 스스로 친구를 선택하지 않는 경향을 보인다.

시설아동의 가장 큰 문제는 직업교육의 미흡과 사회적 편견으로 인한 안정된 직장을 갖기가 어렵고, 특히 주거문제가 해결되지 않아 많은 어려움을 겪으며, 신분보장의 어려움으로 인해 인간관계나 결혼에도 많은 어려움을 겪는 것으로 나타났다.

(2) 아동복지시설(아동복지법 제2조 제6호와 같은 법 시행령 제2조)

아동복지시설보호의 장점으로, 아동은 가정에서 충족되지 못한 심리적·감정적 결핍을 시설보호기관의 다른 아동과의 접촉이나 교육내용 등을 통해 보완하는 기회를 갖게 되고, 자기 통제력을 강화할 필요가 있는 아동은 규칙이나 정규적이고 계속적인 생활들을 통해 일시적 충동을 자제하고 자신을 통제할 능력을 길를 수 있다. 반면, 시설보호는 집단보호이므로 개별적으로 따뜻하게 보살핌을 받기 어렵고, 아동의 생활방식에 영향을 끼치는 사회적 제도나 행동 규정이 설정되어 있기 때문에 시설보호사업이 의도하고 목적하는 바와는 달리 부정적인 특성을 나타낼 수도 있다. 단체생활의 안정이 우선인 시설보호를 받는 아동에게 자신만의 시간을 갖기란 거의 불가능하다. 특히 요즘처럼 학원을 다니는 문제나 시설 귀가시간, 개인 휴대전화 사용시간 문제와 같은 갈등이 잦다.

(3) 아동복지시설 종사자

아동양육에 대한 책임과 사명을 지닌 아동복지시설 종사자는 모든 국민과 국가와 지방자치단체, 보호자와 더불어 아동을 건전하게 육성할 책임이 있으며, 시설 종사자로서 시설이 지역사회의 지지를 받아 아동이 지역에서 안심하고 생활할 수 있는 거점시설이 되도록 해야 하며, 아동의 생활과 인권을 옹호하기 위해 자기점검을 강화하고 공정하고 개방된 시설을 운영해야 한다.

6) 아동양육시설의 변천

(1) 외국의 아동양육시설 변화 경향

외국의 경우 수용시설의 수와 수용대상 아동의 인구가 감소하고 위탁가정에 배치하는 비중이 증가하였다. 시설아동은 유아보다는 청소년기 아동이, 가족상황에 문제가 있는 아동의 비중이 증가였다. 시설의 소규모화, 보호서비스의 다양한 분화가 이루어지고 있다. 또한, 목적에 따른 입소기관, 아동의 특수한 욕구에 따른 시설 전환시켰을 뿐만 아니라 전문가주의로 발전하고 있다.

(2) 우리나라 아동양육시설의 변천

1888년 프랑스 신부가 명동 천주교회에 현대적인 시설로 고아원이라 불리는 아동시설을 개소한 것이 우리나라 아동양육시설의 시작이다. 아동양육시설에 대한 정부지원은 1970년대까지는 주로 외원기관에 재정적으로 의존하였으나 1990년대 들어서면서 대안적 보호 형태가 등장하였다. 2000년대 진입하면서 사회적 환경의 변화로 시설의 규모가 작아지고 있다.

7) 시설보호서비스의 현황

- 시설보호 아동 현황: 통계에 따르면 2010년 시설보호로 조처된 아동은 8,590명이었으나 2015년 4,503명으로, 감소 현상을 보이고 있다.
- 입소와 퇴소: 시·도지사 또는 시장·군수·구청장의 허가로 입소시킬 수 있다. 일반적으로 18세 도달하면 퇴소해야 하나 대통령령이 정하는 바에 따라 시설의 장이 그 보호기간을 연장하거나 시·도지사가 보호기간의 연장을 요청하는 자 등이 있다.
- 사업과 프로그램: 사회복지시설의 사업과 프로그램 중 전체 아동에 대한 서비스는 건강과 인성, 성격으로 연령에 따라 독려하는 내용이다. 연고자가 있는 아동에 대한 서비스는 '정기적으로 연고자와 전화 연락 및 상담', '아동의 가정방문의 날' 등이다.
- 인력 및 예산: 사회복지시설 종사자 인건비는 정부지원과 법정 배치기준과 차이가 있다. 실제로 시설 대부분이 법정 종사자 수에 미달하는 종사자를 고용하고 있다.

8) 시설보호사업을 위한 정책 제안

시설 측면에서 가장 중요한 것은 좀 더 현실적인 지원으로 아동복지시설의 복지 양극화 현상을 감소시켜야 하며 아동의 특성과 문제해결에 적합한 서비스를 제공해야 한다. 소숙사제도의 활성화, 교육청 산하 '가정형Wee센터'의 확대, 미인가시설의 인가시설화 방안 등을 모색해야 하고, 시설운영의 합리성과 서비스의 향상, 경쟁력 강화를 위하여 운영 주체의 다원화를 추진하는 것이 필요하다. 수요 예측에 따른 시설의 적정한 배치 및 시설의 적정수요에 따른 시설의 기능 전환과 통·폐합이 추진되어야 한다.

아동 측면에서 시설아동의 의식주 해결의 단순보호 차원을 벗어나서 아동의 다양한 욕구를 충족할 수 있는 심리·정서 치료 지원 프로그램과 부모의 법적 책임을 강조하는 원가족 가정 복귀 프로그램 활성화 서비스가 필요하며, 입소 및 퇴소한 아동을 위한 전문인력과 멘토를 확보해야 한다. 그리고 퇴소 아동의 조건과 관계없이 퇴소한 아동을 입소시킬 시설의 확충 및 퇴소한 청소년의 자립을 위한 적극적인 직업훈련과 사회복지 서비스에 대한 지속적이고 다양한 시스템을 구축해야 한다.

1 주제

위탁서비스, 입양서비스, 시설보호서비스

2 주요 개념

- 위탁서비스, 입양서비스, 시설보호서비스의 정책

3 학습내용

- '여행자'(우니 르콩트) 영화를 보고 시설 아동의 권리를 논의하기
- '필로미나의 기적'(스티븐 프리어스) 영화를 보고 시설과 입양의 환경에 대하여 논의하기
- '블라인드 사이드'(존 리 행콕)와 위탁부모의 자질과 입양부모의 책임을 논의하기

4 교실활동

- '여행자'(우니 르콩트)를 보고 시설의 아동권리에 관한 월드카페 활동하기
- '필로미나의 기적'(스티븐 프리어스) 영화를 보고 종교시설에서의 여성 권리에 대해 크로스 인터뷰하기
- '블라인드 사이드'(존 리 행콕)나 위탁가정의 아동의 삶에 대해 실화를 바탕으로 한 영화를 보고 원가정과 위탁가정의 삶을 크로스 인터뷰하기
- '비밀과 거짓말'(마이크 리) 영화를 보고 좋은 가정의 입양에 대하여 월드카페 활동하기

5 퀴즈

- 가정위탁의 조건을 설명하세요.
- 입양의 조건을 설명하세요.
- 시설보호의 단점에 대해 논하세요.
- 질적인 가정위탁을 위한 방법을 기술하세요.

참고 문헌

강기정(2008). 조손가족의 가족기능강화를 위한 사례관리 시범사업 평가 및 정책방향.

강동효(2001). Basic 고교생을 위한 윤리 용어사전. 서울: 신원문화사.

강상경(2012). 전환기 한국 사회복지실천의 방향-보편주의적 증진모델에 기반한 선별주의적 문제중심모델. 한국사회복지학회 추계학술대회 자료집, 1-21.

강영실(2015). 장애인복지의 이해(제3판). 서울: 신정.

공계순·박현선·오승환·이상균·이현주(2005). 아동복지론. 서울: 학지사.

공계순·박현선·오승환·이상균·이현주(2013). 아동복지론. 서울: 학지사.

곽윤경(2017). 영국의 청소년 정치참여 현황 및 시민교육 해외통신원. 브리스톨대학교 사회정책학과 박사과정.

교육부(2016). 2016년 탈북학생 교육지원 사업 계획 발표(2016. 2. 19 일자 보도자료).

교육인적자원부(2004). 2004년 특수교육실태조사서.

구인회·박현선·오승환·이상균·이현주(2015). 아동복지론. 서울: 학지사.

국가인권위원회(2009). 누구나 행복할 권리가 있어요. 초등학교 인권교육프로그램.

국가인권위원회(2012). 해외체류 북한이탈주민 아동 인권상황 실태조사 보고서. https://www.humanrights.go.kr/common/download.jsp?fn=2017020306.pdf&realname=2012%20해외체류%20북한이탈주민아동%20인권상황%20실태조사.pdf.

국가인권위원회(2012). 인권, 누구에게나 소중해요.

국제아동인권센터(2015). 어린이·청소년 인권교육자료집. InCRC국제아동인권센터.

국제아동인권센터(2016). 어린이·청소년 인권교육자료집. InCRC국제아동인권센터.

권미경·최효미·최지은·김건희(2015). 돌봄 취약계층 맞춤형 육아지원 방안(Ⅰ): 장애 영유아를 중심으로(연구보고2015-31). 육아정책연구소.

권진숙·박지영(2009). 사례관리의 이론과 실제. 서울: 학지사.

기타 아키토(2004). 일본의 아동권리협약의 이행과 NPO시민활동의 역할. 아동권리학회 추계학술대회.

김기원(2000). 공공부조론. 서울: 학지사.

김기태·박병현·최동식(2004). 사회복지의 이해. 서울: 박영사.

김명순(2014). 보육교사 보수교육체계개선방안. 2015 보육정책 컨퍼런스.

김명순(2015). 보육의 질과 보육교직원의 전문성. 보육 관련 5개 학회 춘계통합학술대회 발표자료집.

김명희(2006). 아동복지론. 경기: 교문사.

김미숙·우국희·양소남·이주연·이정현(2011). 선진국의 아동 사례관리체계 비교연구: 영국, 미국, 뉴질랜드를 중심으로. 서울: 한국사회보건연구원.

김미숙·조애저·배화옥·최현수·홍미·김효진(2007). 한국의 아동빈곤실태와 빈곤아동지원방안. 한국보건사회연구원.

김미혜·김혜선(2004). 저소득층 조손가족 조부모의 생활만족도에 영향을 미치는 요인 연구. 한국노년학, 24(3), 153-170.

김미혜·김혜선(2004). 조손가족 손자녀의 정서·행동에 영향을 미치는 조부모 관련 요인 연구. 한국노년학회 추계학술대회.
김상곤(2010). 아동 청소년 복지분야 사례관리의 현황과 발전방향. 사례관리연구, 1(1), 47-80.
김상균·최일섭·최성재·조흥식·김혜란(2002). 사회복지개론. 서울: 나남출판.
김생환(2014). 복지야 활짝 펴라! 서울시 의원 김생환의 복지정책담론. 자하.
김성경·김혜영·최현미(2015). 아동복지론. 경기: 양서원.
김성영(2014). 아동학대와 아동권리의 이해, 보육 종사자(시설장, 교사) 직무교육. 순천향대학교 평생교육원.
김성천·이응혁(2008). 실종아동사업 발전방안에 관한 연구. 어린이재단 실종아동전문기관.
김수정(2005). 자기효능감 증진 프로그램이 저소득층 초등학생의 자기 효능감에 미치는 효과. 경북대학교 교육대학원 석사학위논문.
김오남·곽수란·노명희(2001). 아동복지의 이해. 경기: 형설출판사.
김원득(2016. 11.). 기초생활보장제도 맞춤형 급여 개편 1주년 평가와 전망. 보건복지포럼.
김은설·안재진·최윤경·김의향·양성은·김문정(2009). 보육종사자 전문성 제고방안 연구. 서울: 보건복지부·육아정책연구소.
김은정(2017). 아동 옹호활동과 건강권 보장. 아동권리 관점에서의 아동정책 평가와 방향. 2017년 한국아동권리학회 춘계학술대회자료.
김재춘(2017). 제3차 KEDI 미래교육정책포럼: 출발점 교육 평등실현을 위한 유아교육·보육의 공공성 제고 방안. 한국교육개발원 원장 개회사.
김정래(2002). 아동권리향연. 서울: 교육과학사.
김정화(2017). 아동의 권리가 기반이 되는 아동친화국가. 아동권리 관점에서의 아동정책 평가와 방향. 2017년 한국아동권리학회 춘계학술대회토론자료.
김종우·김성천·박은미·정익중·강병권(2016). 아동실종의 이해 (초록우산 어린이재단 아동복지연구소 편). 경기: 양서원.
김현용(1994). 아동복지증진을 위한 새로운 방향. 한국아동복지학회 춘계학술대회 자료집, 11-29.
김현용(1997). 사회변화와 아동복지. 서울: 소화.
김혜금(2015). 보육교사의 다문화 수용도와 다문화 교수효능감이 다문화가정 유아-교사 관계에 미치는 영향: 다문화 교육태도의 매개효과를 중심으로.
김호년·김성재·김현정·박윤·우수경·이시진·장정애·이인원(2016). 아동권리와 복지. 경기: 양성원.
김효진·오종은·김정화(2016). 아동친화도시 이슈와 동향. 언론보도를 중심으로. 아동권리학회 춘계학술대회자료.
대통령소속 의문사진상규명위원회(2004). 실종, 사라진 사람들(신기철 편), 진실을 향한 험난한 여정 2차(2003.7-2004.6): 국가폭력과 의문사의 발생(pp. 623-640). 의문사진상규명위원회.
류정희(2016). 제1차 아동정책 기본계획의 의의와 과제. 보건복지포럼, 6-18.
맥스 루카도(2002). 너는 특별하단다. 고슴도치.
문성호(2005). 북한이탈청소년의 남한사회적응과 청소년복지의 과제. 청소년복지연구, 7(1), 5-17.
민중서림편집국(2015). 민중국어사전(제6판). 서울: 민중서림.
민지선(2016). 아동과 도시 아동친화적인 지역사회 조성, 어떻게 가능한가?. 2016년 한국아동권리학회 추계학술대회 자료, 81-106.
민지선(2016). 아동친화도시는 대한민국의 미래다. 아동권리학회 춘계학술대회자료.
박보희(2002). 사회복지정책론. 서울: 학지사.
박선희 · 조흥식(2015). 아동복지. 방송통신대학교 출판부.
박영충(2015). 내 마음속의 거울프로젝트 공감의 열매 연구사례. 서울시립노원청소년수련관 호루라기센터 · 노원구청소년상담복지센터.
박영충(2015). 지구촌 창조경제를 선도할 대한민국 유아교육보육프로그램의 과제와 방향, 대한민국 유아교육보육 지구촌 창조경제를 말한다. 미래유아교육학회 · 한국 통합보육학회 · 지구촌 새마을 운동본부.
박영충(2016). 알파고시대의 교사와 부모의 역할. 미래유아교육학회 춘계학술자료.
박정길 외(2001). 아동복지. 경기: 양서원.
박정란 · 서홍란(2001). 아동복지론. 서울: 양서원.
박진옥 · 양승희 · 김의향 · 서혜전(2017). 영유아 보육의 질 확보를 위한 교사지원정책의 고찰 및 제언 – 보육의 오늘과 내일, 차기 정부의 보육정책방향. 2017년 춘계통합학술대회 주제발표자료.
박진옥 · 양승희 · 김의향 · 서혜전(2017). 영유아보육의 질 확보를 위한 교사지원정책의 고찰 및 제언. 보육의 오늘과 내일, 차기정부의 보육정책방향. 2017춘계통합학술대회 · 한국보육지원학회 · 한국보육학회 · 한국아동학회자료.
박현선(1999). 실직가정 청소년의 적응유연성(resilience) 증진을 위한 프로그램 개발 및 효과성 평가. 한국아동복지학, 제8호, 35-58.
박희숙 · 유주희 · 이광희(2014). 아동복지론. 서울: 공동체.
방정환(1970). 소파수필선. 서울: 을유문화사.
보건복지부(1997). 보육사업지침.
보건복지부(2006). 한국의 아동지표. 세종: 보건복지부.
보건복지부(2013). 사회복지시설 관리안내. 세종: 보건복지부.
보건복지부(2017). 2017 보육사업안내(발간등록번호 11-1352000-000191-10). http://www.jgkids.or.kr/index.php?MenuID=58&mode=view&idx=68.
보건복지부(2017). 보육정책 추진방향 설명회자료. 세종: 보건복지부.
보건복지부(2017). 유엔아동권리협약 5 · 6차 국가보고서 공청회. 유엔아동권리협약 5 · 6차 국가보고서 공청회 자료집.
서문희 · 안현애 · 이삼식(2003). 아동권리지표 개발에 관한 연구. 한국보건사회연구원.
서울특별시 여성가족재단(2016). 서울시 아동학대, 지역사회와 대응한다. 아동학대 대응미니정책 박람회 토론회 자료집(2016-사업자료-05).
서울특별시 여성가족재단(2016). 우리가 안전이다: 3 · 8세계여성의 날 기념토론회(2016-사업자료-01).
서울특별시 여성가족재단(2016). 제1차 함께 나누는 여성가족정책 포럼(2016-사업자료-11).
서울특별시 여성가족재단(2016). 함께 누리는 일, 쉼, 삶: 서울과 스웨덴의 일가족양립제도 비교. 서울특별시 여성가족재단 주한스웨덴 대사관 공동 일3가족양립 포럼.
서울특별시 청소년 시설협회(2016). 2016 하반기 시립청소년시설 종사자 직무교육.

서울특별시(2016). 서울특별시 어린이·청소년 인권조례. 법제처.

설동훈(2005). 국제결혼이주여성실태조사 및 보건복지지원정책방안. 보건복지부.

설동훈(2005). 외국인노동자와 인권: '국가의 주권' 과 '국민의 기본권' 및 '인간의 기본권' 의 상충요소 검토. 민주주의와 인권, 5(2), 39-77.

설동훈·박경태·이란주(2004). 외국인 관련 국가인권정책기본계획수립을 위한 연구. 국가인권위원회.

설진화(2009). 사례관리론. 경기: 양서원.

송주미(2004). 아동복지정책의 분석: 산출분석을 중심으로. 한국가족복지학, 9(1), 57-77.

시대고시기획(2011). 청소년지도사. 서울: 시대고시기획.

신옥순(2005). 유아교육학개론. 서울: 학지사.

아영아·이명희·이화명·김진영·고영희·최미숙(2017). 아동복지론. 경기: 양서원.

안동현(2016). 아동과 도시: 아동친화적 지역사회 조성의 평가-아동과 도시 아동친화적인 지역사회조성, 어게 가능한가. 한국아동권리학회 2016 추계학술대회자료.

양정하(2002). 우리나라 국민기초생활보장제도의 의의와 과제. 경남정보대 논문집, 30, 349-365.

양정하(2014). 한국 아동복지 정책의 통합적 분석. 아동교육, 23(3), 365-384.

어린이찾아주기종합센터(2004). 미아가정 실태조사보고서. 서울: 한국복지재단 어린이찾아주기 종합센터

여성가족부(2010). 조손가족실태조사 및 지원방안 연구. 여성가족부.

여성가족부(2011). 제2차 다문화가족정책 기본계획(2013-2017).

여성가족부(2013). 한부모가족실태조사.

여성가족부(2015). 제5차 청소년정책 기본계획(2013~2017) 2015년도 시행계획. 서울: 여성가족부.

여성가족부(2016a). 다문화가정정책 기본계획.

여성가족부(2016b). 제12차 다문화가정정책위원회 회의 자료.

여성가족부·국립중앙청소년수련원(2015). 2015년 제11차 청소년지도사 보수교육.

여성가족부·국립중앙청소년수련원(2016). 청소년지도사 보수교육, 보수10차(간행물번호KYWA-2016-080-14).

연세대학교 사회발전연구소(2010). 한국 어린이-청소년 행복지수의 구축과 국제비교연구조사 결과보고서. 한국방정환재단.

오정수·이혜원·정익중(2006). 세계의 아동복지서비스. 서울: 나눔의집.

오정수·정익중(2013). 아동복지론. 서울: 학지사.

우문식·이명원·허현자 역(2013). 아이의 행복 플로리시. 경기: 물푸레.

월드비전(2016). 월드비전 교실에서 찾은 희망 효과성 연구보고서.

유니세프한국위원회(2002). 세계아동현황보고서2001.

유니세프한국위원회(2015). 한국이 지켜야 할 어린이를 위한 약속: 유엔 아동권리위원회 권고사항. 유니세프한국위원회.

유니세프한국위원회(2016). 한국이 지켜야 할 어린이를 위한 약속: 유엔 아동권리위원회 권고사항. 유니세프한국위원회.

유동철·장명희(2008). 영화로 보는 사회복지. 경기: 양서원.

유엔아동권리위원회(2003). 대한민국에 대한 유엔아동권리위원회의 최종 견해. 복지동향, 53, 69-79.

육아정책연구소(2016). 민간 인프라를 활용한 보육 공공성 강화의 가능성과 한계(세미나자료-2016-1). 2016년 제2차 육아정책 심포지엄.

육아정책연구소(2016). 우리 사회의 아동권리를 진단하다. 육아정책 Brief, 5, May.

윤매자 · 신혜경 · 주정현(2014). 아동복지론. 경기: 양서원.

이기숙 · 장영희 · 정미라 · 엄정애(2014). 유아교육개론. 경기: 양서원.

이기영(2000). 탈북자가족의 남한사회 적응과정. 한국사회복지학회 추계학술대회자료집.

이미화(2015). 영아보육 질 제고를 위한 평가도구개발 및 활용방안 연구보고(2014-16). 육아정책연구소.

이부미(2005). 남한사회에서의 탈북부모들의 역할과정에 대한 질적 연구. 아동권리연구, 9(4), 691-726.

이상금(2005). 2005학년도 한국유아교육학술대회 기조강연.

이상욱 · 정희영 · 김종명 · 김미애(2016). 아동권리와 복지. 경기: 파워북.

이성한 · 하연희 · 이귀숙(2016). 아동권리와 복지. 서울: 창지사.

이소희(2001). 아동복지. 경기: 도서출판 양지.

이소희 · 김영희 · 윤재정 · 이용복 · 최진원 · 박은희(2002). 현대 영 · 유아복지론. 경기: 양서원.

이순형 외 (2013). 아동복지 이론과 실천. 서울: 학지사.

이순형 · 민하영 · 이소은 · 이완정 · 황혜신 · 이강이 · 이영미 · 이혜승 · 한유진 · 권혜진 · 성미영(2015). 아동복지 이론과 실천. 서울: 학지사.

이순형 · 민하영 · 이소은 · 이완정 · 황혜신 · 이강이 · 이영미 · 이혜승 · 한유진 · 권혜진 · 성미영(2016). 아동복지 이론과 실천. 서울: 학지사.

이원숙(2013). 가족복지론. 서울: 학지사.

이은화 · 이경우 · 유희정 · 문미옥 · 조한숙(2016). 유아를 위한 복지의 이론과 실제. 서울: 창지사.

이재연(1997). 각 나라의 아동권리협약 실천 상황. 아동권리연구, 1(2), 5-20.

이재연(1999). 소파 방정환과 한국아동의 권리. 아동권리연구, 3(2), 107-119.

이재연(2010). 헌법에 명시되지 않는 아동의 문제. 헌법의 '아동' 수용추진을 위한 공청회 자료집, 59-69.

이재연 · 박은미 · 황옥경 · 김형모 · 이은주 · 강현아(2000). 아동복지론. 서울: 학지사.

이재연 · 안동연 · 황옥경(2007). 아동과 권리. 서울: 창지사.

이재연 · 안동현 · 황옥경 · 구은미 · 한유미 · 이완정 · 한지숙 · 김경륜(2015). 아동권리0-8 육아지원기관에서 아동권리 레토릭과 현실. 한국아동권리학회 편. 서울: 교육과학사.

이재연 · 황옥경 · 안동현 · 김영지 · 김효진 · 이호균 · 강현아 · 장영인 · 정선영(2015). 아동복지 현장에서의 아동권리 레토릭. 서울: 교육과학사.

이정림 · 김길숙 · 송산령 · 이예진 · 김진미 · 김소아 · 김신경(2015). 아동패널2015(연구보고2015-33). 육아정책연구소.

이종수(2009). 행정학 사전. 서울: 대영문화사.

이철수(2009). 사회복지학사전. 서울: 블루피쉬.

이한우 · 송형철(2015). 다문화가정 결혼이주여성에 대한 사회적 지지가 문화적응 스트레스와 부부 적응에 미치는 영향.

이한우 · 정정란(2015). 아동복지론. 경기: 양서원.

이현(2011). 어린이는 어린이다. 서울: 해와나무.

일본민간방송연맹·도쿄대학 대학원 정보학환 MELL(2007). 미디어 리터러시의 도구상자: 텔레비전 읽기 만들기 보여주기 (안미라·황조희 역). 서울: 커뮤니케이션북스.

장동일(1996). 사회복지법의 이해. 서울: 학문사.

장명선·장은애(2010). 다문화가족지원 서비스 전달체계의 효율화 방안연구. 서울특별시 여성가족재단.

장인실 외(2011). 교과서로 떠나는 다문화교육. 경기: 한국다문화교육연구원.

장인실·김경근·모경환·민병곤·박성혁·박철희·성상환·오은순·이윤정·정문성·차경희·차윤경·최일선·함승환·허창수·황매향(2016). 다문화교육의 이해와 실천 . 서울: 학지사.

장인실·김명희(2016). Bennett 모형에 근거한 다문화교육 프로그램이 다문화인식과 자아존중감에 미치는 영향. 교육연구, 50, 123-146.

장인협·오정수(2001). 아동·청소년 복지론. 서울: 서울대출판부.

장인협·오정수(2002). 아동·청소년복지론(개정판). 서울: 서울대출판부.

장화정(2017). 아동학대 방지 대책의 평가와 방향. 아동권리학회.

장화정(2017). 아동학대 방지대책의 평가와 방향. 아동권리 관점에서의 아동정책 평가와 방향. 2017년 한국아동권리학회 춘계학술대회자료.

전재일·이성희·이경은·박영준·남영옥·이선자(2016). 학교사회복지. 서울: 양성원.

정옥분·정순화·손화희·김경은(2016). 아동권리와 복지. 서울: 학지사.

정익중(2009). 아동청소년정책 전달체계의 통합방안에 대한 비판적 고찰. 사회복지연구, 40(1), 297-322.

조남억(2016). 청소년지도방법론. 광운대학교 상담복지정책대학원교수자료.

조성연·이정희·천희영·심미경·황혜정·나종혜(2005). 아동발달의 이해. 경기: 신정.

조용남(2015). 아동복지정책의 효과성에 관한 연구-드림스타트 사업을 중심으로. 이화여자대학교 대학원 박사학위논문.

조홍식(2006). 가족복지학. 서울: 학지사.

주정일·이소희(2003). 아동복지학. 경기: 양서원.

참여연대사회복지위원회(1997). 아이들에게도 인권이 있다: 평화가족 만들기 캠페인.

초록우산어린이재단(2013). 아동 관련법과 아동복지법 변천사 연구.

최명민·이기영·김정진·최현미(2016). 다문화사회복지론. 서울: 학지사.

최복천(2016. 8). 장애아동 돌봄지원제도 현황 및 개선방안. 보건복지포럼.

최순남(2002). 인간행동과 사회환경. 서울: 법문사.

최윤영(2013). 아동복지법의 개선에 관한 연구: 권리와 전달체계를 중심으로. 이화여자대학교 대학원 박사학위논문.

최진석(2014). 인간이 그리는 무늬. 서울: 소나무.

최현미·이혜경·신은주·최승희·김연희·송성실 (2008). 다문화가족복지론. 경기: 양서원.

최혜경(2006). 저소득층 조손가정 여성노인의 우울감과 관련 요인 연구. 노년학연구, 22(3), 207-222.

통계청(2012). 2010-2035 장래가구추계.

통계청(2015). 인구주택총조사. 통계청.

통계청(2016). 2015년 출생통계. 통계청.

통계청(2016). 가족실태조사. 통계청.

통계청(2016). 지역별 고용조사. 통계청.

통계청(2017). 2016년 혼인·이혼통계. 통계청.

통일부 통일교육원(2012). 2012 북한 이해 (pp. 183-195).

통일부(2016). 2016년 지역적응센터 운영매뉴얼. https://www.unikorea.go.kr/content.do?cmsid=1566&-mode=view&cid=45434

통일부(2016). 북한이탈주민 현황.

통일부(2016). 통일백서: 하나원 아동·청소년교육 현황 (p. 169).

한겨레신문(2017. 5. 5.). 유엔아동권리협약 한국의 현주소. 서울: 한겨레신문사.

한국보육진흥원(2016). 서울시 어린이집 원장 사전직무교육.

한국사편찬회(2007). 한국고중세사사전. 경기: 가람기획.

한국청소년정책연구원(2015). 청소년 활동 강화와 복지 지원(세미나자료집16-S11). 한국청소년정책연구원.

한금섭(2003). 이주노동자 자녀교육의 문제. 복지동향, 53, 17-19.

한미라·전예화·신혜영·서현아·천희영·최미현·안부금(2005). 현대유아교육의 이해. 경기: 양서원.

한미현·문혁준·강희경·공인숙·김상희·안선희·안효진·양성은·이경열·이경옥·이진숙·천희영·조한숙(2016). 아동권리와 복지. 서울: 창지사.

한성심·송주미(2014). 아동복지론(제5판). 서울: 창지사.

한성심·송주미(2015). 한국아동복지 정책의 유형분석을 통한 과제연구. 아시아아동복지연구, 6(2), 121-141.

한성심·송주미(2016). 아동권리와 복지. 서울: 창지사.

한양대학교 보육교사교육원(2015). 2015년도 어린이집 원장 일반 직무교육과정 보수교육교재.

한인영·홍순혜·김혜란·김기환(2004). 학교와 사회복지. 서울: 학문사.

한지숙(2011). 저소득가정 아동의 행복감에 영향을 미치는 개인내적 변인탐색. 인간발달연구, 18(3), 1-18.

행정자치부(2015. 7). 외국인 주민 현황조사.

홍승애·이재연(2013). 아동·청소년친화도시 평가지표 개발 및 타당화 연구. 한국아동학회, 34(4), 83-104.

황성기(1994). 아동인권에 대한 연구. 서울대학교 대학원 석사학위논문.

황옥경(2012). 영유아기 권리에 대한 유엔의 권고분석. 아동과 권리, 16(1), 27-49.

황해익·남미경·서보순·김병만(2016). 아동권리와 복지. 경기: 정민사.

菅谷明子(2001). 미디어 리터러시: 미국 영국 캐나다의 새로운 미디어 교육 현장 보고 (안해룡 역). 서울: 커뮤니케이션북스.

Achenbach, T. M. & Edelbrock, C. S. (1983). Manual for the child behavior checklist and revised child behaviors profile. Department of psychiatry. Univ. of Vermont.

American Psychiatric Association (2013). *Diagnostic and statistical manual of mental disorders (Fifth ed.)*. Virginia: American Psychiatric Publishing.

Arnold, C. (2004). *Positioning ECCD for the 21st Century*. Coordinators' Notebook.

Frankline, B. (2002). *The New handbook of Children's Rights: Comparative Policy*. Florence: UNICEF, Innocenti Research Centre.

Gilbert, N. & Terrell, P. (2005). *Dimensions of social welfare policy(6th ed.)*. Boston: Allyn & Bacon.

Government Offices of Sweden. Swedish Integration Policy. http://www.government.se/contentassets/b055a941e7a247348f1acf6ade2fd876/swedish-integration-policy-fact-sheet-in-english.

Gray (2001). *Ministry of Social Development*.

Hoestland, J. (2003). 사람은 누구나 평등해요 (권영희 역). 삼성당.

International Federation of Social Workers(2002). Social Work and the Rights of the Child.

Kadushin, A. & Martin, J. A. (1988). *Child welfare services(4th ed.)*. NY: Macmillan Publising Co.

Kadushin, A. (1974). *Child Welfare Services(2nd ed.)*. NY: Macmillan Publising Co.

Kadushin, A. (1976). Child welfare service past and present. *Journal of Clinical Chil Psychology*, *5*(3), 51-56.

Kadushin, A. (1980). *Child Welfare Service*. NY: Macmillan Publising Co.

Kadushin, A. (1985). *Supervision in Social*. NY: Cambridge Univ. Press.

Kail, R. V. (2008). 아동과 발달(제4판) (권민균 · 김정민 · 최형성 역). 서울: 시그마프레스.

Kail, R. V. (2016). 아동과 발달(제7판) (권민균 · 김정민 · 최형성 역). 서울: 시그마프레스.

Laird, J. & Hartman, A. (1985). *A handbook of child welfare*. The Free Press.

Migrant Policy Institute, Assessing Immigrant Integration in Sweden after the May 2013 Riots. http://www.migrationpolicy.org/article/assessing-immigrant-integration-sweden-after-may-2013-riots.

MILL, J. S. (2011). 자유론 (권기돈 역). 서울: 펭귄클래식코리아.

OECD, Finding the Way: A Discussion of the Swedish Migrant Integration System. http://www.oecd.org/migration/swedish-migrant-intergation-system.pdf.

Parke, R. D. (2004). The Society for Research in Child Development at 70: Progress and Promise. *Child Development*, *75*, 1-24.

Shonokoff, J. P. & Bales, S. N. (2011). Science does not speak for itself: Translating child development research for the public and its policymakers. *Child Development*, *82*, 17-32.

Stacey, S. (2015). 발현적 교육과정 (정선아 · 윤은주 역). 서울: 창지사.

U. S. Bureau of Census(2000). Grandparents as caregivers.

Wedding, D. & Boyd, M. A. (2007). 영화 속의 정신장애 (백승화 · 조동원 · 한영옥 역). 서울: 평민사.

WHO(2001b). International Classification of Function of Disability and Health: ICF. WHO.

Zuckerman, E. (1983). *Child Welfare*. NY: Free Press.

국민건강보호법. 법률 제14183호(2016. 5. 29. 일부 개정).

국민기초생활보장법. 법률 제14224호(2016. 5. 29. 일부 개정).

다문화가족지원법. 법률 제14061호(2016. 3. 2. 일부 개정).

대한민국헌법. 헌법 제10호(1987. 10. 29. 일부 개정).

사회보장기본법. 법률 제13650호(2015. 12. 29. 전부 개정).

아동복지법. 법률 제14224호(2016. 5. 29. 일부 개정).

영유아보육법. 법률 제14001호(2016. 2. 3. 일부 개정).

유아교육법. 법률 제14155호(2016. 5. 29. 일부 개정).
입양특례법. 법률 제13322호(2015. 5. 18. 일부 개정).
장애인복지법. 법률 제14224호(2016. 5. 29. 일부 개정).
한부모가족지원법(2014. 1. 21. 개정).

21세기 정치학대사전, 한국사전연구사. http://terms.naver.com/entry.nhn?docId=726597&cid=42140&categoryId=42140에서 근대사회 검색.
건강가정지원센터. www.familynet.or.kr.
국립국어원 표준국어대사전.stdweb2.korean.go.kr/main.jsp.
나무위키. namu.wiki : 성선설, 성악설.
남북하나재단. www.koreahana.or.kr : 정보공개-사업실명제(인출일 2016. 5. 19).
법무부. www.moj.go.kr.
법제처. www.moleg.go.kr.
보건복지부. www. mohw.go.kr : 위탁, 입양, 우리 동네 복지시설, 사회복지사 자격, 한눈에 보는 보건복지.
보육인력 국가자격증. chrd.childcare.go.kr.
복지로. www.bokjiro.go.kr.
사이버경찰청. www.police.go.kr : 스마트국민제보, 소통공감 영역의 생애주기별 서비스.
서울시립노원청소년수련관. www.youthcenter.or.kr.
서울특별시 보육포털서비스. iseoul.seoul.go.kr : 2017년도 서울시 보육사업안내.
서울특별시 한부모가족지원센터(2014). 한부모가족홍보영상: 빈자리 함께 채울 수 있습니다.
여성가족부. www.mogef.go.kr.
온라인플래폼. votefuture.kr.
원주아동센터. www.wjcc.or.kr.
위스타트. westart.or.kr/arch : 대한민국 어린이 헌장 검색.
인천시교육청(2017). 가정형 wee센터 www.ice.go.kr.
중앙아동보호전문기관. www.korea1391.go.kr : 아동학대 검색.
청예단. www.jikim.net.
카카오티비 동영상. 2017 디지털 시민교육 컨퍼런스, Born Digital 세대를 읽는 법 컨퍼런스 기조연설. tv.kakao.com/channel/2658091/cliplink/373686342?act=clip.
통계청 www.index.go.kr : e-나라지표 한부모가구 비율. 2015.11.12.
통일부. www.unikorea.go.kr.
한국사회복지사협회(2001). www.welfare.net 사회복지사, 사회복지사 윤리강령.
한국청소년진흥재단. okyd.org.
희망 TV SBS 홈페이지. www.sbshope.co.kr/news.
MIGRANT INTEGRATION POLICY INDEX 2015. www.mipex.eu/sweden.

저자 소개

이 선 미

인디애나 주립대학교 박사(유아교육전공)
중앙대학교 사회복지대학원 아동복지학과 교수
미래유아교육학회 부회장

김 경 윤

성균관대학교 박사(아동학전공)
중앙대학교 사회복지대학원 아동복지학과 객원교수
한국몬테소리협회 연구이사

박 영 충

숙명여자대학교 박사(아동상담전공)
한국방송통신대학교 유아교육과 실습지도교수
서울특별시 강남구 아동 · 여성보호위원

김 성 영

숙명여자대학교 박사(유아교육전공)
김포대학교 사회복지과 겸임교수
한국다중심리연구소 부소장

Flipped Learning을 활용한

아동권리와 복지

초판 1쇄 인쇄 2017년 8월 18일
초판 1쇄 발행 2017년 8월 23일

지 은 이 | 이선미 · 김경윤 · 박영충 · 김성영
펴 낸 이 | 김기섭
편 집 인 | 김민수
펴 낸 곳 | 창지사 www.changjisa.com
08589 서울시 금천구 가산디지털 1로 83 파트너스타워 1차 9층
전화 (02)719-2211~3
팩스 (02)701-9386
등　　록 | 1977년 4월 28일 · 제1-421호

ISBN 978-89-426-0955-0 (93370)

값 23,000원

「이 도서의 국립중앙도서관 출판예정도서목록(CIP)은 서지정보유통지원시스템 홈페이지(http://seoji.nl.go.kr)와 국가자료공동목록시스템(http://www.nl.go.kr/kolisnet)에서 이용하실 수 있습니다.(CIP제어번호: CIP2017020548)」